徐珂編撰

清稗類鈔

第七册

中華書局

第七册目録

正直類

貞烈類

謙謹類

廉儉類

狷介類

豪侈類

才辯類

明智類

雅量類

異稟類

容止類

情感類

清稗類鈔

正直類

世祖斥正一真人符

江西巡撫李翔鳳，嘗於順治丁亥進正一真人張應景符四十幅。得旨：「爲治之道，惟在敬天勤民，安所事此！朝廷一用，天下必至效尤，其置之。」

顧亭林不夜飲

崑山顧林亭嘗曰：「北方之人，飽食終日，無所用心。南方之人，羣居終日，言不及義，好行小慧。」其甥徐乾學延之夜飲，怒曰：「古人飲酒，卜晝不卜夜，世間惟淫奔、納賄二者夜行，豈有君子而夜行者乎！」

馬惟興不私撰祖父名

國初，孫可望將馬惟興既降，官福建總兵。及廷賜諸將三代封典，惟興久不具摺。閩撫詢其故，愀然曰：「惟與少爲寇擄，相從作賊，實不知祖若父爲何人也。若私撰祖父姓名以上，不惟欺君，抑且誣及先人矣。」

汪若文不畏彊禦

汪琬，字苕文，號鈍翁，長洲人。順治中，由進士授户部主事，降爲兵馬司指揮。旗人與民争，縛民至司，其黨數十人皆偃仰卧踞廳事中。汪舉手厲聲言：「曲在民，當盡法；若曲在旗，敢厲民乎！」卒直民而懲旗人。又治奸民以假命噬人者，懲豪家奴以勢凌脅人者。任滿且去，北城民炷香提酒，送者填溢巷衢。

鐵面學道

溧陽狄敬，順治甲午，以文望簡授湖廣提學道。每臨所部，輒集諸生於學宫，講卧碑，不如式者，輒撻之。或訾其過嚴，狄曰：「士習頽靡久矣，今敷教在嚴，惟嚴而後可以言寬也。」試之日，緋衣坐堂上，時服色初定，品官猶或沿明制也。取諸生試卷當堂面閲，閲畢即發，一切竿牘不得行，而積弊以清。所奬拔士，皆窮巷老儒，足跡鮮入城市者，羣號爲「鐵面學道」。又嘗識熊文端於鄉舉時。後文端居金陵，狄已告歸，復相與講學談經，闡東林、白鹿之緒。

孫承恩不肯欺君賣弟

順治戊戌狀元孫承恩，常熟人也。先是，承恩弟暘舉丁酉北闈，以事遣戍。臚傳前一夕，世祖閱承恩卷，其頌語有云：「克寬克仁，止孝止慈。」玉音稱賞。拆卷，見其籍貫，疑與孫暘一家，遣學士王熙疾馳出禁城至承恩寓面詢。學士故與承恩善，因語之故，且曰：「今升天沈淵，決於一言，回奏當云何？」承恩良久，慨然曰：「禍福命耳，不可以欺君賣弟。」學士歎息。既上馬，復回顧云：「得毋悔乎？」承恩曰：「雖死無悔。」學士疾馳去。世祖秉燭以待，既得奏，尤嘉其不欺，遂定爲一甲第一。

王伯勉不爲尚書譯字

湯陰王東皋，名伯勉，官吏部郎。一日，世祖諭旨至部，示滿洲尚書韓代，尚書以無漢字，召東皋至，屬書之。辭曰：「譯字非郎中職，出上意邪，伯勉不敢不書；大臣意耶，腕雖斷，不敢書也。」既改御史，巡城，豪強屏息，無敢有輕裘怒馬洋洋道上者。考滿内用，臺長將以巡鹽兩淮薦，力辭不可，曰：「内用之員，例不奉差，必以此事相付，則前此弊竇，吾不敢隱也。」薦者懼而止。丁憂服除，遽卒。

聖祖禁章奏媚語

康熙時，廷臣章疏有「德邁二帝，功過三王」語。聖祖曰：「二帝三王，豈朕所能邁且過哉！」傳諭中外，自後不許如是。

王文簡惡開捐

康熙時，王文簡公士禛官户部時，秦中大饑，開納粟例，堂司多相緣爲奸利。文簡一無所豫，戒司官，凡捐納事，勿以一呈一稿至。

陳爾昌拒奔女

陳爾昌，名玉綸，鄞諸生。家貧，課徒自給。雍邱有世家侯氏者，延二師，爾昌其一也。侯氏庭設女樂，有女甚麗，命侑觴席上，極歡而罷。夜半就枕，忽户外剥啄聲，啓視，則女子也，峻拒不納。明晨，主人入，拜曰：「真吾師也。」昨同席者已束裝行矣。

李森杖斃伶僧

掖縣李侍御森巡按江南，誅鉏豪右，優人王紫稼吴梅村之《王郎曲》，卽賦此事。及三遮和尚淫奢無狀，皆杖斃之。及中讒被逮，李自選御史，兩經革職，俱復原官。後又以言事謫戍尚陽堡，尋赦還。至是已四黜矣。吴民號泣攀送者數萬人，既登舟，僚屬相顧揮涕。松江知府李正華最後至，攜一酒瓢，滿酌送侍御曰：「吾曹期不愧天日，不愧朝廷，不愧百姓耳。成敗利鈍，造物司之。今日之行，榮於登仙，諸君何至作楚囚相對耶？」

侍御爲之掀髯大笑。

姚端恪父子無私

姚堂，端恪公文然子也。堂應會試，爲總裁王清所黜。清，端恪所舉士也。撤棘後，始知之，來謝過，端恪笑曰：「此足明我兩人無私也。君報我厚矣，何謝爲！」

陸清獻不以取諸民者壽巡撫

平湖陸清獻公隴其令嘉定時，值蘇撫慕天顏生辰，衆皆獻納珍物惟恐不豐，清獻獨於袖中出布一疋、履二雙，曰：「此非取諸民者，爲公壽。」天顏笑卻之。卒以微罪劾罷其任。

施世綸面折託和諾

漕督施世綸有權術，尹京兆時，步軍統領託和諾行驕縱，轎前常擁八騶，施遇諸途，乃拱立道旁，長揖以俟。託驚駭，下轎問之。施忽厲聲曰：「國制非王公不設騶馬，吾以爲諸王至此，拱立以俟，孰意汝也。」欲劾之，託謝，乃已。俗呼曰「施青天」。

阮應商駕馭猾吏

大河衛人阮給諫應商，康熙中，官户部郎，善駕馭猾吏，羣爲之悚息。其蒞任第一日，即以裘服逾制，撻從事二人。督治文案，惟令抱牘待判，不得出一語，故雲南一司，無不洗手奉令也。

高某抗議出婦女

蒙陽高某守信州，在康熙癸丑、甲寅間。時吴三桂、耿精忠爲逆，信州邇閩，信之婦女多爲閩寇所掠，閩民之避亂山中者，其妻女亦多爲信營所獲。平閩之後，兩地居民覓妻尋母者，日以千百計。時軍令例不許贖。高使各具供狀，開列姓名、籍貫及其妻母形貌、被擄之地址、現在之旗份，不數日而滿三大櫃，持赴軍門，語將軍曰：「此號泣而來者，皆不從賊之良民也。今其妻女咸在軍中，色且少者，堅不許贖，老且陋者，故勒高價。當死亡之餘，家業凌替，僅存一身耳，顧安所得金錢耶？令數千百失業之民日夜環城而泣，勢必至相聚爲盜，將軍不速爲之計，吾地方官也，法不敢隱，即據此報親王矣。」將軍揮手曰：「止，止，吾即從汝。」趣下令，軍中有留婦女一人者立斬。一時歡聲震地，獲團聚者數千家。復移文閩鎮，諭以國法，而信民之婦女得發回千餘人。時閩中好事有爲傳奇名《三春夢》者，備載其事。將軍名額楚。

藍理斬戈什哈

康熙癸亥初，鄭成功踞臺、澎，數侵擾漳、泉，爲邊患，議大興師，命靖海將軍施琅征之。施名將，雅知人，聞藍理忠勇，奏署右營遊擊。部議持之，特旨報可，使領前隊先鋒。自是遂在廈門練水師。一日，有二卒出市薪蔬，遇將軍戈什哈觀劇使酒，擒而撻之，且痛詆及理。卒歸愬，理笑曰：「鬭毆，常事也。且問汝，勝耶負耶？」曰：「受撻耳。」理怒曰：「汝不能勝二戈什哈，何能殺賊！」命斬之。卒呼寃，曰：「某等以將軍故，讓之。請復與鬭，如不勝，願死。」乃縱之再鬭，反命曰：「大勝矣。」大喜，命二卒臥板扉上，刺雞血淋之，舁以往，見將軍，請發戈什哈二人付治。琅不可，理固請曰：「今用人之始，士卒不愛軀命，爲將軍出死力，將軍宜一體撫恤之。戈什哈倚將軍勢，無故撻士卒，且大言辱詈某，損先鋒威重，搖軍心，將軍不發此二人付某治，恐軍中人人解體也。」琅不得已付之。理回營，具牒飛報將軍曰：「今日上吉，先鋒官啓行。」卽詣海岸，縛戈什哈二人斬以祭江，轟巨礮，順風揚帆去。琅聞之不懌，既而曰：「虎將也。」

郭世隆毁淫祠

康熙時，漢軍郭尚書世隆督浙閩時，閩俗信鬼，多淫祠，黠者斂錢於民，輒數十萬，檄州縣毁之。

徐立齋整理旗務

徐立齋相國少受知於世祖，卽以天下自任。聖祖尤委任之，兩總内臺。凡事涉八旗者，同僚多咋舌，徐持之甚力。時方重窩逃之律，將軍馬哈達請令奴亡者得自句攝，勿關有司。立齋執不可，曰：「是重擾民也。」滿大臣曰：「當令將軍會同督撫行之。」立齋曰：「如此，則仍將軍爲政。當令督撫會同將軍。」上以立齋言爲是。

京師奸人多掠平民賣旗下，故逃者日衆。立齋請由地方正印官驗問，給印契爲憑，否者坐之。八旗家人以投水、自經報部者，歲至千人，立齋請凡驗有傷痕及一家中前後死三人者，酌予處分。從之。

費武襄斬番僧

費武襄公揚古，勳業甚隆，平噶爾丹功第一，其膽識亦正不可及。嘗從聖祖之番僧寺，番僧中號爲活佛者見上傲睨，不爲禮，卽揮刃斬之。上尤其魯莽，徐奏曰：「番僧雖貴，亦人臣也，豈可使無禮於君前，亂我國法。使有異術，臣抽刃時，應早令伽藍按捺，不延頸就戮矣。」扈從者爭服其言。自此，番僧見大皇帝彌益恭順。

何義門請削門生籍

長洲何焯，字義門，康熙時拔貢，賜舉人、進士，侍皇八子讀。時尚書徐乾學、祭酒翁叔元方號召海内新進，何亦及其門。會設太子講官，以湯斌、尹泰、鄂棻、舒淑、黄與堅任之。湯薦候補道耿介。適朝廷下詔求言，靈臺郎董漢臣上書指斥時事，下九卿議。執政惶恐，與同列囚服待罪，湯宜言於殿廷曰：「董言雖妄，無死罪。大臣不言，小臣言之，吾輩當自省。」明珠入告，以湯當會議時，有「慚對漢臣」語，傳旨詰問。湯具疏引罪，耿亦以疾乞休。於是翁叔元受要人旨，與尹泰、舒淑、開音布并劾耿實無病，湯妄薦。舉朝多不平，何致書於翁，請削門生籍，士論快之。

某典史笞太監

聖祖南巡，鑾輅所經，督撫派員除道，左右爲夾道，聽官民往來，御道居中，禁人行走。某典史巡視某處，聖駕未臨，有太監戴孔雀翎，彪彪然直馳御道。典史阻之，太監叱曰：「若何人斯，敢阻咱老子耶！」典史命拽下馬，械至官棚，坐堂執法。舊例，刑太監不褫下體衣。典史不知，直扯其袴，兩腿盡露，杖下噴血，監叩頭乞哀乃罷。督撫聞而讓之，典史曰：「天無二日，卑職典守御道，祇知有聖駕，不知所謂太監也。」督撫詣行在具奏，自請處分。上問典史何在，奏曰：「待罪宫門。」上曰：「其人有此膽量，不宜辱以典史。」召見，甚寵異之，以四品官用。

甘莊恪看管侍衛

奉新甘莊恪公汝來爲淶水令，以其地多豪強，請於上官，得以柳木棒示威，皆戢服。畢里克者，侍衞之練鷹者也，率拜唐阿及其家丁數十至淶，淶民萬廷荷等被毆幾斃，爭愬之甘，畢等亦入縣堂責甘。甘大怒，揮令看管，置其家丁於獄。事聞，部議褫甘職，奪畢俸。特詔畢革職，復甘官。

任葵尊叱縛千金旦

任葵尊，名宏嘉，康熙中官御史，巡視北城，親王諸府、公侯第宅多在轄下，驕悍尤難治。任偶出，有錦衣駿馬者突其前，任呵叱之。從者曰：「此某王所嬖千金旦也。」任大怒，身逐之，率隸卒奔抵王府，坐其門譟，必得旦乃已。王曰：「是申申者何也？亟出，敢若何！」旦出，任叱縛之，予杖四十。王大恚，入奏，聖祖曰：「彼非凌汝，行者吾法。汝庇優，虧吾法。」王觳觫稽顙出。

任葵尊鞭馬三爺

馬三爺者，戚畹某之弟，登城私。任葵尊官御史，方巡城，執而鞭之，告其兄，兄面謝過。已而謀齮齕任，任廷發其姦，某嬌辨，聖祖命掌其頰三十，又擊九門提督罪，詔立斥罷。任嘗慨然流涕曰：「宏嘉之得保首領，天子賜也。」

湯文正面折明珠家奴

湯文正公斌巡撫江蘇時，相國明珠有家奴，言事多效，公卿震慑，所至，大府多郊迎，恂恂執弟子禮頗恭。過蘇，畏湯，不敢謁。自監司以下，朝夕候其門。湯聞，使召之。將命者用故事，以客禮請，從騎數十。至轅門，顧謂左右：「主人出迎何遲也？」久之，辟大門傳呼，大驚，窘迫，脱厮輿服被之。入至階下，見湯南面坐，乃跪而聽命。湯曰：「汝主與吾同朝，聞汝來，故以酒食犒汝。」命門卒爲主人。其人慚沮，卽日去蘇。歸訴之明，謀致難於湯，而湯聲績甚著，上方向用。念在外無從得事端，會阿哥出閣讀書，乃上言湯某以理學爲時所崇，輔教太子，非某不稱。上然之，遂以詹事徵入京。明珠私人余國柱，卽以湯去蘇時士民攀援者塞道指爲市名，並羅織減賦事爲歸過君上，俱入告，而湯不知也。進講東宫，首《大學》財聚民散數則。畢講，阿哥入侍，上令舉所肆以聞。上曰：「此列國分疆時語，若海内統一，民散，將安之？試詢之。」湯具陳奏陳、隋土崩狀，且言一統而民散，禍更烈於分國時。上雖諒其忠，以有先人之言，眷遇非前日比矣。會議殺董漢臣，湯堅持不可，自是上滋不悦。迨湯薨數月，猶與諸大臣語曰：「吾遇湯某特厚，而怨訕不休，何也？」

拉卜敦忤明珠

滿洲拉總憲卜敦，董鄂氏，有勇力，能彎十石弓左右射。善詩文，頃刻數篇，外國語無不通悉。性剛直，立朝不苟。嘗忤明珠，戍西藏，藏人叛，殉難。

項學仙請移賄充賑

項學仙，康熙時人。負膂力，工鏢，嘗游秦、晉、燕、趙間，強暴聞其名，不敢犯。嗣陝督以千金聘至，厚遇之，隸標下。一日，出黃金五千，白銀三萬，命獻明珠。學仙因叩首曰：「今陝、甘、兩廣之地，天災流行，餓莩載道，明公盍以此賑饑，民將全活無算。小人不敏，不慣爲人作暮夜求也。」督怒，繫之獄。及明敗，督亦去位，始釋歸。爰杜門不出，以歧黃術自給。門臨河，荇藻掩映之，嘗以箸取魚，烹以佐酒。妻豔而勇，能撲人於數十丈外，濟南道上，曾佐其夫敗劇盜百餘人。

康績斥允禵

康熙戊戌，固山貝子允禵以撫遠大將軍督西陲邊事。會歲饑，武弁康績方運糧至半道，績以所運賑之，軍法當斬。允禵重其義，乃疏言云：「績法宜死而心宜生。」聖祖赦之。其後，績參機宜事，時有匡正，有不當者，輒面斥之。每遇允禵宴會，輒勸其止飲，允禵改容謝之。

鄂文端拒見皇子

鄂文端任內務府司員時，世宗在藩邸，因事召之，鄂曰：「皇子宜毓德春華，不可交結外臣。」上心善其言。及即位，首召之，戚友以前事爲之憂。及入對，即諭曰：「汝以郎官之微，而敢上拒皇子，守法甚堅，爲大臣，必不受請託。」立授江蘇布政使。不十年，登首揆。

趙恭毅重懲徐采

康熙季年，優人徐采給事藩邸，嗾傭者殺人，事下九卿。議者欲脱采，以傭抵。武進趙恭毅公申喬夙以廉直著，獨據刑部讞，論采主使，坐絞。已而采竟減死戍邊。及世宗即位，仍逮采於邊，論如律，下詔褒趙。

趙恭毅不爲王屈法

武進趙恭毅任司寇時，廉邸有伶殺人，諷趙出其罪，謝曰：「天子之法，不能爲王屈也。」

顧琮剛亦不吐

顧琮，太師顧八代孫也。風骨挺勁，在滿洲大臣中，與徐元夢並稱，時人爲之語曰：「前徐後顧，剛亦不吐。」世宗初年，設會考府，顧爲主事，杖某王府吏。王初不悦，後奇之。嘗持議欲行限田法以均貧富，與用事大臣動色争於上前，無所撓挫。有文覺禪師者，出都，聲勢烜赫，騎從如雲，道出袁浦，兖、豫二州方面大僚率屬郊迎。顧方與前總漕魏廷珍相交替，皆若弗聞也者。

孫詔成杖宫監

武威孫方伯詔成，康熙壬辰進士，選庶吉士。雍正初年，解館，改知直隸某縣。會世宗有事先陵，蹕經其邑，大雪，積行宫門外數寸。故事，宫門内外糞除之役，宫監司之。時宫監有所索，未之允也，輒呼縣官來掃雪。孫擁篲以前，謂宫監曰：「縣官爲天子掃雪，豈辱事耶！」傴僂掃雪不已。宫監怒，將羣集而毆之。於是引其魁以出，飭皁隸縛而加杖。時上官皆候宫門外，聞之震慄，遂以其實上陳，且請罪。世宗覽奏，欣然曰：「此知縣好大膽。太監滋事不可赦，著交所司治罪。」召見，慰勉者再。未幾，擢守寧波，旋遷寧紹台道，轉兩浙鹽運使。

佘甸爲直臣

康熙間，以河官而兼民治實德在人者，諸暨楊觀察三炯而外，惟福清佘少京兆甸。佘初試江津令，西事起，藏連青海諸番謀窺川陝。年羹堯撫四川，加正賦，通私茶，猶不足以奉戰士，多額外急征，檄再三至，佘不應。乃遣内丁持印文告諭，自朝至日晡，不出。使者譁，乃開門坐正堂，命反接。衆不敢動，佘怒，乃共推曳，伏之地，投六鐵，丞簿皆曲跽爲請。須臾，士民集堂下者數百千人，耆老數十升堂，以身蔽使者，告哀曰：「公何難棄官，但我民自今無怙恃矣。望哀赤子無依，寬使者法。」久之，乃命釋縛羈候。越日，使者索原文，斥之曰：「還報大人，我無子，閉門待劾，原文已問道付二三執友矣。」甸日，聲震京師。夔堯曰：「此民所戴也，劾之傷衆心。」

會行取入京，爲吏部主事。掌選二年，權要富人之求速化者，多爲所格，長官亦陰患其戇，乃力求退。嗣被薦，起爲兗濟道。士民聞其至，訟獄者争赴焉。河督齊蘇勒旋以工事劾之，士民相隨聽勘者數千人。齊巡工，至余所部，父老争結綵炷香，稽首於舫前，請登岸受萬民瞻拜，擁肩輿至廣原，升高座，聚者萬餘人，四面環拜，投香於地，高如邱陵，咸呼曰：「還我余公，吾民萬世尸祝。」齊大驚，許拜疏，衆乃散。世宗聞之，立召入，退語政府曰：「吾又得一直臣矣。」

沈端恪侃侃持正議

沈端恪公近思初爲文選郎，尚書隆科多最專斷，曹司莫敢仰視，端恪獨侃侃持正議。一日，畫諾，尚書曰「可」，端恪曰「不可」。尚書怒，端恪持之益力。良久，尚書忽曰：「沈選君，諍友也。」改而從之。且曰：「僚友當如此矣。」入告世宗，擢太僕寺卿，仍領選司，自此得大用。

徐時伯抗李衛

徐時伯，建寧人，雍正壬子令邢臺。時李衛以苛刻稱，而時伯獨能持大體，疏文法，李深惡之。有細民韓德者，以符水治病有驗，人多信之。母死，葬西山，送者甚衆。武弁某素喜事，以邪教聚衆密白李，李令郡守調兵急捕之。守以告時伯，時伯曰：「西山民頗謹愿，可力保無他，請單騎驗之。」守曰：「李公意嚴切，其事果實，君一身能任其咎乎？」時伯對曰：「果爾，願以親屬百口同坐。」守頷之。遂往毁其墓廬，以德歸，白李，予杖責而已。未幾，他縣民以被誣邪教而逮相牽入獄者三百餘人，多自斃，守歎曰：「吾今乃知民命之懸於令也。微徐令，西山之民殆矣。」

其後調清苑。甫至，會大水，放賑，而常平倉粟半朽腐。李欲派令各縣攤補，時伯力言不可。李怒甚，時伯謝曰：「公意與民意均重，然二者相衡，某寧逆公意，不敢逆民意也。」李厲聲訶之，時伯不爲動，徐起趨出，時左右聞者皆股栗。李色變，目上視，語良久，顧兩司曰：「是人乃敢忤我，殊有膽，吾今姑恕之。」翌日，召之入，謂曰：「子言良是，行别籌之。」時伯不言謝也。人皆笑其迂。尋以乞養歸，民攀輿送者，至流涕，而邢臺人思之爲尤至。

方靈皋折王相

方靈皋名苞，受世宗知，以罪僇而致卿貳。性剛戇，遇事輒争。嘗與履恭王同判禮部事，王有所過當，拂袖争之。王曰：「禿老子，若敢爾！」方曰：「王言有馬勃味。」王怒，入奏，上兩罷之。往謁相國查郎阿，其僕恃勢不卽稟，大怒，以杖叩其頭，血涔涔下。僕狂奔告，查迎見，方云：「公爲天子輔臣，宜以謙冲恭敬待下僚，安可縱豪僕以忤天子之卿貳！公誤多矣。」怫然欲去，查長揖謝之，乃已。後復至查邸，其僕望之卽走，曰：「舞杖老翁又來矣。」

李紱倔强到底

李紱，字穆堂，臨川人。生有異稟，讀書日二十册。由編修超五階爲庶子。世宗在潛邸即知其名，及即位，授廣西巡撫。當是時，廟堂痛懲朋黨之習，尚書蔡珽適獲戾，李面保，忌者因目爲死黨。而河南巡撫田文鏡者，由縣丞至巡撫，察察爲明，聖眷隆甚，嚴吏治，一劾輒數十員。雍正間，李以直隸總督入覲，過豫，一揖未了，即厲聲問田曰："公身任封疆，有心蹂踐讀書人，何耶？"田立以李語入奏。李入，亦首劾田負國殃民，又連疏糾劾。會御史謝濟世亦劾田，世宗以濟世所言與李奏一一脗合，明是結黨傾陷，宜嚴懲。於是內外諸臣，以全力排李，必欲死之。上知其才，又惡其倔强到底，欲摧折而用之。兩次決囚，縛李西市，刀加頸，問："此時知田文鏡好否？"李奏："臣愚，雖死不知文鏡好處。"乃宣旨赦還。

魏定國抗將軍

廣昌魏少宰定國知應城縣時，善決獄，鄰縣訟者咸赴愬，上官亦知之。雲夢孝感民爲有司所虐，閉城罷市，大吏親臨不得入，檄魏往。民望見銜牌，讙曰："魏青天至矣。"皆羅拜，旋解散。嗣守杭州，豁浮糧，屏盜賊，戢旗兵，民感戴如在楚時。會巡撫黃叔琳獲罪，或言叔琳弟叔璥爲御史，巡臺灣，過杭擾民，民罷市，世宗命將軍、督撫會訊。訊日，觀者如堵牆。叔璥囚服噤不語，將軍呼三木脅之。魏率錢塘令上階，抗聲曰：「府縣司地方，地方罷市，府縣不知，請先劾府縣。且闔城老弱萬千在庭下，辱將軍一問，有無立剖，安用刑爲！」將軍目外望，諸百姓匍伏，同聲應曰：「如府君言。」叔璥遂得釋。後以陳臬畿輔，拷人致死，謫戍黑龍江。乾隆丙辰，與楊名時、魏廷珍同召見，出撫安徽，入貳吏部，終其身，世稱「魏青天」。

高宗不喜朋黨

高宗初年，鄂文端、張文和二相國秉政，嗜好不齊，門下士漸分門户，上屢降明諭，引世宗《朋黨論》戒之。内閣學士胡中藻爲鄂得意士，以張黨爲寇仇，多譏刺，上正其罪，誅之。

全謝山碎木主

鄞縣有名宦鄉賢祠，明降臣張軍門杰、謝太僕三賓亦濫列焉，當時不知何人所謬爲陳請者也。全謝山年十四，補諸生，初入學，例往謁，見二木主，大怒曰：「此反覆賣主之亂賊，奈何汙宫牆也！」亟掣取，捶碎之，投之泮池。

魯亮儕保全中牟令

魯之裕，字亮儕，奇男子也，雍正間官清河道。時田文鏡督豫嚴，提鎮司道以下受署惟謹，無游目視者。魯効力麾下。一日，命摘中牟李令印，即攝中牟。魯爲微行，大布之衣，草冠，驅驢入境。父老數百，扶而道苦之，再拜問訊曰：「聞有魯公來代吾令，客在開封，知否？」魯謾曰：「若問云何？」曰：「吾令賢，不忍其去故也。」又數里，見儒衣冠者，簇簇然謀曰：「好官去，可惜。伺魯公來，盍訴之。」或搖手曰：「咄，田督有令，雖十魯公，奚能爲！且魯方取其官而代之，寧肯捨己從人耶？」魯心敬之而無言。至縣，見李貌温温奇雅，揖魯入，曰：「印待公久矣。」魯拱手曰：「觀公狀貌被服，非豪縱者，且賢稱噪於士民，甫下車而庫虧，何耶？」李曰：「某，滇南萬里外人也。别母遊京師十年，得中牟，借俸迎母，母至被劾，命也。」言未畢，泣。魯曰：「吾暍甚，具湯浴我。」徑詣别室，且浴且思，意不能無動。良久，擊盆水誓曰：「依人而行者，非夫也。」具衣冠辭李。李大驚，曰：「公何之？」曰：「之省。」與之印，不受，强之曰：「毋累公。」魯擲印鏗然，厲聲曰：「君非知魯亮儕者。」竟怒馬馳去，合邑士民焚香送之。至省，先謁兩司，告之故，皆曰：「汝病喪心耶？以若所爲，他督撫猶不可，況田公耶！」明早詣轅，則兩司先在。名紙未投，令轅傳呼魯令入。田南向坐，面鐵色，盛氣迎之。旁列司道及文武十餘人，睨魯曰：「汝不理縣事而來，何也？」曰：「有所啓。」曰：「印何在？」曰：「在中牟。」曰：「交何人？」曰：「李令。」田乾笑，顧左右曰：「天下摘印者，寧有是耶？」皆曰：「無之。」兩司起立，謝曰：「某等教勅亡素，致有狂悖之員，請公并劾。魯付某等，嚴訊朋黨之弊，以懲餘官。」魯免冠前，叩首大言曰：「固也，待裕言之。裕一寒士，以求官故，來河南，得官中牟，喜甚，恨不連夜排衙視事。不意入境時，李令之民心如是，士心如是，見其人，知虧帑故又則是。若明公已知其然而令裕往，裕沽名譽，空手歸，裕之罪也；若明公未知其然而令裕往，裕歸陳明，請公意旨，庶不負大君子愛才之心，與聖上孝治天下之意。公若以爲無可哀憐，則裕再往取印未遲。不然，公轅外官數十，皆求印不得者也，裕何人，敢逆公意耶！」田默然。兩司目之退，魯不謝，走出。至屋霤外，田變色下階呼曰：「來！」魯入跪。又招曰：「前！」取所戴珊瑚冠覆魯頭，歎曰：「奇男子，此冠宜汝戴也。非汝，吾幾誤劾賢員。但疏去矣，奈何？」魯曰：「幾日？」曰：「五日，快馬不能追也。」魯曰：「公有恩，裕能追之。裕少時，能日行三百里，公果欲追疏，請賜契箭一枝以爲信。」田許之，遂行，五日而疏還。中牟令竟無恙。以此魯名聞天下。

先是，亮儕父某爲廣東提督，與三藩要盟。亮儕年七歲，爲質子於吳。吳王坐朝，亮儕衣黃袷衫，戴貂蟬，侍側，年少豪甚。讀書畢，日與吳帳下健兒學赢越勾擲塗賭跳之法，故武藝尤絶人。

劉文正主試持正

劉文正公累主會試及順天鄉試，門下賓友往往以暗中被擯，人無怨言。所得士，雖已列仕版，多不識面。

蔣因培面折巡漕御史

常熟蔣伯生大令因培宰山東，多惠政。會巡漕御史某家人婪索供張，勢張甚，所過咸趨承惟謹。抵汶上，蔣方詣行館報謁，及門，聞訢厲，廉知横行狀，便止屏外，揚聲慷慨而言曰：「公奉天子命來，因公過境，凡適館具餐，所應儲峙，有司爲東道主，何敢怠忽。今乃縱厮養無狀乃爾乎，是藐功令也。因培亦朝廷命官，藐功令者，而顧靦顏奉之，非夫也。」遽令撤所張燈及供膳，拂衣徑歸。御史遂中夜蒼黃去。後事發，以賄賂牽連者數輩。東撫以蔣事上聞，奉硃批：「此人可嘉之至。」

熊會玢不懼長官

高宗之南巡也，黃文襄公廷桂任江督，方厲威重，供張悉咄嗟取辦，屬吏惕息，無有敢少忤其意者。時丹徒令爲潛山熊會玢，開闢御道，不忍壞人冢墓，遷繞里許。文襄大怒，謂蹕路所經，不由直道，是大不敬，弗急改，必誅。熊對曰：「豈駕前有人持指南針，由京師直至丹徒，不一轉彎耶？且上非秦始皇，如聞江南有發冢暴骼事，必赫然震怒，罪將在公而不在某。幸而上不知，公獨無惻隱心乎？」道府咸駭，引其袂使謝，熊不肯，且大言曰：「參官已耳，能殺我耶？」文襄無如何，道卒不改。

蘇臬司某好微行訪察，一日，密檄逮丹徒大猾某解省。熊使人拘之至，則農家愿慤人也，立縱之去，以實上稟。未幾，以事赴蘇，臬司怒曰：「君識其爲善人而遣之，我乃不能識人耶？」熊曰：「由縣解司，其問有胥吏之層層需索，公卽有皐陶之明，訊而釋之，其家已破，誣者之計得矣。」臬司瞿然。

熊後以治績擢至知府，嘗曰：「長官亦人耳，何必懼！有患得患失心，則面少人色，將順不暇，居官之治忽，可想見矣。」

張若瀛杖太監

高宗幸灤陽，有隨侍太監某滋擾民間，時熱河巡檢張若瀛者，桐城相國文和公族子也，撫以善言，太監愈咆哮，若瀛乃呼役縛之，立加大杖。直督方恪敏公聞之，大驚曰：「張某瘋矣！」亟上章劾奏。上察其情，謂侍臣曰：「非太監恣行不法，若瀛安敢爾！其人殊有家風，朕甚嘉之。」因降特旨，令越七階擢同知，而太監遣戍矣。

某吏目杖太監

乾隆時，高宗駕幸通州，有内監數人至州署索供張，知州與辯，内監勢張甚，批其頰，知州遁。吏目乃叱役痛予杖，監訴於上。翼日，召見吏目，嘉其官卑能執法。適有知縣缺出，即以吏目補授，諭曰：「汝作知縣，可始終強項以庇百姓，勿爲上官屈也。」

李潄芳捕欒大

李侍御潄芳，四川人。巡視中城，有傅文忠公家奴欒大恃勢招無賴肆行市衢，無過問者，李慨然曰：「傅相以忠謹傳家，故能保。大，家奴也，遊蕩非傅相所知，關係甚鉅，不可使貽累椒房也。」乃捕大，審得實，立登白簡。高宗大悅，戍大，傅罰鍰，擢李爲給事中。

衛哲治直陳阿思哈

衛司空哲治歷任封疆，以廉能著。撫粵西時，謝侍御濟世子犯法，衛鍛鍊其子，因波及侍御。袁簡齋曾作書規之，劉文清公亦言其「官每高一階，而其品乃下一級」，蓋亦不能自守之士也。然其召對時，高宗問近日封疆大吏臧否，衛自謝無狀。上言：「姑置汝勿論，孰最劣？」衛對曰：「惟江西巡撫阿思哈耳。」時阿寵眷最渥，而衛敢攖之，亦難能也。

佟伊勤慎嚴侍侍衛

襄毅伯佟伊勤慎，乾隆中，任領侍衛内大臣。典宿禁近數十年，馭下嚴肅，每早朝，必正襟坐中左門，入直侍衛，按簿呼唱，朝服佩刀率以入，遲者令自負襆被出，以辱之。景運、隆宗二禁門，非奏事待旨及宣召，雖王公大臣不許私入。當時禁籞嚴，部曹有終身不識乾清門者。後日漸廢弛，至曠班累日不至，夏日直宿，長衫羽扇，諠譁嘻笑，至圓明園諸宮門有竟日袒裼酣卧者。有人告當事，當事者笑曰：「使裸者俱在，已幸，君何苛責哉！」

陳昌齊答德壯果之言

海康陳賓臣觀察昌齊，任温處道，值德壯果公以一等侯閱視閩浙營伍，下令於各海岸設兵巡邏，不許一人下海，屬吏莫敢置對。陳曰：「沿海居民多捕魚爲業，若禁其下海，則數萬漁户無以爲生，激變之咎，誰當任之？」德默然久之，曰：「君言是也。」

羅慎齋惡袁簡齋

湘潭羅慎齋少卿典，致仕後，主講嶽麓書院，以程朱學誨人，造次必於禮法。諸生心嚮之，而苦其拘。時袁簡齋過湘，聞羅名，訪之，羅薄其爲人，拒不見。袁去，羅命僕擔水洗門前階石，僕怪之，曰：「勿使穢跡汚吾地也。」

張亨甫責曾賓谷

建寧張亨甫，名際亮，嘗游京師。時曾賓谷鹾使燠，方以名輩顯宦居京師，羅致知名士，士日獲其贈遺，諂之甚。一日曾食瓜子，殼黏其鬚，有門下士起而拂之，亨甫斜視大笑。翼日，寓書於曾，責其不能教導後進，徒以勢利奔走寒士，門下士復不知自愛，廉恥俱喪，負天下望。曾大怒，毁之，由是得狂名。

張僴當世之好士，曾不如其好色之真也，取一時名優爲傳，曰《金臺殘淚記》。自序云：「自獲麟隕涕而後，天下有二淚焉。一賈生之哭，國事也；一阮籍之哭，窮途也。」又嘗謂九十九峯散吏曰：「吾記金臺，匪記也，後世必有淚余之淚者。」

王文端不許其子應試

王文端公杰與和珅同朝，和而介。其子某工文藝，善書，恆爲父代筆。高宗知之，以問王，輒以不才對。每屆秋闈，先期謂衆曰：「誰薦中吾子者，吾即劾之。」子無奈，回陝，欲應本省鄉試。時陝撫某，門下士也，亟致信，亦以是屬之。收卷時，中丞視其文可中，乃袖置己室，不發謄録。蓋其子豪於飲，故不令仕，且懼其不免爲和所陷也。

錢梅谿阻畢秋帆壽和珅

畢秋帆沅督兩湖時，值和珅年四十，自宰相以下，皆有幣帛賀之。秋帆賦詩十首，並檢書畫、銅瓷數物爲壽。時錢梅谿泳在畢幕中，語之曰：「公將以此詩入冰山録中耶？」秋帆乃大悟。

管韞山折和珅

武進管韞山侍御，名世銘，以户部主事入直軍機處，受知於阿文成。時和珅任樞密，赫奕冠一時，管時持正論折之。和屢欲中以危法，賴文成保全之。管既傳補御史，文成慮其以言賈禍，乃面奏：「軍機章京唯管世銘一人諳練故事，下筆敏捷，世銘去，無繼之者，請以御史仍留軍機處行走。」故事，軍機傳補御史，即退出直廬，若留，則不得上疏奏事也。管未引見時，已草疏數千言，備論和奸狀。引見歸，急繕摺，將於明日上之，而仍留軍機處之命已下矣，管大失望。洎入直，謁文成，猶侘傺不平，文成慰之曰：「報稱有日，胡亟亟以言自顯乎！且和相得君專，一疏不足以仆之，則適以取禍，無補於國事也。留有用之身，圖異日之報，不亦可乎？」管乃稍稍自悔。及文成薨，管旋亦下世，距和之敗數月而已。

武虛谷杖和珅差役

武虛谷，名億，河南偃師人。任山東德平縣令，有政聲。乾隆甲午秋，壽張王倫倡亂，爲舒文襄公撲滅。或傳倫實未死，潛匿他方。庚戌，山西人董二告倫匿山西某縣，和珅希封賞，授意於覺羅牧菴相國長麟，令偵緝。牧菴以虛妄對，和艴然，乃密簽役往山東緝訪。至德平，役恃和勢，作威福。武擒至署，取視捕役簽票，惟書二公差名，而同行者乃十五人。武責之，役抗横無禮，武怒，以大杖責數十。役歸，告和，和怒曰：「縣令乃敢杖吾胥役！」授意山東巡撫，劾罷武職。武歸裝惟書數十簏而已。嘉慶己未，有洊武者，仁宗命復其職，而武已先卒矣。

謝香泉燒和珅車

湘鄉謝香泉任台諫時，以直聲著。時和珅用事，權燄甚張，恆思有以折之。先是，珅有寵奴，常乘珅車出，人避之，莫敢詰。一日，謝巡城，適遇諸途，怒，命卒曳下笞之。奴曰：「汝敢笞我！我乘我主車，汝敢笞我！」謝益怒，痛笞奴，遂燒其車，曰：「此車豈復堪宰相坐耶！」九衢中人聚觀，歡呼曰：「此真好御史矣。」和恨之，假他事削其藉以歸。

謝文章名一時，喜山水，乃遍游江浙，所至人士争奉笻履迎，飲酒賦詩，名益高，人皆傳稱之曰「燒車謝御史」。和伏誅，復官部郎以卒。道光癸巳，河南裕州知州謝興堯以卓異薦入都，興堯，御史之子，由翰林改官者也。引見時，唱陳名貫畢，宣宗問曰：「汝湖南人，作京語，何也？」堯對言：「臣父謝振定，歷官翰林、御史，臣生長京師。」宣宗悟曰：「爾乃燒和珅車謝御史之子耶？」因褒勉之。明日，宣宗語閣臣：「朕少時聞謝御史燒車事，心壯之，昨見其子來，甚喜。」未幾，命擢興堯敍州府知府。

和孝固倫公主折豐紳殷德

高宗幼主和孝固倫公主下嫁和珅子豐紳殷德，豐挾父勢，頗驕縱，公主從容語之曰：「若翁受皇父厚寵，不圖報稱，惟以納賄聞，象有齒以亡其身，期正不遠，若顧挾之以驕縱，何耶？」豐聞之，色沮者良久。後和籍没，豐繼殂，公主持家政者十餘年，内外嚴肅，賴以小康。道光癸未秋，薨，宣宗曾親臨奠醊焉。

李世傑卻福文襄檄

黔西李恭勤公世傑督兩江，值福文襄王征臺灣，檄調督撫府庫餉銀，李力持不與，曰：「此朝廷府庫，不見部文徵撥，誓不敢發。」福無如何。

嚴士鋐擒治總督傔從

丹徒嚴廉訪士鋐令四川華陽時，甫涖任，西藏廓爾喀兵事起。福文襄爲大將軍，征之，軍符絡繹於道，自成都至打箭鑪，皆設軍需局。嚴言於布政使英善曰：「大兵大役，聖人所以綏遠人，靖邊陲，內地民人尤宜愛護。兵部勘合頒行在案，凡有爲百姓擠節者，所以仰體皇仁，有藉端需索徵求無厭者，必痛懲之。」會總督和琳傔從入局，苛索夫馬酒食，勢張甚，廉訪立擒治，申請遞解回籍，衆爲之肅。

潼川商納貲爲道，而負鹽課。鹽道林儁爲之調停，其人抗不服。大府以委廉訪，申其罪，請褫革，加桎梏焉。別籤商人如原議。

學政以門聯示意

陸耳山督學福建，榜其門曰：「爾無文字休言命，我有兒孫要讀書。」彭芝楣督學江南，榜其門曰：「一卷不閱，兩目卽枯。」竇東皐督學浙江，榜其門曰：「文章千古留其是，夙夜一心惟不欺。」朱石君督學浙江，榜其門曰：「鐵面無情，凡涉科場，戚誼年家須諒我；鏡心普照，但憑文字，平奇濃淡不冤渠。」吳稷堂督學浙江，大門榜曰：「畏簡書尤畏人言，常以懷刑盟夙夜；正文風先正士習，每將知恥勗膠庠。」

洪亮吉斥董誥

富陽董蔗林相國誥，長子淇以廕官户部郎，中年夭折，相國悲咤。一日，偶謂門下士曰：「予自問生平無罪，西河之痛，天何罰之酷耶？」衆或引孔子伯魚、釋迦摩侯羅爲況者，相國愈不釋。時洪稚存編修在座，最戇，率爾對曰：「師何無罪？師秉國鈞，上之宜法皐、夔、伊、傅，次之亦當效房、杜、范、韓，乃庸庸祇祇，徒效孔光、石慶之所爲，不能造福，卽有餘殃，愼無以無罪自蒙也。」相國憪然久之。後分發孽籤一案，議窮治應訊者數十員。相國方掌吏部，力言於朝，謂若等微員下士，來自田間，不識忌諱，或以笠屐所經，熟其風土，或有葭莩所托，資其饔飧，與指名鬻缺者大異，請恕其既往，禁其將來。此案乃治吏而不及官，得全者甚衆。

黃秋平與孔府講禮

阮文達公元，與衍聖公有姻婭，衍聖公囑代延塾師，卽薦黃秋平往。開館講書，從學者皆坐而聽講。秋平曰：「爾孔府，天下古今乃第一講禮人家，其學規竟如此耶？依禮，我則留；不依禮，我自去耳。」

王儕嶠揭錢俊

王儕嶠，名蘇，居諫垣，有直聲。出守洛陽，不趨勢要，上司畏其鋒稜。錢楷時爲方伯，其族弟俊以資授道員，恃兄勢，頗豪縱。王察其辦物料有虧缺，乃直揭藩司，稟中有「深知錢道爲上臺族人，然夙信大人之清正，必不以葭莩故致誤國事也」。錢大驚，准其揭治俊如法。後告人曰：「是日讀稟時，余手自顫搖，不知作何批示方好也。」

龔鑑杖僧

錢塘龔明水大令鑑，知甘泉。僧明慧者，曾與內廷法會，干謁遍大江南北。一日，以書幣關白於龔，龔杖其使而遣之。總督歎曰：「強項令乃如是耶！」事聞，上召明慧至，錮之於京師。

馬伯樂繫總督家人

馬星房，名伯樂，以嘉慶辛未庶常改浙江歸安知縣，政聲卓著，巡撫帥承瀛極重之。值總督慶保過境，家人婪索無已，不容請謁，馬命丁役攜鐵索從之登舟，阻者力繫。慶聞之，延納謝過。馬知其必不容也，遽攜印見帥，乞病。帥迎而笑曰：「若懼制府不容乎？吾不能爲百姓留好官，何以對百姓？若自勉爲好官可耳。」馬回縣，未逾月，慶改伊犂將軍矣，蓋帥有密疏劾之也。已而帥以病告，德清徐蔡氏獄起，馬以原檢官遣戍。值叛回張格爾之役，將軍長齡、參贊楊遇春皆夙重其名，要治軍書，與謀機密。奏捷論功，專摺開復。及引見，竟以五品頂戴休致。

陸泌邏伺逆書

陸侍御泌，錢塘人，頗骨鯁。嘉慶癸酉林清之變，太監楊進忠爲某貝勒袒庇，已漏網，陸不平，曰：「閹寺本無威權，赫赫天潢，反與交結，如不舉發，奚用御史爲！」乃遣吏邏伺，卒得其逆書，劾之。仁宗歎賞，立擢之爲四品京堂。其黨銜之次骨，然卒未能中傷也。

桂芳責某相

覺羅桂芳，字香東。官户部侍郎時，值某爲相，政苟且，桂面責之曰：「不意宗臣中乃有如公者，直污蠛腰帶矣！」蓋宗室得腰繫黄帶，覺羅得腰繫紅帶，俗有黄帶子、紅帶子之稱也。某恨之次骨，亦無如何。嘉慶癸酉林清之變，桂擬奏稿數條示董相國誥，董曰：「公言雖是，恐不合上意。」桂正色曰：「此何等時，尚以迎合爲言耶！」董謝之。奏上，上皆嘉納。甲戌春，命往粤西審辦成林案，病於武昌寓所，未數日，暴卒。

鄒曉屏争銓選事

無錫鄒曉屏冢宰，立朝不苟，嘗與胡圖理争銓選事，直言侃侃，莫能奪，卒以見謫。一日，禮親王遇之於九松山古寺中，鄒歷言胡變法，曰：「吾年已及衰，尚戀戀此位何爲！當以去就争之，不可使朝廷之法自我壞也。」仁宗亦重其品，誕日，賜内府梨園部曲以榮之。

遷就。

祁文恪駁報銷案

山西祁文恪公性方嚴，管工部時，於各省報銷之稍與例案出入者，必駁斥，雖左右堂爲之言，不稍遷就。

楊遇春家法嚴正

楊遇春有子曰國楨，少倜儻，豪飲不羈。其自刑部郎出守潁州也，遇春方提督固原，兄國佐亦以守備引見，並予假省親。國楨至，轅者以遇春命止之，不許入。國佐入，爲跪請，久乃召而庭數之，國楨免冠謝。遇春曰：「吾起家武舉，上拔擢至此，恩遇無比，常恐老不知所報，始我期汝云何，而忘之也？」命予杖。文武官吏爲叩頭乞免，不許，已皆大駭服。道光初，國楨擢雲南鹽法道，未上，遷按察使，陛辭，宣宗諭曰：「好爲之。有如不稱，當語而父知之耳。」蓋當是時，上亦知遇春之家法也。

王東槐笞王府車夫

道光時，王東槐任巡城御史，遇王府木器車橫行中路，途爲之塞，特拘車夫笞之。

高叟斥牛鑑

甘肅牛制府鑑，少時家綦貧，徒步走千餘里，至西安，肄業關中書院，無以給饔飧資，常寄食於院中之廚役高叟家。高偉其氣宇，知必大用，不責償也。及牛通籍，報以千金。道光中，督兩江，高猶健在，年逾七十矣，家亦小康，因往訪牛，牛留之署中。己亥，鴉片戰事起，牛附和奕山、伊里布等，力主和議，陷陳忠愍公化成、裕靖節公謙於死。高大憤，馳書告其子，舉家中產業，凡以牛贈金營運所殖者，悉斥賣之，匯其銀至江南，計逾二千金，乃持以謁牛曰：「牛先生，昔吾所以解衣推食者，以子英偉，將來爲名臣耳，豈望報乎？今子乃誤國至此，吾義不受子之惠，請以昔者所贈及歷年所得子金悉還之子。吾仍爲廚役，不慮餓死也。」牛亟起謝，高竟拂衣去，貸於鄉人而歸。

何允彪拒青衣麗姝

蕭山何允彪中丞煊，道光中葉任雲南巡撫。爲諸生時，嘗假館杭州山村小庵中，四顧荒寂，衆數徂驚以走，何居之坦然。忽夜聞叩門聲，則一青衣麗姝，冉然入，咄之，對曰：「夫久出，今忽得書，不識字，請先生爲我誦之。」何擲不閱，曰：「村中豈無識字人，何必乘夜求我！爾可來，則可去，毋稍延。」婦慚而出。

黃輔辰持正不阿

貴筑黃觀察輔辰官吏部考功郎時，遇事侃侃，持正不阿，屢忤尚書恩桂，又與張侍郎爭易州牧貪墨事，抗論再三。同官或目之曰「硬黃」，鐫二字於石以贈之。黃少奇困，嘗屑穄和麥麩爲粥，又不給，則就鄰生擷園中桃實生啖之，意充然，不廢學。

王茂蔭不阿肅順

歙縣王子懷，名茂蔭。咸豐初，爲御史，抗疏直言，於國家大計多所建白。未幾，洊升户部侍郎，遇事力持正論，朝貴爲之斂迹。時肅順柄國，頗忌憚之，遣客通殷勤。王意頗動，訂於某日偕謁。客待於外堂，車駕矣，衣冠而出，過廳事東偏，有巨鏡，忽對鏡立，瞻顧一周，拈鬚自語曰：「焉有堂堂王子懷，而爲權臣屈節者乎！」遽謝客。客還報，肅恚甚，將謀所以中傷之，乃引疾歸。比穆宗立，優詔起用，有「直言敢諫、志慮忠純」之獎，遂復出。時京師粥廠以辦理不善，澤不下逮，奏請擴張整頓，風清弊絶，飢民多感頌焉。晚年，奉命查案山西，所挈隨員有得賄者，爲所欺，覆奏失實，清望稍減。其所居在京師宣武門城南，即歙館。歙人言及王，恆指鏡以相告語也。

王茂蔭折瑞常

咸豐戊午京察，時大學士瑞常筦兵部，涇縣王茂蔭爲左侍郎。及過堂，瑞舉一等諸員姓名，語尚侍，王起，正色曰：「某某特善奔走，非真能辦事者。若某某，皆勤於職事，爲守兼優，應以一等與之。」瑞怫然曰：「如君言，乃非我所知，請君爲我定之。」即以筆授王。王曰：「誠然。中堂事多，不常至署，茂蔭終歲在部，察諸司勤惰較詳，敬當爲中堂定之。」徑取筆標識，促其畫諾，付胥繕摺具奏。瑞大不平，然竟無如何也。

石贊清之對英人

石襄臣少寇贊清，貴州人。先是，知天津府數年，勤以敷政，嚴以持躬，吏懾其威，民懷其惠。咸豐戊午，英人犯天津，直督某走。太守以巨甕二貯水，寘堂階，曰：「英人入脅，則吾與妻死此。」未幾，相國桂良與議和，英人去。庚申，英法聯軍入天津，督部以次，皆橫被侮辱。英將卒分駐官廨，贊清堅持不爲動，英人揮令去，曰：「斷吾頭，可，衙署不讓也。」英人詫而韙之。一日，英軍以五百人持兵入署，扶贊清坐肩輿，導入英館，曰：「非敢相難，聞有兵欲燒吾船，姑假君爲鎮耳。」贊清憤不食。僅數日，民情洶洶，重失贊清，將與英人併命。英人懼，命之去，贊清不可，曰：「吾如何來，當如何歸耳。」英人復命五百人前導，具肩輿送之，則豎其將指稱之曰：「真好官也。」英人踞天津數月，贊清迄未離府署。事聞，不次遷擢，官至刑部左侍郎。

長姑論時局

京師鑲紅旗驍騎校額明德有女曰長姑，幼穎慧。嘗從叔氏讀，通書史大義。額老而無子，家赤貧，恃其針黹以爲養，暇則教鄰童以識字，藉博微資，佐菽水。咸豐己未，内廷選秀女，名在籍中，聞報，抱父母慟哭，念父母老無依，欲奉以遁者數。既不克脱，屆期，隨衆往，候駕坤寧宫門外。衆女俟駕久，疲不能耐，相向泣。監者叱之曰：「駕且至，敢若此，不畏笞耶？」長姑厲聲曰：「果當選，即終身幽閉，不復見其親，生離死别，争此晷刻，安得不泣！且粤寇今陷金陵，天子不求將帥之臣，汲汲謀戰守，乃猶强攫人女，以縱己一日之欲，行見寇氛迫宫闕，九廟不血食也。吾死且不畏，况鞭乎！」監者亟掩其口，而御輦至矣。因縛其手，牽詣駕前，抑之跪。文宗先已微聞其言，至是，笑問其故。長姑仍奏如前。上默然久之，揮使出，曰：「汝不願應選，可自去。」當上之初出也，人人自危，以爲天威不可測。及聞長姑慷慨數言，而上不怒，無不頌上之寛仁，服長姑之膽識。長姑以是蜚聲於時，湘潭王闓運爲作《今烈女傳》以寵之。後某侍郎子慕其名，禮聘焉。既嫁，不得於小姑，年未三十，鬱鬱卒。

胡文忠不庇族戚

胡文忠公林翼律己甚嚴，於宗族戚黨，不稍假借。在黄州時，族人某來謁，飲食之者數月。一日，辭赴前敵。問其故，以營官某奉調，銀錢所薦與偕行。文忠勃然，面諭營官曰：「吾有族戚，力豈不能庇之！爾輩藉以結納，風氣一開，伊於胡底！姑記過一次以儆。」因自給族人歸資，並通飭各臺局營員，用人一事，胥秉至公，不得徇上司同僚情面，濫爲汲引，若經訪聞，立即參處。

劉章侯不阿官文

胡文忠任鄂撫，澄敘官方，於州縣等官尤爲慎重，鄂督官文恭公文亦未能主之。一日，文恭予所親署鶴峯知州，文忠以山州僻壤，未甚措意。而荆州守劉章侯者，審署州人材，不足勝任，於過謁時，留遲其期，密揭於官、胡，請易員以代。適官、胡望日祠祀相見，文恭謂曰：「昨一大怪事，君知之乎？督撫委缺，本府不許履任，有是理乎？」文忠答曰：「此吾輩過也。知府持正，吾輩當謝之耳。」文恭復曰：「雖然，當留吾面目。」文忠頷之，令署州視事三月，引退。及文忠薨，劉竟坐事降荆州同知，劉亦安焉。及李文忠公鴻章督楚，劉猶在荆。李爲劉年家子，欲力爲之地。劉辭曰：「公意極厚。卑職年七十餘矣，精力萬不足任事，閒曹薄俸，稍可自給，他不敢求。」文忠太息而止。

文祥阻金安清内用

同治壬戌春，兩淮鹽運使秀水金安清謀内用，乃輦金入都，結納奕劻。時劻年踰冠，爲之運動樞要，將以京卿内用矣。一日，文宗語樞臣曰：「金安清究可内用否？」諸臣皆力爲揄揚。繼詢文祥，祥曰：「小有才，心術不端耳。」文宗曰：「心術不端，如何可！」遂罷。未幾，漕督吳棠上封事，劾其營私舞弊四十餘款，奉旨革職查抄，且永不敘用，交地方官嚴加管束。

袁州學官直言

侯官沈文肅公葆楨撫江西，有年老袁州府教授某廣文來謁，沈問曰：「袁州某守作官如何？」廣文答曰：「某太尊爲官尚好，惟其弟實不堪耳。」沈因詳詢之。廣文乃將其弟招摇納賄諸端，言之無隱。沈密派員查訪，果然，遂撤某守任，而懲其弟如律。廣文聞之，愕然曰：「吾實謂伊爲官甚好，特其弟不堪耳。豈並此亦不能言耶？」

沈文肅誅胥吏

沈文肅公被旨爲本省欽差大臣，省吏皆畏且忌。藩署胥吏某，平日挾指上官，以刻覈起家，與沈有連，而沈素惡之。一日，以餉故，忤沈，沈立逮之至，數其罪，以軍法從事。布政爲之哀請，不聽。方坐堂皇，而封翁手書至，沈置書案隅，曰：「了公事後，治私事耳。」卒誅之。事訖，發封，封翁書果爲胥緩頰也。

沈文肅不私同鄉摯友

沈文肅公性剛直，朝貴無敢有請託，有之，亦置之不答。某與沈同鄉摯友，以知府需次山西，乞函於沈，致桂撫爲先容。沈笑不應，徐檢尺牘三四函示之，則桂撫關説未報者也。因曉之曰：「彼若受而應之，吾何從施面目？君第去，若無所事，吾當按月資給君。」遂以四百金贈其行。李元度與文肅夙稱骨肉交，薦一族子至，留署數月，文肅忽召詢之：「若家幾人？歲需幾何足資生？」對以百金足矣。文肅立出千金助之歸，不予差遣。及薨於兩江督署，方疾亟，忽手書一紙，下所司，以江西督銷局海州分司二人，應行改調，方擬稿而薨矣。時洪都轉汝奎總後事，以文肅遺令不敢違，即日檄行如例。西局分司，皆鹺政要地，任者不稱，文肅擇材易之，時無不誦其明者。而當臨危時，神明不亂，尤爲人所難能也。

李雨蒼毆曾文正子

漢軍李雨蒼，少慷慨，好奇節。以諸生走數千里，至湖南，謁曾文正。值文正他出，雨蒼見其公子。公子以李衣敝而風塵滿面，有慢色。雨蒼直前毆之曰：「而父以禮士聞天下，若慢士如此！」公子謝之，始已。文正歸，奇之，留幕下，授以一軍，薦至參贊大臣，以回疆失事罷任。

張兆棟折丁日昌

秀水沈瑋寶，以知府需次江蘇，資望未深，丁日昌遽使權蘇州府事。旋受代，復使督濬昭文縣白茆河工程。故事，屬吏謁督撫司道，月有定日，日有定時，惟有要事待裁決者，得隨時投謁，不格以成例。一日亭午，沈自工次詣撫院，有所陳說，語不遜，丁呵之，不受，反唇相抵。丁大怒，拍案碎茗椀，沈亦拂袖欲起。丁不許，使受申飭，沈遽免冠置几上，謂當聽彈劾，逕出。丁飭巡捕留沈於外，立傳令，召中軍、參將，列隊階下，聲言將斬沈以徇。府縣聞報，齊集轅下，婉言譬喻，冀沈入謝罪。沈曰：「遭世承平，不必有斷頭將軍，何妨有斷頭太守。欲殺，則竟殺矣，何謝爲！」府縣入謁，代緩頰，丁益咆哮不可止，有不殺沈勢不休之說，命材官立傳司道。時勒少仲廉訪方宴客，立命駕。及至撫署前，甲仗森嚴，旌旗焜燿，若將決巨寇者。廉訪惶遽入，讓沈，沈出硬語，怨府縣不善調停，府縣白憲怒未息狀。方搶攘間，糧儲道亦至，丁又傳催司道及中軍、參將甚急。勒待藩司張兆棟來，同入見，而張久不至，命長洲令蒯德模速駕。張屏不見，傳語蒯令，宜自回署理民事。蒯回報勒，勒不得已，偕糧道率府縣先謁見，從容乞免。丁以張遲不至，爲輕己，益怒，知中軍亦違抗，明謂勒勿預此事。時已近酉，丁揖勒等令出，諭麾下武弁，踰三刻，藩司與中軍不至，惟令是聽，毋久待。勒躑躅廊廡間，又遷延踰時，張始緩緩來。衆官惶惶，視張意旨。張命召沈入司道官廳，問觸犯狀，沈一一縷陳，衆始知其故。蓋惶遽中惟知撫軍將殺沈，雖廉訪亦未暇問究竟，司道府縣兩次求免，亦但聞丁述沈瑋寶藐抗罪應死，下固未敢叩其源，上亦未及示其詳也。先是，沈報工竣，由水利局司道委員驗工，稟復工堅料實，請開壩使舟楫，丁批准，沈卽遵批開壩，而丁忽專札飭令毋許開壩。壩已開，不可復堵，面陳之下，丁謂沈不遵後命，沈謂後命至已在奉批開壩之後。丁謂工必草率，故倉皇開壩，以掩其迹。沈謂工經委員驗報，壩係奉文准開，杲有所疑，何不委員復驗，而遽批准開之牘。丁怒其藐視上官，沈請參處，丁曰：「罪不止此。」沈請奏明戍邊，丁曰：「戍邊何足蔽辜！我誓殺汝。」沈乾笑，謂：「今日不殺我，不成丈夫。」事遂決裂。張既詳詢始末，復問：「前批以何日奉到？壩以何日開？第二次公文以何日到？」一一具答之，並謂有卷可稽。張曰：「奈何忘上下之分？輕上官，是輕朝廷也。假令汝之子弟據理悻悻與汝爭，汝豈能堪？長官於屬吏，猶尊屬，汝亦曾權首郡篆，奈何冒昧至此？憲怒方盛，不可謝，姑反爾舍，靜思己過，明日早謁我，同謝撫軍。」沈猶欲有言，遽令退，並命速乘輿去。勒大驚，謂何可遽令歸？張笑曰：「斬犯我自縱之，有我在，何患焉？」遂入見。丁曰：「相需甚殷，來何晏也？」張問：「今日果將殺沈某乎？」曰：「是何言？我志已決。」問：「沈某之罪，卽以不遵二次公文擅開壩乎？」曰：「唯唯，否否，猶有藐抗不遜之罪。」張曰：「沈某已詳詢明確，令歸，候公處分。公若必欲誅之，以示威羣僚，公之軍令也，誰敢違！公可遣一緹騎，逮而誅之，亦殊易易。事後，公如不奏聞，幸甚；倘入告，某亦當另摺具陳。某不敢以一屬吏抗公令，更不敢以非常事不自奏聞。日旰公勸，請速斷。」丁默然良久曰：「終必有以處之。」張遂出，轅下亦解嚴，沈竟無事。

閻文介杖某弁

官文恭公文督鄂時，閻文介公敬銘署鄂藩。有某弁爲文恭孌童，文恭令帶衞隊，保副將矣。弁恃寵，勢張甚。一日，率親兵數人入民家，欲姦其處女，女不從，殺之而逸。其父母詣府縣訟冤，府縣莫敢問。文介大怒，亟謁文恭。弁固知文介知之而必不己赦也，先入求救，文恭匿之。有頃，文介果上謁，文恭辭以疾。文介謂有要事必待面陳，如不可以風，卽就見於卧室。閽者出，仍固拒之。文介曰：「中堂病必有痊時，俟痊，必當傳見，吾卽居此以待可耳。」命從者自輿中出襆被，曰：「吾卽以司道官廳爲藩司行署矣。」卧起官廳者三日夜，文恭授意司道，勸歸署，必不可。文恭窘甚。以新繁嚴渭春中丞樹森、盩厔李太守宗壽與文介同鄉，急延之至，浼爲調人。嚴、李多方譬喻，文介出誓言，謂不斬弁，不還署。文恭乃自出見，卽長跽。文介岸然仰視，不爲動。嚴正色曰：「丹初亦太甚矣。中堂不惜屈體至此，獨不能稍開一面網乎？」文介不得已，趨扶文恭起，與要約，立斥弁職，令健兒押歸原籍，立啓行。文恭諾，乃呼弁出，令頓首文介前，謝再生恩。文介忽變色，叱健兒執詣階下，褫其衣，重杖四十，杖畢，立發遣。事訖，始詣文恭謝。文恭由是益敬憚之，密疏保奏，乃撫山東。

周漢有鐵老之稱

潙寧周漢性戇直，有「鐵老」之稱。初以知府需次於陝，左文襄公宗棠督陝時，見之曰：「人英也！」屢齗齗於長官，故爲巡撫譚鍾麟所憎惡。後文襄督師出關，因辟之至幕，賓禮甚至。新疆平，奏擢道員。久之，以爭殺降回事，失左恉，告歸。道出酒泉，謁唐韓愈廟，題聯於楹曰：「百世之師，匹夫有志公可法；三書猶在，宰相無名鬼不靈。」蓋其平日不滿於文襄者，至是猶有弦外餘音也。

孫衣言怒某令之諂

英翰嘗撫皖，一日，爲太夫人祝七十壽。天長令餽一蘇繡緞幛，以其美麗，懸之中堂，而移藩、臬兩司所贈者於旁。臬司孫衣言見而大怒，曰：「監司不及縣令耶？」知賓者留其與宴觀劇，均不可，英大惑。太夫人知其事，翼日，命英設盛筵，爲之道歉。孫卻之。英固請，乃以見於直隸會館相要。英如言，屆期，張宴演劇。英以孫負重望，頗嚴憚之，特肅衣冠，迎於門。見孫將下輿，即長跪而言曰：「一時糊塗，乞恕罪。」孫亟下輿，扶之起而謝曰：「非敢傲中丞，特怒某令太諂耳。」

光緒朝之清流黨

光緒乙亥至己卯間，髮、捻蕩平，左文襄公宗棠戡定新疆，瘡痍漸復，民氣昭蘇，中興之業，號爲極盛。沈文定公桂芬當國，務爲安静。文定性矜慎而稍刻深，箝束士類，無一毫奮發踔厲之氣，而才士之鋭氣陰消沮矣。

己卯，俄約事起，崇厚以葸茶喪權辱國，言路交章論劾，而清流黨以起。清流風力，以張文襄公之洞爲最著，而鄧承脩、張佩綸、盛昱、陳寶琛等皆知名健者，以文章節氣著稱。時文定以軍機大臣總理各國事務衙門，當言路之衝，特以矜慎故，孝欽后終倚重之，迨以老病卒，未嘗去位。而清流黨之名大震，士氣益發抒矣。

清流之盛也，李文正公鴻藻實主之。文正與文定同事孝欽，權不逮文定，而尚氣，不甘爲文定下，文定稍抑之，故不能平。清流以論劾大臣見風采，中外皆憚之。甲申三月，樞垣全體皆罷，勢張甚。法越之役，名士皆主戰，戰不利，佩綸且敗，名士氣懾。會文襄以山西學政出，寶琛以會辦南洋防務出，佩綸罣誤於福建海防，承脩入總理衙門，而清流黨至是遂星散。以是而計，十年之間，前五年爲文定守太平尚静謐之時，後五年爲士大夫矜才氣好言論之時。文定没，樞臣未嘗膺艱鉅，一無所可否，潘祖蔭、翁同龢以金石文學唱導後進，宏奬風流而已。至恭王及文正、寶文靖公鋆、景廉、翁同龢等同時罷，醇王至軍機處議事，而朝局爲之一變。

先是，恭王長樞府，雅善文定所施爲，猶有持重之風。孝欽欲有所興作，輒諫沮之，惜財力，喜寧靜，抑夸張也。迨醇王入樞垣，國庫漸殷實，意稍恢張，鋭意興海軍以致天下之財，而苑囿宫殿土木大作矣。醇王不常視事，皆倚任濟寧孫文恪公毓汶。文恪父爲醇師，故雅相親重，權傾中外，以寵賂爲時所訾，亦莫敢誰何。顧醇王主恢張，而是時掌户部者爲閻文介公敬銘，又繼之以翁同龢，皆主節嗇，疆臣有言軍備者，輒沮抑之，甲午之役，戰具皆窳敗不任用，職此之由。

己丑，德宗親政，略無更張。中日事起，言官八十餘人聯銜劾樞臣，請起恭王主持軍國重事，氣勢甚盛，兩宫爲之動容。故是歲樞臣先後罷，更易殆盡，與甲申相似，而朝局又爲之一變，此甲午冬十月、十一月事也。

初，上命設督辦政務處，以恭王、李鴻藻、翁同龢、榮禄、長麟爲督辦政務處王大臣。蓋上意不信任軍機，不欲以國之大政屬之，又不可輕拂慈意而易軍機也，故有是命。未幾，又命慶王入。每日，上召見軍機後，復召見督辦政務大臣。未幾，文正與翁入軍機。又未幾，恭王入軍機。未及一月，督辦政務處撤，而國之大政仍屬之軍機，於是而有戊戌之事。

乙未、戊戌間，無大舉動，恭王與文正及翁支拄其間。戊戌三月恭薨，四月翁同龢罷，五月王文韶入直，八月崇禄入直，是爲戊戌政變。

戊戌以後，剛毅頗用事，又援啟秀、趙舒翹以自助，顧頑陋以爲學，很愎以爲治，無所樹威信，則横決以求逞，於是而有庚子之禍。蓋戊戌之事伏於甲午，庚子之禍生於戊戌，導源甚遠，伏流甚細，而禍發最烈，國之凌夷，關繫至鉅，且至是而清流黨亦盡矣。

彭剛直殺李文忠猶子

衡陽彭剛直公玉麟，貌癯，如閒雲野鶴，出語聲細微，至不可辨。然每盛怒，則見之者皆不寒而慄。每年巡哨，必戮數人，所至之處，將弁士卒咸有戒心。其兵額常缺，自揣不能矇混者，多夜遁。僉呼之爲「活閻王」。

彭以欽差大臣巡閱長江水師至皖，時合肥李氏勢方盛，文忠猶子某素骫法，時出奪人財物妻女，官不敢問。一日，奪某鄉民妻去，鄉民詣剛直訴之。剛直留鄉民，而命吏以刺邀某至，出鄉民，謂某曰：「此人告若奪其妻，有之乎？」某自恃勢盛，直應曰：「然。」剛直大怒，命笞之無算。而府縣官皆至，悚息哀求，剛直不聽。俄撫藩俱以刺至，請見，剛直命延接，而陰囑吏曰：「趣斫之！」巡撫足甫登舟，而吏持頭來繳令矣。剛直乃移書文忠曰：「令姪壞公家聲，想亦公所恨也，吾已爲公處置訖矣。」文忠復書謝之。

彭剛直斬管帶

彭剛直衣服樸質，類村叟，偶出行，一奚奴隨之，亦村童也。一日，過浙江石門灣，石門灣故大鎮，亦往來孔道，有水師管帶駐焉。時將黃昏，命奚奴候鎮外，自憩於茶寮。寮中每夜有說文書者，鎮人羣

集聽之。正中一座爲管帶席，他人不敢僭，彭即據其座。寮主勸其移他次，彭婉謝之曰：「俟某大人至，

吾當謹避之耳，此時無妨也。」寮主不得已，諄囑之，彭曰：「諾。」俄而二弁舁大燈，導管帶至，坐客莫不避席。寮主即趣彭，彭不聽。管帶大怒曰：「何物村人，大膽據吾座！」二弁亦大聲嗥叱。彭徐徙他座；蟯伏無言，管帶猶餘怒未息，坐客莫不悚息。俄而彭潛去，立召管帶。管帶至，則見高坐堂皇者，乃適所斥坐上村人也，匍匐如死人。彭略叱曰：「一管帶，威福至此耶！」命斬之。

彭剛直殺釐卡司事

彭剛直巡閱長江，至某處釐卡，主之者監司也，司巡多不法，行旅寒心。一日，彭駕小舟至，命兵詣局，請驗行，司事不應。逾時又請，則哂曰：「汝心躁耶？奈我不樂驗何！」兵覆命，彭大怒，趨至，厲聲曰：「請驗，所以遵功令也。今有意羈我，豈空舡亦索賄耶？」司事亦怒曰：「便羈汝，敢控我？」彭曰：「吾不控汝，直殺汝耳。」頤少動，兵遽擁至河干，殺之。觀者失色，趨告監司。監司急出，見彭，大驚，長跪請罪。彭怒色訶責，良久乃去。自此沿途局卡司巡，淫威稍減，恆惴惴相戒，不敢如前之傲狠，水面爲之肅然。

衛榮光懲旗丁

光緒丁丑六月間，杭州有調自荆州之旗人，以與邊福泰茶葉店口角，忽糾衆滋事，毆傷近二十人。

於是市人洶洶，自鼓樓至鹽橋，皆罷布。仁和、錢塘兩縣令出爲謝，乃始開市。時衞靜瀾中丞榮光方護撫院，曰：「狠戾如是，是不可長。」遂直奏其事，並諷杭人官京者合辭揭參。於是朝廷震怒，命浙撫嚴辦，乃將爲首肇事之人革馬甲，鞭若干下，以木籠囚之，自是旗人稍斂跡。

袁忠節斥某總管

桐廬袁忠節公昶微時，館京師某相國邸第，一日，某總管來謁，至密室，袁在焉。談未久，適有他要人求謁相國，相國趨出，留總管在室。總管偶執袁手，謔之曰：「十指何纖柔乃爾！」袁正色曰：「手雖好，惜不知要錢耳。」總管面紅耳赤者有頃，不待相國至，即起身去。

易笏山停送乾餱

龍陽易笏山方伯佩紳任蘇布政時，丰裁嚴峻，人皆側目。凡前任所贈乾餱之人，均持當道函來謁，欲仍舊貫，輒取硃筆書其後曰：「一國將軍一國令，一朝天子一朝臣，停停停！」書畢，擲還之。

劉仁折劉秉璋

劉秉璋督川日，有直隸副貢劉仁援例就教職，後復改就直州判，指省四川。初抵省，進謁，秉璋閱履歷訖，大言曰：「汝係已就教職而改就州判者耶？是不甘爲冷官而思作外吏發財耶？且必指分川省也何故？殆以爲易於發財耶？」某直陳曰：「職之由副貢而或改教職，或改州判，均朝廷功令所准，初非骫法。至州判即可發財，則總督之發財當不可勝計。若四川州判果易發財，則總督所得當若何？惟明公有以教之。」秉璋語塞，憤然拂袖入。會藩司上謁，秉璋餘怒未已，因言頃有直州判劉仁來見，言語挺撞，至爲可惡。可即予以苦差，如稍貽誤，即當登之白簡。時適修建省垣，因委令監視工程。劉以直言犯督帥，方鎮日惴惴，忽奉檄委，大喜過望。孑然一身，無室家友朋之累，遂日坐城上督察。年餘，凡院司查工，劉咸拱立以侍。秉璋聞而大異之，謂宜酌予優差，以獎其勞。藩司承命，檄署鹽茶道庫大使。

額勒精額正直自矢

額勒精額，字裕如，四川駐防旗人，以進士官農曹，正直自矢，不媕阿。與屠梅君、毛實君、朱蓉生輩講求爲己之學，清介絕俗。及出爲廣東按察使，清名益著。光緒甲午，中日事急，德宗下詔罪己，采人望，遷河南布政使。其講學日記，原本儒先，力爭上游，蓋其樹立者有素也。

周應麟斥布政

光緒朝，鹿傳霖撫汴，屬吏宴之於江蘇會館，演劇焉。所演有《牧童樂》，花旦牡丹紅方出場，忽有候補知縣周應麟至，遽奪巡士手棍，躍登臺，踢花旦倒，而語布政曰：「此何時也？兩宮宵旰勤勞，何歌舞行樂，竟無心肝至此耶！」鹿聞之，大驚而逸。

歐陽友仙以身殉道

新化歐陽友仙，名佺，性迂謹，以知縣需次江蘇。光緒丁酉，以解餉入都。既畢事，仍遵陸而歸，所挈薪資旅費猶六百金，道曲阜，時在德佔膠州之前數月也。以將謁孔林，寄其金於曲阜令。令欲留之飲，友仙曰：「吾往謁孔林，就道在卽，不能飽德，且姑醉心耳。」談次太息，極言孔教之衰微，世道人心之不可問，遂匆匆策騎去，信宿不返。令遣人詗之，則孔林某屋之正樑，赫然有友仙之尸在焉，蓋就縊於此，而以身殉道矣。

夏滌庵守正不阿

光緒朝，富陽夏滌庵主政震武，嘗主京師大學堂講席，守正不阿，篤守程朱學說。有以成見二字讓之者，滌庵輒曰：「有定見而後可以無成見。」

李炳甫據理直言

鄞縣李炳甫大令景祥，以光緒乙未進士，爲令於奉天，知廣寧。一日，教士以訟事關說，李曰：「兩造皆吾國人，何與君事？且曲在教民，吾不能宥也。」教士默然。李命役杖之二百。教士乞末減，李不可，決如數。杖竟，判枷六月，教士又爲之哀請，李曰：「姑念其情有可原，當減爲一月。」教士退，訴之將軍，斥李之強項。將軍旋召李入見，語之曰：「朝廷方壞柔遠人，若何乃爾？」李對曰：「卑職惟據理直言耳。」將軍亦無以難之。

榮禄持正

光緒庚子，兩宫幸西安，粤人某獻石屏，絶新異，孝欽后將賞以知縣，謀諸榮禄。榮不可，曰：「以進石屏而賞知縣，更重於石屏者何以待之？」遂返其獻。拳亂盛時，莊王、端王數矯旨，榮電李鴻章，謂五月二十四日後矯旨不可信，令轉達各省。時召李入都，榮電江、鄂二督，謂李宜緩行，俟後命，蓋是時莊、端二王方欲害李也。

清稗類鈔

貞烈類

張淑儀守禮全貞

婦人之不失節者曰貞，未嫁而不失節者亦曰貞，蓋言其有節操也，故貞可賅節而言之。康熙時，丹徒有鐵匠某，其妻張淑儀，能詩。袁健磐嘗訪友鎮江，寓其家，與之唱酬。其佳句云：「嫩妝撩鬢易，私泣拭痕難。」又云：「三月桃花憐妾命，六橋煙柳夢君家。」雖彼此潛通箋札，而終不及於亂。健磐以微辭挑之，則正色曰：「妾固老秀才某之女，幼嗜文史，父亡，爲媒者所誑，誤嫁賤工，一字不識。彼方熾炭，我自吟詩，爲此鬱鬱。得遇君子，聆音識曲，使幾句荒言，得傳播於士大夫之口足矣。至於人欲之感，發乎情，止乎禮義可也。」再三言，則涕泣立誓，以來生爲訂。健磐心敬之而不强也。逾兩年，再過其地訪之，則鐵肆已閉，全家不知何往矣。後在粵，又遇一劉鐵匠，不能作字而能吟詩，每得句，倩人代寫。《月下聞歌》云：「朱闌幾曲人何處？銀河一泓秋更清。笑我寄懷仍寄迹，與人同聽不同情。」健磐曰：「同一鐵匠，使張女當初得嫁劉某，便稱佳偶矣。」

張氏女飾丐全貞

張某，青縣人，康熙時，流寓東光。有女及笄，明慧纖麗，東光馬德聘之爲婦。張既得聘，慮無嫁資，其妻曰：「女豔若此，攜而逃，再受聘，且得重金。」張惑其言，全家逸去。女陰以爲不可，泣諫父母，咸唾罵曰：「行將嫁汝貴家，衣錦饜粱肉，顧不安樂，乃欲從窶人子終身操作耶？」女知不可挽回，乃潛易藍縷衣，塗面如乞人婦，手足皸瘃，星夜出，匍匐而行，詢馬氏居，詣之。馬故有母，問所從來，告之故。母泣曰：「苦吾新婦矣。」盥而視之，光可以鑑，乃命子鳴之官。令拘張至，詢得背盟狀，懲之，具鼓吹，送女至馬家，使合巹焉。

李雲孃拒汪公子以全貞

李雲孃，密雲人，父賣酒自給。年十八，嫁密雲參將汪某之僕王忠。康熙時，汪解任將歸，行李纍纍，懼盜掠，謀於忠。忠歸，與雲孃言。雲曰：「余請效武士裝，衛主以歸。」汪因以雲孃爲衛，途屢遇盜，常以一身卻敵。汪得歸故鄉，德雲孃，留之於家。其子欲逼之，雲孃紿之曰：「妾有夫在，於公子不利。若善遣忠，而以禮納妾，幸也。」公子遂厚賜忠，遣赴遠役。擇日治筵，賓客滿堂，將行合巹禮。雲孃忽易戎裝，操白刃出，立堂上，以刃擬公子，數曰：「爾家建高牙大纛，顧不能爲國家衛百姓，靖寇氛，至以囊橐累予。予一婦人，奮身爲爾衛輜重，千里跋涉，主臣之義，爲報者至矣。今乃欲行不義，污我清白身，其速受予刃！」奮起欲斫。公子長跪自投，客相率不敢動。雲孃因向門外大呼云：「汝曹速入！」卽有貧民數百人踵門進，雲孃以刃指公子曰：「予爲爾家衞財，爲庸既多，然予不願受報，今宜出三之一，惠此貧民。違者血此刃！」因舉刃作勢。公子唯唯，卽發篋，以財帛贈貧民。雲孃遂出門，門外立二長鬚客以待，相將乘馬去。忠自是亦不復反。後二十年，有人見之京師，忠設鏢局，雲孃爲客保鏢，往來關西，積貲致富，所至羣盜咸畏懾不敢近。

吴氏女未婚守貞

吴氏女，程詒昆聘妻也。年十六，未嫁，聞詒昆訃，誓死。其母慰諷之，乃語其母曰：「兒雖未結褵，然程某，吾夫也，願往奠之。」母諾，女乃乘肩輿往。入門，問祖姑安在，青衣綀裙，拜於寢室。拜後，易衰絰，遂留不返，使人語其母曰：「兒雖未結褵，然詒昆，吾夫也，願留養祖姑。」母從其志。女董率家政，蔬食縞衣，閨中肅然也。詒昆，岑山人，僑揚州。家饒於貲，父母俱歿，獨祖母存焉，事之甚孝。喜交落拓人，與曹震亭交最善。震亭有哭詒昆詩曰：「梧桐葉落暮啼鴉，秋草城南落照斜。流水板橋人斷處，春寒相倚看梅花。旅況頻頻問管寧，芝田曾許借仙翎。誰知碧樹聽鸝約，轉作青山《瘞鶴銘》。」

賀雙卿不願識書生面

賀雙卿，丹陽綃山女子也，世務農。生有夙慧，聞書聲，卽喜笑。十餘歲，工女紅。其舅氏某爲塾

以是秋嫁周姓農家子。其姑，乳媪也。夫長雙卿十餘歲，看時憲書，强記月大小字耳。有隣女嫁書生者，笑其農家不能識書生面也。雍正壬子，雙卿年十八，山中人無有知其才者，第嘖嘖豔其容，師，隣其室，聽之，悉暗記。以女紅易詩詞，誦習之。習小楷，點畫端妍，能於桂葉上寫《心經》。有隣女

雙卿嘗遺史梧岡詞，以芍藥葉粉書《浣溪紗》云：「暖雨無情漏幾絲，牧童斜插嫩花枝，小田新麥上場時。汲水種瓜偏怒早，忍烟炊黍又嗔遲，日長酸透軟腰肢。」又以玉簪葉粉書《望江南》云：「春不見，尋遍野橋西。染夢淡紅欺粉蝶，鎖愁濃緑騙黄鸝，幽恨莫重題。人不見，相見是還非？拜月有香空惹袖，惜花無淚可沾衣，山遠夕陽低。」又爲詞嘲段玉函，段怒，雙卿聞之，曰：「妾生長山家，自分此生無福見書生，幸於散記中識才子，每夜持香綫望空稽首，若籠鳥之企翔鳳也。」於是向隅而歎曰：「田舍郎雖俗，乃能宛轉相憐，何忍厭之！此生不願識書生面矣。」乃爲《濕羅衣》云：「世間難吐只幽情，淚珠咽盡還生。手撚殘花，無言倚屏。鏡裏相看，自驚瘦亭亭。春容不是，秋容不是，可是雙卿？」段悔，填詞十數首索和，均不答。偶見雙卿於門，容色甚慘，殊異疇昔。段望空遥拜，時託人爲倩工畫者寫其容。爲留别詞，苦其索和，乃以小緘圓裹題封甚密，屬於無人處拆視之。段欣然袖之去。明日，史使婢問之，雙卿微笑，吟《白羅》詩曰：「多情竟有癡仙子，又累書生半晌猜。」後卒以姑惡，勞瘁而死，然怨而不怒，貞矣。

二奇女守一全貞

咸、同間，粤寇擾江南，李文忠公鴻章部下有英將戈登者，亦率兵從征。某女已被掠於寇矣，復爲戈所得，欲妻之。女不從，戈詰其故，曰：「彼，國人。汝，外人也。我從國人則可，從外人則不可。」又一女初爲寇所擄，官兵敗寇而拔得之，亦欲以爲婦。女固不從，官兵亦詰之，曰：「惟已從彼，故不能從汝。彼不知法，不知理，故不能不從。汝既爲官兵，宜知法知理，奈何亦強劫人乎？」

袁氏女未婚守貞

蘇州袁氏女許嫁吴氏子，未婚，而遇咸豐庚申粤寇之亂，兩家咸徙避。及亂定，女從父兄復還。父故業賈，理舊業，居積頗贏。而吴氏則人亡家破，僅存老孀婦，卽女之姑也。女請於父，願適吴氏，事孀姑。父不可，且謀别嫁之，女斷髮自誓，因亦不強也。同治甲戌，有吴氏親串自秦中歸，言與吴氏子同被掠，展轉至江西，吴於某年月日死。女聞大慟，謂父曰：「今日當從兒志矣。如不許，願死之。」父不得已，乃以歸諸吴。

鳳兒不嫁里豪以全貞

粤西陽大令耀祖幕山右，府主周某憐其鰥，以侍婢鳳兒贈之。鳳貌秀，性婉嫕，陽深愛憐之。光緒庚辰，陽赴禮部試，挈鳳同行。至磁州，鳳憶其里閭姓氏，訪之，則其父尚在也。陽所齎固不豐，且以細弱爲行李累，乃留資斧，使依其父以居。陽至都，南宫又報罷，大挑得一等，以知縣發廣東，匆匆航海行，鳳之音問遂疎。陽有故僕，亦桂人也，自晉南歸，道磁，諗鳳父所在，訪之，鳳始知陽已得官，且南行經年矣。鳳父故鄉愚，有里豪涎鳳姿，以重金餌之。父意奪，迫鳳歸豪。鳳曰：「女以避荒，流轉山右，幸得依周氏。周以贈陽君，備小星，今人未棄我而背之，不祥。」以死自誓。豪既喪其資，恚甚，乃訟諸州。州牧施某閱豪詞，即召鳳至，屏逐觀者，止留老吏役一二人，温顏詢之。知鳳意極堅，慨然曰：「吾當成汝節也。」責鳳父還豪聘。豪不甘，笞而逐之。廉知鳳有舅，頗謹厚，召之至，而以鳳畀焉。走書山右，詢周始末，得陽姓名與其科分，更致書南海、番禺兩令，囑覓其人。越五月而陽之使者至磁，鳳遂南歸。

姚小賓未婚婦守貞

如皋姚小賓孝廉彭年方悼亡，而捷於鄉，有爲媒介同邑某氏女爲繼室者。議成矣，未及文定而北行。光緒壬辰卒於京，某日成殮，其家中方爲之納采。是夕，女夢一美丈夫三揖之，諄囑珍重，且曰：「今誤卿終身矣。勿過悲，當俟之再世耳。」言既而杳。未一旬，訃至，女感其誠，遂以守貞終其身。

瘋女守貞

廣西有放瘋之說，瘋，麻瘋也。婦女將發時，與人交則愈，否則送之城外痲瘋院，令自相配偶，歷三代始出院。有某氏女者，已許字矣，以傳染得此疾。父母欲循俗，將覓一男子使與交，女期期以爲不可，謂女子所重者貞，失之而生，無寧守之而死。父母不得已，乃送之入院。居數年，偶出院散步，忽聞異香自遠來，尋香而往，至一小藥肆，香益烈，伏地嗅焉。肆主問之，告以故。肆主乃徧搜室中，則知其所聞之異香，自藥酒之瓶出焉，藏之久矣。至是，揭瓶蓋覘之，則中有已死之蛇，試示之，女狂喜，取啖之。肆主懼有毒，禁勿與，而已啖其半。越數日，女所患處結痂矣。肆主聞之，使人叩其里居姓氏，則聘妻也。因感其守貞，亦不再聘，仍使人傳語，令在院調養。月餘，痂盡脱，一麗人也，肆主乃迎之歸，合巹焉。

鄭紫綸爲尼以全貞

鄭氏，浙西大族也。有某者，歷任科、道、學使。晚年納妾，得幼女，時已退居林下矣。愛之甚，使爲男妝，而名之曰紫綸，親教之書字。紫綸慧絶，年十歲，解吟詠。十四五，文名動一時。顧紫綸意不自足也，言於父，願出洋遊學。父不可，紫綸争之，至廢寢食。父無如何，以預備語言文字止之。又以日本較近，乃先延師習日本言文，匝一歲，學粗有成，而父没矣。歲餘，諸兄弟遂析産别居，紫綸亦得奩資五千金，乃言於母，遂以自費赴東留學，入東京女子師範學校。紫綸時年十有九矣。科學雖非熟習，然成績出儕輩上。校長絶愛之，以逆旅煩囂，勸紫綸館其家中，紫綸從之。

先是，紫綸之僦居逆旅也，有甬東某生以官費至日本，入早稻田大學習法政，亦翩翩美少年也。紫綸時出入，某常見之，刺知其姓氏籍貫，知爲同鄉，遂思以禮聘之。乃致書家中，詳陳一切，屬爲圖之，紫綸初不知也。既遷居校長家，某聞之，亦更僦居其旁。校長有子一女二，女年與紫綸相若，子年稍長，皆與紫綸相契。既偵知紫綸未受聘也，則百計媚之。課餘輒就紫綸閒談，自世界人物、科學詩文之屬，旁徵博引，多所陳説，紫綸不能不一一酬答，則欣喜欲狂。久之，益相習，遂不能無諧謔。紫綸輒凜然無言，惟時告校長，欲遷出。校長不懌，其子又再三負荆於前，於是暫止。

春三月，櫻花方盛，校長之家人皆遊於上野公園，紫綸亦往。散步稍遠，顧女伴皆不見，而校長子自花下出，以婚期爲言。紫綸不可，強聒之。紫綸轉身欲返，校長子把其袂。紫綸艴然怒，將斥之。忽有人自後來，視之，類熟識者而不知其名，校長子遂去，其人亦去。女歸，明日遂遷出。校長知以此故，恨曰：「支那人非好相識。」而其子心終不死也。

紫綸每課罷歸宿，常覺有人若尾之者，惟稍遠不可辨。初謂爲偶然，繼乃益疑，知必校長子所爲，留意防之而已。一夕，校長忽招飲，紫綸往，至其家，獨其子不在。校長曰：「恐渠唐突，已預遣之矣。」紫綸唯唯而已。夜，校長命以車送歸。紫綸登車，車行若風，然不循故道。紫綸患之，呼之止，不聽；欲下，不得。俄頃至一地，月光黯淡，芳草紛披，車止。車夫解外衣，則校長子也。紫綸大驚。校長子曰：「前日公園龐雜，僕不應唐突。今此地僻静，無人來，以一言爲定可乎？」紫綸不應。校長子曰：「僕此來，非敢刦盟，特以愛卿之心出於不自已，卿鑒之，僕年來於卿有開罪處否？」紫綸度勢不能止，卽慷慨言曰：「皆無之。惟貴國佔我東省，吾國仇也，吾豈能與仇人爲夫婦耶？」校長子聞之，亦厲聲曰：「卿不可，意決否？」紫綸疾呼曰：「決，決！」校長子笑曰：「卿雖決，恐難自主也。」遂直前擁抱。紫綸力拒之，且狂呼，無應者。力漸竭矣，忽有人疾趨而前，叱曰：「賊輩誰敢者！」趨前扼校長子喉。紫綸乘間得脫，視兩人相持，滾跌草中甚苦。紫綸徐定神，望百步外有電燈，急趨之，因得至大道以歸。明日，見報載校長子被人搤殺於荒野，其人蓋我國留學生某也，旋自首。紫綸知卽昨日事，大嗟悼。是日課罷，得母書，知已許字某生，見姓名，卽昨日殺人犯也，益悽愴無已。念昨日相救恩，雖爲守節，亦自甘心。將往謁之獄中，聞讞已成，將論抵矣。乃請於獄官，緩二十分鐘行刑，忍淚一談，紫綸乃略知始末。校長子卽尾紫綸，某又尾校長子，非一次矣。最後相遇，乃成一訣。某既受刑，紫綸亦昏絶於地，衆拯之以醒。自是廢學歸，爲尼於西湖某寺。

馬戲女郎守貞

京師演馬戲者，有二馬，赤白各一。演戲者爲女郎，既上馬，或立或坐，或仰卧，或倒懸，變幻不可測，又能於馳騁時易騎，赤白無定，觀者目迷。顧技精而色豔，某貝勒聞而涎之，召之至邸，演三日，賞無算，乘間謂女郎曰：「今日留汝居府中，可乎？」女郎曰：「諾。」及夕，引至密室，問曰：「汝嫁乎？」答曰：「未。母老，嫁則誰歟奉養者？」又問曰：「今夕與子同夢，汝願之乎？」答曰：「不可。賤質未足以伴玉體，且非賣身者。」貝勒勃然變色曰：「汝其爲我卧於榻！」女郎曰：「卧則卧耳。」遂就榻仰卧。貝勒善騎射，有力，遽以兩手分其股，股堅如鐵，急呼從者。女郎曰：「室小，不足以容衆，選精壯十人來，能分余股者，惟命是聽。」遂如其言。少選，十人進，命兩行立，盡力分之，榻覆而股不少動。女郎笑曰：「休矣。吾輩賣技者，先練兩股，以女子身浪迹江湖，不畏強暴者，徒以有兩股耳。」卽施以強暴，豈遂無性命虞耶？」貝勒命從者退，謂女郎曰：「非欲相逼，實覩子之技也。子能貞孝，吾且敬子。」贈百金，令獨宿焉。

李貞女失壻不嫁

李貞女，江都人，世居李典鄉。父昌桐，母王氏，服賈治家，勤儉有法，生二子三女，貞女其長也。天性純篤，服膺親訓，內睦昆季，外接戚黨，熙熙闇闇，人無間言。締婚於徐，壻流蕩，絕言耗，微聞家人語，竊自傷歎，遂萌不奪之志。已而徐氏告子亡失，請罷婚約。時父已前沒，母欲令別適，貞女喟然曰：「婦德無二，吾終爲李氏女矣。」竟不嫁。家故處約，貞女從母後，率先操作，數十年如一日。中歲，羣從析居，衆口沸羹，居間平亭，不競不偏，交讓益和，貞女力也。於是貞女侍母與大弟祚禧居，年幾五十矣。祚禧有二子，以其次光旭後貞女，教養顧復，逾其父母。祚禧亦篤事老姊不懈，鄉里兩賢之。宣統庚戌，母卒，垂老執喪，哀毀過禮。

紀阿男以節聞

上元紀映鍾，字伯紫，有妹名映淮，字阿男，富才藻，善詩，幼有「棲鴉流水點秋光」之句。後適莒州杜氏，以節聞。王文簡公士禎司理揚州時，作秦淮雜詩，其末章云：「棲鴉流水空蕭瑟，不見題詩紀阮男。」伯紫見之，殊不悦，曰：「公詩，卽史也。今以青閨嫠婦與莫愁、桃葉並稱，後人其謂之何？」文簡改容謝之。後爲儀曹，力主覆疏，旌其閭，曰：「吾以懺少年綺語之過也。」

巢節母撫兩代孤

節母巢氏，鄭龍田之祖母也，年二十，適若駒，二十三而寡。若駒有兄子二，立其長以爲嗣，曰子嘉，生龍田。龍田年十六，喪父，節母年七十有七矣。方寡時，內外人利其產，諷之嫁，節母曰：「無兒，殉矣；有之，嫁乎？」居無何，若駒之兄死，內外人益欺凌之，乃與姒復合爨。已而姒之一子亡，節母慰之曰：「吾子，姒出也。有孫，先伯氏後。娣與姒皆未亡人，幸相依，爲鄭持門户，耐歲寒也。」

越二年，姒亡，節母以身保遺孤，誓有死無二。念夫早世，伯氏妻子相繼歿，晨昏隻影，無與應聲息者，欲哭強忍，恐兒悲，然簾帷井臼間皆淚痕，潛所漬也。子嘉既生子而卒，節母老矣。龍田嫡母惲，生母黃，俱物故，繼母謝，來僅逾年，節母撫龍田，復如初。雍正甲辰上元日，節母終，年八十有六。龍田叩諸能文者，得詩文詞賦百篇。

惲寧溪有歌曰：「節母西歸八十六，雪滿龍城夜聞哭。雙拳捶闔搖天關，兩脚踜蹭旋地軸。憶昔母年方二十，鄭郎年少安鄉塾。蓬跣終年理門户，錦衾角枕甘幽獨。秀才感激文益奇，拾芥南宮預能卜。嗚呼天道道不得，奪我賦才何太蹙。巾幗紅顏死殊易，伯兮有子還堪育。咄哉生平足顛覆，兒嬰伯已歸山麓。疾革扶持拜柏舟，孤孩反累裙釵鞠。豹虎洶洶動羣魄，短戟長刀勢崩屋。可憐子爾未亡人，萬屈千支乞親睦。慨然與姆合爨食，義門鄭氏流風復。皇天不鑒託孤心，一枝摧折階前玉。殷勤慰阿姆，自毀毋太毒。我兒成長爾共之，枝頭碩果行看熟。交柯連理二年分，阿姆墳頭草仍宿。歷盡崎嶇出崖谷，摩娑老眼看龍竹。節母於斯萬得足，烹羊置酒邀羣族。我今有子子復孫，隻果雙枝義當續。惟山有松籬有菊，月東升兮日南陸。考鐘擊鼓樂未央，麻衣孺子悲莪蓼。佛火蒲團二十年，敬姜餘力從新戮。十載辛勤卵翼深，龍孫頭角如文鹿。遮莫期頤食遐福，瑤池閬苑趨歸速。聞道伊人自天竺，白衣有話嘗親告。靈根何晶瑩，稟氣自清淑。當年若作男子身，直比文山與武穆。緊我無才重節義，短章紀實留芳躅。彤管能爭日月光，世上鬚眉空碌碌。」

節母好施，晚年長齋奉佛，嘗夢白衣大士賜名性本。元夕疾篤，夜分，節母有喜色，云見有持蓮花寶幢者，引我登慈航，乃以手牽龍田，視之而瞑。

邢魯堂妾撫孤

邢魯堂太守，陝人，頗風雅。守嘉興時，以重金購蘇妓爲妾，寵愛異常。太守死於任所，僅遺嫡子，方九歲。同官謀歸太守骨於秦中，而遣其妾。其妾乃麻衣見客，泣訴平生，謂主人待我厚，我雖出身微賤，頗識大義，諸君能容我撫孤，則生，不容，則死。聞者動容。其後攜公子西歸，延師課之，而自構一樓以居，終其身未下樓也。

陸婦血指全節

趙蓉江，名光，未第時，館東城陸氏。時主婦新寡，有子七歲，從蓉江受業。一夕，秉燭讀書，聞叩户聲，啓而納之，主婦也。叩所自來，含笑不言。固詰之，曰：「先生離家久，孤眠岑寂，今夕好風月，不揣自薦，遣此良宵。」蓉江正色曰：「婦珍名節，士重廉隅，稍不自愛，則交失矣。汝可速回，人言大可畏也。」因推之出户，婦反身復入。蓉江急闔其扉，而兩指夾於門隙，大聲呼痛，稍啟之，脱手遁去。婦歸，闔户寢，頓思清門孀婦，何至作此醜行，凌賤乃爾，轉輾床褥，羞與悔并。急起引刀，截其兩指，血奔溢，瀕死復甦。潛取兩指拌以石灰，什襲藏之，而蓉江不知也，即於明日捲帳歸。

後其子成進士，入部曹，爲其母請旌。時蓉江已居顯要，屢申屢駁。其子不解，歸述諸母，母笑曰：「吾知之矣。」出一小檀匣封其口，授其子曰：「往呈爾師，當有驗。」子奉母命，呈匣於師。蓉江啓視之，見斷指兩枚，駢卧其中，灰土上猶隱然有血斑也。遂大悟，即日具題請旌。

徐畢氏含飴弄孫

畢氏，淄川人，自肅女，徐之大妻也。年十六，歸之大，事舅姑以孝，處娣姒姊妹以和，内外交稱賢明。道光壬午，之大病。時濟南方被兵，舅姑奔山間，之大又嬰危疾，畢以一身周旋鋒鏑之下，歷試諸艱，無惰容。癸未，之大病亟，畢自割左腕，取肉投藥餌進之，舅姑掩面哭失聲，左右皆泣，血流被體，弗恤也。既而病不起，舅姑老，又失壯子，畢以未亡人枝柱其間。壬辰，長子甲病卒。乙未、丙申間，舅姑又相繼棄養。畢哭踊治喪，葬祭悉遵禮。歸侍母王氏左右者又數年，與事舅姑無以異也。王卒，乃還家，含飴弄孫，顧而樂之，曰：「吾不自意未亡人卒׳之餘，乃得有今日也。」幼子秸，丈夫孫一，女子孫二。

陳丐婦拒丐全節

道光季年，京師厚載門內陳丐婦，貌端好，早寡，羣丐爭欲犯之，誓死不從。有內監聞而義之，育爲女。

王三娘守節

姑蘇逆旅主人有王三娘者，嫠而貞，供具精潔，清談能解紛，每論興衰代謝，動人感慨，如春夢婆也。惠秋韶孝廉嘗主於其家，作詩贈之云：「巷比烏衣客易尋，畫堂生小燕知音。莫疑秀實因緣女，最得林宗灑掃心。白髮蹉跎花富貴，紅樓閱歷絮光陰。等閒廣廈男女庇，娃館春殘草自深。」

蔣氏削髮守節

道光庚子，張亨甫孝廉際亮從姚石甫觀察瑩於京師而病卒，年四十五也。其妾蔣氏在淮浦，年逾笄，聞張歿，大慟，誓死守。或勸之嫁，乃披剃爲尼。一小婢感焉，亦從之削髮。河、漕二督及善張者，咸重其才，高其義，又歎異蔣氏，皆憐而資之。

陳氏誓死全節

道光時，江西新城王氏有兄弟甲乙同居。甲妻李，乙妻陳。陳美而賢，李妒很，貌亦中人。乙爲土寇所掠，數年無耗，甲與李謀曰：「乙久不歸，殆死矣。今有婦在，惰而能食，不如嫁之，且姿美，可得厚聘。」他日示意於陳，不可，強之，以死自誓。由是變易素服，深自謹飭。李言於夫曰：「是不可以善處，若與媒氏議之，第求多金，強載而去，何患不從！」甲曰：「善。」

城有富人將納妾，以百金聘之。甲既得金，私與媒氏約曰：「陳善作僞，語以爲妾必不願，若夜以火入，見白飾髻者載之，及城而後改妝焉，事諧矣。」屆期，甲先出，若爲不知者。陳將卧，聞門外喧擾聲，既又刺刺作私語，知有變，急滅燈，爲投繯計。李遽闖入，曳陳出。陳不從，互相支拄，兩人假髻皆墮地。時迎娶之人催促擾攘，李曰：「勿亟，行即出矣。」匆遽間，足蹴地上有物，拾之，髻也，戴之而出。衆見髻髮白飾，勢洶洶，曳登輿。李呼誤，衆皆不聞。及城，妝易，李復自辨非是。富人舉酒笑曰：「是遁辭也，新人豈有誤者！即誤，不可反矣。」代解衣扣，遂與成婚。明日，甲歸，大恚。陳初不解其故，至是，始知李之誤代已行也。甲欲反婦，詐索富人多金，不允，將訟諸官。衆調停未定，而乙竟還家。陳訴知變服之由，相持大哭。甲聞乙返，棄婦於富室而遁，終身不復歸。

張氏女守節

湖北有張氏女許嫁胡氏子，婚有日矣，而胡病甚，乃使媒請絕於張。張不可，曰：「女子既以身許人，死生以之。」遂適胡氏。而胡病有間，又踰數年，生一子，始死，張撫其一子以終。

新安汪氏四節

四節皆出於新安汪氏，爲汪允中之家屬。三其姑也，一其姊也。姑及姊皆與允中同祖。一姑行四，適方氏，未兩載而夫亡，遺孤殤焉，嗣族人子爲子，以存先祀，三代未葬之柩，悉爲營葬，是節而兼孝者，四姑也。五姑適許氏，夫臨卒，執其手，以父老爲託，謹識之。翁疾，刲臂療之，又籲天，請以身代，其節孝與四姑同。六姑適楊氏，夫病且死，六姑語家人曰：「治斂具必二。」家人知其意，備之嚴，乘間，自墜樓死，蓋其志趣與四姑、五姑異矣。姊適程氏，夫亡，撫遺孤成立，承襲其先世所得世職。子亦能稟母教，不墜其家聲。允中名定執，與俞曲園太史樾雅故，乃爲作《新安汪氏四節圖說序》以表之。

周麗卿爲好女子

周麗卿者，本名族女，少讀劉向《烈女傳》，頗慕節烈事。及長，光艷罕儔，而性嚴重，寡語笑，婢媼多憚之，戚串中不可干以非禮語。既笄，適馮叔衡秀才，伉儷甚相得。時粵寇竄杭州，披猖甚，烽燧迭警，人皆惴惴慮朝夕不相保，多有徙居以避其鋒者。馮爲衆紳公舉主守城事，義不得他往。繼而丹陽陷，張忠武公國樑殉，馮氏盡族將行，周勉其夫曰：「此報國效忠之時也。萬一不濟，以死繼之。」城破，馮猶率家丁巷戰，短兵相拒，斃寇無算。後力竭而蹶，偃卧積尸中，寇意其死，舍之去。其家丁李升者，健兒也，天未明，匍匐趨往視之，則氣猶咻咻焉，乃負之出城，寘空屋中，灌以湯，漸甦。翌日，避居鄉村，以探寇耗。不十日，江蘇諸城盡没，歎曰：「是不可爲也！」急走江北大營請兵，大帥留之幕府焉。

周知城已破，内外衣悉自密縫，肘底挾雙白刃，坐中堂待死。須臾，寇酋至，周坐自若。寇顧其黨曰：「此美人何爲？何面凜凜有殺氣，使我見之甚悸？」寇中凡擄婦女，先設女館，俟城中搜括既盡，然後遣配其黨。周於是亦入女館。既而有僞王欲選殊麗者備侍御，或以周薦，乃命以夕見。館中主事媪具湯請周浴，周涕泣拒之。頃之，布氍毹髻出，數媪擁至燈下，哽咽不能語。良久，啼有聲，舉首光耀，與華燈相映射，酋側目睨之曰：「善。」周厲聲前曰：「余，士人婦也。所以忍緩須臾不死者，以未知丈夫消息耳。冀見天日，以了吾事。若相迫，願以頸血濺於此。」突於胸前出一刃，皎若霜雪，寇酋左右皆咋舌，久之，忽喟然歎曰：「汝真好女子，吾知汝矣。願勿死，必使汝夫婦相見也。」明晨，寇酋命人具舟遣之。時馮族中尚有居近村者，周訪得之，告以故，舉族相慶其得脱虎口，因送周至江北，仍爲伉儷如初。婦陷寇中，凡閲一百八十日，衣未嘗解帶，刃未嘗離身也。

費恭人守節

孫家泰，壽州巨紳也。苗沛霖之叛，孫全家皆死於難，獨一妾以居別墅倖免。妾氏費，籍河南，美而勇，其父精拳藝。同治紀元，欽差大臣勝克齋宫保保率大軍解潁州圍，勢張甚，聞費美，遣人往劫之。費曰：「大帥左右豈少姬侍，而必辱及未亡人何也？如不得免，將挾刃以往，俾伏尸二人，流血五步，其無悔！」使者歸報，勝乃罷，費因得守節以終。撫一子爲後，膺四品封，故曰費恭人。

黄母沈氏之節

黄母沈氏，華亭處士東繁女，生而端静，明大義。既笄，歸於黄。夫名祖憲，字徽卿。母歸黄十年，夫卒，念姑老，夫喪未葬，子家麟且幼，是不可死。黄故貧，至是益困，嘗啖餅餌充朝夕。家麟自塾歸，跦跦得食而舞，咽之，糠也，捧之泣，母亦泣。母以乏食故，時時典衣於質庫。一朞入以布，出，毳然錦也。母曰：「其誤耶？如小郎何！」小郎者，質庫中少年司箱篋者也。卒趣易之。母尤善教子，凡家麟所與遊，必審其品之端否。有以訟浼者，痛絶之。一錢或妄費，輒戒之曰：「汝忘泣餅時耶？」以是家麟自奉絶儉約。

家麟之設義塾於張澤也，張澤人德之甚。家麟曰：「母志也。」初，家麟讀書，束脩取給母十指，不繼，則歎曰：「安所得義塾，使兒卒業？」家麟謹誌之。至是，成其志。家麟舉於鄉，學使者題黄氏門曰

「松貞荻訓」，自是而母節稍稍顯矣。

李睞希青年守節

節母李太君者，仁和汪曼峯茂才嶔之庶曾祖母也，名睞希，贛縣人。曼峯髫齡孤露，太君提攜抱負之，自墮地以迄於成人，在義又曰慈。

曼峯之曾祖春生太守道森，以庶常改官江右，歷領州縣，所至有聲。擢守廣信，太君方十七歲，來侍焉。及以憂去職，時粵寇方張，杭州再陷，既脱險，就養於其子子莊刺史曰敬粵東署，太守年六十矣。以迭經患難，顛沛流離，遽攖痰疾，起居飲食，扶持抑搔，惟太君能委婉承意以慰之。逾八年，爲同治庚午，太守卒於其孫毅臣鹺尹覲宸之雷茂鹺署，時太君年僅二十有四也。青年守節，惟佐曼峯之母操持家政，料量甘旨，內言不出，宗族稱焉。逮鹺尹奉諱去官，家益落。鹺尹之弟方供要差，境稍腴，而太君寧甘淡泊，不舍也。

光緒辛巳，曼峯生，自襁褓即惟太君任提負，同卧起，時其飲食寒暖不稍忽。曼峯五歲患痘，瀕危，太君未嘗解衣寧息者逾浹旬。及就傅，則常儲珍羞以待之，於枕上課所業。壬辰，曼峯喪母。癸巳，鹺尹殁。自後境愈蹙，雙棺在殯，一室皆秋，饘粥之供，僅恃曼峯嫡母挈姊妹以鬻繡得食。太君則親炊爨，操井臼，怡然懌然，無倦意，無怨言。曼峯晝則挾書就私塾，歸則太君及姊督課所學，一燈熒然，書聲恆與刀尺聲相間雜。太君亦旁坐督促，温然如春。逮讀竟就寢，乃予以果餌，或以所傳説之古訓哲言、懿行美德娓娓言之。丁酉，曼峯奉柩挈眷言旋。越歲戊戌，曼峯學於宗文，負笈入塾，朝夕始與太君離。五月，補博士弟子員，乃囅然一笑，謂襁負稚子，果繼書香。蓋汪氏自祖以上，均起家科第，鹺尹少年入仕，恆以書香中輟爲言太君，嘗謂甲第華膴，固非足榮，惟得一青衿，始無忝儒者家風也。太君嘗聞之，故以其能繼書香而色喜也。逮曼峯授室生子，則撫愛嬰兒，一如曼峯之童時焉。

弓氏妾守節撫孤

安平縣某鄉有弓某，年老無子，蓄兩妾，皆不育，不得已，爲其猶子某娶一妻，使嗣己房，俗所謂一支雙祧者是也。未幾，弓卒，妻亦殁，猶子之妻以産殞，第一妾亦下堂改嫁，惟第二妾老三誓志自守，撫諸孫，不他適，時年甫二十餘也。夫族弟某覬其年少而寡可侮也，唆使其猶子將諸兒收歸撫養，而逼老三嫁。猶子愚騃，從其言，於老三備極無禮。老三大怒，訟諸官，對簿時侃侃而陳，歷數夫之族弟與其猶子諸惡狀，且出白刃以相示，謂必欲逼我改嫁，卽請死於此以明志。官乃責二人，而直老三，老三自是益自檢束刻苦。及諸孫成立，使之就學授室，經紀内外，罔不井井有條。年六十餘，已有元孫十餘人，資産較前尤富，親族鄉黨不復以老三呼之，且爲之懸匾立坊焉。

劉節婦割髮守節

劉節婦，父韓姓，業冶工，所入差足自給。節婦有殊色，富室劉某謀娶之爲妾，啗以重金，韓意奪，節婦泫然曰：「父迺鬻女邪？且彼以利來，父許之，爲所輕，女亦終不能爲人，請先死父前。」韓迺謝劉。已而劉妻死，使風示韓，願以正室待節婦。韓曰：「乃今許之邪？」節婦弗語，涕泣而已，遂允之。

節婦入門，伉儷甚篤，而家人廝僕以節婦出小家，竊竊誹薄之，劉母尤弗善子所爲。節婦雖竭力承歡，而動輒得咎。姑有愛婢秋菊，陰險工讒，劉嘗私焉。既娶節婦，漸遠之，秋菊以故怨節婦，謗毀萬端，甚或面辱之。劉聞而怒，將逐秋菊，節婦止之曰：「不可。姑非秋菊，食不飽，寢不安。姑老矣，君既不樂，又奪所愛，人其謂君何？」劉迺止。秋菊既失劉歡，因與小僮惠全暱。會盛暑，同浴於室，節婦偶過之，聞嘻笑聲，大疑，然弗敢窺，疾趨過之。而秋菊已知，懼甚，搆節婦益急，且流言節婦在家時與族兄某有染，母聞，怒責劉，令出之。劉力辨節婦賢，益怒，痛哭，自撾無算。節婦聞，毅然出，跪姑前，泣請息怒，且曰：「姑意婦知之。事之虛實，婦雖百喙弗敢辨，要之，衆口鑠金，流長飛短，終非一家福，敢有不從，以怒姑心，請歸死於家。」斂衽而退，無戚容，亦無憂色。母意沮。劉返，持節婦手哭，節婦慨然曰：「本知非偶，所以從君者，以君拳拳，意良弗忍負。且人生聚散，命也，今孽緣已滿，復奚言！」因取酒與劉飲，盡醉，泣數行下。翌日，盡易敝服，作農家妝束，辭姑，弗見；別劉，劉挽持之不使行。節婦責之曰：「君背慈命而殉私情，非人子之道也。」劉釋手痛哭，目盡腫。節婦亦哭，哭盡血，匆匆行，竟去。

韓怒，將訟之官，節婦泣曰：「爲人婦，不能孝養，致遭驅斥，又從而抗之，滋益罪也。且彼豔女色，父羨彼財，利始者，寧以義終，固早知今日也。」宵深人靜，懸梁而縊，帶絶，墜，驚韓，亟救之，幸無恙。韓泣曰：「彼即絶女，女顧弗爲父地？」節婦迺止。劉聞，奔訪節婦，節婦避弗見，使父禮之，且語之曰：

「讒夫高張，搆我二人，弗自遠嫌，禍終未已。請速歸，益修孝道，毋令有所藉口。至於妾，生爲劉家人，死亦作劉家鬼，君固信之矣。」劉涕泣去。

秋菊既逐節婦，姑委以家政，益肆，旋虐及主人，金錢器具輒竊去。嫗某，事劉氏三代，自姑以下皆下之，頗弗直所爲，隱誚之。秋菊指戶曰：「幾日而不我從！」嫗怒，罷去，秋菊輒引其姊代之。姑漸不能忍，略讓之，秋菊裂眥相向，姑轉懼之，事事爲所持，因頗思節婦。節婦雖出，常遣使存問，所餽遺甚夥，悉手製。姑始拒弗見，至是，又以人至，母迺歎曰：「吾有賢婦而弗能容，迺受惡婢愚。」使謂節婦：「若家窮，毋再相餽。」報以百金。節婦受之，遣使道謝。姑止使，且以酒食餉之，縷縷問節婦近狀。秋菊聞之，怒，直入斥姑，逐使者去。姑不能堪，大哭。劉亦怒，批秋菊頰，將逐之。窺母意已悔，閒請迎節婦回。節婦至，姑持其手而哭，哀甚，節婦亦哭。秋菊自知罪重，爲節婦既入而懼，挈姊某及惠全，席捲姑所有，將奔。節婦預知之，以告劉，擒治之，凡搜出金寶之屬無算。節婦懼傷姑心，且不欲結怨小人，釋令去。

姑年老，又以事多逆，因疾病，醫至，曰：「疾不可爲也，恐弗及新，速具身後事。」節婦晝夜侍，衣不解帶者一月，卒不瘳，因刲股和藥進，良已，而姑弗知也。劉見其創而怪之，詰得故，益驚愛之。事漸洩，母益大感動，孝聲著四遠。節婦歸劉一年而出，出半年而還，更年餘，舉一子，而劉死。節婦哭之慟，勺飲不入口，割髮殉之曰：「君戴老母而履弱息，孝養方新。吾責未盡，不能從君地下，割髮殉君，見髮如見妾也。」既葬，事姑益謹，姑大慰。子長，延師教讀，頗慧，能文。母年八十而歿。

孔氏守節

舒城黃先楷，娶妻孔氏，時孔年十六也。祖姑嬰痼疾，卧榻逾十年，侍疾無倦，而事翁姑特嚴。咸豐時，粵寇起，江淮大震，先楷讀書好任俠，鋭思犯大難，騁厥奇，孔恆泣諫之。未幾，有友刦於兵，危甚，先楷運奇策拔之，友脱而身竟死。當是時，孔鞠子女兩人，姑没，翁益老，次子書霖方在震，閱五月始生。而江淮亂熾，則泣手遺孤，日數徙，事急，伏蘆澤逾旬，乳缺，米絶貴，囊餘金約指一，易米啜遺孤，以其半奉堂上。垂老述其狀，猶涕泣不置。無何，翁又没，獨身畢喪葬，莫克生，而湘鄉王仁和書適至。

初，先楷喜結納，仁和方俊少，見而大奇之，曰：「將才也。」以其女字之，盟成，先楷没。不十年，仁和爲大將，乃遣材官賚婚約，逆其女入湘，且迎養，孔始挈二子與俱。伯子長能軍，書霖幼羸甚，四歲不能行，孔顧復特摯。久之，書霖長且健，課讀尤嚴，夜分必成誦乃寢，稍怠，則聲淚俱下，書霖亦涕泣不敢嬉。已而伯子累戰功，擢隴西統將，乃挈書霖至隴西。左文襄駐節蘭州，課諸生，得書霖卷，大奇之。時奏分陝、甘闈，特許僑人入試，書霖遂以光緒壬午登賢書。未幾，伯子西征，中丸彈。乙酉，傷劇，没於軍。書霖試禮部，李文忠爲北帥，詫其才，疏請返原籍，聘授北洋武校生，佽迎孔，挈家返旅舍。書霖久不第，名乃動公卿間。辛卯，官日本理事。三年，擢知府，之浙江，攝嚴州府事，晉道員。丙午，任閩塞總司令官，乞養歸。庚戌，任講武堂於皖，所至靡不奉孔以行。

劉丐婦守節撫子

劉丐婦，新陽人，粗知文理，稍長，事女紅。年十六，母患肝鬱，醫藥罔效，婦割臂肉煎湯藥以進。卒不起，悲痛甚，欲以身殉。戚屬往勸之，且曰：「棄生父而殉死母，非大義也。」婦乃免。然富於才，母在日，嘗以家中瑣務令任之。至是，佐父理家事，事無大小，悉佈置妥善，家賴以治。

同邑李生，窶人子也，性靈敏，才過人，年甫十八，譽望翕然。以貧故，尚未聘，聞婦賢而孝，遣媒妁求婚。父以李賢，諾之。六禮既成，贅李入，婦事之唯謹，並勗其務實學，李爲肅然。期年，舉一子。未幾，遭火，婦與子從火中出，父夫燼焉。時遺孤甫五齡，婦以遺家不造，家計蕭條，遂寄身戚屬，願服勞爲餬口計，然戚屬恆薄遇之，乃出而行乞焉。

婦既行乞，至夜，則宿尼庵。自朝至暮，偶得暇，則勤針黹，口授子以《四子書》，折枝畫地爲字以教之。後乃乞得殘書數部，並以錢十二文購筆一，令蘸水習字於大磚，如是者以爲常，晏如也。其衣履雖破碎而整潔，不類丐。當行乞時，子攜書喃喃誦，人以此益賢之，金錢之賜，亦視他丐爲多。宣統庚戌疫行，婦傳染將死，語其子曰：「劉、李兩族，今僅留兒，兒當從事於學，力求上進，勿以貧乏不讀書，勿因行乞污品行。彼吹簫吳市者，英傑固自在也。吾已矣，兒其勉之！」言已，卒於觀音庵，時年三十有五。子名建猷，肄業於貧民學校。

陳丐女守節

丐女，姓陳氏，幼喪父，母瞽。女年七八齡，常從母乞食於鄉，人以其殘廢幼弱，憐而厚給之。得食，必奉母，己則啜其餘。如是六七年，女稍長，而母病死，無以爲殮，不得已，乃哀於人曰：「有能葬吾母者，以身事之，豐儉所不計，但得吾母骸骨不至暴露足矣。」里有苦力少年某甲聞之，出薄資，爲葬於山麓，於是涕泣而女於某甲，時年僅十五齡耳。女操作甚勤，日夜紡績不少懈，室無燈火，則就月下爲之，寒暑不輟也。而甲自得婦後，傭所入，絕不浪費，相處年餘，頗足自給。是年疫癘盛行，某甲罹疫死，女哭之慟，爲摒擋衣飾，質錢以葬之。自後刻苦益甚，常爲村鄰傭工以自給。

甲有弟乙，無賴子也，利其少艾，迫使改醮，堅不可。乙詭計百出，一夕，女獨坐未眠，忽見十餘健者排闥入，女以爲匪，急哀之，曰：「吾家貧如此，無物可獻，請恕我。」衆不顧，擄女出。至中途，有輿相俟，即置女於輿。輿夫舁至一巨室，則燈燭輝燦，設盛筵，始知爲人所鬻也，搶地哀號。主人勸之，不聽，強之，則求死。主人大恐，送諸官而追原聘焉。

主人爲某巨室，以正妻無出，欲納妾以承宗祧。有媒媪來，謂乙有寡嫂，願充側室，乃議遣輿迎歸，固不知其事之原委也。乙知女必不從，乃賄囑徒黨，劫女於室，復潛囑輿夫迎於途，意事必諧。不圖次晨甫起，衙役羣集，縶以去。官傳乙至，論如律。遣人送女歸，且大書節婦二字，令其族之長者，爲製額懸於堂以旌之，時宣統辛亥春也。

沈太恭人撫遺腹子

同治丁卯十月初一日，仁和盛赤文司馬元煒需次江蘇，以奉檄赴都北上，深夜，溲於船首，舟欹，失足，落水而死。妻沈太恭人年二十三歲，方有孕，十二月初九日生男，卽幼文觀察鍾俊，俗所稱遺腹子者是也。盛氏家故富，粵寇擾浙，家貲蕩然。太恭人拮据撫孤，自教之，遂以成立。幼文喜任俠，在杭人中爲具有特性者，且有聲於時，稟母教也。太恭人名静貞，山陰人，爲飽山文學定年女弟。十七歲而嫁，嫁八年而寡。

張太君守節撫孤

武進孟節母張太君，爲蒓生茂才森、庸生孝廉昭常、潮生副貢鑫之母也。年十九，嬪於同里駿譽封翁爲繼室。時同治壬戌冬，兩家方避亂江介，蓋成禮於患難之中也。及江南平，歸里，而奩後赤貧，太君安之若素，烹飪浣濯，飢渴有無，勞苦不可言喻，初不以母家素封，少長豐贍而有所難堪。然以此之故，磨厲艱辛，好勤惡惰，好儉惡奢，乃至終身不知有游散陶寫之事，不爲游觀，不解蒱博，鄉里咸頌其美德焉。

及封翁卒，太君撫蒓生而呼曰：「天乎！吾與若兄弟其能幸存乎？若其不能，如孟氏何！」既畢喪葬，益厲志守貧，嚴督諸孤，使無廢學。封翁性任俠，常曰：「吾雖貧，尚不至日日凍餒，耳目所及，固多貧於我者。」以故遇有病不能與喪，不能殮，及嚴冬啼飢號寒無所告訴者，輒傾囊投之。封翁歿後，無改此志，一以周旋親故之緩急爲務，時或力有不逮，至減數日之日用以足之，數十年如一日也。

杜氏婦投河

以身殉道而不屈以死者曰烈。明亡後，大兵入江寧，有杜氏婦，夫早死，色美麗，性淑静，不苟言笑。爲一兵所見，擄之去，欲污之。婦曰：「待我祭亡夫後，乃從爾。」兵信之。婦攜酒飯至武定橋哭奠，躍入河中而死。

蕪湖烈婦投水

江南初入版圖時，有裨將於蕪湖掠一婦人，義不受辱，衣服上下，縫紉周密。其夫訪贖之，堅不許。婦悲憤，投水死。至晚，泊舟，舵前窸窣有聲，則婦尸已在。次日泊舟，復然。以篙逐之，俄頃復至。又次日復然，乃舁而棄之岸。月餘，裨將在船頭納凉，忽大叫曰：「婦又至矣！」投水而死。

柳如是投繯殉夫

錢謙益佐順治乙酉五月南都之變，其姬人柳如是嘗勸之死，不從。如是奮身投池，謙益反持之，不得入。謙益旣降，仍官宗伯，如是乃削髮入道。謙益死，卽投繯以殉。其墓在常熟拂水巖下，墓久荒廢。嘉慶乙亥，邑令陳文述爲之清理而立石焉。

沈騏妻攀桃赴水

沈烈婦，諸生騏妻也。順治乙酉九月，上海浦東拜空邪教孔貞伯聚衆數千人，攻川沙，總督李成棟提兵剿之。營卒之收捕餘黨者，欲犯烈婦，烈婦攀桃樹赴水盡節。後有誤觸此樹者輒死，人相戒弗近焉。

徐氏赴水殉夫

順治初，吴江陳裕容死於兵，妻徐氏哀號半年，忽寂然，以一子一女託大姆曰：「我暫歸寧，幸爲我善視之。」問舟人以夫棺厝處之所在，既至，乃慟哭曰：「果是乎？」即赴水死。

淩貞自經殉夫

上海淩貞，父名康，順治時人，字嘉定金維驪。年十七，維驪死，貞誓志守貞。歲餘，議婚者踵至，貞賦絶命詞以自見，其解曰：「鞠育恩難報，此身愧仄多。紅顏原薄命，浪静莫生波。」遂自經而死。維驪嗣子以堉迎柩歸，葬之。

彭妃有侍婢從死

明寧藩裔永寧王世子妃彭氏，奉賢人，有國色，驍勇多智，力敵萬夫。江西破，永寧父子皆殉國，妃乃率家丁數十人入閩，寓汀州，結范繼辰等，聚衆數千，克寧化、歸化等十餘州縣，勢張甚，大兵極畏之。會歲饑，衆稍散，遂以順治戊子爲叛將王夢煜所敗。被執不屈，絞殺於汀州之靈龜廟前。其從婢二人，一名金保，一名魏真，年皆未及笄，有勇力，善騎射。妃既死，保自剄，真竄絕谷十餘日，兵退乃出，竊妃與保尸葬之，遂去爲尼，不知所終。

洪許娘殉聘夫

同安閨秀洪汝敬，小字許娘，七歲，許字碣石鎮總兵東寧林黄彩子世芳爲妻。世芳弱冠補弟子員，未婚而歿。許娘聞訃，勺飲不入，卧五日而歿。許娘少工吟詠，然常自匿，不令人見，稿亦罕有存者。及卒，其家人於香奩衣笥中，拾得數章，皆清麗可誦。如《玩月》云：「月色清如許，空庭徹骨寒。惟餘月桂影，霜裏鬭嬋娟。」《紅梅》云：「絳雪應同豔，清香不怕寒。渾如紅粉女，無語倚闌干。」《春閨》云：「遲遲春日上湘簾，寶鴨心香手自添。閒向碧紗窗裏坐，呢喃雙燕語紅檐。」將逝前一夕，自命畫工圖其貌，作《寒梅白石圖》，冰雪滿庭，縞衣獨立於梅林之下。次夕，夜將半，有烏飛鳴屋上，家人異之，曰：「當是郎魂幻化，邀余往也。行矣！」因口占一絶曰：「已是姑延幾日生，親恩顧我未忘情。烏聲啼斷三更月，望失臺山淚滿城。」以林聘鳳叙爲殉，平日繡物悉以分戚黨，從所屬也。時邑之搢紳爲詩歌以輓者百餘人。

張氏沈氏仰藥殉夫

吴江生員吴炎妻爲張氏，潘檉章妻爲沈氏，康熙癸卯，炎與檉章俱以莊廷鑨史案牽連坐死，家屬北徙。張偕其子就道，至京師齊化門，仰藥自殺。沈以有身不即死，齎藥自隨，既免身，至廣寧，子不育，亦仰藥自殺。

沈烈女拒鄒某而死

沈烈女，吴江諸生樞之女也。年十七，許字顧某，未嫁。其家倚城牆，鄰有鄒氏子聞其美，常登城窺之。一日，女病，推簾欲唾，遂得一見。夜伺樞出，踰垣入，見女方刺繡於燈下，向前抱，遽撲火。女驚呼捉賊，恐力不能拒，即取剪刀自刎。婢僕爭持杖火擊鄒，鄒就縛。聞户内仆地聲，急往視女，喉已斷，血湧如泉，死矣。鄒乘間得走，揚言曰：「是向私我，所以死者，羞見婢僕耳。」及縣讞時，賄吏張挺爲之脱罪。挺歸方食，忽顧見女形，挾箸含粥而死。縣再讞，論如律，時康熙丙午也。

朱氏女投江自盡

三藩之亂，長沙朱氏女爲營卒所掠，朱志堅決，衆莫敢犯。舟行至小孤山下，奮身投江，尸逆流三晝夜，浮於故居之門前，爲其父母所見，慟哭收殯。解其襦，於懷間得絶句十章，重緘密紉，字不沾濡。有二絶句，爲最悲痛。一云：「少小伶娉畫閣時，詩書曾奉母爲師。濤聲向夜悲何急，猶記燈前讀《楚詞》。」一云：「狂帆慘說過雙孤，掩袖潸潸淚忽枯。葬入江魚浮海去，不留羞塚在姑蘇。」

蔡慧奴拒滿帥而自刎

蔡慧奴，黄巖人，礎女，黄嘉文妻也。美姿容，知書史。生子女各一，俱幼。康熙甲寅，耿精忠叛於閩，陷黄巖，圍台州，軍於城之南。定海將軍固山貝子統大兵駐郡城，阻江而陣。乙卯秋，貝子潛遣師自黄之西茅坪涼棚半山嶺而進，截賊之後，賊遁。凡大兵所過諸鄉，咸以其民附賊，悉俘焉。慧奴及子女，爲駐防杭州滿帥所獲。帥年邁，有子未婚，瞰慧奴端莊秀麗，冀爲子媳，善待之。越月，遣卒赴杭，迎其子至台成禮。其子將至，時九月望前一日，帥語慧奴曰：「翼日爲汝團圓日，知之乎？」慧奴初不解，徐驚曰：「得毋迫我乎？」既而帥子至，慧奴覺之，夜半私謂其女曰：「吾忍死須臾，爲汝也，今不能爲汝計矣。弟尚幼，汝善撫之。」言畢，遂竊帥壁間所掛佩刀，自刎而死。帥大怒，既悔且媿，投其尸於江，挈其子女歸於杭州滿城。

嘉文痛妻尸不可得，間關至杭，家貧，不得贖。帥恨慧奴，故高其值，見嘉文，操戈逐之，流離凍餒，無所居止。武林好義者聞風悼歎，爲之僦居，給衣食資斧。未旬日，得八十金，相率赴滿城贖其子女，付嘉文以歸。是夕，礎夢慧奴告曰：「翼日當收我於海濱某村桑陰下，幸無後期。」次日，礎如言，至其處，忽颶風大作，海潮湧起，慧奴尸隨波而至，顏色如生。縣令奇之，贈棺殮之，葬黄氏祖塋之側。越數日，嘉文偕子女俱至。慧奴死於九月之望，及是，蓋三閲月矣。

吴絳雪以死紓難

吴宗愛，字絳雪，永康人，廣文士驥女也。幼慧，色絶美，工詩善琴，長嫁邑諸生徐明英，早寡。耿精忠部下總兵徐尚朝攻處州，游兵至金華，宣言於永康曰：「以絳雪獻者，免。」衆議行之以紓難，勢洶洶。絳雪念徒死無益桑梓，乃佯請行，以誘敵出境。行至三十里坑，投崖死，時康熙甲寅六月也，年二十有四。

蘇瑶青自縊殉夫

嵇留山爲范忠貞幕賓，殉閩藩耿精忠之變。有妾蘇氏，字瑶青，隨侍在閩，同幽於獄三年，以鈔嵇著作爲日課，所傳《西京雜語》二十餘篇、《東田醫補》十二卷及《竹林集》、《葭秋堂詩》之屬，皆瑶青手稿也。嵇赴義，瑶青年甫十七，同時取帶，面嵇而縊。此康熙甲寅事。留山，文敏公曾筠之先德也。

王富英被掠自縊

烈婦王富英，儒家女也，其母夢吞牡丹花而生，故以爲名。康熙癸丑，歸孫文恪公之孫槐。會土寇亂，富英被掠。賊酋慕其色，將犯之，堅不從，繼以兵刃搒掠，亦不從。夜闌，伺守者倦而寐，遂以帛自縊死，貌如生。酋驚歎其貞烈，已而自悔曰：「如此烈婦而我迫之以至死，吾不知死所矣。」乃謝其儕伍，披緇入山，不知所終。

李氏絶食殉夫

康熙時，歸安菱湖鎮有孫龍行妻李氏，維中女也，幼慧能詩。龍行夙有嘔血之病，娶李後，病間發。李歸寧，告母曰：「孫郎病恐難治，兒將以身殉之矣。」龍行病革，泣謝李氏曰：「吾累汝，吾累汝！吾死，命也，汝奈何？」李泣曰：「君若不諱，則惟隨君地下耳。」癸酉六月二十一日，龍行殁。至月晦，李果不食死。李初絶粒時，母强灌以粥，齕盌，盌碎。至五日，蚘自口出，李吐且嘸。七日，五臟團結上衝，按之下，忍痛終不言。死時年止十八耳。

吴氏投水殉夫

歸安前溪吴詡伯之女，適菱湖王燾。燾病，嘔血不止，吴鬻奩具經營葠藥，百方不驗。燾自念且死，母老子稚，以言偵吴，吴曰：「君即不起，婦自有去處，不煩慮也。」有聞之者，頗非笑之。燾尋没，含斂後數日，吴徧拜族人而哭曰：「寡姑無依，惟宗親生死之。」則皆諾。又率其九齡之孤，拜夫從兄昌言而哭曰：「此無父之藐孤，以累諸父。」又屬幼子於其兄廳曰：「是兒豐下，宜有成。家貧難活，舅能效郄公哺甥乎？」昌言與廳皆諾，乃歸而稽顙哭於姑前，甚哀。姑曰：「何爲？」曰：「婦本欲侍姑，今不得矣。」姑恚曰：「夫肉未寒，便欲舍我去耶？」已各如寢，夜半，微聞啓扉聲，久之寂寂。姑疑，起視吴床，二雛方鼾睡，撼問九齡者，則曰：「娘燈下縫裳，教兒自眠，今何往耶？」言已而哭。姑即燃火求鄰子蹤跡之。鄰子出門四索，天微明，見吴兀立深湍中，諦視之，裳服皆連紉層結，觀者無不驚歎感泣。時距其夫死僅九日也。

魯烈婦死不怨夫

烈婦本姓張氏，其父爲魯氏屏之養子，負屏錢，因乞爲女。及長，以妻其子祥。居松江洙涇鎮之西街，後枕秀州塘，爲江浙孔道，商賈鱗集，羣娼錯處其間。祥之母沈嫗，故娼也，陰與子計，誘烈婦，載之楓涇鎮，迫使爲娼。不可，則痛加鞭笞，絶其衣食，積三四歲不改。烈婦日夜涕泣，以死自誓。一日，其夫復劫之他往，烈婦知不免，潛啓後户，赴水死。河流迅疾，里人求其尸不得，越八日，即其故處獲焉。顔色不變，衣上下百結完整，觀者千百，咸驚以爲神，間有泣下者。烈婦年纔二十有一。其未死之前數日，語其父母曰：「夫以貧故至此，我必死，死，命也，慎勿抵夫罪。」是其心固安於死者也。里人爲之葬於橋左，復立祠墓旁。此康熙丁丑三月初九日事也。

陳女懼劫自縊

陳氏，父文升，鳳陽人。文升之父宗卿以事株連，繫獄。有陳玉秀者，仗義營救，得免，因以女許字玉秀子某，時甫八齡。值歲祲，玉秀將攜其子遠適，留半鏡爲他日之驗。泗州周二虎，土豪也，以玉秀年久不歸，強委禽焉。女知之，以死自誓。二虎率衆劫之，女自縊以死。時康熙甲辰九月二十四日，女年十八矣，父母爲厝之。至十月初十日，忽有羣犬破其土，女復甦，過者聞棺中有女子啼聲，走報其家。父母亟趨至，問之曰：「汝死已半月，今人耶，鬼耶？」女曰：「女非鬼，人也。」急開棺攜歸。二虎聞之，復欲劫娶，女遂投玉皇庵爲尼。二虎仍凌偪不已，女乃浼其鄰黃子貴妻胡氏同赴京，訴刑部，事得白。二虎伏法，女得旌如例，卒歸陳子。

林如蘭死而尋夫

長樂林邦基妻如蘭，通文史，工詩，事舅姑極孝，相夫以禮。舅漢朝賈於杭，徙家焉，遂占仁和籍。婦嫁十二年，無所出。康熙癸未，姑歿，邦基哭成疾，病革，謂婦曰：「爾能從我地下乎？」如蘭泣而諾之。邦基死，如蘭命匠人製二棺，斂夫畢，將以身殉。再投繯，皆遇救。漢朝勸止之，不聽，於是投牒仁和縣，報明盡節。縣令謝儼批牘尾曰：「爾媳曾氏宜代夫盡孝，爾速爲立嗣，庶慈孝節義萃一門。爾其婉諭，毋求存案。」於是漢朝執批歸，反覆勸諭，婦號曰：「翁有伯叔妯娌在，豈不足供養哉？」潛以指環鎔金丸，將吞之，漢朝復奔縣求存案，免後累。儼又批曰：「爾速爲立嗣，本縣當捐俸相恤，給匾預旌。爾慎勿坐視。」漢朝歸，復涕泣勸諭，且立其次孫志文爲邦基後，命婦撫之。

越十日，婦乃自爲詞詣縣曰：「蒙諭養親教子爲孝節兩全之道，氏亦知之。惟思夫已有兄翔、弟翊，可供子職。親年雖老，無須氏養。伯翔次子立爲夫後，本生有父，無須氏教。回念亡夫臨終，許氏身殉，氏泣諾之，夫方含笑入地。若蓋棺未久，即負前言，他日黃泉，何顏相見？且氏素守閨訓，一話一言，不肯苟出，豈可反失大信！至於翁親伯叔，勸諭諄諄，氏志彌堅，非關挽救之不力。今特親叩求批，藉免貽累。氏死之日，猶生之年。」儼又批曰：「此禀仍不准存案。嗣子已立，本縣命名爲林光節，爾善撫之。爾許以身殉夫，不負前言，是也。但來日方長，人事難料，萬一老親失養，稚子失教，爾夫亦當含哀地下，深悔前言。不若撫孤成立，事翁終身，乃踐前約，則所得實大。蓋慷慨赴死易，從容守節難，勿泥小諒而廢大倫。」儼即捐俸金，并大書「孝節雙全」四字，表其門閭。婦痛哭歸，乃撫光節，孝養漢朝惟謹。自癸未迄丙戌，四載如一日。

明年九月，漢朝疾廢，婦竭力扶持，佐伯叔妯娌侍湯藥，歷久不怠。又明年三月，漢朝捐館，婦哀毁如喪姑時，脱簪珥以襄葬事。兩喪並舉，獨留夫棺不出，又盡解衣裝，營身後事咸備，乃告妯娌曰：「吾今可以踐前言矣。」遂絶粒十四日而殞。先期集平日詩文稿焚之，臨終，賦五律一首，有「我自尋夫去，人休作烈看」之句。

馮珊兒仰藥殉夫

張文和公廷玉，以七十致政歸，體至健，人謂之逍遥公。而侍姬數十人，無一當意者，悒悒寡歡。清明掃墓，獨攜小僮步行，過小溪，竹籬茅舍，桃花數枝，秀色可餐。一女子年十四五，折花嬉戲，憨態曼妍，迥異凡質。令小僮問其誰家，則馮姓，文和家佃也。其父肅之人，煎茶閒話，詢知爲第三女，名珊兒，尚未許字。詰朝遣人以雙璧聘之。及女入文和家，則憨嬉如故，見者皆笑爲癡頑，然侍起居獨勤，且情意肫摯。文和没年八十，他妾皆淡然，馮獨仰藥殉節焉。

梅洛姐未婚殉夫

武進余宅村，有農人梅友仲者，生一女，名洛姐，貌端倩。幼失母，寡言笑，友仲愛之，許字莊氏子。雍正戊申，女年十八，未嫁，夫以九月初一日病故。聞訃，輒欲剪髮爲尼，友仲止之。是日，即不食。至初三日，梳洗畢，獨攜筐，自採棉，夕陽且西下，不歸。友仲疑而往視之，田間止一筐在焉，所採棉甚少。友仲大驚，急呼人漉河中，得其尸。

周氏餓死殉夫

周氏者，雍正己酉正月，歸陳國材。辛亥三月二十日戌時殉烈，年二十六，去國材之死五十日。國材死，欲爲其他日立嗣，盡二月，待國材之猶子至，告以故，付以嫁時衣飾，曰：「以是累君。」其父隔江來，白其志，訣別焉，父勸無死。婦曰：「陳氏無舅姑子女，將何依？隨父歸，人必曰『陳某妻謀再醮矣』，辱孰甚？」議既定，明日，遂沐浴，紉綴其衣裳，極周緻，乃語人曰：「殮時，幸無以寸絲易吾衰麻也。」吞金至五錢，不死。羸憊久，餌大黃若干，冀暴下氣脱，反下所吞金，又不死。粒米勺水不入口已十日，自勒，手弛不死。凡前後二十日，卒餓死。烈婦，上元醫士鑑侯女。國材，江都人。

焦烈婦吟血詩而死

烈歸焦氏，寧國之某邑人。父以明經教授於鄉，學行醇謹，里中人翕然稱之。婦幼失恃，嚴父慈母，明經以一身兼之。婦幼時，卽洞曉詩禮，舉止合度，彬彬有古淑女風。一日，捧《列女傳》侍父旁，琅琅誦王凝妻、韓凴婦故事。明經偶引董生語曰：「受大辱以生者，毋寧死。」婦意有所觸，遽軒眉而語曰：「使兒不幸而覯閔，亦如斯矣。」明經適然驚，憮然歎，目攝其女者良久，蓋滋怪其語之不祥也。

無何，字宣城陸某。陸故世家子，具中人産，爲學官弟子，蜚聲黌序間。明經意慊甚，掀髯自語曰：「得壻如陸生，王逸少不足專美矣。」自是客有從宣城來者，輒曳袖，詢陸近狀。客曰：「陸生自是佳子弟，顧嗜博，或亦盛名之玷。」明經艴然曰：「皇甫謐嗜博，何損其賢！」未幾，客有來言者曰：「陸生博屢負，鬻田以償之矣。」明經愀然有憂容。未幾，復有來言者曰：「陸生博又屢負，割宅以償之矣。」明經嗒然喪氣曰：「果爾，吾女將奈何？」維時涓吉有期，相距止旬日，明經曰：「吾誓不令吾女適無賴子，卽綵輿來迓，吾亦必揮諸門外。」執柯者窘甚，往來關説，脣舌敝焦，明經意不可動。婦微聞之，則忍淚以諫曰：「鑄錯已成，阿爺即梗議，於事亦無裨，集枯集菀，兒悉聽之，願勿毁約。」明經不獲已，則立召執柯者，與之約，謂苟不復萌故智者，吾願踐宿諾，執柯者唯唯。旋傳陸語，謂已痛改前非，自今以往，苟不率教者，有如白水。迨婦既嫁，伉儷頗相得。

時明經適館宣城，與壻舍相距咫尺，則頻詗察之。陸憚明經之嚴，稍自檢束，婦又時舉嗜博之害以規之，陸自此不復至博場。顧陸家已中落，度日至艱困，米鹽薪醯，半取給於婦之十指，鍼紉補綴，至夜分不勌。人不堪其憂，而意殊安，曰：「鍼黹，婦職也。夫子不與博者游，妾即終夜治紉，十指見骨而死，甘如飴矣。」逾年，舉一雄，陸閉户弄雛，與博徒往來益疎。明經乃笑語陸曰：「汝能改過遷善，吾復何憂！」婦亦驩然曰：「夫子卒爲善士，父陶冶之效也。」

越數年，明經竟客死宣城，婦哀毁逾度，長日惘惘然。而陸乃引以自慰曰：「今奚所畏耶？吾其爲脱籠鳥矣，不颺奚待！」則匆匆出門訪博徒去，竟夕，蹤跡杳然，婦殊駭詫。越日，陸歸，詰以奚往，曰：「博場耳。」曰：「吾父在時，子慷慨誓天日，謂終身不復博。今幾日耳，父骨未寒，而子盟寒矣，如逝者何？」曰：「渠殊不曉事，吾嚮者特虚與委蛇耳。渠慮博能破産，顧博者十，而破産者亦止一二。或先鈍而後利，或小往而大來。收合餘燼，背城借一，及今圖之，未爲晚也。」曰：「然則今者博何如？」曰：「負矣。」婦尚欲有所語，而陸遽入室，搜篋中物逸去。翌日，又垂橐歸。曰：「何如？」曰：「負矣。」由是日湛溺於博，凡可以供博資者，羅掘幾盡，駠至拔婦頭上釵，攫取四歲兒項間銀圈，爲孤注之一擲。婦强阻之，則怒曰：「若殊憒憒，此值幾何錢，而靳不吾與？且吾博果勝，以銀飾往，以金飾歸矣。」詰朝，陸歸，則向壁咄嗟，頻頻搓其空掌。婦曰：「若賫得金飾歸乎？」不應。「然則銀飾尚存乎？」又不應。婦俛首泣。兒見母泣，亦噭然哭。良久，陸殊不答一辭。婦拭淚睥睨之，則已渺。比入廚下執爨，則釜鍋什物，一一不脛而走，蓋又將去償博資矣。婦大慟，兒腹枵然，啼飢且弗止。鄰人哀之，爭投以餅餌。兒得食，止哭。婦竟日不食。入夜，風雨交作，斗室如虛舟，飄搖不定。婦撫兒就寢，則倚檠而坐，忍飢以待其歸。比三鼓，冒雨返，曰：「今日憊矣。」既入室，目灼灼視婦，囁嚅者久之。婦曰：「子將奚語者？」陸曰：「吾夫婦潦倒至是，殊不足以自存，今於無可求全之中，將別籌一兩全之策耳。」婦曰：「求全將奈何？」陸不語。堅詰之，則以鬻妻償博對。婦殊不怒，曰：「子第歸寢，徐思之，明發當有以報命。」陸乃弛然卧。

比曉，呼婦語，婦不之應，起索之，則雉經死室外矣。鄰人悉其事，咸不直陸，爭挾持之，弗使逸。檢婦遺體，得血書八絕句，斑斑灑染巾帕間，蓋破指書也。每一絕句，輒拈二字爲題，詞不必工，而意則悲矣。《夜坐》云：「風雨侵人蔽短牆，單衣不耐五更涼。揮毫欲寫中情事，提起心頭已斷腸。」《訴恨》云：「是誰設此迷魂局？籠絡兒夫暮作朝。身勦囊空歸寢後，夢中猶喚一聲么。」《對檠》云：「風敲庭竹夜淒清，獨對孤檠訴不平。絳蠟也知人永訣，替儂墮淚到天明。」《題巾》云：「漫云薄命屬紅顔，儂不紅顔命亦艱。留下青綃巾一幅，遲君細認血斑斑。」《辭佛》云：「心香一炷裊清煙，稽首慈雲大士前。倘得兒夫情性改，阿儂含笑到重泉。」《哭父》云：「不堪庭訓溯當年，執卷閒哦《列女篇》。今日夜臺逢老父，兒身潔似水中蓮。」《痛子》云：「百結鶉衣冷不支，郎歸休在五更時。風酸月苦空閨裏，猶有牀頭四歲兒。」《投繯》云：「拂淚含悲暗啓扉，儂今視死已如歸。可憐梁上呢喃燕，來日牕前各自飛。」八詩既宣布，遐邇傳誦之。陸被逮，械繫於縣獄，中丞某聞其事，題請旌表節烈。得旨褫陸衿，斷其八指，飭有司爲婦建祠。祠成，以陸爲司閽。陸既殘廢，不數年，病卒，其遺孤由公家撫育。既長，克自樹立，家業亦稍稍恢復。婦血詩八章，尚存於祠。中丞手批其後曰：「字字淚，語語血。恥瓦全，寧玉折。焦氏清風，可歌可泣。」此乾隆丙辰事也。

錢氏自縊殉夫

常熟吴曙光妻錢氏，幼嘗刲股療母。年二十二，于歸。甫一載，曙光歿，錢方抱恙，或以爲有娠也，强延數日。既而覺其非孕，服衰絰，乘間自縊，後曙光之亡止十六日。

阿芸投繯殉夫

阿芸，蘇州女伶也，失其姓。超勇公海蘭察平定臺灣還，過吴，當道餞之虎邱畫舫，芸出侑酒。海鍾愛之，爲脱籍，挈之去，寵專房。海性麤躁，縱嗜欲，芸婉曲陳諫，多所保全。海子安禄尤不檢，芸能裁抑之。海歿之日，芸不哭泣，獨絮絮向安規勸，語以功臣子孫不易爲，貴家門户不易守，安甚感其言。是夕，芸投繯殉矣。

汝朱氏自縊殉夫

汝烈婦朱氏，吴江諸生殿邦妻。年二十六，歸殿邦，治家能，姑及伯姒皆愛之。生一子。殿邦遘疾，朱禱於天，願以身代。及疾革，殿邦目視朱，朱泣，亦目視殿邦曰：「君如不諱，當從君地下耳。」是夕，殿邦卒，朱長號躃踊，白姑曰：「姑善自愛，有姒在，新婦可死。」顧視幼子，謂姒曰：「兒以累姒。」姑泣，姒亦泣。斂之日，朱首觸棺，幾絶，姑與姒救之，得不死，命婢密防之。不復言死，防者懈。將匝月，詭云兒乏乳，屬伯姒乳哺之。入室，遣婢於外，扃户縊。家人覺之，急毁户入，救之，則已絶矣。時年二十九。其事在乾隆乙丑也。

靈璧王氏有雙烈

靈璧王氏雙烈者，姒朱氏，娣楊氏，皆濬叟子婦也。濬叟之仲子琯印，年十九，聘同邑楊師震之女成。未幾，琯印病，其母欲令子見其婦，師震不可。成請隨母往視疾，既往而琯印病劇，成願留奉湯藥。二日而琯印卒，成勺飲不入口，家人疑其死也，防之。成陽爲寢食如常，伺防者懈，夜起，服衰絰，焚香柩前，坐而自經。比家人覺，趨救，則死矣。事在康熙甲辰春三月丁亥，距琯印之卒五日，成時年甫十六。是歲，朱氏年十九，歸於琯印之兄璟印。璟印兄弟並早慧，能文章，而璟印又多材，善鼓琴，工畫。然璟印少病膝疽，比歲更劇，朱扶持之惟謹。琯印卒後六年，而璟印卒。將葬，朱早起，趨家人造食。

及家人起，朱經於柩側，死矣。

初，楊氏死，靈璧宰晉淑石與邑中士大夫共賻之，鄉飲賓田培中買地城西爲營葬，學博汪之章題其墓。及朱死，宰靈璧者爲馬驌，亦率邑人賻贈有加。乾隆丙寅，並奉旨旌表，澹叟少子理印之子曰朝元者請之也。朝元母馬氏生朝元，才四歲而夫卒，馬氏守節扶孤，事舅姑盡孝，年逾八十乃終。

乞烈婦絶食殉夫

萊陽沽河之南，故有乞烈婦墓，不知何許人。乾隆庚午歲大飢，烈婦從其夫自西南乞至水沽頭，夫病，婦守焉；夫卒，婦亦卒，蓋不食七日矣。周某、曲某爲醵金市一棺葬於此。

陳烈婦拒奸被殺

陳烈婦，蘇州人，去城五十里而居，其地曰塘村。夫以圬爲業，時出外，烈婦常閉門績麻。鄰某甲者，嗜酒而兇，窺烈婦美，欲犯之。一日倚酒，徑過烈婦家，問某郎在否，則應曰：「某郎又出矣。」他日復來，問如初，已，乃調烈婦曰：「某郎數出，奈若獨處何？」烈婦怒，詈甲，甲笑而去。夫歸，烈婦哭而告之故，謀徙避之。夫以刃授烈婦曰：「彼來，汝殺之。」烈婦受而藏諸褥。

一日，其夫適以圬入城，甲知之，夜被酒，僞爲烈婦夫叩門者。烈婦方抱三歲兒乳，未寢，聞聲驚疑，置其兒，兒啼，掩兒口以聽。甲遂排户直入，犯烈婦。烈婦以刃殺之，不中。甲怒，取刃刃烈婦，洞胸死。兒猶以爲母寢也，索乳，號不已。至旦，鄰婦異之，入視，則赫然死人，反走，出告人，村人盡集，獨無甲。羣疑甲殺之，譁焉。方甲之殺烈婦而逸也，路輒窮，晝夜不能過一里，鄰村人執以來。夫歸，白縣，鞫得其實，甲伏誅。里有塾師曹素叔盡出所蓄金，建烈婦祠，圖像以祀，並祀旁近地節婦九人。

黄烈女未嫁殉夫

黄烈女，楚人，許字同縣李氏子。未嫁而李卒，女誓死歸。守三載矣，一夕，夢李來迎，次日卽卒。女家執古禮，葬黄氏塋旁。其舅往哭之，墓忽自裂，乃與李合葬焉。紀文達弔以七律二章，中有曰：「延陵掛劍心雖許，屬國吞氈志竟成。特與人間存大節，不關兒女有私情。」又曰：「延津寶劍終雙去，合浦明珠解自歸。誰與重翻新樂府？古來曾唱《華山畿》。」

朱氏未嫁殉夫

常熟秦汝楫妻朱氏，未嫁，聞秦訃，乘間自經。留五言絶句於几，後有句曰：「今日重陽，計未亡人已周百日，死未可遲。奉勸雙親，毋以女爲慼，他日得與秦合葬，死不朽矣。」

施張氏懸梁殉夫

乾隆乙亥，元和有施烈婦張氏者，爲文灼妻，吴縣諸生步青女。年二十一，歸文灼。歸三年而文灼病，逾年卒，無子，張爲之治斂具詳謹。既而謂夫弟振聲曰：「夫不禄，棄兩代尊人去。我年少，未有所出，且今無應爲嗣者。叔善事兩世姑，我死不恨。」遂上堂拜姑與祖姑曰：「新婦罪莫逭，終不得事大人。」舉家驚駭慟哭，防護不稍弛。張顧稍稍示從容，若無志死者，家人亦漸安之矣。已而親朋會弔事畢，内外倥偬，忽失張所在。視柩側，則麻衣纍然，縣帨在梁而死矣。

單節婦餓死殉夫

永寧有醜夫郝小車，以業名，生而短小，髮禿，手攣，足跛，一目眇，口期期然。其妻爲澠池柳溝村單氏女，年十八，麗姝也。于歸，父母以夫醜家貧爲憂，單絶不介意，伉儷殊篤。鄰婦常嘲之，單正色曰：「夫，天也，天可憎乎？且吾命也，請勿再言。」衆慚，轉相敬焉。單勸夫棄小車，變奩服，躬紡績以奉舅姑，與郝捃松枝、拾馬通以爨。有子矣。三年，舅姑相繼死，單鬻所居破屋，營葬無缺禮。食更絀，數日不舉火。族人憐之，予蕎麥數斗，磨麪鬻餅，分其餘以飽。夫婦日夜歌聲出閭巷，將以老矣。

乾隆乙巳，邑大飢，單爲鄰婦佐女紅，貸餘食以食，郝自咽糠覈。明年疫作，郝病，單鈎柳葉煮雜糜以給，郝竟死。數日，子又夭。單丐席裹尸，以木杖掘坎瘞之。杖斷，更以手捧土。塋成，血漬地，乃椎胸號曰：「天乎單氏！汝偷生乎？」族人以其年少，勸令貶節。單憤怒，不應，坐破窯中，餓數日死，年二十六歲。族人醵錢葬之夫塋旁，有過之者輒指曰：「此好老婆墳也。」

袁素文殉夫

錢塘袁素文，名機，子才妹也，幼許字如皋高氏子。高以子有惡疾，願離婚，素文曰：「女，從一者也。疾，我侍之。死，我守之。」卒歸高。高躁戾跳蕩，傾奩具爲狹邪費，不足，日扑抶，至以火炮烙之。姑聞奔救，毆母折齒。既欲鬻素文以償博負，不得已，始歸母家，長齋素衣，孝養母氏。高病狂死，哭泣盡哀，血淚交迸，越一年亦卒。子才檢其篋笥，得手編《烈女傳》三卷，詩三卷。有詩曰：「有鳳荒山老，桐花不復春。死猶憐弱女，生已作陳人。燈影三更夢，曇花頃刻身。何如蜩與鷽，鳴噪得天真？」

湯氏殉夫

乾隆丁未，軍機章京給事中劉謹之病故，其妻湯氏殉之。事聞，贈謹之鴻臚寺卿銜，並賜銀一百兩治喪，湯氏特旨旌表。

史氏女投繯殉未婚夫

史氏女，秀水史家村人。年十六，字仁和沈守坤。守坤爲覩察世熹次子，覩察罷官，僑於禾，而以宦遊遊四方。守坤年十七，赴杭應童子試，以疾歸，旬日而死。訃至女家，女方刺繡，聞變，以翦盡碎之。七日不食，痛幾絕，泣請於父母曰：「壻雖死，兒誓不爲他人婦，曷令兒卽歸乎？」父母度不可驟移其志也，姑以觀察未歸告之。乃日夜飲泣，見守坤於夢中。守坤足微跛，舉足示女，言自杭州來。婦驚寤，徵之所親而信，於是求歸之意益急。

先是，守坤死，厝柩於茶禪寺東之僧舍，女廉知之，乃請其祖母禮佛於寺。寺故多舊棺，女顧老僧，歷問其姓氏，若無意者。至守坤柩，遂色變，不復詢，歸而謂其婢曰：「吾必歸於沈，否則我必死。我死，無易我衣履，慎誌之毋洩。」蓋女自聞變後，卽衣素衣，以麻結髮，雖令節不易，如是者二年，年二十矣。既而觀察自楚返，其隣有卜媼者，數往來於城，女聞觀察歸，卽促母倩媼以己意告。觀察微聞其意而未悉也，召媒曰：「禮，女未嫁，壻死，斬衰往弔，葬而除之。未嫁守節，非古也，汝曷爲我以禮辭之。」至是，知媒來，急出聽，聞數語，黯然白父母曰：「兒實自願，沈豈必不欲兒之歸乎？且兒歸，猶得與父母見也。」父母不以其言告媒。媒去，乃歎曰：「已矣，夫何言！」時日方午，攜水入卧室，頃之，不聞聲。婢疑之，排户入，則浴畢，整衣投繯，氣絶矣。媒所居，距史十餘里，急追之，猶在中途也。觀察命僕婦馳視殮，天酷暑，一晝夜而貌如生。死之日，爲嘉慶丙辰六月十七日。越三日，舁其柩與守坤之櫬同厝焉。

姚烈婦先夫飲滷死

姚烈婦者，錢塘金秉中之女也，夫曰聖天。秉中歿，婦依兄以居。而聖天病瘵，且以兩家貧，不能舉禮，故婦之待嫁也及二十年。秉中之族人嗾其母，令絶婚者數矣。婦拒以父命，謂不歸姚氏，無死所也。歲久，先時媒妁無在者。其從兄裕堂再三趣姚曰：「妹壻，旦夕人耳。吾妹願卽婚，得逮事老姑，不怨也。殺禮舉之，何忌！」婦遂以嘉慶丁巳二月十八日歸於姚。姚氏子有統天、應天者，聖天之兄也，先喪偶，無子，以聖天病廢久，故亦不願聖天婚。及婦入門，願以女工所得資佐醫藥，聖天得少延矣。戊午八月，病又劇，乃吞聲而私語婦曰：「汝何歸哉！汝何歸哉！吾終且負汝。汝能學他家節婦乎？吾死，吾母日益老，奈吾家獨居者何？」婦聞言，大泣。月大盡之夕，婦坐視聖天呻吟，楔齒閉目不忍視，潛伺聖天聲息，旋闔户，飲滷死。聖天甦而慟，且以掌擊牀木者再，曰：「吾有婦矣！」繼而亦死。

徐潘氏吞金殉夫

徐潘氏，錢塘徐步瀛妻。嘉慶庚申，步瀛卒，視含斂畢，即沐浴，手縫其裹外衣，拜別戚黨曰：「吾雖無子嗣，有叔弟學瀛在，他日有子，足以承宗祀矣。先夫地下無伴，妾願從之去。」遂以簪刺喉，左右強奪之，然竟不食，潛吞金屑而卒。

江陰黄氏有兩烈

黄烈婦孔氏，江陰壩頭村人果之妻也。果死，孔懷姙五月矣，揮淚祝曰：「死者有知，其産一男以延黄氏祀乎！」逾四月而生，女也，遂自經死。時乾隆甲寅某月日也。後十餘年而其宗又有烈婦朱氏焉。朱氏，同觀妻，亦居壩頭村。同觀年二十一，患痘死，時朱年十九，歸同觀僅四月耳。其父母往唁慰之，欲攜之以歸，朱曰：「兒夫初死，兒不可以從父母歸。七日後，兒且暫歸耳。」許之。屆期，其弟棹舟候於門，至日中，人言朱死於後池矣。其舅姑急奔救之，扶坐於堂，竟死。時嘉慶乙丑四月某日也。

徐烈女投繯殉夫

徐女，盛澤人，任唐女，字康慶豐。道光戊戌四月，康病歿。女聞訃，哭泣不食，人以康素患傴僂勸解之，女變色曰："一女豈可字二夫耶！"大母憐之，私令其姊防護。二十日辰時，潛入卧室，更布繯，投繯隕命。舅姑乃迎其柩歸，與慶豐合葬之。

吕氏婦殉再醮夫

吴天桂，邠州人，少孤，至安西柳溝習爲伶。武威吕成魁死，吴娶其妻。後吴病瘵，貧甚，欲速死以活婦，吕婦不可，吴潛縊而死。吕婦見之，亦縊死。州牧許乃穀憐之，以再醮例不得請旌，爰作《同繩篇》，并敍顛末，徵詩以彰之，時道光甲午也。

王氏吞煙

王氏，丹徒人，嫁同邑趙星彩。姑陸嫗，與道士潘致雲私通，翁利其財，陰縱焉。致雲見婦少艾，與嫗謀，欲污之。嫗以語婦，婦泣誓不從。嫗怒，日肆虐，見婦志堅，乃假他故出婦。母憐其少，欲使改適，婦矢不二。年餘，嫗陽爲好言以謝，婦乃復歸。一日，致雲私匿婦牀側，俟其寢，突出犯之。婦大呼，奮擊，致雲懼而走。嫗益怒，刺以錐，掊擊無算。婦度不免，乃乘間閉户，沐浴更衣，衣裳三襲，皆縫紉，檢其翁平日所蓄鴉片吞之，立斃。嫗佯以急病聞其家。婦族懦，雖鳴諸官，莫能直也。會有調人，遂罷，殮婦。時道光甲午八月十九日也。裕忠愍公謙方陳臬江蘇，廉得其情，密遣幹役捕得之，判如律。

金烈女謂面賊卽辱

金烈女，休寧人。父雲門，粤寇之亂，以黄州知府殉節。寇之攻黄州也，太守先奉檄守通城，而寇由蒲圻入，烈女隨母及姊困危城中。城陷，將自裁，叔父瑾畬止之，女大言曰：「叔父何言也？吾第與賊一面，卽辱矣。」乃爲母與姊整冠服，皆縊，然後從容自縊於旁。時咸豐壬子十二月四日也，年二十二。「面賊卽辱」一言，所謂充類至義之盡。昔某貞婦以腕爲人握，輒持利刃自斷其腕，而烈女尤嚴絜有加焉，可以愧世之隳節易操而曲爲之辭以自恕者。烈女幼慧能詩，激烈有英氣，太守嘗以「吟風弄月」戲命其孫屬對，女適旁侍，應聲曰：「立地頂天。」太守亟歎賞之，謂夫人曰：「惜哉女子也！」所著詩曰《紉蘭集》。

李氏姬到家殉夫

仁和李方伯本仁開藩皖江時，擕千金至吴門聘一姬，美而慧，方伯寵之專房。又於蘇州招一老伶，教之度曲，花晨月夕，檀板金樽，極聲色之娱，僚屬多竊議之。咸豐癸丑十月，安慶不守，移省廬州。軍事又急，方伯誓以身殉。姬請隨死，不許，請益堅，則謂之曰：「汝欲死，歸至家，死可也。」遂遣人護之出。又陳金几上，集家衆諭曰：「我受國恩，自當城亡與亡。爾輩願同我死者，留，否則各持金去。」於是衆皆懷金哭拜而散。老伶奮然曰：「衆皆去，誰侍主者？」擲金於地，遂獨留。方伯歎曰：「歲寒知松柏，不圖於伶人遇之！」越二日，城陷，方伯戰死。老伶掩其尸，已，亦吞金死。時姬行尚未百里，回望城中煙焰燭天，慟哭欲絶。遂曉夜遄行，不匝月抵家，發喪成服。衆方幸更生，姬獨詣夫人前叩首請死。夫人勸之曰：「若已脱難，吾亦善視若，若何必死？」姬對曰：「主人命我到家乃死，我不可負主人。」遂不食數日而卒。

夏氏女懼辱投水

江陰曹朗軒，士族也，聘邑人夏氏女爲婦，其父爲舟人，生而絶慧敏，朗軒之父遂聘之。咸豐庚申四月十三日，江陰爲粤寇所陷，所至肆焚掠，婦女少艾者尤莫得幸免。寇至城南，見女，脅而欲掠之。女曰：「吾雖細民女，既爲士族所不棄而爲士族婦，義固不辱於若輩也。」遂躍入十方庵前池水中死焉。時年僅十七也。

朱秀姑以死報未婚夫

朱秀姑，麻城人，貌麗，性聰穎，針黹之暇，輒學吟詠。父爲名諸生，性迂拙，苛於選壻，故笄而未字也。咸豐甲寅二月，粵寇破麻城，殺其父而擄秀姑。復擾及河南之固始縣，豫撫督兵擊敗之，寇棄婦女、貨寶而走。時有懷慶人張文鎔者，豫撫門下士也。言於豫撫，寄婦女於尼庵，撥款恤之。婦女百餘人，秀姑與焉，姸姿豔質，獨出衆中，文鎔慰藉之，秀姑亦深感焉。及遣散時，文鎔留秀姑，訂婚約，請於豫撫，寄之於署。豫撫見秀姑美，欲自得之，乃佯驚曰：「此女已許字某氏，今在開封，不如送之壻家。」秀姑知其詐，乃泣別文鎔。行至淮河，躍入水，死焉。文鎔聞之痛，遂辭豫撫入嵩山，削髮爲僧。

朱烈婦殺寇而死

丹陽有朱烈婦者，夫遠賈於外，家有老姑及年幼之夫弟。粵寇至，悉被掠，中途，殺其姑。婦奪刀相格，寇亦爲烈婦所殺。俄而寇麕至，婦不能敵，攢刃而死，血濺噴寇面，猶殺寇一人，斷其一之臂。

方太恭人率三女投江

咸豐辛酉十一月二十八日，粵寇再擾浙，杭州城陷。錢塘徐印香舍人恩綬之婦方太恭人，率大女禎、二女泗、三女娥同時投錢塘江。禎，字伯璣；泗，字綠濱；娥，字月霓，皆受教於太恭人，讀《女四書》。

城將陷，禎語太恭人曰：「寇至矣，吾輩宜謀所以自全者。」太恭人不語，率之出城，泝江而行，至海月橋，聳身一躍，禎與泗、娥皆從之，遂俱死。

陳吳氏餌毒殉夫

山陽吳夫人，爲潁州陳勇烈公之婦，吳禮北遊擊璜之女也。幼讀《女四書》，孝事父母，能識大義。同治乙丑，勇烈奉李文忠公鴻章檄，會剿陝捻張仲愚於滑縣之陳灘。時各軍未合，前後受敵，勇烈鏖戰竟日，身受矛傷，復大呼，馳斬悍捻六名。捻發銅礮，中腰而顛。時年僅二十一。遺命葬山陽。

夫人初得凶問，晝夜號泣，水漿不入口者五日。父母勸之，曰：「吾何敢死！腹中一塊肉，陳氏宗祧所繫。」勉起啜粥。及勇烈柩至清河，有某某聞文忠爲奏請優卹，欲移柩返天長，蓋天長爲勇烈昔年被擄之地也。夫人曰：「先夫生不樂居天長，死乃強之耶？必欲移柩，更以一棺將我去耳。」某無言，遽出。閱十日，突以衆至，徑登堂舉柩行。夫人阻之，伏柩而號，勇士扶之，顛暈於地。及柩出，胎墮，哭而言曰：「吾不可復生矣。」遂服毒藥死。時年僅十有八耳。劉壯肅公銘傳方帥師駐清河之揚莊，聞之怒，立遣兵勇水陸追柩返，並擒某及同謀之張孝先，卽時正法。文忠則疏請建雙烈祠以合祀之。

沈氏餌阿芙蓉膏而死

甘氏姬沈氏，蘇之長涇人，父母早亡，依假母沈氏，遂從其姓。美姿容，通文史。閩人甘應槐作宰於吳，購之爲妾，生一女。王壯愍公有齡由蘇藩升浙撫，檄調應槐以行。當粵寇告警，遣姬隨大婦歸。未幾，省城陷，壯愍死，甘亦死焉，姬矢志守潔。假母至閩，迫其反，欲嫁之，不從。發篋中書，焚之，賦《十歎》、《十訣》詞絶句二十首，遂飲阿芙蓉膏而死，年甫二十五。時同治丙寅十月也。

某女爲安得海逼死

孝欽后藉恭親王之力，以誅端華、肅順，時奔走其間者，實惟内監安得海。事成，孝欽倍益寵幸之。而安亦自恃有功，愈跋扈，恃勢妄爲，無所不至。京師西華門某羊肉鋪有女子，色殊麗，安見而悦之。以其父不允，囑盜誣女父爲同黨，斃之獄。女悲憤，益不從。一日，值安過其門，女大詈，自投階下而死。

阿蓮投井

咸豐時功令：官吏有親喪，因兵亂不奔赴者，雖服滿，仍解任回籍，持百日服。於是樊玉農由河南府知府回湖北咸寧縣籍持服，而滿洲德某實來代之，未逾月，有妾投井死。

先是，有王某者，與德之父同官江西，實有異姓昆弟之誼。其王媪與德之母，亦以姊妹稱。後王以事遣戍，有僕負羈絏以從，臨行，叩首於主母曰：「奴從主人去，無所戀，惟一女名阿蓮，所愛憐也，幸善視之。」媪曰：「若從主人去，若女卽吾女也。」於是遷蓮於閨中，以女畜之，且教之讀書。蓮長而美，德見而蠱之。德故呼媪爲姨，請於姨，願委禽焉。德美風儀，且能爲詩，喜金石書畫，翩翩佳公子也，然性儇薄，得新則棄舊。初娶婦，極相愛重，後又納廣陵倡女爲妾，與其婦仳離。媪固知之，謂曰：「汝已娶妻，將以阿蓮爲妾乎？」德曰：「不然。前所娶婦，不安於室，久歸母家，姨所知也。蓮妹歸我，卽我妻矣。」媪曰：「廣陵之婦，口舌可畏，蓮非其敵也。」德曰：「彼物故久矣。」媪使偵之，其家果無廣陵婦，乃諾其請。德以禮娶之，視如嫡。而廣陵婦實未死，已更易滿裝，故偵者不覺也。其性陰險，凡德所愛寵者，必以術間之。德怒，則或以贈僚友，或以配家奴。若有子女，知不可去，則用計并殺其母子，如是者非一人矣。

蓮始至，廣陵婦謬相敬重，不敢均禮。久之，微用其離間之策，而德甚愛蓮，不能動。廣陵婦乃益自卑下，日爲櫛髮。俄而髮臭，俄而體臭，然他人固不聞也，惟德則聞之，不知其何術也。俄而并其室中亦臭，德遂不復入蓮室。久而厭之，乃以與其弟，弟於兄弟行居八，家人呼之曰八爺。蓮號泣不從，德語之曰：「吾與若，緣盡矣。吾弟八爺年少未娶，從八爺，不勝從我乎？」乃擇吉日，將使成禮。而所謂八爺者，亦喜甚，未及期，先入蓮室，以甘言悦之曰：「若意中欲何物？當爲若購之。」蓮不應，固問之，乃大言曰：「他無所需，爲我買好棺一具足矣。」八爺悚然而出。會媪之子來爲河南府丞，媪將與偕至，蓮每日問已至未？乃媪未至而期已及，蓮知不及待，一日，挈一小婢入後圃，圃故有井，蓮趨赴井旁，而命婢至他處採花，婢去稍遠，卽奮身入井。婢回救，無及矣，奔告於德，使人出之井，其内衣皆縫紉嚴密，知其死志久定也。蓮既死而媪至，大罵於河南府之堂，呼德之小名曰：「巧兒，償吾女之命！」德叩頭服罪，且爲蓮盛喪葬之儀，使其弟八爺以妻服服之。

孝哲后殉穆宗

孝欽后喜觀劇，孝哲后侍，見淫穢戲劇，即轉首面壁，孝欽累諭之，不從。旋以宮監、宮眷之譖，遂深嫉之。孝哲美而端重，每見穆宗，輒微笑以迎，孝欽即加以狐媚惑主之罪。有勸其暱孝欽者，后曰：「敬則可，暱則不可。我乃奉天地祖宗之命，由大清門迎入者，非易動搖也。」有譏者言於孝欽，益恨之，由是有死之之心矣。然孝哲無失德，知不欲帝近己，則亦遠帝，孝欽無如何。

會穆宗病，孝欽往視，或見孝哲未侍，立召至而嚴斥之，孝哲曰：「未奉懿旨。」孝欽語塞。及穆宗彌留，不待召，哭而往，問：「有遺旨否？」手爲拭膿血。穆宗書一紙與之。孝欽忽入，大駡曰：「妖婢！此時猶狐媚，必欲死爾夫耶？皇帝與爾何物？可與我！」孝哲不敢匿。孝欽閱訖，冷笑曰：「敢如此大膽耶？」立焚之。蓋立嗣事也。乃手批其頰無數。孝欽手戴金指甲，致孝哲面血痕縷縷，乃斥令退，不使之送終也。須臾，穆宗升遐，孝哲以片紙請命於父崇綺，崇批一「死」字，殉節之志遂決。

或曰：孝哲痛不欲生，且夕悲痛，兩目盡腫。崇入視，因奏曰：「皇后如此悲痛，可即隨大行皇帝去矣。」崇出未移晷，而孝哲崩。時光緒乙亥二月二十日，年二十二，距穆宗崩未百日也。孝哲一目爲重瞳，福相端嚴，不好音樂，作書端麗，比以身殉，天下痛之。潘敦彥之奏，雖愚忠，亦公論也。

劉氏婦投水

津門流妓，多出楊柳青、獨流諸處，其地淫風流行，過於溱洧矣。乃有劉氏婦者，亦楊柳青人，其姑傭於某氏。某氏子知其子婦之美，乃以重金啗其姑，使招子婦來，供縫紉之役。其子婦初意不願，姑強之，乃往。始至，無所事，鍼黹稀少而飲饌豐腆，亦頗相安。數日後，某氏子於薄暮入其室，挑以言，不從，直前犯之。奪門而出，奔回其家。某氏子乃使其姑勸諭之，姑告其子，子亦以爲可，母子二人朝夕聒焉。婦遂投水死。

邢阿金殉後夫

邢阿金，蘇州農女也。幼隨母往來大家，故有大家風，修眉纖趾，望之楚楚，烹飪縫紉，並皆精妙，誦唐人小詩，略能上口。年及笄，嫁田舍兒，性粗暴，以其荏弱不任井臼，虐遇之。阿金性柔和，惟背人啜泣而已。其母聞之，大慼，以錢贖之歸，又嫁一富家子，則年少美丰儀，阿金自幸以爲得佳壻也。不意其佻達無度，得新棄舊，旋卽仳離，乃嫁一官人爲妾，又不容於大婦而歸。於是阿金年亦逾二十矣。有黃大令者，年逾周甲，得之爲簉室，甚嬖之。黃妻久卒，謀以爲妻，阿金不可，曰：「妾出身微賤，豈足上儷君子！不獨損折年壽，亦且累君盛德。」黃鑒其誠，益愛重之。黃有子婦與年相若，阿金待之極有恩禮。子婦承翁意，事之如姑，阿金雖謙不敢當，然子婦執禮不衰。無何，黃病，阿金侍湯藥惟謹。年餘，黄卒，竟仰藥以殉。黄之子感其殉父，附葬如禮焉。

胡氏殉後夫

黔中有任某者，續娶胡氏，再嫁婦也。然甚賢淑，撫前妻子如己出。越數年，任大病，胡侍奉湯藥，支持門户，累月不懈。見任病篤，知不可爲，乃先服毒，欲與俱死，抱之痛哭，任卒而亦卒。親友入弔，咸歎其烈。亦有議其不死前夫者，苛矣！

王蕙芳縊而死

王蕙芳，常州人。父遭粵寇之亂，挈家避滬瀆，遂家焉。貧不能自存，乃鬻女於王姓者爲女。時蕙芳甫四歲，及長，丰姿秀麗，嫻習女紅，王愛之。無何，王卒，其妻舊居北里，搔頭弄姿，非良婦也，攛蕙芳再嫁，蕙芳心非之而不敢言。其後夫素有登徒子之名，見其美，屢挑之。懼不免，遂於同治癸酉二月十三日夜縊而死。

張澹娘自縊殉夫

張澹娘，碣石人。父以命案，株連繫獄，行賄數十金，罪可脱，而家貧不能措。澹娘愀然謂母曰：「兒不能學緹縈、曹娥，殺身救父，有能出聘金數十藉脱父罪者，不問誰，願以身從之。」有陳某者，舟子也，年四十，願出聘金如數，父遂出獄。成婚有期矣，而陳舟遭風溺於海。訃至，父母欲其改適，澹娘正容曰：「陳之聘金，爲救父也。父無恙而陳已亡，若遂他適，則爲負心人，神當殛之。」悲甚，俄縊於房。父母覺，救之，絶矣。

殉情夫

光緒癸未，揚州有某巨公者，不知何許人，挈眷居鈔關外。其奴曰郁貴，蘇人，年二十，聰慧秀麗，頗得主人歡。主人知其未娶，予以婢，固卻之。一日，忽接家報，知父母病危，乃急歸。越十餘日，郁又至，且攜一少女來，自言此女爲胞姊，以父母俱逝，貧無以殮，願鬻於主人，以爲二老身後之資，婢之妾之惟命。某見少女婉孌可人意，遂納之後房。

郁既葬父母，仍就役，視前益謹，某愈愛重之。然郁於無人處，或夜深人靜時，輒喟然長歎，或且泣下。偶爲同伴所瞰，怪而問之，則支吾以對，人遂不之疑。郁素不嗜杯中物，七夕，忽沽酒獨酌，仰視銀河，顧謂同伴曰：「今夕非牛女二星相見期耶？神仙且然，人何以堪！」語畢大悲。同伴亦不以爲意。次日晨起，忽失郁所在，偵騎四出，杳無蹤影。某告其姊，姊泣曰：「弟必死矣。弟死，妾何生爲！」某慰藉者再，命人於水中求之，果得郁尸於三叉河口，舁歸家中。其姊大哭，擗踊而呼曰：「妾誤汝，妾誤汝！」是夜，即投繯自盡。

某大駭，疑別有隱情，命人檢其室，則又無跡，益不解。及殮，乃於其姊懷中得錦囊一，啓視，則郁之絶命書也。書曰:「自舅死後,表姊三歲即來我家,爾我婚姻,定於父母,十餘年中,兩小無猜。弟初意主人歸田,告假完姻,不意父母大故,貧無斂具,計窮力竭,乃蒙吾姊施恩,一片孝心,出此下策。原期見機行事,以踐舊盟,不意侯門似海,無隙可尋,兩地傷心。姊既奄然致病,弟又膽怯,不敢入中堂一步。今生已矣,唯望吾姊勿忘來世夫妻之誓,則九泉瞑目矣。」某閲畢,乃知二人本爲未婚夫婦,曰姊弟者,詭辭耳,因市良棺二,合葬之。好事者且爲譜南北院曲十六折,名曰《殉情夫》。

李玉桂仰藥死

李玉桂,妓也,故蜀産,不知其姓氏,流轉至漢臯,從假母之姓,故曰李,頗有聲北里間。有李孝廉者,長沙人也,計偕北上,道出漢臯,友人強之作狹邪游,遂與玉桂相遇。玉桂屢目之,友曰:「若愛李郎乎?是故將買妾而未得其人也。」玉桂私於李曰:「信乎?果信也,妾有私貲如干,當出以佐君,爲脱籍費。」李感其意,諾之,而請俟之禮闈捷後。已而春風失意,旅食京華,遂失前約。玉桂偃蹇風塵中,未嘗一日忘李也。有富商某,豔其色,強委千金於其假母,劫之去。不食七日,不死,仰藥死。

阿保仰藥死

阿保,小家女也,父母早卒,育於比鄰金氏媪。及長,頗有姿,媪欲倚之爲錢樹子,阿保泣曰:「豢養之恩,没齒不忘,雖鬻我,爲妾爲婢,我不敢怨。若令墮入煙花,則刀鋸鼎鑊,不能奪我志也。」媪無如何，鬻於某姓爲妾。而大婦妬甚，日加鞭笞，體無完膚，阿保飲泣而已。一日，婦乘夫外出，送之歸媪，而以逃亡告其夫。阿保俟夫歸，作書自陳，杳無復書。媪乃僞爲其夫書，命他適。阿保得之，即日仰藥死。

蘇紅葉仰藥殉夫

蘇紅葉，同安人，爲吴菊農鹺尹之簉室。居久之，無所出。吴本豪族，婢而妾者八人，紅葉次第七，時自危。光緒庚寅，菊農病，益不安，謀殉之，遺書與母訣。大婦聞之，百端曉譬，不聽。十月五日，菊農卒，遂仰藥其側而死。

張四寶仰藥殉夫

光緒時，滬有名妓張四寶者，貌昳麗，性端静，從華陽薛次申觀察華培爲簉室。居數年，薛以窮愁卒。當病亟時，執手泫然，張曰：「君儻不諱，妾亦胡忍獨生也。」退而飲藥逝。薛亦暈絶復甦，自視其喪，閲三日，乃殁。

李閏自刭殉夫

瀏陽譚復生京卿嗣同之夫人李氏，名閏，爲筸仙觀察之女。幼嫺内則，博極羣書，復生嘗歎爲明達。集歷朝列女傳，各繫以論，於明楊椒山夫人乞代夫死事，論曰：「明太祖、成祖皆不學無術，任刑法以治天下，其流弊足以利小人而害君子。嚴嵩、魏忠賢相繼而起，流毒善類，卒以亡國。而椒山以迕嵩父子，屢被廷杖，血肉狼籍，筋斷骨折，備諸慘酷而死。方是時，賊黨布滿朝列，暗無天日，楊夫人欲白其夫之寃，疏雖十上，必不能達。爲楊夫人計，惟有以疏結諸髮際，懷匕首詣宮門自裁，以代夫死，或可感悟皇上」云云。及復生殉光緒戊戌之難，夫人輿入湘撫署，跪地痛哭，袖出寸刃自剄，頸血濺陳右銘中丞衣袂而死。

春桂一子自剄殉夫

光緒中葉，京妓有春桂一子者，蜚聲於時，蓄多金，座上客常滿。狎客之尤著者凡三，一爲嶺南許某之長公子，一爲浙西徐某之四公子，一爲直隸樂亭劉某。劉自國初卽以富著稱，家產逾千萬。徐、許以與劉妬寵，集手下健兒數百，互相鬬毆，傷十餘人，死二人，劉逃而免。既釀釁，御史先後揭參，成巨獄。獄起，刑部逮春桂一子就案，劉出全力以衞之。方春桂一子之就逮也，行經順治門外之御河橋，橋故高，以纖足不良於行，劉商之部役，馱之過橋，僅數十步耳，而納賄至三千金。綜計先後用費，凡巨萬，卒以金錢力，獲勝訴。龜奴論戍，釋春桂一子，歸於劉。

劉本某科會元，供職於部。經此變，遂棄官，挈春桂一子返樂亭。家雖富，而居恆守儉約，規則尤嚴。將至樂亭，春桂一子盡鎖置其衣飾，布裙椎髻，一改舊觀。劉訝之，曰：「吾今爲君家人，安得不守君家法！」入門以後，闔族無間言。會劉父病癱瘓，春桂一子竭誠奉侍，衣不解帶，目不交睫者，先後凡三年。是秋，劉妻病歿，春桂一子代主家政，内外秩然，有條不紊。會劉父病革，乃置酒，遍延戚族而詔之曰：「吾病廢在牀，於茲數載。家人侍我雖孝，然無如兒妾之歷久不渝，穢褻不避者。得婦如此，吾兒之福，亦吾宗之福。吾旦晚就木，必爲之正名定分，於吾未死以前親見之，吾心始安。今日之舉，吾命也。」衆於是交口稱善。其後劉翁卒，劉以哀毁過度，亦嘔血死。春桂一子雖料理喪葬，處分家事，昕夕不遑，而色不甚戚，羣以爲疑，或有議之者。某日，治葬方畢，春桂一子突於墳次出利刃自刺，血四射。衆駭愕甚，顧以無備，馳救不及，遂死。

朱烈婦有遺札

吴縣朱烈婦，幼喜讀書，善吟詠。既笄，適朱湛園。湛園家故富，經粵寇之亂，家業蕩然，乃幕游於外。烈婦在家，賴十指以活，無怨詞。光緒壬午，湛園游浙，烈婦從。甫一載而湛園病，甚危，乃焚香誓天，願以身代，且刲股，卒不起。時湛園之妾傳貴已有娠，烈婦乃勉抑哀痛，挈妾扶櫬以回籍。營葬畢，即自經以殉。先數日，焚毁詩稿。妾問其故，則曰：「非爾所知。」但諄諄以撫孤守節大義勗之。殁後，搜其妝奩，得遺函數通，皆托孤之語。其致夫弟一函，則曰：「蒙先夫之友黄輔之、魏紉芝二人之德，將恩嫂之苦况告於衆友，共十七人，周濟洋百元，親自到舍交我。此二人恩德，真是難報。但自紹到山買地一方，一切開銷，已用去八十餘元，還少安葬之費，併傳貴生産用度。惟以後之用，一無所有。雖承梓叔相許家用，但愚嫂忽遭此變，日夜悲苦傷心，留此無用，倒要累人衣食，千思萬想，不如死，死後倒可相從先夫於地下。偷生數十日，因未到家山，安葬未辦。今得塚地已買好，諸事已了，我死亦安。所念者，惟傳貴與遺孤，拜托吾叔，二叔、三叔撫養管教，成人之恩德，生死不忘。傳貴年少，如不能守，因無遺資，愚嫂不便自主，三位賢叔與梓叔商量可也。愚嫂席氏泣血。十一月十五日絕筆。」又曰：「什物數件，可付傳貴收用。我死之後，棺木衣衾，即用愚嫂三十年針工所積，不必累人。」

蔡氏妾不從張某

蔡春容，阜陽人，甘肅平涼府經歷。其挂冠也，挈妾以歸，有僕張某從之。妾年少而有智，張亦阜陽産，從蔡久，蔡信之，陸行數十日，服務唯謹。至蒙城，易陸而水，揚帆東下。中途，張與舟子恆切切私語，狀頗不善。妾見之，告蔡，蔡不信。一日，舟至僻處，張持利刃殺蔡，沈其尸於江。妾號泣不能阻，欲呼救，則四無應者，不得已，隱忍以待。及夕，張謂妾曰：「主人死矣，爾將何歸？不如從我。」妾漫應之。迫令侍寢，則以月姅辭，如是者數日。舟子恐事洩，因與張分其財物，促他適，張遂別雇一舟，挈妾而去。

蔡既被殺，其妾即密籌報仇之策，因陽作歡容，使之不疑，惟不與張同卧起，以防其玷。易舟，仍如之。一日薄暮，泊舟，張登岸購物，妾見舟子頗誠篤，招之入艙，泣訴之，請爲助。舟子慨然曰：「惡奴弑主，罪不容誅，當代爲鳴官也。」翌日，天未明，即解纜行，至渦陽縣之義門司，詭言有他事，奔告之於巡檢署。時張卧尚未起，逮至案，一鞫而服。

毛芷香不忍見夫死而死

毛芷香，湘鄉人，少園女。生於皖，因歸桐城汪楷。芷香性慧，知書史，明大義。光緒庚子，楷挈其弟堯臣與唐才常、林圭等倡革命，往來湘鄂間，每困乏，則芷香輒質釵珥以助。事敗，楷與堯臣被逮於長沙，堯臣仰藥死，楷下獄。時官吏上首功，株累衆，無倖免。芷香不忍見夫死，乃仰藥自盡。前三日生一女，棄之，後二年，楷得釋，而芷香死矣。

陳蕙貞不願爲娼而死

開封陳善，居省城宋門外，以賣麵爲生，有一女曰蕙貞，姿美麗而性貞潔。第四巷爲大梁高等女閭所在，善以送麵故，數往來娼家，見其閈閎高大，屋宇寬廣，服御飲食奴僕過世家，心羨之。某娼有一子，知蕙貞色豔，因求婚，諾之，以蕙貞歸焉。入門，恪盡婦道。姑教之習唱，彈琵琶。無何，使應客，蕙貞不允。娼及夫怒，笞之，蕙貞誓死不從，卒受挫折而死。書院士子肄業者，多作勾欄遊，知其事，使善具稟控撫院，復具公稟爲請旌。汴撫高其節，送入節孝祠，嚴治娼夫婦罪。

女學生投繯

閩中俗例，每歲中秋節，十四、十五兩夕，各家争以擺塔相賽。屆時張燈結綵，高置寶塔於香檯，羅列珍玩，門户洞開，縱人游覽，士女往來如雲。城西有女學生某，良家女也，受城中某生聘，未賦于歸。時值宣統己酉八月十四日之夜，女挈伴出游，爲其夫友某所見。次日，友致書於其夫，詞褻。夫憤甚，遂作離婚書貽女。女得書而憤，是夕，竟成絶命詩三首，投繯自縊，時人哀之。其詩曰：「圭璋璧玉本無瑕，誰道閩中大節差？縱有摩肩人載道，豈無攜手女同車？方誇夫壻通三略，詎料微軀喪一花。寄與同時諸姊妹，埋頭從此掩窗紗。」「纔度芳春十七餘，投繯決絶幾躊躇。母兮罔善空生我，夫也無良忍棄予。此日捐軀輕似蟻，當年比翼願同雎。黄泉慘作無家鬼，斷送夫君一紙書。」「暮鼓鼕鼕刻漏殘，强將梳洗淚偷彈。前生緣結今生斷，此日愁牵昨日歡。可恨修函郎盡曉，無端買禍妾何堪。知君自有名門配，莫爲憂思頓減餐。」

江烈女不爲父母舅姑所奪

江烈女，新寧人，家貧力農，已字而未嫁也。邑豪紳豔其色，欲私之，苦不得間。女父母故負紳金，紳乃益貸之，意其必無以償，則可劫而誘也。既而其父母果無以償，乃願致女。及期，女微聞其事，宵遁之夫家。紳又餌其舅姑，皆許諾。爲期，召紳至，閉女於樓，女遂縊。邑人畏紳勢，秘其事。

武烈女以不願改適自縊

宣統時，有武烈女者，雞澤人，父業儒，早世，家貧，母寡，藉針黹以佐饔飧，恬如也。女性莊重，不苟言笑。其父在日，女已許字同里焦氏。焦氏子長而不肖，流爲丐，母聞而惡之，常諷女改適，女不允。母勸之急，女泣曰：「薄命之婚，父實主之。背死父，不孝；字二夫，不貞。生女如此，不如無也。」遂以死自誓。里有富翁，聞女賢，以重聘啖其母，母許之，且以數百金絕焦郎婚，女不知也。及迎娶有日，女見母製嫁衣，頗華麗，心疑焦氏子焉得有此。適母他出，鄰媪告女曰：「非汝母，焉得有此？」女聞而悲啼，取新製衣片碎之。母歸，忿詈備至，女夜自縊死。死後，又有同邑富人因子新死，慕女貞烈，亦以重金許其母，將聘女爲冥媳，擇期並葬。事爲邑令所聞，力阻之，乃止。令遂捐俸爲女營葬。葬之日，冠蓋如雲，觀者塞途。卜地於其所居河陽村之北，樹梅花三百本，題曰武烈女墓。

清稗類鈔

謙謹類

王文僖謙謹

王文僖公懿修，青陽人，立朝四十年，持躬謙抑，從不與人忤。嘗入朝，每過門，必謙讓許久。成哲王厭其煩，曰：「此朝廷政門，非先生居室，無容久遜。」皆大笑。任學政時，每封事，必檢閱數日，始拜發。一日，拜摺後，偶憶其中脱一字，大詫曰：「吾命休矣！」終日憮憮，無人色。逮批摺迴，神氣始定。

劉斗迓范文程之謙

范文程督閩，初蒞任時，前督劉斗尚在閩，遣人至杭迓之，書幣莊腆，辭意謙抑，有逾常格。取而視之，書中有云：「恭維老親翁白龍魚服。」不覺失笑。

顧亭林自言不如人

顧亭林嘗自言：「學究天人，確乎不拔，吾不如王錫闡。讀書爲己，探賾洞微，吾不如楊雪臣。獨精三禮，卓然經師，吾不如張爾岐。蕭然物外，自得天機，吾不如傅山。堅苦力學，無師而成，吾不如李容。險阻備嘗，與時屈伸，吾不如路安卿。博聞强記，羣書之府，吾不如吴任臣。文章爾雅，宅心和厚，吾不如朱彝尊。好學不倦，篤於朋友，吾不如王宏撰。精心六書，信而好古，吾不如張弨。」

閻百詩自言不如人

太原閻百詩，名璩，嘗與客評隲人物，謂吴志伊之博覽，徐勝力之强記，自問不如。

李杲堂自言不如人

鄞縣李杲堂，最心折萬氏家學，嘗云：「粹然有得，造次儒者，吾不如公擇。事古而信，篤志不分，吾不如季野。」杭大宗太史亦自謂：「吾經學不如吴東壁，史學不如全謝山，詩學不如厲樊榭。」其自謙亦如杲堂也。

黎媿曾不言功

長汀黎士宏，字媿曾，少遊李元仲門，稱入室弟子。順治朝，補永新令，歷官至甘山道，移節寧夏。適邊將倡亂，訛言數起，獨以鎮静處之，督餉籌邊，治軍書，每至達旦。八年塞上，勞苦功高。迨干羽舞階，膚功克奏，諸人多以節鉞相推，而屢疏陳情，卒遂初服，一畝之宫，彈琴賦詩，幾忘當日赤羽白旗，而以身爲長城之寄也。

藍田叔讓陳老蓮寫生

錢唐藍田叔，名瑛，工寫生。會稽陳老蓮初師其法，爲傳染，已而輕之，藍亦自以不逮陳，終其身不寫生，曰：「此天授也。」

三魏不敢擬古人

寧都三魏，或比之眉山三蘇。魏笑謝曰：「人各自成其我，雖兄弟至親，不期相類，何事高擬，以辱古人。」三魏，皆徵君天民子，長曰祥，一名際瑞，字善伯，是爲伯子；次曰禧，字冰叔，是爲叔子；又次曰禮，字和公，是爲季子。

繆念齋挹挹下人

吳縣繆念齋修撰彤初擢廷對第一，意挹挹下人，自奉益菲薄，欿然若有不足於懷者。計甫草見之，歎曰：「念齋之志行遠矣！」

陸麗京不自滿假

陸麗京年德轉升，往往領袖羣彦，然虚懷沖挹，不自滿假。或問：「卿自比稚黄、志伊如何？」陸曰：「志伊學海，稚黄雅宗，故當不及。」

施愚山不刻講學語録

施愚山篤信程、朱學説，而常謙抑自下。或勸其刻講學語録，輒婉言謝之。集中有復孫徵君鍾元書云：「人事冗沓，惡動求静，正是動静未合一處。此道要須静處立根，久之，即動是静，乃爲得手。」又與所親書云：「終日不見己過，便絶聖賢之路；終日喜言人過，便傷天地之和。」

王丹麓常有以自下

王丹麓意思深遠，常有以自下。與人言，未嘗先一語。名士讌集，故未嘗不在，而竟日冲然，若不知其在座者。

魏敏果自謂職多未盡

康熙戊午，蔚州魏敏果公象樞，以左都御史遷長刑部，疏言：「臣忝司風紀，職多未盡。敢援漢汲黯自請爲郎故事，乞辭新命而領舊秩。」聖祖鑒其無欺，許之，乃賞加刑部尚書銜，俾仍留原任。一時百僚震懾，綱紀肅然。

嚴存庵自言無德

歸安嚴存庵侍郎我斯，以康熙甲辰殿撰荐至禮部左侍郎，致政家居。每赴公宴，里人以其爲鄉黨祭酒也，必推之首座，輒不允，强之，則曰：「老夫無德，爵齒不足言也。」遂逕就末席。又嘗步行村市，遇田夫樵子之年耄者，往往呼之爲兄。

韓文懿自陳無政事才

長洲韓文懿公菼，以時文受聖祖特達之知。通籍後，即奉諭作時文二篇進呈，旋奉命悉呈平日文稿。聖祖嘗諭大臣曰：「韓菼天下才，風度好，奏對亦誠實。」又諭：「韓菼學問優長，文章古雅，前代所僅有。」又諭：「韓菼文能道朕意中事。」至晚年，寵眷驟衰。康熙庚辰，任禮部尚書，自陳無政事才，請解部務。甲申，復以病求免。得旨：「韓菼以工於時文，屢經擢用至禮部尚書。前掌翰林院事時，於庶吉士不勤加教習，每日率領飲酒，至九卿會議之處，不爲國事直言，惟事瞻徇，所行殊不逮所學。今自知其非，引病求罷，殊屬不合，着仍留原任。」

韓文懿自謂碌碌

方望溪侍郎苞未遇時，韓文懿實禮先焉。聞其下第，必面責主司。及舉於鄉，乃相見京師，愀然曰：「是非子之幸也。子終不遇，學與行可成。」晚年病肺，而飲酒不輟，望溪勸少止，文懿則曰：「子知我者，吾少不能自晦，崎嶇宦途，碌碌無所建樹。今老矣，常恐未得死所，以至再辱壽考，非吾福也。且子終謂我爲何如人？」望溪曰：「公爲人，天下士盡知之，況某耶？」文懿曰：「世人惟知吾文，吾文不足言。或目爲曠達，亦似矣而非也。吾立身，尚能粗見古人之繩墨耳。吾爲亞卿，未嘗一至正官之門也；吾爲學士，未嘗一至執政之門也。自趨朝外，輿馬未嘗入內城。吾好朋友，嘗與酣嬉淋漓，然貳冢宰，歲未再終，發吏之姦，爲永禁者七百餘事，鋟諸板，是誠沈飲人耶？」

文懿每預廷議歸，輒頹然自沮喪。望溪叩之，曰：「凡吾有言，衆若弗聞焉。將爲上別白之，則覓有陰爲掣曳者，而其道必反矣，內負吾心而外赧於友朋，孰若曩者家居，浩然有以自得哉！」

徐文定與中書講寅誼

滿洲徐文定公元夢，嘗以事謫爲內閣中書，到署日，即抱案牘，持鉛管以從事。同僚有遜之者，徐曰：「此僕之職，敢不黽勉！」退與諸中書講寅誼焉。

張文和以謙貽笑

桐城張文和公廷玉，晚年頗以謙抑自晦，遇啟事者至，動云「好好」。一日，有閣中胥吏請假，問何事，曰：「適聞父訃。」張習爲常，亦云「好好」，人皆掩口而笑，而張未知。

朱楚生自謂面目可憎

朱楚生者，康熙中名妓也，嬌慧善嗔。有查於周者，與朱蹤跡甚密，然終落落未易近。查嘗得善寫真者曾某，欲爲朱繪一小影，先貽書詢之。朱復書曰：「來書云云，令人吞吐不下，字字足傳神矣，安得又有曾君然犀來照人也！但面目可憎，毫無可畫，惟排場上醜態畢露爲可畫耳。來教又云，心可假而貌不可假，此語固然，令人恚甚，我常以不可假而假之，人知之矣。亦常以可假而不假，君知之乎？與君心期十載，情感三生，猶僅知我貌耳，未知我心，可歎也。曾君可畫我可假之心，何以傾注於君？我當盡解釵釧爲曾君壽。如必以貌爲言，卽使神似形似，百日真真，千呼萬喚，我不下也。不如已之，何如？」

戴正自謂臣劣

雍正初，大吏薦江慎修於朝。世宗召見，江戰栗不能對，乃薦其弟子戴正。戴口如泉湧，剴切詳明，上大悅，問：「卿與師孰優？」對曰：「臣劣。」上曰：「師優不對，何也？」對曰：「師年耄，患重聽，若所學，固勝臣萬萬也。」上嘉其讓，賜翰林。江名永，婺源人。

尹文端性謙下

滿洲尹文端公繼善，老於封疆，凡一督雲貴，三督川陜，四督江南。每遇艱鉅，紆徐料量，靡不妥帖。而性謙下，將有張弛，必集監司以下而屬之曰：「我意如是，諸君必駁我；我解說，則再駁之，使萬無可駁而後可行，勿以總督語有所因循也。」以故所行鮮有敗事。

陳文恭以死讓中堂

臨桂陳文恭公宏謀，雍容持下。尹文端居首揆，素所推仰。文恭病劇，文端往視，曰：「吾輩均老，不知誰先作古人？」文恭拱手曰：「還讓中堂。」蓋習於撝謙，不自覺也。文端默然。及文恭予告，方戒途，而文端已先騎箕。文恭欲回京一慟，家人力阻，行至韓莊而薨。

傅文忠待下謙沖

傅文忠公恆，款待下屬，多謙沖，與共几榻，絶無驕狀。

恭勤慤不以富貴失友誼

恭勤慤公阿拉，家素貧，父任中書久，罷官，饔飧不給，恭以負販養親。後累遷至驍騎參領，仍賃汪時齋總憲屋以居。時齋喜其直慤，時周助焉。以恭慈太后封承恩侯，乾隆時，任禮部尚書十餘年。出自困阨，深悉里巷情事，和平謙沖，雖戚畹，無驕抗習。歲必宴集故交，歡飲竟日，曰：「奚可以富貴失友誼』。嘗拾匿名文書，卽命僕焚燬，曰：『吾聊以此報上恩也。』

嵇文恭改避生日

乾隆乙巳，舉行千叟宴，漢大臣與宴者，以無錫嵇文恭公璜領班，時年八十，與高宗同庚。生辰本在六月，值班時嘗口奏：『臣不敢先君，擬改期於萬壽後。』上許爲謙而知禮，因代定八月十五日，遣侍衞爲之稱觴。

法式善詠物詩止不行世

蒙古時帆祭酒法式善，與王惕甫廣文芑孫交契，有作，必就王審定。嘗刻行其詠物詩，首以示王，偶勿之善，遂止不行。後五六年，欽州馮魚山敏昌見而大稱之，問：『何以不行？』時帆因以王言告之。

邵叔宀好人譏彈文字

常熟邵叔宀太史齊燾，工東漢、六朝文，其《玉芝堂集》，淵懿鎗洋，鯨鏗春麗，駢偶家奉爲鴻寶。然温温不自許，嘗以陳思王語『僕嘗好人譏彈其文』八字，鐫諸小印。

董文恭降階迎驛丞

富陽董文恭公誥在都時，有富陽驛丞某得選出都，忽投刺求見。時文恭方讌客，公服降階出迎。驛丞鞠躬曰：「某獲官珂里，趨叩請訓。」文恭曰：「是何言與？老夫離鄉日久，將來父臺遇老夫戚友，稍有過犯，萬勿因老夫故而稍假辭色，隨時訓誨，此即老夫所切望也。」

鍾選樓抑抑若不自勝

甘泉鍾選樓明經懷文，嘗著《葴匡考古録》，譔述通慧，制行動中禮法。嘉慶甲子，督學劉文清公墉舉爲優貢生，鍾入謁，抑抑若不自勝，自謂「諐咎殊多，不稱此目」，與家人朋友言，屢及之。

劉申受自謂不如人

武進劉申受嘗語人曰：「敦行孝友，厲志貞白，吾不如莊傳永。思通造化，學究皇墳，吾不如莊珍藝。精研《易》《禮》，時雨潤物，吾不如張皋文。文采斐然，左宜右有，吾不如孫淵如。議論激揚，聰敏特達，吾不如惲子居。博綜古今，若無若虛，吾不如李申耆。與物無忤，泛應曲當，吾不如陸邵聞。學有矩矱，辭動魂魄，吾不如董晉卿。數窮天地，進未見止，吾不如董方立。心通倉籀，筆勒金石，吾不如吳山子。」

倭文端讓坐

蒙古倭文端公仁，官大學士時，其行走班次，在商城周相國上，而宴見必以讓周。一日，以選玉牒館校對等官，至朝房，又相讓，周笑而推之曰：「二哥，何又作此態？此何地耶？」文端始就坐。

鄭夫人對門下士之言

侯官林文忠公則徐，以粵事議戍，道陝西，有門下士迎謁。談次，微露不平，而以文忠談笑自若，不敢盡其言。退謁鄭夫人，曰：「甚矣，此行也！」夫人曰：「子毋然。朝廷以汝師能舉天下大局付之，今決裂若此，得保首領，天恩厚矣，臣子自負國耳，敢憚行乎！」論者咸頌夫人之謙。

肅順心折漢人

肅順恣睢暴戾，苛待旗籍司官，而於漢司官則甚謙抑，嘗語人曰：「旗人多無知識，漢人能文，不可開罪。」其納賄也，亦惟受旗人所贈而已。漢人有才學者，必羅致之，如匡鶴泉源、陳子鶴孚恩、高碧湄心夔，皆素所心折者也。

朱洪章讓首功

同治甲子六月，曾忠襄克復金陵，李臣典、蕭孚泗咸膺上賞，封子、男，而不知悉黔將朱洪章一人之功也。洪章，鎮遠人。胡文忠守鎮遠，洪章以親軍隸麾下。及陳臬湖北，遂挈以自隨，肅清武漢，實爲首功。旋遣從曾文正軍。文正因使帥精鋭數千人，隨忠襄擣金陵，不得下，洪章率所部，開地道於龍脖子，垂成而陷，殲四百人。二次地道成，洪章爲前驅，從烟燄中躍上缺口，肉薄蟻附而登，城遂復。臣典於次日病卒。忠襄使以首功讓臣典，洪章諾。及捷報至安慶，文正主稿入奏，乃以洪章爲第四人。於是洪章僅得輕車都尉，殊不平，謁忠襄，語及之。忠襄笑而授以佩刀曰：「捷奏由吾兄主政，實幕客李鴻裔高下其手耳，可手刃之。」洪章一笑而罷。後終雲南鶴麗鎮總兵。

陳湜自稱小使

陳舫仙廉訪湜，於中興時崛起，轉戰河南北，膺懋賞，洊擢江西臬司。然以老於行伍，秉質麤豪，官場儀注，置之不講。一日，有太守詣轅請謁，脅肩諂笑，執禮殊恭，「卑府」之聲不去口。陳思有以答之，乃除去老兄、兄弟之通稱，而自謙按察使爲「小使」，聞者鬨然。

文文忠待士

蔡毅若觀察錫勇，以幼童入廣東同文館習英文。其後，選送京師同文館肄業，偕同學入都。抵館門，方下車卸裝，見一長鬚老翁笑而相迎，慰勞備至，遂導之入，引觀各室，每至一處，則告之曰：「此齋舍也，此講堂也，此膳堂也。」指示殆遍。其貌温然，其言藹然，諸生但知爲長者，而不知爲誰也。老翁詢諸生以已否午餐，諸生答曰：「未。」老翁即傳呼提調官。旋見一紅頂花翎者旁立，貌甚恭，諸生始知適所見者，乃相國文文忠公慶也。

楊勇慤示龐鴻書以謙

法越事起，楊勇慤公載福奉特旨，募勇援臺。時龐鴻書爲巡撫，重其名，先爲募勇數營。楊至省，見多市井之徒，不可用，改募之。龐又薦某爲將，楊以其曾隸部下而僨事者，告以不可用，龐銜之。

是月，適届太后萬壽期，文武官紳皆詣萬壽宫慶祝。初，所司置拜墊，楊與紳士伍。適楊先時至，拜位列大府後。藩司某至，見楊墊居第三，曰：「公昔爲總督，今爲欽差，朝廷班次宜有序。」楊謙謝。藩司固請之，親移拜墊於巡撫之左。龐至，即行禮，不知其前之謙也，見而益恨之，乃日催其拔隊，陰按餉不給。藩司請示，不置可否。長沙民習於兵，見鄉兵至，輒欺侮之。兵怒，數鬬詈。或延燒居民草房一間，龐遂命閉城門，且榜示，民得誅亂兵，格殺勿論，陰欲激變。即日以縱兵焚掠入告，且謂彭玉麟受命即行，而楊乃逗留長沙，久不去。於是楊部將多憤懣，幕賓亦慫楊疏辯，楊曰：「朝廷方憂邊，何忍更以瑣屑煩聖慮耶！降罪，我自當之。」然德宗知楊，卒未下龐奏。

楊勇愨以入告事讓守臣

楊勇愨既以援臺事至閩，與守官等議辦防守機宜，幕府欲其入告，楊曰：「此守臣事，吾特助爲之耳。若我入告，是佔守臣顏面也。」卒不奏。時須渡臺，而我海軍悉已爲法人所殲，將軍、總督等欲留楊省中，因問渡臺事，楊曰：「吾奉朝命渡臺，自當卽行。」問行期，不語。翌日，巡閱礮臺，提督方留宴，楊起如廁，久不出，衆候，不敢散，逾日，始知已改裝附舟渡海矣。後和議成，遂歸。楊在家，與諸紳齊列；出門，但坐平常肩輿；至鄉，卽乘竹轎，與田夫野老問答如平交。

潘文勤慰謝司員

吳縣潘文勤公祖蔭長刑部時，司員某送稿，文勤欲其改易，某不服，文勤大怒，擲稿於地。某指地下稿詈曰：「拾此者爲忘八旦。」憤憤而出。文勤命僕拾之，北人習慣，雖下流社會，辱及其親，必怒，僉以司員某有「忘八旦」之誓，相顧不前。文勤乃自起拾之，笑曰：「我做忘八旦，何如？」散衙後，親詣某司員宅慰謝焉。

閻文介自謂不及王安石

朝邑閻文介公敬銘既以相國告歸，屢徵不起，謝摺有云：「宋臣王安石小官則受，大官則辭，況臣不及安石萬一乎？」

潘嶧琴自言少讀書

山陰胡梅臣，名元鼎，嘗應歲考經古試，題爲《莊周夢爲蝴蝶賦》，以題爲韻。時學使爲南海潘嶧琴學士衍桐，胡衣冠登堂，問：「蝴蝶之蝴字，在詩韻第幾韻？」潘佛然曰：「汝爲秀才，蝴字在七虞，尚不知乎？」胡唯唯而退。其第五段押蝴字，有云：「看殘三月鶯花，花間有蝶；繙徧七虞詩韻，韻内無蝴。」及揭曉，列第一。考畢發落時，潘下座揖胡，謂：「弟年輕，少讀書，竟忘詩韻無蝴字，致貽笑柄，幸乞弗責。」

恭親王待張文襄

光緒朝，大阿哥溥儁既廢，恭親王溥偉覬覦儲位甚力。適張文襄由鄂督入爲軍機大臣，溥偉以文襄碩德重望，謂可樹以爲援，於是待遇文襄禮極恭謹，每言必稱以太世伯，而自稱再姪，蓋以其祖忠王與文襄同朝也。文襄每入朝，與溥偉遇，升階踰閾，必從旁扶掖之惟謹。戊申十月，孝欽后萬壽，賞王大臣聽戲。故事，臣工聽戲者，皆於兩廊設地褥，盤膝坐聽。文襄已篤老，坐久，不支，無休息所，深以爲苦。溥偉忽至，曳其袂，邀與散步。文襄起，隨之出，曲折達小院，闃其無人。文襄不敢前，則曰：「無妨也。」因趨前啓簾，肅文襄入室，有短榻横窗下，隱囊裀褥無不精，地下茶鼎方謖謖作聲，一小璫持箑扇火，几陳果餌數盤，悉上厨精製也。文襄方饑渴不可忍，得此，則大喜。餐畢，且讓文襄偃卧，而己則旁坐相陪。文襄終數日聽戲大典，而精力不少憊，以此。文襄常語人曰：「恭邸乃親王，乃敬禮我若是。澤公僅一公爵，齒尚較恭邸爲少，乃直呼我香濤，人之相去懸絶，乃如是耶！」然後來定策時，詔旨逕從中出，文襄竟未嘗與聞也。

姚端恪議條例之謹

桐城姚端恪公文然長刑部日，方更定條例，嘗曰：「刃殺人有限，例殺人無窮，吾曹可無慎乎！」虚衷詳議，去其太甚，劑於寬平。決獄有所平反，歸輒色喜。嘗有囚誤刺字，争之不得，及歸而以長跪自罰。

張文貞少端重

丹徒張文貞公玉書，性穎悟，少端重，寡言笑。嘗與賓讌，竟夕危坐，比去，雙趺宛然。

沈旬華自警

錢塘沈旬華，名蘭先，性慎密，聞人有過，輒自警曰：「吾得毋有是乎？」亦時以此訓其子弟。又嘗言人多讀書則識進，且能自見瑕疵，故終身都無足處。

張文端宅心安定

桐城張文端公英，康熙朝之名臣也。儤直禁廷，頗極榮遇，然宅心自守，不爲外誘。居恆嘗自語曰：「年來得一法，守方寸之地，製爲堅城，堅閉四門，不許榮辱、升沉、生死、得失之念闌入其中。更有安心一法，非理事決不做，費力挽回事決不做，不可告人事決不做。衙門中事，因物付物，不將迎於事前，不留滯於事後。」是以每卧輒酣，當食輒飽。

朱文端用志不紛

高安朱文端公軾，少好學，用志不紛。塾師嘗招飲，不往，讀書不輟。師命爨夫遺以酒肉，置座間，若無覩也。每見古大儒、名臣、循吏之行，輒筆記之。

包歙和身無私錢

蕭山包歙和，名歙德，授書鄉塾，身無私錢。每歲暮歸，輒懷授書金，跽父前獻之。某年，則跽而不起，良久乃曰：「兒於中擅取數緡矣。」偵之，周友貧也。又一歲復然，易書也。

張文和謹身節欲

桐城張文和公廷玉，幼體弱多疾，精神疲短，步行里許，輒困憊，尊長以爲憂。文和因此謹疾慎起居，節飲食，時自儆惕。年三十，通籍，氣體稍壯。嗣值南書房，辰入戌出，歲無虛日。塞外扈從十一次，夏則避暑熱河，秋則隨獵於邊塞遼闊之地，乘馬奔馳，飲食失節，而不覺其勞。

康熙丁亥，聖祖以外藩望幸，車駕遠臨，遍歷蒙古諸部落，皆珥筆以從，一百餘日不離鞍馬，亦不自知其鞅掌。世宗朝，委任益篤，以大學士管吏部、户部，掌翰林院，皆極繁要重大之職。兼以晨夕內直，宣召不時，適西北軍興旁午，每奉密諭，籌畫機務，羽書四出，晷刻不稽。偶至朝房或公署聽事，則諸曹司抱案牘於旁者常數十百人，環立番進，以待裁決。輿中、馬上披覽文書，吏人多隨行於後，候一言爲進止。

文和總裁史館書局，都十餘處，纂修諸人時以疑難相質，輒爲之從容論定。薄暮還寓，則賓客門生，車駕雜沓，守候於外舍者如鯽矣。夜然雙燭治事，既就寢，或從枕上思及某疏某稿未妥，卽披衣起，自握筆改正，黎明付書記繕以進。而氣體之強健，反過於少壯時。至八十餘，偶作書，嘗顛倒一語，擲筆歎曰：「精力竭矣！」世宗召對，問各部院大臣及司員胥吏名姓，縷陳籍貫、科目，無誤也。

世宗謹小慎微

張文和日值內廷，常承命侍食，見世宗於飯顆餅屑，未嘗棄置纖毫。每燕見臣工，必以珍惜五穀、暴殄天物爲戒。世宗又嘗語文和曰：「朕在藩邸時，與人同行，從不以足履其頭影，亦從不踐踏蟲蟻。」

佟維綱仁善勤恪

佟維綱爲孝康后幼弟，性謹恪，雖屢攖重任，不欲攬權，公暇惟延學士講文藝爲樂。没後，世宗手書「仁善勤恪」額於墓道以旌之。

恆王謹於持家

恆恪郡王弘晊，聖祖孫也，幼襲父爵，性嚴重儉樸。諸藩邸皆畜聲伎，恢園囿，惟王崇尚儒素，俸粢除日用外，皆置買田産屋廬，歲收其利。人以吝笑之，王曰：「汝等何無遠慮？藩邸除俸粢田産外，無他貨取之所，不於有餘時積之，子孫蕃衍，何以爲生？」諸邸後皆中落，至有不能舉炊者，而王之子孫皆自給，人始服其先見焉。

鄒小山謹慎

高宗在藩邸，無錫鄒小山宗伯一桂方以工畫值内廷，一日，令内侍持箋命畫，鄒以未奉諭旨，不敢應。高宗登極，賞其謹慎，特用卿貳。

夏芙裳言三不可忽

高郵夏之蓉，字芙裳，號醴谷，虚衷樂善，出乎天性，於己不諱其所短，於人務盡其所長。乾隆丙辰，召試宏博，官檢討。著有《半舫齋集》，集中有《三不可忽》詩，自注云：「孝感先生謂天下無可忽之人，世間無可忽之事，此生無可忽之言，作此以代書紳。」孝感先生，即熊文端公賜履也。

陳文恭謝迂闊

陳文恭公宏謀任司道時，嘗與某撫論事不合，督撫斥以迂闊，陳謝不敢當。訝問之，陳曰：「迂者遠也，闊者大也，憲台期以遠大，安得不謝！」

沈文慤不答日本人書函

長沙沈文慤公德潛，晚年詩名日高。日本高彝寄書千餘言，溯詩學之源流，詆諆錢牧齋持論不公，而以沈爲中正。又贈詩四章，願附弟子之列，并乞奬借一言，其意甚誠。沈謂外人不宜以文章通往還，因師文衡山不予遠夷書畫意，置不作答。

阿文成勤慎

阿文成公桂承家教，進止溫恭，起居有常處。每朝，先五鼓起，入禁廷，坐直房待旦，不假寐，諸曹屏息，室內外如無人。上召閣部直事官，詢上折記閣本與歲時應舉掌故及一日所折獄備顧問，始入內朝。有奏稿，必親閱，無誤字乃進御。或御輦經直房，侍者下戶簾，文成從室內起立，垂手候鹵簿過，方復坐。其畫諾至恭慎，每署日稿尾，雖遇倉猝，運末筆如有力千鈞。管刑部最久，一郎與議公事不合，然頗以其戇直而卒予特擢。郎有傴僂而勤政者，乃舉任劇郡。及入覲，高宗亦曰：「人果不可以貌取也。」

嵇文恭謹慎知大體

嵇文恭弱冠即爲詞臣，謹慎無纖微過失。嘗於進呈文字中，有引御製詩，用字未經改寫，坐是出南書房。自後每掌文衡，及進部院疏奏，遇廟諱、御名，倍矢敬畏。即尋常點畫之細，偶有舛訛，不稍假借。及暮年，高宗有溫旨，遇身體不適則免朝。文恭每早必揉伸其軀久之，曰：「今日舒暢。」登朝如故。人皆服其謹慎知大體。

孫文定絕口不言朝事

孫文定公嘉淦督直隸，以近畿土地皆爲八旗勳藩所圈，民無恆産，賴租種旗地以自活。而旗人恃勢，增租更佃，使民無以聊生。乃建議，旗地不許增租奪佃，有抗欠者，許訐之官，官代徵收，解旗分領。後以訊謝侍御濟世事不實，免。傅文忠公秉政，力薦於朝，召補副都御史，尋遷吏部尚書協辦大學士。傅延其會食，往謁其邸，未入座，遽趨出。傅怪問之，文定曰：「某處設反坫，某處建螭頭閑閲，皆王邸制度，公不宜有此，將歸繕疏言之。」傅請立改，文定乃入席，歡飲終日。

文定既負直聲，屢蹪屢起，晚年物望愈隆，朝中略有建白，天下咸曰：「得非孫公耶？」遂有匪人僞疏一紙，語甚悖，窮詰經年，方得主名。高宗知其忠誠，寵遇益隆，而終不自安，以爲揜他人而假我名，致之者有自。自此參贊密勿，絶口不言朝事，卽家庭亦無知者。

蔡文恭請聖安

蔡文恭公新，文勤公世遠姪也。文勤爲高宗藩邸師傅，故高宗待文恭尤厚。文恭性端慤，世崇理學，爲安溪正派。雖以過屢遭嚴旨，敬禮猶如故，充上書房總師傅四十一年，諸皇子皆敬憚之。乾隆乙巳春，予告歸里，諸皇子賦詩送行，時人比之疏傅。恭王嘗自灤陽返，遇之於途，立降輿。王止之，文恭曰：「某非爲王降輿也。」乃正襟北面恭請聖安畢，然後相見。

松文清克勤厥職

松文清公筠官副都御史時，以劾驍騎校溺職事觸高宗怒，降補驍騎校，克勤厥職，日宿於署，如是者三月。一日，高宗問某都統曰：「松筠何如？」都統對曰：「伊三月未出署，合署均夙興夜寐，風氣一變。」卽日命還其職。後擢將軍，撫伊犂，又以事干上怒，謫中書。未久，復以原官起用。文清，瑪拉特氏，蒙古正藍旗人，字湘浦，善書「虎」字。

陳望坡親身押犯

閩縣陳望坡尚書若霖爲刑部郎時，惟日坐司堂理牘。時和珅方賜死，其僕劉禿已擬遠戍。故事，凡遣犯，由提牢官點交差役，解往順天府衙門發配，司官弗與聞。是日，適陳當月，念劉係重犯，躬自押往，索取順天府收文而還。旋有科道參奏，遣犯劉禿聲勢尚赫，臨行夾道餞筵，擁擠不絶，以致發配三日尚未出京。仁宗震怒，立召刑部各堂官斥以所司何事，各堂官噤無以對，磕頭出，卽聯騎入署，立傳各司官詰之，司官亦皆茫然。時陳方上堂，堂官厲色曰：「汝於某日當月乎？」曰：「然。」曰：「劉禿之事發矣，尚不知乎？」曰：「頃適知之，但咎在順天府衙門，與本部何干？與當月者又何干？某日劉禿出禁，司官卽於是日親身押交順天府衙門，並立取本日收到印文爲據，尚何懼乎？」因就懷中出一紙上呈，堂官皆驩然曰：「是不難覆奏矣。」事遂解。

汪守和言動遵古禮

樂平汪宗伯守和性謹，言動悉遵禮法，每食必置菜羹於坐隅，以祭先代，始爲飲食之人揖，然後坐。

商景霨不泄禁中事

太醫院院判商景霨，山陰人，文毅公十世孫。工醫學，多奇效。性直戇，撫諸弱弟甚友睦，所蓄醫金盡爲弟用，不較也。供奉大内數十年，不泄禁中事，有詢之者，惟曰「聖躬萬安」而已。有某太醫性便佞，好與藩邸交接，立劾罷之，曰：「是人心術不純，不可侍上左右。」仁宗嘉之，即賞加五品銜以示優寵。

宣宗謹小慎微

嘉慶庚辰七月二十五日，軍機大臣擬遺詔，中有「高宗降生避暑山莊」之語。越月餘，宣宗檢讀實録，始知高宗實於康熙辛卯八月十三日誕生於雍和宫邸，而《高宗御製詩》凡言降生雍和宫者，三見集中，因傳旨詰問。樞臣回奏稱：「《仁宗御製詩》初集第十四卷、第六卷詩注，均載純皇帝以辛卯歲誕生於山莊都福之庭。」上責其巧辨，諭云：「朕恭繹皇考詩内語意，係泛言山莊爲都福之庭，並無誕降山莊之句，當日擬註臣工誤會詩意，且皇祖詩集久經頒行，不得諉爲未讀。」遂降旨，托津、戴均元退出軍機，與盧蔭溥、文孚均鐫級有差。時宣宗臨御甫匝月，蓋謹小慎微，邇言必察，殆睿性天成也。

湯文端自咎失時

蕭山湯文端公金釗，每遇奏事日前一夕，宿澄懷園，必靜數更籌，頻問晷刻，偶假寐，輒慢然起坐，自咎失時。

某章京慮詩已經御覽

儀徵阮文達公元以雲貴總督拜體仁閣大學士，入軍機，嘗奉派充閱卷大臣。某年，偶見一卷甚佳，而詩末句僅四字，漏寫所押之韻，文達曰：「此必用某韻無疑。」取軍機章京某之筆擬爲補填，某曰：「中堂勿爾！安知此卷不先經御覽乎？」文達悟，擲筆，以原卷進。迨召見諸閱卷者，即問曰：「詩有書四字者，見之乎？」對曰：「見之。」復問曰：「取否？」對曰：「未取。」乃復及他語。既退，文達揖某曰：「非子，吾此時已交刑部矣。」凡閱卷，須寫取不取及名次黃簽，故必由閱卷之軍機大臣帶章京一人進內供役。

曹文正謹慎

曹文正公振鏞在官日，每奏事，手捧黃匣，必高於頂。屢典春官，終日危坐堂皇，盡心衡校。朝房待漏，坐而假寐，默誦經書，數十年如一日。

于次棠重視名器

于次棠中丞蔭霖崇樸實，重理學。任皖藩時，與巡撫福少農中丞潤積不相能，撫署戈什哈皆有翎頂獎札，每見客時，侍立者皆煌煌然，于以名器所係，面斥之。

沈文肅拘繩尺

侯官沈文肅公葆楨綜理微密，晚年尤拘繩尺，即拆淞滬鐵路事而言，宜世人之誚其迂謹也。督兩江時，適英人創淞滬鐵路成，文肅承朝命，以鉅金購得，或勸仍置原處以便途人，文肅怫然，決意拆之。

朝儀以醇王而肅

德宗夙恨近支宗室不求學，日肆游惰，常戒勉醇王留意政治，故每值經筵聽講時，王常侍側。王頗正直，惟懦弱不能斷，且口稍吃，語言不甚晰，然遇事必循軌範，拘於小節。

王初入軍機時，對於慶王世續頗恭謹，朝儀亦因以整肅。先是，上未陞殿時，王公大臣皆先集朝房，人聲喧雜。朝房僅有破棹椅，無褥墊。洎王至，則各依順序而入內。時上未至，王即鵠立屏氣以待，餘則非至口號傳出不整肅。口號者，即上將入坐，先有内監以口吹哨也。上有祭事，各城皆開正門，護從王公候上過，亦隨之而出，王則必由偏門。其讀書貴胄學堂時，策騎往來，固無護衛也。及宣統帝立，奉隆裕后懿旨，爲監國攝政王。

王藴齋夫人迂謹

兩淮草堰場大使王藴齋之夫人，性拘執，以爲夫婦相見如賓之盛，不可使古人專美，遂與其夫旦夕相與，如外賓酬酢。既生二子，卽以男女居室爲至穢而又足戕生也，年三十，卽與夫分室居。晨起，子婦侍櫛沐，妝竟，至中堂，俟夫盥洗，分庭坐，子若婦侍兩側，俟僕媪進茗，進早餐對食訖，率子若婦送其夫出前廳治事，及中門而返。薄暮，夫事竣而入，則率子若婦迎於庭，復偶坐，几設燈二，進茗，子若婦侍如故，相慰勞，進晚餐，餐畢論家事，約二鼓，語夫曰：「晝治公，勞矣，宜早將息。」夫必曰：「時未晏，可略談。」少選，親執燈，送夫至寢室，稍坐，夫起，送之歸寢，子若婦均隨侍焉，乃訓以家事。久之，令子若婦去而後卧，常年如一日。夫苦之，遂以同室居、置少妾、吸鴉片三事請，聽擇其一，乃僅許以吸鴉片焉。

其子與婦亦異室居，監之嚴，以爲男女配偶，爲宗嗣計，既得子而仍同室居，男有礙於學，女有礙於工，不可也。會家婦歸寧，子同舟往，因而復孕。迨產，始知之，乃盛怒赴產室，斥婦爲儇。婦恚，自經死。未幾，次子送婦歸省，舟次亦懷姙，將彌月，其夫先密函告其母家，設辭迎之歸，始無事。

清稗類鈔

廉儉類

吳興祚廉儉

山陰吳督部興祚仕宦四十餘年，位一品，所得禄賜盡以養戰士，遺親故，而居無一廛，囊無贏金。及以粤督解任還京師，與無錫秦諭德遇於瓜洲，一日，會食，脱粟枯魚，酸寒相對，諭德曰：「公貧乃至此乎？」明日與别，吳喜見眉宇，告諭德曰：「適有饟米數十石者，不憂餒矣。」

田山薑廉儉

康熙己未開博學宏詞科，一時名士率皆懷刺跨馬，日夜詣司枋者之門，乞聲譽以進。德州田山薑侍郎雯方以工部郎中膺薦辟，屏居蕭寺，不見一客。比督學江南，舁以肩輿，從兩驢，載衣裳一箱、《五經》子史兩方廚，蒼頭奴二人，踽踽行道上，戒有司勿置郵傳給供張，自市蔬菜十把、脱粟三斗，不爲酒醪佳設，惟日矻矻以文章爲事。

陳清端廉儉

陳清端公璸釋褐歸里，講學五年，足蹟未嘗入公門，每謂貪不在多，一二非分錢便如千百萬。後嘗舉此入對，聖祖嘉之。旋令古田，調臺灣，督川學，巡臺、廈，開府湖南、福建，才身在外，幾二十年，未嘗挈眷屬，延幕賓。公子曠隔數千里，力不能具舟車一往省視。傔從一二人，官廚以瓜蔬爲恆膳，其清苦有爲人情所萬不能堪者，陳晏然安之，終其身不少更變。聖祖目爲苦行老僧，又曰：「從古清官，無逾璸者。」

于清端廉儉

于清端公成龍令羅城，拊循殘氓，悉除諸禁，誠意感人，民皆以田賦親輸清端手。或留數錢置案上，問何意，曰：「阿耶不納火耗，不謀衣食，寧酒亦不買乎？」清端感其意，留數錢，計得酒一壺而止。

清端居羅城久，從僕或散去或死，羅人益憐之，每晨夕，集問安否，間斂金錢跪進，云：「知阿耶清苦，我曹供些少鹽米費耳。」笑謝曰：「我一人，何須如許物，可持歸易甘旨，奉汝父母，如我受也。」民怏怏持去。一日，聞其家人來，民大喜，奔譁庭中，言：「阿耶人來，好將物安家去。」又進金錢如初。又笑謝曰：「此去吾家六千里，單人攜貲，適爲累耳。」麾使去。民皆伏泣，清端亦泣，卒不受。比遷知合州，羅民遮道呼號曰：「耶今去，我儕無天矣。」追送數百里，哭而返。一眇者獨留不去，清端問故，曰：「民習星卜，度公橐中貲不足行千里，民技猶可資以行也。」清端感其意，因不遣去。會霪雨貲盡，竟藉其力得達。

其後清端薨於兩江總督任所，先一夕，微覺體中不適，晨興，坐内堂判事，少頃，瞑目不語，遂薨。藩臬入内寢，檢遺囊，爲棺斂計，見其衾幃敝陋，笥存白金三兩、舊衣數襲、青錢二千、粟米五六斗，相率太息而出。性廉潔，儉於自奉，不爲妻子計，惡衣粗食，安之若素。聖祖亦信之彌篤，以爲廉吏第一。

岳起廉儉

少保岳起，滿洲人，以孝廉起家。初任奉天府尹，前任某以貪著，岳入署，命人於屋宇器用皆洗滌之，曰：「勿染其舊也。」後與將軍某抗，罷官，仁宗用爲山東布政使。未幾，擢江蘇巡撫，生平清介自矢，夫人自掌簽押。出門騶從蕭條，瘦驂敝服，禁止游船妓館，無事不許讌賓演劇，吳下奢風爲之一變。夫人尤嚴正，岳嘗往籍畢秋帆尚書産，歸時已薄暮，小飲，面微醺，夫人正色告曰：「秋帆尚書以耽於酒色，致有今日，相公觸目警心，方謹戒之不暇，乃復效所爲耶？」吳民有《岳青天歌》，以爲湯文正公後一人。

顧琮廉儉

顧琮在京師守制時，每出門，小車敝帷，不知者以爲厮養也。奉命治漕，治南北河，皆久於任。及老病罷歸，至不能僦一廛以居，其廉可知。

戴簡恪廉儉

開化戴簡恪公敦元，嘗以江西按察遷山西布政，方入覲，途中日以麵餠六枚供饔飧，不解衣，不下車。五更，趣車夫起，驅之行。凡上官過境，州縣例設供億，具迎送禮。簡恪獨行數千里，而輿夫館人莫知其爲新任藩使者。抵京師，客至，屏僕户外，責茶瀹酒，輒躬爲之。山西藩署有陋規，曰釐頭銀，上下皆取資焉。簡恪曰：「官有養廉，僕御，官所豢也，何贏餘之有！」遂革之。

未幾，内召爲刑部侍郎，居京師，同僚非公事不得見，所治獄無縱無濫。蒞部事畢，歸坐一室，家人爲設食飲，暮則置燭對書，坐倦而寢，否則坐暗中，倦亦寢，雖飢甚，不自言也。假歸浙江時，大府讌之，雨，著屐往，終飲，羣官擁送，鼓吹啓戟門，呼輿馬，乃笑索繖，自執之，揚揚出門去。

王應辰以廉儉賈禍

常州王應辰以嘉慶辛酉進士，選四川新繁縣知縣，性廉儉，到官，頗得士民心。新繁素號饒邑，王絶苞苴之私，不能飾廚傳，供過客，故上游及同列皆不喜之。戊辰冬，舉計典，有素識之日者，往來於藩司之門，自省中遺書云：「方伯將以計典黜君矣，得金若干，乃可免。」緘其書，以方伯印封發之。王得書笑曰：「鬼蜮乃敢白晝見！」藏其書，而以其事白制府。制府以爲脅持也，怒，以才力不及填計典入奏，立委員攝印署理。委員至，王拒不見，委員譟於庭，乃出，索其委牌，而委員以制府督促，不及待司文，無以應。王笑曰：「此亦可詐耶？」呼騶械之。委員恐，馳去，訴制府，謂某敢抗制府命，且辱之。制府大怒，命中軍提兵，隨成都府知府往捕，圍其署，大索，獲日者所致書，毁之，縛王歸於省，置諸獄，以抗不交印奏，禍且不測。於是四川諸州縣大譁，騰謗書徧於道路。頃之，聞於朝，御史或摭以入告，奉旨查辦，然後出王於獄，放之歸，而以病風覆奏焉。

額勒布廉儉

乾、嘉以前，淮綱繁富甲天下，視鹺使者驕貴簡出，出則輿從華盛倍封圻，金錢揮霍，一斥鉅萬。額少農勒布嘗官兩淮，力矯積弊，常從一二三騎，自策羸，穿街巷。禱雨甘泉山，輒步烈日中，往返三數十里。

舊例，别庫歲徵幾千萬，乃鹺賈結交勢要，弗聽使者主持。額壹不問，游客來謁，自餽肴疏果餌數器而已，曰：「吾爲揚州别開生面也。」嘉慶戊辰，被議入都，鹺賈送至王家營，環跪，納會子四紙，紙各鏹十萬。詰何爲，僉曰：「公節官費歲數十萬，又奏增鹽息至分半，歲溢且二百萬，公按臨六載，衆商所受恩且累千萬，區區者誠不足言報稱。」額曰：「我前節官費，而以爲今日地，是攫寮寀所應有也。請增鹽息者，爲岸猾持若短長耳，若等竟以作市價，是捊民以益商，我負疚滋重，況分若肥耶！必不聽者，以狀上聞矣。」是年秋，額故當覲聖，例以珍玩爲面貢。額閱實製備物，僅值十六萬，先期貯京邸。及至都，部議供差熱河，不得面，無用貢，將赴戍，遣使悉送還揚州，費脚價銀六千，實己資也。

徐杉泉廉儉

錢塘徐杉泉大令鼐，性廉儉。嘉慶中，官南匯令。其地素稱沃壤，財賦饒衍，甲於三吴，居是官者，靡弗優渥。大令悉以所入加書院之膏火，助善堂之經費，齋廚蕭然，至不能自給。去官日，無所贏，有所負，鬻田不足以償，並圖籍書畫鬻之以償官錢。

戴一夫廉儉

戴山人名堯，字一夫。嘉慶末，流寓湘潭，後居澧州之津市，冬夏常衣一灰布袍，白布帶，日啖米半升，不御酒肉。精奇門遁甲術，嘗榜其門，課金一兩。一日，有亡其幼子者，賚金往，求占課。山人曰：「明日午刻，有一老人攜籃，中貯母鷄、臘肉，並送此子至家。」已而果然。於是求占者紛集，山人揮之出，曰：「吾豈能作賣卜人乎！」以市膏藥爲生，間爲人書市招，字仿率更體。有所獲，悉以施貧人，見乞兒之有疾病者，卽予藥餌，爲醫治之，不稍厭倦，富貴之家，雖酬千金，不顧也。津市有吴醉碧者，擁貲巨萬，母病，不敢啓請。一日，江漲，饑民嗷嗷，栖息無所，山人曰：「吴君若能出白米五百石，建蘆蓆篷數十座以施賑，吾當破戒，治富人病矣。」醉碧如其言，再拜邀至家，診數月，疾愈。

山人在潭時，偶至萬壽宫，僧人留宿，不允，曰：「門已扃，先生何能歸？」未幾，如廁，久不返，迹之，則已回寓矣。牆高數仞，不知何以超越也。王葰原方伯蒞湘，囑澧牧物色致之，方知其爲通州拔貢生，與方伯舊同學，殺人亡命，浪遊數十年不歸，其終日布衣蔬食者，以不得奔父母之喪耳。時世難方殷，方伯欲薦之軍中，不從，欲留住，與以千金，供施濟之用，亦不從。數日辭去，所贈衣物銀錢悉卻之。時郭筠仙、意城兄弟，周杏農、孫芝房均在方伯所，山人都不爲禮。至澧州，獨與一賣豆者暱。或問其故，曰：「此劇盜也。吾勸其改行，終日作小貿易，得百錢以養母，自啖粥度日，其純孝如此，吾故重其人。」後終於澧州，年七十餘。

姚鏡堂廉儉

歸安姚鏡堂兵部學塽，學問贍博，品尤高卓。官京師數十年，寓破廟中，不攜眷。公暇，以文酒自娛，朝貴罕識其面。曾典貴州鄉試，門下士饋贄金者，力卻之，惟贈酒則受。因是貧特甚，出不乘車，隨一僮持衣囊而已。所服皮衣冠，毛墮，半見其鞟，每彳亍道中，羣兒争指笑之，夷然自若也。

裴蔭森廉儉

裴蔭森以清介著，嘗官湖南辰沅道，冬日所衣之袍，其質紗也。出巡所經，戒勿供應。恆語屬吏曰：「凡得德政碑、萬民傘之最多者，其政聲之惡可知矣。」

多忠勇廉儉

同治癸亥，多忠勇公隆阿視師盩厔，以受傷薨於軍。方受傷時，穆宗命發內府珍藥敷治，並命黑龍江將軍傳其子雙全馳驛往視。而多本無家，雙全依戚族以居，身無完衣，將軍憐駭，贈以行資，始得馳往，已不及見。遺疏有云：「不使家有長物，身有餘財。」其廉儉蓋出自天性也。

沈文肅廉儉

沈文肅公葆楨薨於江督任，事聞，上命蘇撫吳元炳爲之辦理喪事，且攝督篆。吳至金陵，見沈身後蕭然，僅於枕畔得銀幣五十元，此外則無長物，搜其篋，惟布衣數襲、舊書若干卷，乃深歎其廉儉焉。

徐枋廉潔自好

長洲徐枋爲明遺老，工畫，生平廉潔自好，卜居靈巖山側，渲染丹青，世稱絶妙。將軍蔡毓榮督武昌，嘗遣使通書，餽兼金求畫。枋笑曰：「明府正是殷荆州，特吾薄顧長康而不爲耳。」

彭了凡卻人餽粟

國初，蠡縣彭了凡、容城張果中、西華理鬯和並著奇節，皆與孫徵君奇逢友善，王文簡公士禎謂之「蘇門三賢」。了凡，明諸生，亂後游河朔，依孫以居，貞介絶俗。土人餽之粟，不受，餓死嘯臺傍，徵君爲題碑曰餓夫墓。

温秋香一介不取

温毓桂，字秋香，晉之高士，一介不取。執親喪，居廬三載。嘗曰：「昔與傅青主、梁小素游，文章道義，相爲切磋。自二公作古後，不數十年而士風日下，典型無存，緬想風規，如東京夢華，邈焉難再矣。」

高愈世仍廉白

高愈爲攀龍從孫，世仍廉白，守静不苟。晚歲清窶至極，某年，啜粥七日矣，方挈其子臨城矚眺，不改其樂。嘗曰：「士求自立，當自不忘溝壑始。」

周釜山廉能感人

華亭周釜山，名茂源，守處州三年，行廉政清，士民化之。有篙工拾遺犀一籠，不忍取，白府以歸遺者，蓋感於周之廉也。

侯抒懷卻金

河南侯户部抒懷嘗令濰縣，清操絶人。大賈郭某陷於訟，薦紳懷金往請者以十數，輒閉閤不與通。同年某方守萊州，移書徵責，侯佯爲不解，復曰：「濫竽作吏，曠職懷慚，苟有可以報朝廷愛百姓者教之，敢不惟命！」守意沮。

王次山卻賂

王次山侍御峻，常熟人，在臺垣，志氣嶽嶽，到官三日，劾罷都御史彭維新，稱其很忮無學術，時論嚮之。退歸，修《蘇州府志》，有明季大僚曾污僞命者，其子孫乞爲之諱飾，侍御不可，賂千金，不受；介要津求更一二字，終不許。

杜文端不貪一錢

寶坻杜文端公立德嘗入對，既出，世祖顧左右曰：「爾等識此人乎？此新授刑部尚書杜立德也，不貪一錢，亦不妄殺一人。」聖祖嘗論左右閣臣，謂如杜立德者，真不愧古大臣。

顧景范不取非義一錢

顧景范，名祖禹，性廉介，不取非義一錢，以授徒自給，不求聞達，常落落人外。當事聞其名，欲羅致之，終不可得。其子亦鬻薪爲生。

陳太君勗子以廉

江都宗定九，少時奉母陳太君家居，值歲凶，啼飢號寒，初不向宗族借貸，嘗曰：「餓死事小，遣十歲童子汗顏面以求人，使從此不知有廉恥，事大。」時以爲名言。

錢瑟瑟不愛千金

錢塘汪魏美孝廉渢，隱居不出，其内姻欲強之試禮部，出千金視汪婦，曰：「能勸夫子駕，則畀汝。」婦對曰：「吾夫子不可勸，吾亦不愛此金。」其人慚而止。汪婦爲錢瑟瑟，建寧守飛卿女也。

宋文恪卻四十金

長洲相國宋文恪公德宜官户部侍郎時，龍江關大使李九官解銅入京，嘗於中夜報謁，餽銀四十兩，求給門票。宋斥出，立劾之。聖祖謂宋自首餽遺，不負簡任。褫九官職。

張文端不妄受一文錢

國初各省學政，沿明舊習，多徇干謁，行苞苴，聖祖深嫉之。時大僚中清譽久著者莫如浙撫張文端公鵬翮，各省積弊最深者莫如江南，遂特簡文端視江南學。文端信心直行，矢慎矢公，不妄受一文錢，終其任無一倖進者。聲華之士，偶得京函，躑躅逡巡，不投而去。

宋牧仲乃以清廉著稱

商邱宋牧仲尚書犖撫江蘇，閣臣伊桑阿奏稱其清廉爲天下撫臣最。未幾，聖祖南巡至蘇，手書「懷抱清朗」四大字以賜之。後擢大宗伯，内遷吏部尚書。越三年，致仕歸，瀕行，帝賜詩，有句云：「久任封疆事，蘇臺淨點塵。」

王東臯卻例餽

康熙朝，王文簡公論鹽法，嘗言但以兩淮付王東臯，兩浙付魏環老，而久於其任，何患不肅清。陸清獻公隴其亦稱王東臯在吏部，壁立千仞。東臯，蓋湯陰王御史伯勉字也。少貧，借榻枯寺，忍饑讀書。順治初，通籍謁選，授行人，充山東詔使，卻例餽，不干有司一語。遷吏部郎，掌選事，清介日有名。嘗語人曰：「岳忠武，吾縣人也。文官不愛錢，武官不怕死，吾生平惟誦此二語，求無媿耳。」

王東皋卻金及裘帽

王東皋有同年范印心，以山西平陽府知府入覲，知其貧也，懷金將貽之，謁其廬，語久之，卒不敢出而退。一羊裘十年，毛盡脱，同官醵金製裘一帽一遺之，東皋曰：「伯勉生平未嘗受人一錢，何敢煩公等！」固勸之，乃受。

李天植一介不取

平湖李因仲，名天植，隱居蜃園，一介不取。魏叔子屬曹秋岳侍郎溶、周青士布衣篔糾同志爲之繼粟，徐昭法曰：「李先生不食人食，聽其餓死可也。」未幾卒。乍浦有鄭嬰垣者，與李稱石交，先二年，凍死雪中，李臨殁，曰：「吾無愧老友矣。」

竇静庵卻八百金

柘城竇静庵檢討克勤以理學名，持躬端謹，不修邊幅，敝服破帽，周旋公卿間，意氣自若。寓廬湫隘，不足蔽風雨，從者不能甘，相繼辭去，諸子親爲應門。有維揚賈人子遊京師，聞江南學使者與静庵有舊，挾八百金賂静庵，求通於學使。静庵曰：「以此濫入膠庠，奈屈抑寒素何！」力絶之。其人悵悵去。崑山徐健菴尚書聞之，曰：「真古君子也。愛一言而擲八百金，尚有他事可移其志操乎？」

衛立鼎飲盧龍杯水

陽城衛慎之太守立鼎知盧龍，魏敏果公象樞偕吏部侍郎科爾坤巡察畿内，至盧龍，已治具，不食，但啜茶一甌，曰：「令飲盧龍一杯水，吾亦飲令一杯水。」巡撫格文清公疏薦其治行第一，靈壽令陸清獻公次之。

文與也卻亭户金

文與也，名君點，長洲人，工繪事。嘗有富人子具兼金求畫，期以三日走取，文恚曰：「僕非畫工，安得受促迫！」擲金於地。其人再請，不顧。湯文正公斌撫蘇，器之，時與過從。一亭户擁厚貲，以千金爲文壽，請通姓名於湯。文曰：「湯公以道義交我，我豈負之！若既傷惠，吾復傷廉，奚取爲！」亭户慙而退。

郭琇自洗堂廡

湯文正公斌撫吴，以清介自勵，下屬有貪酷者，皆善爲勸勉，不改，始懲之。郭總憲琇時任吴江令，以貪黷聞，文正檄至省，勵以貞廉。郭曰：「琇所以貪者，以供前任某撫軍之慾也。今公既清廉自矢，請寬一月期，如猶昔，請立置典刑。」歸，自洗其堂廡，曰：「前令郭琇已死，今又一郭琇也。」政爲之一變，文正因薦於朝。

萬氏叔姪卻金

康熙己未，聖祖詔修《明史》，所網羅者皆一時名士也，萬季野與其兄子言皆與焉。一日，有運餉官遇賊，走死山谷，其孫懷白金請附《忠義傳》後。萬曰：「將陳壽我乎？」斥去之。後言獨成《崇禎長編》，故國輔相家子弟多以賄入京，求減其先人之罪。言峻拒曰：「若知吾季父事乎？」季野，名斯同，爲斯大弟，學者稱石園先生。博通諸史，尤熟於明代掌故，《明史稿》五百卷皆其手定。卒後，門人私謚曰貞文先生。

趙良棟秋毫無犯

康熙己未平滇之役，趙襄壯公良棟實爲首功，其操守尤不可及。城破時，諸將争取子女玉帛，趙獨戒所部營城外，秋毫無所犯。又訪得吴三桂司筦庫之人，以藩宫簿籍進呈，於是諸將所乾没盡發覺。而三桂寵姬二人，一歸將軍穆占，一歸總督蔡毓榮者，事亦上聞，遂獨以廉潔蒙聖祖褒奬。

李雪木不欲受人惠

康熙己未，李天生以應宏博之徵至京師，數稱李柏賢，都人始有知柏者。柏家貧，居山中，著書乏紙，以槲葉書之。或欲有所周，輒峻拒曰：「吾不欲受人惠也。」嘗一日兩粥，或半月食無鹽，忍饑默坐，灑如也。自誦曰：「貧賤在我，實有其門。出我門死，入我門存。」柏，字雪木，自號太白山人。

格爾古德卻萬金

格爾古德撫直隸，歲卻餽金以萬計，聖祖嘗曰：「格爾古德爲巡撫，歿後人猶思慕稱頌之，居官苟善，豈有不致聲譽者乎！」

恆魯無沾染

輔國公恆魯以廉潔著，任吉林將軍，僅領俸，絶無沾染。嘗坐小閣，以每歲出入之帳手録封存，人問之，曰：「爲籍没時之證。」吉林産參甚旺，無敢私販者，國家歲銷參票數千紙，邃餉賴以濟。當事者索貂褂，恆乃售遼東舊産購以與之，初不索之商賈也。

蕭永藻僕潔如其主

康熙時，蕭永藻爲廣東巡撫，在官日一介不取。其紀綱之僕張二，潔如其主，以賂進者，亦正色峻拒之。

德格勒卻明珠千金

康熙朝，德格勒官侍講，李光地嘗薦其學行，屢召見，論經義。性骨鯁，不附權勢。偶扈駕巡行，明珠見其將嚮用也，使人累千金爲裝，卻不受。會久不雨，聖祖命德筮之，遇夬，曰：「澤上於天，將降矣。一陰居上，天屯其膏，決之卽雨。」上愕然曰：「安有是？」以明珠對。明珠聞而大恚。丁卯冬，坐私删起居注論死，遇赦，以謫籍終。

朱竹垞卻豆粥

朱竹垞，名彝尊，秀水人。康熙己未以宏博授檢討，歸田後，居節廉槁。時值歲凶，比鄰王氏有老僕，訝其日午無炊煙，而書聲琅琅不輟，因叩門餽以豆粥。竹垞卻之，忍饑讀書自若也。

王君鑑不受田宅

王範，字君鑑，成都人。肆力經史，工詩古文詞。康熙辛未成進士，爲丹陽令。治漕有功，擢御史，會遭母艱。時噶爾丹入寇，四川不靖，遂移家入吴。陽人聞其至，爭願割田宅授之，謝弗受。時出游，散步阡陌間，與農家父老相過從，見者初不知爲舊令也。

張清恪檄止饋贈

儀封張清恪公伯行之任督撫也，嘗傳檄屬吏，禁止饋贈。檄云：「一絲一粒，我之名節；一釐一毫，民之脂膏。寬一分，民受賜不止一分；取一文，我爲人不值一文。誰云交際之常，應恥實傷。儻非不義之財，此物何來？」

汪灝廉節著聞

山左汪灝以侍讀督學山右，屏絶竿牘，廉節著聞。聖祖西巡，俯察邇言，採及清望，温旨褒獎，特命超五階爲内閣學士兼禮部侍郎。復調陝西學政，旋命巡撫河南。

徐元文爲清官

崑山徐相國元文致仕回籍，舟過臨清關，關吏大索，雖醬瓿之屬皆發視，舟中僅得圖書數千卷、光禄饌金三百而已，人皆嘖嘖歎爲清官。

汪舟次卻琉球餽贐

休寧汪舟次方伯楫，以諸生召試一等，授檢討。康熙己亥，奉命册封琉球，爲其國王撰《孔子廟碑》，餽贐極豐腆，力卻不受，琉人爲建卻金亭。

事務。

額勒布廉能第一

索佳氏約齋侍郎額勒布官户部郎中時，以管部王大臣密薦廉能第一，特旨擢本部侍郎管錢法堂事務。

李嶠以俸金外爲贓

李嶠爲福建將樂令，春秋行鄉飲酒禮時，至郉落問問民疾苦，牧豎婦女皆環集，導之以善，肫然如家人。期月，邑人悉向化，境無盜賊，訟庭稀鞭扑聲。嶠初至官，與家人約曰：「在官，俸金外皆贓也，不可以絲毫累我。」官廨有桂二株，方花開，李指之曰：「此亦官物也，擅折者必治之。」自是家人不敢簪桂花。嘗出郭省歛，從僕摘道旁一橘，顧見之，責曰：「豈可壞法自汝始！」立下馬杖之，命償其直。居三年，上官有索餽者，無以應，遂去官歸。

涂天相以規銀歸公

孝感涂玉生尚書天相嘗督倉場，赴任日，以一棺自隨，觀者驚詫。例有規銀數千兩，奏請歸公，不自私也。

楊文定操守

江陰楊文定公名時在詞館時，蕭然如窮諸生。一日，聖祖問李文貞公光地曰：「朝臣操守有如張鵬翮、趙申喬者乎？」文貞以文定對，遂命提學直隸。直隸學臣以檢討任，前未聞也。遷侍講，丁艱，服滿，自河工還朝，未補官，有旨令主陝試，亦出特恩。雍正間，以雲貴總督兼雲撫，時於奏牘中言存誠主敬之學，世宗手批答之云：「吾君臣萬里談道，不亦樂乎！」

張文和廉正自守

世宗御宇時，桐城張文和公廷玉渥承恩遇，然廉正自守，不爭權利。各省督撫入京，以同年宿誼饋文和，不過葛紗二事。文和篤愛長子閣學若靄。閣學少年科第，書畫皆精妙，尤善鑒賞。一日，文和至庶僚家，見名人山水畫幅，歸語閣學，稱善者再。既逾日，則懸閣學齋壁中。文和審視畢，語閣學曰：「我無介溪之才，汝乃有東樓之好矣。」閣學跪謝良久，旋歸畫其主乃已。

蔡珽辭金銀綾綺

雍正乙巳，世宗賜年羹堯死，籍没其家產，乃以其京都房屋一所、奴婢二百二十五口、金銀綾綺衣物器皿賜左都御史蔡珽。珽奏言：「房屋乃國家舊賜羹堯者，奴婢則內府所隸之人，既蒙恩賚，臣不敢辭。若金銀綾綺等，皆不可問之物。釋氏有言：『審己功德，量彼來處。』臣不敢受。」

趙恭毅自革陋規

武進趙恭毅公申喬，起家牧令，刻苦自厲，清不近名。當開藩浙江時，嘗謂欲令州縣無虧帑，當先革藩司陋規，故有之錢糧加平、時節饋送、兵饟掛發、奏銷部費諸款，一切禁絕。僚屬凜凜奉法律。及由浙撫調湖南，禁州縣額外加派，裁輭擡硬駝、公費脚價諸名色。時苦鹽貴，乃諭商人盡革諸衙門陋規，自巡撫始，司道以下視之，毋得更高價累民。旋入長臺垣，因萬壽恩詔，請免官地民房新舊租稅。奉使陝西，請蠲潼衛、大同府本年應徵米豆草束。皆報可。

黃靜山卻珠

乾隆時，廣昌黃靜山永年官刑部主事，矻矻治案牘，於疑獄多所平反。有廣東客謁之私第，閽者入刺，弗識也，及見，伏地叩頭謝，問其故，曰：「頃以事陷寃獄，非公已入鬼籙矣。」徐出珠一盒獻之，曰：「謝公大德。」黃變色曰：「我爲刑官，知守法耳，期無負職也。何比於汝，而乃污我爲？」客大慚，逡巡去。

程易疇不取嘉定一錢

程瑶田，字易疇，徽州人。官嘉定教諭甚久，齋規嚴整，踵法蘇湖，士習爲之一變。乞病歸，邑人購忠烈名流手蹟贈之。程曰：「鄉賢手蹟，宜藏於鄉也。」對曰：「先生不取吾邑一錢，豈破紙亦不受耶？」乃受之。王西莊詩曰：「官惟當湖陸，師則新安程。」此語誠不誣也。

錢文端撤帳歸所司

乾隆辛酉，秀水錢文端公陳羣視學畿輔，有《題帳》詩，詩序云：「往年學使者下車，供張甚盛，厥後相繼簡任於此者，多清節素著之前輩，以次删除，惟卧室内設一帳，寒則禦風，夏避蠅蚊。余前後視學於此，凡七年，蒞瀛郡者四，將行，必撤帳歸所司，曰：『明年來，無煩改作也。』辛酉春復來，見帳極新，因識數語，並綴以詩。繼余而役於此者必朝右君子，慎乃儉德，有同志焉。」詩云：「不寢常如枕有警，屏私直似鏡無塵。題詩自有紗籠護，留伴他時絳帳人。」

杭大宗擲鹺商金

錢塘杭大宗檢討世駿有錢癖，館俸所入，必羅列官板制錢，權其重者，貫之以索，纍纍積牀下，或至尺許，其么麽破碎及私鑄者，方以市物。故杭在家，舍作書外，時效姹女之數錢，偶出見客，兩手非墨污，卽銅綠盈指。然性廉，一日，有鹺商獲罪鹺使，夜半走伻乞救，袖重金置於几，擲而出之門外不一顧也。

范西屏卻千金

海寧范西屏，名世勳，乾隆時弈國手也。遇顯者及窶人子，面不改色。受人禮聘而弈，弈以外，有所干請，雖貽以千金不顧也。

錢孔卻某藩使金

某藩使歿，其子以千金求錢竹汀學士大昕作傳，復以千金求孔東山孝廉書丹，皆不允。

秦大士卻厚幣

侍講學士江寧秦大士，乾隆壬申殿試第一人也。精篆隸行草。未貴時，嘗賣字以自給，求者踵至。客有知其貧，以厚幣請者。微察其有德色，遽還之。客謝罪至再，終不許。游兩淮鹺使幕中，聞前輩箴規語，亟拂袖歸，閉門竟其學。

阿文成取安南王一二物

安南國王阮光平至京，遣其臣餽阿文成公桂土儀。阿取一二物，語使人曰：「中朝相公問陪臣好。

汝國王既誠心朝覲，其優賚厚寵皆出自皇上體恤遠人之意，莫謂中朝相公不識順逆二字也。」陪臣汗流浹背，謂人曰：「此誠宰相語也。」

陳稽亭卻別敬

元和陳鶴，字稽亭，嘗官工部，平居取予不苟。同邑吳臯司俊由粵東入覲，將出都，以例餽同鄉官，俗所謂別敬者是也。陳謂其使者曰：「吾於爾主人未嘗有交舊也。」卻之。然陳甚貧，是日日高尚未爨也。在部，與棲霞牟昌裕、山陽鄭士超交，相善，京師謂之「工部三君子」。

徐士林不名一錢

文登徐中丞士林，居官清潔自勵，不名一錢。以賢勞没於蘇松巡撫任所，同官賻贈千金，其弟士楹卻之曰：「兄素矢清白，恐拂初心，不敢納。」高宗聞而嘉之。時士楹以孝廉家居，一日，忽奉旨賜進士，授粵東某邑令。

朱文正假資立券

吳孝廉重光，江都人。乾隆間，令山西陽曲。時大興朱文正公珪方任布政使，吳善屬文，朱時招至署，論文賦詩。吳爲之搜葺金石古蹟，訪脩晉祠，樹碑石，極讙。一夕，急呼吳，吳趨入，朱手一券謂吳曰：「吾奉命入朝，計行李資需二百金，特立券與君謀之。」吴唯唯，不敢受其券。朱正色曰：「不受券，是以賄交我也。」吴唯唯受券返，明日面致二百金，朱欣然。

朱文正不取平餘

朱文正居官廉潔，嘗布政數省，平餘銀鉅萬悉不取。乾隆中，撫安徽，裁蕪湖關陋規。某年，閩省洋商陋規事發，朱獨不受一錢。

長牧庵不納公費

長牧庵相國麟撫山東時，每歲，臨清關有解巡撫公費若干兩，長不受，欲奏歸公。其長公子懷新方十餘歲，以爲不可，曰：「大人不取此項，不足爲廉，若一奏入，瓜代者至，將必仍舊貫，是令司關者倍出之矣。」不聽。後果如公子言，長亦自悔所見之不遠也。

楊勤慤卻長生果

清江楊勤慤公錫紱嘗撫廣西，屬吏有以人參饋者，諱其名曰長生果。怒卻之，以入告，高宗曰：「汝真不愧四知者矣。」

莊存與卻珊頂

武進莊方耕侍郎存與，性廉鯁，嘗典浙江試，巡撫餽以金不受，遺以二品冠受之。及途，從者以告曰：「冠頂，真珊瑚也，直千金。」怒曰：「何不蚤白！」亟馳使千餘里返之。其爲講官日，上御文華殿，同官者將俟上起，講儀畢矣，莊忽奏講章有舛誤，臣意不謂爾也。乃奉書進講，琅琅盡其恉。同官大驚，上爲少留，頷之。

孫文靖以廉著

仁和孫文靖公士毅，雖有交結權要、殞師安南之咎，然獨以廉著，每出巡，輕車減從，不擇飲食。嘗乘傳至江西，時程蓉江方爲縣令，往謁之，孫卽呼與對食，則蔬食數簋而已。

阮湘圃恥苟得

阮文達公之父湘圃封翁，承信居貧，潔身自守。偶至某渡口，獲一囊，啓之，皆白金，而有官牒在其中，愴然曰：「此事上關國務，下繫人民，宜守此以俟之。」日暮，果有一人來，將投水，詰之，對以失金，且泣曰：「自累累本官，不如先死。」封翁亟出囊付之，不告以姓名。

文達既貴，督學浙中，一日按部駐紹興，有鄉中故人謁封翁於省署，接以禮，故人曰：「清貧若此乎？」翁曰：「家本寒也。」其人徐出一紙曰：「契值千金，爲先生壽。」封翁艴然，白髯翕張，斥之曰：「吾生平恥苟得財，故貧耳，君奈何無故爲我壽，不恤千金！若曰有乞於吾之子，吾子受朝廷重恩，清廉猶不足報萬一，而以此汙之乎！君以禮來，吾接君以禮；君以賄來，恐今不可出此門閾也。」其人愕然，叩頭謝罪而退。

劉文正卻千金

劉文正公統勳久居相位，頗爲高宗所倚任。嘗有世家子任楚撫，歲暮，餽千金。劉呼其僕入，正色告之曰：「汝主以世誼通問候，名甚正。余承乏政府，尚不需此。汝可歸告汝主，留贈故舊之貧窶者。」有賫郎昏夜叩門，拒不見。翌晨至政事堂，呼之至，責之曰：「昏夜叩門，賢者不爲。汝有何稟告，可衆前言之。雖老夫過失，亦可箴規。」其人囁嚅而退。薨時，高宗親奠其宅，門閭湫隘，去輿蓋然後入。上歸告近臣曰：「如劉統勳者，方不愧真宰相，汝等宜效法之。」

陸朗夫卻白金三萬兩

吴江陸朗夫中丞燿巡撫湖南，初莅任，鹺商以白金三萬兩進，問其故，商曰：「此舊規也。先進此，後當以時繼。」不受，並絶其再進。商曰：「公不受，此金無所歸矣。」乃命以其數平鹽價，價爲之頓落。時各省督撫皆有貢獻，爭以珍奇自媚，陸所貢者，尋常土宜而已。高宗知其廉，必受之，以慰其意。而和珅方用事，官吏重賂，習以爲常，陸未嘗致一物，雖知其能爲禍，不懼也。故事，巡撫歲決獄，有失入者，部臣以輕重議罪；有失出者，議罰之。會廷臣言失出之罰，使巡撫自議當罰幾何，乃私憂曰：「歲歲決獄，難保無失出之誤，自議所罰，則不可從輕，而我惟有舊宅一區、田百畝在，將何以勝之？」

鄂文端署券償和珅

乾隆癸卯，鄂文端公爾泰以吏部尚書協辦大學士。甲辰七月，授東閣大學士。越二月，和珅亦以冢宰拜參知矣。世多以鄂爲珅之外祖，以年輩論之，似不甚符，或文端女爲珅之繼母耳。相傳文端家有急需，公子輩貸二千金於珅，文端聞之，語公子云：「既已向貸，退還不情。」命取契之價值相當者，署券歸償。珅力辭，使者三返，始勉受。

夏家瑜卻十萬金

新建夏家瑜，字潤堂。初丞廣東，以獲盜功，遷令新安，擢廣州通判，所至有循聲。乾隆癸卯，守寶慶，邵陽民石再書者，豪富也，嘗以事斮石魁五、周會友壓，同時縣民李步周亦斮楊茂則、茂盛壓，五日連斃四人，無過而問者。茂則無親屬，魁五猶子秀和以其事上控，大吏飭縣鞫之。前守李心耕已據知縣魯大治取具秀和悔狀，擬杖詳轉矣。家瑜抵任，詫曰：「此大本薤也，可勿拔耶！」乃請提府確訊。會以荊門州違例應付雲南差弁案他調，將行，再書知家瑜清貧，且有官累，使人啗以重利，至十萬金，求毀稿。家瑜曰：「斗金可棄，此稿不可毁也。」去之日，囊橐蕭然，父老相攜送至百里外，爲建卻金亭。繼之者爲天津沈名掞，仍照縣詳結。楊鋭志者，前所斃四人中楊茂則之同姓也，詭稱茂則與魁五同案，赴大府控告。按察使郭世勳提省檢驗，皆實，訊悉前狀，乃置再書等於法，而奪名掞、大治職。家瑜以一稿存，得免議。至是，人重其剛正，且服其先見也。

梁山舟卻硯

錢塘梁山舟學士同書之父文莊公詩正，官至大學士。文莊未達，居鳳凰山麓，夫人夜織，兒嬉於旁，虎突入户，夫人驚絶，山舟戲如故，神色自若。亟問之，曰：「有大獸來，四顧而去。」亦不知爲虎也。其後乾隆庚戌，以在籍侍講入都祝釐，不肯諂時相門，有以禍福怵之者，勿顧也。其威武弗屈，已於幼不畏虎時徵之矣。畢秋帆尚書沅嘗自楚贈大硯，不納，使人委之而去。越數年，友有宦於楚者，仍附以還之。

桂香東卻門生贄

覺羅香東侍郎桂芳，嘉慶己未進士，上召見曰：「奇才也。」日見信任，不數年，登九列。家素貧寠，然門生有餽納者，桂曰：「以束脩贄先生，誼甚古，然某方任司農，歲入有俸，差足自給，不敢受。」悉封還之。

舒超鐸卻人參

舒超鐸任黑龍江將軍，有餽人參者，笑曰：「吾日啖粟數升，自强健，安用是物！」取小者啖之，曰：「已領盛意矣。味甚苦，無所取也。」

姚姬傳卻重幣

桐城姚姬傳郎中鼐，居鄉循古禮，日講政書於塾。有賈人子以重幣聘，力卻之，曰：「鼐生雖貧，不能受無義財也。」年八十餘，猶著述不休。嘉慶庚午，重赴鹿鳴，賜四品章服。又數年，始卒。論者謂其品望爲桐城第一。

帥仙舟不取供應

嘉慶末，帥仙舟侍郎承瀛奉命讞獄陜西，地方官供應過奢，有以五彩絲線塞枕與坐褥者，其他可知。乃曉之曰：「予在家，鋪墊用草，居官亦然。如此暴殄，尚識民間疾苦物力艱難耶？一夕之安，需數十金，勞民傷財，吾不忍也。」因誡員僕，絲毫不得擅取，面諭館人搜檢。有奴某，素持齋誦經，頗誠實，攜備使令，覬覦一古銅香爐，思以供佛，館人在馬鞍下檢出，帥怒，杖四十，逐之，賞館人銀一兩，從者咸懍然。

阮文達遺産僅蘆洲

阮文達公元以翰林起家，敭歷中外垂二十年，生平廉謹自持，而於嗜古、愛才兩事，罄所入，差自給，家人生産事弗問也。晚歲，甫以三千金置一蘆洲，越三十年，洲忽大漲，歲進萬金。

夏修憲卻萬四千金

新建夏修憲官元和主簿，嘗奉藩司檄查辦寶蘇錢局，爐匠某欲謀私鑄，約每卯賄以千金，計十四卯可得萬四千金，總捕同知某已諾之矣，夏力持之而止。

朱爲弼不受屬官供張

道光甲申，平湖朱茮堂漕帥爲弼，由順天府丞擢府尹，時境有蝗孽，單騎馳視，屬官備供張，朱曰：「吾爲蝗來，若乃蝗我耶？」

曹文正廉澹

道光朝，曹文正公振鏞當國，陶文毅公澍督兩江，兼鹽政，時以商人籍引販私，國課日虧，私銷日暢，至有根窩之名，謀盡去之。而文正世業鹺，根窩殊夥。文毅又出文正門下，投鼠之忌，至費躊躇，因先奉書取進止。文正覆書，略曰：「苟利於國，決計行之，無以寒家爲念，世寧有餓死宰相乎？」文毅遂奏請改章，盡革前弊，此其廉澹有足多者。

李龠通卻鹺商重賮

兩淮運使擁東南財賦之雄，此席得人，於庫儲、鹺政均有裨益。道光中葉，陶文毅整理淮綱，選江寧守平羅俞德淵爲運使。俞初至揚，運庫若洗，次年遂有三百萬之儲。稍後則爲高陽李廉訪龠通，亦能一塵不染，諸務肅然。去任時，鹺商例有重賮，李力卻之。陳臬兩浙，卒後靈櫬過邗，商家仍申前請，其妻子仍力卻之，謂遺命然也。

張亮基卻河弁餽金

銅山張督部亮基，初以中書從王文恪治河工，適林文忠謫襄河務，見而契之。時張嘗卻河弁餽金三千，文忠密識諸簡，未以告人也。逮張爲永昌守，文忠方由西域賜環，授滇督，道謁焉。文忠懽甚，出手籍示之，則記有卻金日月也。張憮然異之，蓋不復省記矣。

林文忠卻贖鍰

林文忠戍西域時，南中紳民有募集贖鍰之舉，不期而會，集白金至鉅萬。林聞之，郵書婉謝，而公子汝舟言尤切至，遂不果行。未幾，卽賜環，且重膺節鉞矣。

何子貞受水返銀

何子貞太史紹基爲湖南道州人，道州産荷花，何每攜其種分贈友人。或報之金，則怒，某太守餽白銀二百、惠泉水一甕，何乃受水而返銀。

柏靜濤卻五千金

柏靜濤相國葰，以咸豐戊午科場事被戮，世皆知肅順、端華之修夙憾也。柏嘗於道光朝以少宰使朝鮮，朝鮮國王餽五千金，卻之，請益堅，攜歸奏聞，請存禮部，還其使臣。

錢曉庭不妄受人惠

秀水錢曉庭教諭聚朝爲籜石宗伯曾孫，早歲綦貧，而性甚介，不妄受人惠。一日，嘗語人曰：「昨晚斷炊，僅餘白米少許，供老母饘粥，而我則以炊餅二枚度一日。」然意氣自如，絶不露寒乞相。及舉於鄉，家稍裕。大挑，得淳安教諭，未滿任，卽棄官歸。歸後以書畫自給，不問外事。

羅忠節行軍不取銀穀

羅忠節公澤南嘗率師過江右某縣境，有秀才某故與令稔，因往詢羅之行軍狀況，令歎曰：「羅公真聖人，吾見行軍者多矣，未見有如是整肅者。」某因往謁，將至營，適有數營兵牽一牛至，曰：「秀才來，甚好。適有民來營，愬牛爲他營兵盜去，帥命吾等往索，他營兵不服，與鬬，勝之，遂以牛歸。而牛主聞鬬，驚懼逸去，吾等無所歸牛，今當請秀才代交牛主。」忠節克復某城，某又與他紳往謁，忠節曰：「君輩來，甚佳。今寇未受重傷，雖得城無益，吾須即往，此間現存銀穀甚多，吾已命兵運置一處，汝輩可即以此辦保甲團練也。」語訖，即馳馬去。已而他將所帶綠營兵至，掠取存物，無一存者。

吴養源卻鹾商賻金

吴文節公鎔撫浙時，鹾商獻羡餘八千金，卻之。及殉難湖北，家無餘貲，商人感其清德，欲以此爲賻。公子養源曰：「若義也，先公早受之矣。先公卻而某受之，是墮先公之德也，敢辭。」強之，卒不受。

吴文節檢視供張

吴文節督雲貴時，於到省先二日，發傳單，內載柴炭若干，米肉蔬果若干，餘概不必備，並親筆標識，到館親驗。到日，乘輿至館，於內外各室供張一一檢視，次至廚，按單中所載一一收訖。次晨將行，飭所隨員役皆先出，復至館内外各室及廚覆視一周，無短失，乃登輿去。一宿所費，僅數十金而已。

姚學塽不取印結銀

歸安姚鏡塘，名學塽，居官端謹，不履要津。部曹每月有印結銀，姚獨不受。舊制，中外大小官員引見驗看，須同鄉京官出印結，結費之多少，視品位之崇卑，既出結，得分結費，輙紅薄宦恃此爲樵米資矣。京曹有印官可出結者，爲六部郎中、員外郎、主事、宗人府起居注主事、光禄寺署正、順天府治中糧馬通判、大興宛平兩縣知縣。而五六品京堂、給事中、御史弗與，體制崇也。翰林院修撰、編檢、内閣中書亦弗與，無印也。某省印結專務，由本省出結官分年輪管，結費即由管結官分送。

李雨蒼自謂所用無毫髪私

李雨蒼都護雲麟爲漢軍世家，性豪邁，有奇略。同治初，官新疆，以領隊大臣駐塔爾巴哈台。回人犯境，募兵討平之，用銀三十萬兩，上計户部，部臣奏駁，下使核減。李抗疏曰：「臣所用實無毫髮私，部胥索臣資，臣無以應，故爲是難臣耳。臣即復上，度終不能中程式，請徑下臣刑部，以盜帑律斬臣頭以謝户部，不能復上計也。」穆宗知其忠，詔勿問。

吴廷棟清操絶俗

吴彦甫少寇廷棟幼時欲著好衣，又欲以功名顯，太夫人訓之曰：「人以衣服愛汝慕汝，是汝徒以衣服重矣。功名者，儻來之物，無學以濟之，何貴乎功名耶？」吴恍然曰：「兒知之，天爵爲貴。」太夫人曰：「然。」鄰有質庫，吴嘗嬉戲其中，司事某欲試之，聞吴來，以碎金散置於地，自匿帳中。吴入門，見之，即揚聲止步，不入。某起，詢之，吴謂金在而不見人，脱遺失，豈能自白，某大驚歎。其後敭歷中外四十餘年，清操絶俗，引疾後，歸無一椽，日食不給，處之晏然。時曾文正公國藩督兩江，念吴貧，值中秋節，欲以三百金贈之，攜以往。晤對良久，微詢近狀，吴答曰：「貧，吾素也，不可干人。」文正唯唯，終不敢出金而去。

翁文端母卻州牧金

海州學正翁咸封之夫人，文端公母也。學正嘗奉檄查賑，海州牧某欲更饑民册，饋重金於夫人，請補印，夫人峻卻之。

曾文正願法林文忠之廉

曾文正嘗致其弟忠襄公國荃書云：「聞林文忠三子分家，各得錢六千串，督撫二十年家産如此，真不可及，吾輩當以爲法。」

龐佑還金珠

長洲龐佑，字申甫，性嚴介，取與不苟。有賣珠嫗過其家，遺金珠一篋。嫗歸，暴病死，物主向嫗家索金珠不得，訟之官，責鬻産以償。申甫迹知之，還其篋，封識宛然，訟得解。謝以金，不受。

羅鶴山卻席敬

曾忠襄督兩江時，幕有羅鶴山者，總角交也，性剛介，忠襄待之獨厚。留連旬月，將歸，忠襄語之曰：「君乏政治才，久苦無位置，奈何！適有城守營兵，照章應遣人巡視一週，即以勞君可乎？」及蒞事，鶴山奉職惟謹，凡城中走倅販夫爲各營朦補行列者，術藝窳敗，斥責尤厲，各營惶恐，軍政爲之一肅。事畢，諸僚舉酒相慶曰：「君可歸矣，行囊當富。」鶴山愕然曰：「余奉檄時，各營有假席敬名義相餽遺者，暮夜投金，古人所愧，悉屏斥之矣。」諸僚變色起敬。事爲忠襄所知，自是視鶴山益重，及其行，以二千金贐之。

陳國瑞不受無名錢

陳國瑞因事被謫，時有某侍臣重其人，憐其遇，贐以兼金。國瑞性直率，恆自稱老子，乃大聲謂來使曰：「老子向不受人憐，亦不受此無名錢。」力卻之，來使乃懷金而退。某侍臣聞其言，因喟然曰：「國瑞固佳，然亦太野矣。」

蘇老五不受貴人金

光緒朝，杭州駐防旗人有蘇老五者，能左手按三絃，右手撥琵琶，調合而聲圓，絶技也。嘗至京師，貴人試其技，予金，不受，岸然而歸。

吳某不没人之金囊

光緒朝，吳人某甲習商於上海租界某洋貨肆，主人嘉其誠，信任之。端午前數日，使攜小革囊收款南市，晨出至日中，得銀幣千八百餘元，匆匆飲於十六鋪茶樓，歸而失其囊，倉卒莫省所失地。主人疑其詐，皆申申詈，且謂不立返者，必送之官，甲百口莫能辨，遂大哭。

有浦東人某乙者，亦習賈租界中，方失志懊喪。是日，將渡浦歸，與甲差一二分時，同過十六鋪，登樓茗飲，適見有囊遺於案，取而啓視之，則巨金也，既驚且喜，旋又自忖曰：「此纍纍者，吾若取以歸，寧不足療吾貧，且半生温飽有餘矣。顧物各有主，彼或以是金故，喪名譽而殞身命，於吾心奚安！貧富，命也。吾今既見之，宜盡吾責，坐待其主者來，得歸乃已耳。」於時亭午，座客僅八九可數，遍視顔色，無一似失金者，乃忍飢坐，目炯炯注人叢中，卒無得。至夕照横江，疏燈點水，樓中人盡鳥獸散，甲面色倰白，隨二人倉皇至，蓋甲幾費唇舌，其主人始牽率以出也。乙察其真，笑迎之曰：「子豈失金囊者乎？吾望子久矣。」言已，以革囊示之。甲感激涕零，不知所以謝，且告之曰：「非子，余今晚欲自縊。」既相敍姓名，甲以五之一爲壽，不可；則十之一，又不可；則百之一，乙峻拒勿受。乃曰：「然則飲乎？」乙仍堅辭。三人者，約明日必枉顧而去。

翌晨，乙果赴約，謝曰：「吾賴子失金，得免葬江魚之腹。昨吾將以午後一時渡江，詎渡者二十三人，中流遇急浪，聞皆溺死矣。」以一舉而全兩人，皆嘖嘖稱賀。甲之主人謂乙有至性，更留與談，俾管領簿記。女年十九，美而慧，主人契乙甚，數月，遂置甥館。乙得憑藉，致力商業，竟擁資數十萬，爲富家翁。

黃土老爺卻四百金

黃土老爺者，滿人也，談者不言其名。光緒乙酉，選授湖南靖州吏目，家故貧乏，獨行至楚，不挈僮僕。至，將納部文於布政，乃徧謁臺司，上謁，謁者索錢，不與，遂不爲通。久之，不得之官，資用乏絕，衣裝俱盡，流落廛市間爲人擔荷黃土，日得錢數十以餬其口。一日，因所與傭值不足其數，齗齗與爭。時涂朗軒中丞宗瀛方爲布政使，適出而見之，駐輿問故，其人以告，自稱卑職。涂疑其人有心疾，置不問，麾使去。又久之，益困，至代行夜者擊柝。有某官者，實主夜禁，聞柝聲而不見其人，使人呼之，則自棚中出。怒曰：「汝職行夜，乃高臥歟？」將笞之。其人呼曰：「不可，吾乃官也。」某官異其言，轉怒爲笑，問：「汝何官？」曰：「靖州吏目。」某官大驚，而察其聲，則北音也，乃曰：「信乎？」曰：「信。」「信則明日可於公廨見。」曰：「諾。」及明日，不至，問之，曰：「吾短布單衣，僅至骭耳，可以行夜，不可以見長官。」某官曰：「此吾之疏也。」以衣假之，其人乃至。審其家世及官秩次第履歷，則真靖州吏目也。遂以見長沙太守。太守言於涂，涂喟曰：「然則曩稱卑職者，即此君歟？」召而見之，曰：「君良苦矣。」命吏稽籍，「今靖州吏目誰也？」則攝事者瓜期久滿，以代者不至，未得交卸。涂命吏趣治文書，俾靖州吏目之官，已而又謂太守曰：「此君良苦，宜稍佽助之。」乃共醵金得四百兩，以資其行。

居數日，靖州吏目入辭，涂又見之，語曰：「吾前命太守以四百金爲贐，小助行色。君久歷艱苦，宜益刻勵，勉爲好官。」其人頓首曰：「敢不奉教。然所賜四百金實未敢受，已寄之長沙縣庫矣。」涂問其意，曰：「一官雖瘠，終勝擔荷黄土時，布衣蔬食，豈不足自給，何用多金！謹存縣庫，備公家一日之用。」涂大嗟歎曰：「君異時必一好官也。」於是其事徧傳三湘間，稱爲黄土老爺，而其名轉不著。以都下所刊《爵秩全函》考之，則靖州吏目名壽嵩，或即其人歟？

奎樂峯卻金八仙

光緒朝，滿洲奎樂峯制府俊撫蘇日，值太夫人八秩壽辰，某令以金八仙獻，立飭巡捕屏還之，曰：「是銅物，乃亦贈人耶？」人乃服其廉，更多其智。蓋若明言爲金，即當以通賄論，不得僅以不受置之也。

崧鎮青宦囊六百金

崧鎮青中丞駿廉介自持，撫浙時，值六旬壽辰，不納僚屬一物，閉轅門不受賀。後卒於任，篋中僅餘養廉銀六百金。

炳半聾不受故舊金

炳成，字集之，以左耳重聽，五十後自號半聾，覺羅也。貧甚，幼好學，嗜金石書畫。嘗隨父桂昌於浙江糧道任，從桐城吳康甫習篆隸鐫刻，識鐘鼎字。嗣返京師，居宣武門故第，遭母喪，貨其宅，賃居南城外龍樹院之東偏天倪閣。炳之爲人也，能飲健談，尤熟於國朝掌故。一介不取，故舊資以金，皆不受。以廕爲都察院筆帖式，四十年不遷，歲入俸僅四十餘金，不足，恆鬻書畫以益之。

翁叔平不受借款回扣

常熟翁叔平相國柄政時，借某國款，有司以回扣進。翁怒，卻之，翌晨奏聞。德宗大怒，命密查分此回扣諸人之姓名。越日，翁入直，上曰：「昨日之事不必究矣。」言訖長歎，蓋孝欽后於此亦有所受也。

翁叔平卻賻金

翁叔平被斥，榮文忠公祿知其貧也，賻以千金。翁不受，榮遂以翁爲與有隙，而悻悻矣，實則翁欲自示以廉也。

高嘯桐慮林琴南卻金

光緒丁酉、戊戌間，林琴南孝廉紓居杭州，甚貧悴，自言橐中貲不足四百錢者蓋五年。而高嘯桐太守鳳岐方居杭，知之，語人曰：「林先生窘迫已甚，我欲資以金五百，顧慮其弗受，至今未敢自陳也。」

劉光第卻炭敬

劉光第以光緒戊戌政變罹於難，六君子之一也。生平一介不與，一介不取，古之狷者也。京官每以外省炭敬爲挹注，劉獨不然，有饋之者，必受呵叱。禮服僅一夾袍，一紗蟒衣，無他衣也。被逮日，出拜客，邏者返，翌晨，自縛赴刑部投到。張文襄聞其罹難之信，涕泣不能仰視，立電王文勤曰：「劉光第本卽出京，之洞留之，如必見殺，則之洞殺之也。」詞甚哀切。然孝欽后方盛怒，王不敢進言也。

王半唐自謂恐傷吾廉

臨桂王半唐黄門鵬運，清通温雅，饒有晉人風格。嘗官禮科掌印給事中。某年，截取道員，旋奉旨以簡缺道員用。向例，京曹截取道府，皆以繁缺用，以簡缺用者，不用之別名也，爲自有截取之例以來所僅見，半唐泊然安之。是歲，薪米所需至艱絀，或餽以金，輒卻之。未幾，復嚴劾某樞相，不見容於朝列，襆被出都。有載米酒及書畫貽之於蘇州逆旅者，留書畫，返酒米。其人再三慰勸，半唐曰：「君毋爾，恐傷吾廉也。」卒不受。

李超瓊卻萬金

李超瓊，字紫璈，以名孝廉仕江蘇，歷宰上元、長洲、武進諸縣，所至皆有聲。登上上考，以卓異薦，最後宰上海。歿無餘資，幾無以斂，上海士紳爲斂資卹其遺族。其宰上海時，有僑商某積資累千萬，爲匪人所涎。梟酋范高頭者，爲省吏所獲，鞫訊時誣供某窩贓。李廉知其冤，密招某，告以危。某具陳生平，李曰：「吾固知爾無與，行且窮鞫范。」再訊之，知其誣，范亦自服。某感李，以萬金爲壽。李曰：「是貨也。吾問心，固不敢誣人爲盜也，何德爲！」悉返其資。然其時李已虧負纍纍，某再三請，力拒之。

楊奎廉潔

楊奎，奉賢人，年十六，爲某家僕，性勤慎。主人應試棘闈，前後凡七次，奎靡役不從。已而命司帳籍，歷二十餘載，未嘗有廢事。一日，主人囑某戚赴某地收債，而以奎爲之副。戚謂負債者曰：「爾與吾金若干，吾歸言之，爲緩其償。」負債者喜甚，以金與二人，奎曰：「主人遇我厚，乃受賄以敗彼事乎！」卒不受。

丐拾金不昧

丐某，燕人也，恆行乞於寶坻之市。一日，有策馬而馳者，顛播，裂其囊，囊中金寶散於道側。丐呼之，不應，狂奔而去，丐乃起而拾之。自忖曰：「吾其以此易錢乎？彼市主必疑吾爲盜，吾無以自白也。且緝捕者見之，必爲所攘。卽不然，同儕黠吾多金，鮮有不謀而奪之者。然則此禍基也，不如獻諸官，以脫吾禍，非曠然自得之道乎？」遂投獻邑宰。宰奇之，曰：「得遺失物者給之半，律有明條，汝其受諸。」丐叩首曰：「小人無罪，懷璧其罪，知之審矣，非所願也。」宰益奇之。既而金主馳歸，呈訴邑宰，宰語之故，還其寶物。金主再拜曰：「小人何幸而值此義士！渠之所慮者，無宅以庇身耳。願助之置宅。」宰曰：「能如是乎？余當給以資本，且旌其善。」乃呼里長爲之謀宅於市廛，置貨立業，且表其額曰「拾金不昧」。

太祖躬行節儉

太祖嘗出獵，雪初霽，慮草上浮雪沾濡，攝衣而行。侍衛輩私語曰：「上何所不有，而惜一衣耶？」太祖聞之，笑曰：「吾豈無衣而惜之，吾常以衣賜爾曹，與其被雪沾濡，何如鮮潔之爲愈。躬行節儉，汝等正當效法耳。」自是八旗臣民無敢以褕衣華服從事者。

京官策駝入署

國初風氣淳樸，京朝官多有策駝而入署者，後易騾駝爲馬，最後易馬爲車。

聖祖宫中費用少於明

康熙己巳，大内發出明代宫殿、樓亭、門名摺子，又宫中所用銀兩及金花鋪墊並各宫老媪數目摺子令王大臣等察閲。諸臣等覆奏：「查得故明宫中，每年用金花銀共九十六萬九千四百餘兩，今悉已充餉。又故明光禄寺每年送内所用各項錢糧二十四萬餘兩，今每年止用三萬餘兩。明每年木柴二千六百八十六萬餘斤，今止用六七八萬斤。明每年用紅螺等炭共一千二百八萬餘斤，今止用百餘萬斤。各宫床帳、輿輪、花毯等項，明每年共用銀二萬八千二百餘兩，今俱不用。又查故明宫殿樓亭門名共七百八十六座，今以本朝宫殿數目較之，不及前明十分之三。至故明各宫殿九層，基址牆垣俱用臨清磚，木料俱用楠木，今禁中修造房屋，出於斷不可已，凡一切基址牆垣俱用尋常磚料，木植皆用松木而已。」

庚寅，聖祖諭大學士等曰：「明季事蹟，卿等所知，往往皆紙上陳言。萬曆以後所用太監，有在御前服役者，故朕知之獨詳。明朝費用甚奢，興作亦廣，一日之費，可抵今一年之用。其宫中脂粉錢四十萬兩，供應銀數百萬兩，至世祖皇帝登極，始悉除之。紫禁城内一切工作，俱派民間，今皆現錢雇覓。明季宫女至九千人，内監至十萬人，飯食不能徧及，日有餓死者，今則宫中不過四五百人而已。」又諭户部曰：「國家錢糧，理當節省，否則必致經費不敷，每年有正額蠲免，有河工費用，必能大加節省，方有裨益。前光禄寺一年用銀一百萬兩，今止用十萬兩；工部一年用二百萬兩，今止用二三十萬兩。必如此，然後可謂之節省也。」

王文靖祭墓用蔬果

宛平王文靖公熙嘗訓其子云：「祭墓無以牲牢，以蔬果代。」人有言其過儉者，王曰：「今以宰相祭墓，誠爲太儉，日後子孫儕於庶人，則易於措辦，若敖氏之鬼可不至餒也。」

湯文正有三湯之稱

湯文正公斌嘗官嶺北道，赴任時，僱一贏，載襆被出關。移疾受代，衣物了無所增。及撫江蘇，日給惟菜韭。一日閱簿，見某日市隻雞，愕問曰：「誰市雞者？」僕叩頭曰：「公子。」大怒，召公子，使跽庭下，責之曰：「汝謂蘇雞値賤如河南邪？汝思啖雞，便歸去，惡有士不嚼菜根而能自立者！」并笞其僕而遣之。

某日，遇壽辰，薦紳知湯絶饋遺，惟製屏爲壽，辭焉，啓曰：「汪琬撰文在上。」乃命録以入，仍返其屏。

内擢去蘇，敝簏數肩，不增於舊，惟二十一史則吴中物。湯指謂祖道諸人曰：「吴中價廉，故市之，然頗累馬力。」其夫人乘輿出，有敗絮墮輿前，見者爲泣下。至京，貧益甚，賃居委巷，禦寒僅一羊裘。冬月入朝，衛士識與不識，咸目之曰：「此羊裘者，卽湯尚書矣。」

吳人於湯有「三湯」之稱，三湯者，豆腐湯，黄連湯，人參湯。蓋人參雖亦如豆腐湯之清，黄連湯之苦，而有益元氣也。

湯文正貧無以殮

湯文正歿於京邸日，同官唁之，則卧板床上，所衣爲敝藍絲襖，下著褐色布袴。檢其所遺，竹笥中有俸銀八兩。崑山徐尚書乾學賻以二十金，乃能成殯。

于清端有青菜之稱

于清端公成龍自江防遷閩臬，舟將發，趣人買蘿蔔，多至數石。人笑曰：「賤物耳，何多爲？」于曰：「我沿途供饌賴此矣。」其自直隸赴江寧也，與幼子賃驢車一輛，各袖錢數十文，投旅舍，未嘗煩驛遞公館也。在制府署，日惟啖青菜，佐以菜把，卽鹹菜之縛而成把者。江南人咸呼爲「于青菜」。僕從無從得茗，則日採衙後槐葉啖之，樹爲之禿。諸子冬衣褐，或木棉袍，未嘗製一裘。年饑，則屑糠雜米爲粥，舉家食之。客至，亦以進，謂曰：「如法行之，可留餘以賑饑民也。」

官楚時，長公子將歸，署中偶有醃鴨，刳半與之。民間有「于公豆腐量太狹，長公臨行割半鴨」之謡。

清端卒之日，僚吏入哭，見牀頭敝笥中惟綈袍一襲、靴帶二事及粗米數斛、鹽豉數器而已。

趙恭毅購物

武進趙恭毅公申喬嘗令商邱，時白太夫人就養官署，寄家書購物，僅紅頭繩一兩、胡粉一匣。由偏沅巡撫迎駕清江，往返所用僅白金五十兩耳。

張伯行以節儉率屬

儀封張清恪公伯行歷官二十餘年，所至以節儉率屬。蒞閩時，官廨帷幕皆錦繡，悉命撤去。比移吴，先檄所屬禁陳設，奢侈之風爲之一變。

朱文端以崇儉爲政

高安朱文端公軾嘗撫浙，以崇儉爲政，諭民嫁娶之節，里黨賓蜡、宴會止五簋，俱有常品，人呼爲「朱公席」。偶出行，見一婦盛妝，問其夫，爲賣菜者。命入署，使人導之至廚下，問誰爲夫人。時夫人與女奴雜作，婦莫之辨，指示之曰：「炊者夫人也。」命留侍夫人午飯，饌惟蔬菜，食畢，命之出。

汪周士不侈衣食

汪文桂，字周士，桐鄉人。康熙戊子、己丑間，邑中旱澇相繼，設粥廠，立藥局，全活甚衆。丙午，被水災，首倡振濟，以食饑民。性儉約，有質庫在苕溪、雲間，晚年猶往來按行執事。人有衣美衣服者，聞汪至，必易布素而出。姻黨具常饌，欣然一飽；或盛筵，則不樂。嘗曰：「財當爲有用，徒侈衣食，是委諸壑也。」

來成夫敝衣縷裂

來成夫，名蕃，蕭山人。十歲出試，輒冠軍。精六書，能作古文、魚籀、大小篆、殳隸、八分，第不輕作寫。好立名節，人有以東漢人物相擬者則喜。家貧，敝衣縷裂，所儲圖史外，惟缾盎十餘，實米鹽、紵絮於中。每出行，書衣筆衺，手自持抱，至兩肘纍纍，蔽以博袖，儼如五石匏也。

高宗儉德

高宗自少至老，襯衣及褲皆以高麗布爲之，寒暑無間，嘗謂民間之著紡綢褲者爲暴殄天物。其冬夜煖足，不用湯婆子，恆以大鵝卵石置爐火中，煨至極熱，裹以舊絮，置於衾。

高宗廢躬耕綵棚

先農壇在京師永定門内之西，周六里，繚以周垣。歲三月，上率王公九卿躬耕。舊制，設彩棚於田。乾隆戊寅，上諭：「耤畝所重勸農，黛耜青箱，畚鍤簑笠，咸寓知民疾苦之意。而設棚懸彩以庇風雨，諓無取焉。吾民凉雨犂而赤日耘，雖襏襫之尚艱，豈炎濕之能避？且片時用而過期徹，所費不啻數百金，是中人數十家之産也。其飭除之！」此後遂爲定例。至耕耤之樂，不同他典，所用有腰鼓、拍板，所歌皆御製禾詞，每歌一句，偃旗一次，上四推畢，諸王及諸臣始耕。

孝賢后儉德

孝賢后富察氏，傅文忠公恆姊也。性節儉，平時髻插通草、織絨等花，不御珠翠。珍惜金銀線索，歲時進呈高宗荷包，惟以鹿羔氄毯緝爲佩囊，仿先世關外之製，寓不忘本也。

邵學阯自奉之儉

鄞邵學阯，名基，爲康、雍、乾三朝近臣，久以卿貳參匭司，先後侍直兩書房，出撫江蘇。方貴盛時，妻不衣帛，旁無姬侍。客至，魚菽蕭然，人多議其嬌。及卒，諭祭使者至門，隘巷不足容肩輿，則步以入，矮屋不足以容廣筵，則畢事於簷溜之下。

甘莊恪月用銀十六兩

乾隆初，高宗堅意復三年喪，諸臣莫詳其制。吴江甘莊恪公汝來時官禮部，依據經注，參定大禮，繁簡悉當，後皆遵之。一日，暴薨於署，同事者爲訥親，自至其家告之，見老嫗縫紉於庭，訥呼曰：「傳語夫人，君家主暴薨於署矣。」嫗愕然曰：「汝爲誰？」訥備告其故，老婦大哭，始知即夫人也。訥問：「有餘貲否？」夫人曰：「有。」啓囊，出銀八兩，曰：「此志書館月課俸也，俸本十六金，計日以用，此所餘半月貲也。」訥因感泣，代具衣衾殮之。奏於上，上亦感動，命内務府理其喪，入祀賢良祠。

陳文恭裁紙

臨桂陳文恭公宏謀爲冢宰時，掾吏日呈小摺，陳於其無字處，皆裁取之。時方修則例，每卷批駁之小簽，皆此紙也。又外僚書稟，率用紅紙手版，陳答書訖，裁其銜名還之，餘紙留作别用。

李清時葛帳布衾

李清時撫山左，薨於任。病篤時，羣僚咸詣卧榻致問，見其葛帳布衾，宛然窮秀才風。口授遺摺訖，勗屬吏以作好官延世澤爲詞，遂坦然而化。

金會川好儉

吴縣金會川按察祖静，平居多禮而好儉，嘗語人曰：「惟儉可以惜福，惟儉可以養廉。」起居飲食，澹泊寡營，溽暑祁寒，不爐不扇，每日早起晚罷，向夜硯火熒熒，苦志明經不逮也。

朱文正新年著棉袍褂

朱文正公珪崖岸峻絶，一介不取，歷官中外，無敢以苞苴進者。及陟正卿，清貧若寒素。某歲新年，值大雪，往賀裘文達公曰修，文達見其所衣爲棉袍褂，乃曰：「范叔何一寒至此？某欲效古人以綈袍贈君。」即呼僕入内，取貂裘一襲奉之。急辭謝曰：「良友多情，固所深感，然朱某固一介不取，生平未嘗失節。且貂裘亦僅壯觀，若云禦寒，則已著重棉矣。君不見道旁雪中尚有多數赤身僵卧者乎？彼與某，皆人也。某較彼已有天堂地獄之别，敢不知足！君盍以贈我者移贈若輩乎？」文達急謝過，曰：「君真道德士，當謹遵仁人之言。」急呼僕持貂裘付質，以質價購棉衣數十襲，至市給貧民。

劉文定自歎儉陋

劉愼涵，名綸，謚文定。少在尹文端公繼善幕府，旋以乾隆丙辰宏博第一入詞林。汪文端公由敦愛其才，兼重其度，晚年尤與相契。或嘗以要事繕奏稿，夜半詣文定，請閲，文定起爇燭，操筆點定。時仲冬寒甚，文定呼三公子具酒脯，而廚傳已空，僅有白棗十餘枚以侑酒，文定亦自歎儉陋焉。

王文肅餅餌充饑

王文肅公安國性剛毅，操守廉潔，屢歷膴仕，貧如故。每早登朝，家不舉火，偕幼子同輿往，入內進餐，惟市餅餌數枚，令其子坐輿中食之充饑而已。履懿王與之善，嘗佽助之，辭不受，曰：「忝在九列，不敢與王有所交結也。」

嵇文恭膳無兼味

嵇文恭公璜，晚年予告，常膳至不能具兼味。薨未一載，京師宣武門外嬾眠胡同第宅屬他姓矣。

尹均飲豆湯

乾隆朝，內閣典籍尹均性好儉，子內閣學士壯圖，均好飲豆湯，月必數設，呼子若孫共啖，曰：「此吾鄉味，若曹即富貴，慎勿忘。」與閣學同朝，父子入直，常共載一車。諸城劉文清公墉嘗歎曰：「尹舍人可謂以清白遺子孫矣。」

戴簡恪粗服敝車

戴簡恪公敦元官司寇日，朝士呼爲「破敗書廚」，以其萬卷羅胸而粗服敝車，外觀極寒儉也。

王述庵出無僕

青浦王述庵侍郎昶讀《禮》家居，以事赴姑蘇謁巡撫，無從僕，至市雇肩輿。欲令輿夫投刺，輿夫呼之曰「老伯伯」，且曰：「此烏可胡亂爲之？汝青浦人，大不知法紀。昨歲丁猷子到此，通報者皆獲罪。誰則以幾十文錢受譴責乎！速去，毋相累！」王因自赴號房通報，既見巡撫而出，輿夫遁矣，乃徒步回。

翟詠參性儉而厚

涇縣翟詠參，字星文，家久落，輕財如故。性儉而厚，雖囊無一錢，時惻惻具嗟閔惸獨意。父授狼裘一，嚴冬弗御，問之，曰：「見村人無絮襖者衆，滋不安耳。」

德瑛不具駟馬

尚書德瑛年六十餘而官太常寺卿，又二十年始擢户部尚書，已八十餘矣，與朱文正、王文端等作五老會，時人榮之。德貌清癯，性儉，官至司徒，家不能具駟馬，人比之公孫弘。嘗入直樞庭，其屬吏告人曰：「他費不具論，卽四時衣冠之貲，我公卽未能具也。」

李恭勤以儉矯俗

乾隆辛卯，李恭勤公繼福康安而督四川，時方用兵大小金川，思以儉矯俗，乃與僚寀約，府州縣無事，非公事不得至省，至亦有期限，屆期必歸，不得蓄音樂，不得侈宴會，不得飾輿馬衣服。在官數年，未宴一客，屬吏亦無置酒飲之者。一日，有新簡成都將軍抵任，則俟其眷至，饋以燒羊蒸豚，爲佐家宴而已。署中屆除夕，惟製餑餑無算，俟元旦朝賀畢，自布政司以下皆享之，佐以四肴，且同食焉。

徐司馬務爲省約

錢塘徐石船司馬紹基爲文敬公潮曾孫，文穆公本孫，潤亭宗伯以煊子。乾隆中葉，官淮安同知。時江南全盛，淮上爲河工人員所集之地，風俗浮夸，服食奢侈。司馬體晏子國奢示儉之意，務爲省約。嘗與同僚會話，或言其韡敝，則笑曰：「幫雖敝，底子佳也，且不猶勝於徒跣而行者耶？」

董文恪力矯華侈

上元董文恪公敎增以翰林入直軍機，出爲外吏，彊毅不阿。任川藩時，俗尚華侈，董力矯之，務爲儉約。每公宴，誡不用優伶。總督勒保以春酒召，董至門，已通刺矣，聞音樂聲卽返。勒爲之撤樂，乃復至，飲盡歡，風尚爲之一變。

陳思敬不衣綺紈

陳思敬，字泰初，同安人，乾隆某科副貢生。自奉至儉，生平未嘗衣綺紈。晚年，用稍窘，或勸其爲子孫計，則歎曰：「自古豈有豐嗇常在一家者耶？子孫宜自振，吾知行吾意而已。」

劉文清敝衣惡服

乾隆末，和珅當國，窮極奢侈，翰苑部曹多效所爲，衣袿袍褶爭妍鬬奇，其悃愊無華者皆視爲棄物。惟劉文清公敝衣惡服，周旋班聯中，曰：「吾自視衣冠體貌無一相宜，乃能備位政府，不致隕越者何也？寄語郎署諸公，可憬然矣。」

劉全母不忘舊日景況

和珅之奴劉全，幼時爲人執鞭，家甚貧。和攬權時，甚倚任之，屋宇深邃，至百餘間，士大夫不肖者爭與聯姻。而其母甚賢，全富時，其母必日索腐豉下餐，曰：「昔日思此而不易得，今雖豪富，敢忘舊日景況耶？」故全稟受母教，罔敢干犯國法。子某甚不肖，致有京師南郊私斃人命事，遭刑誅，而全母卒善終。

王培鑄終身素服

三年之喪，人子爲父母持之，或父已前卒而祖父母亡，爲長孫者亦持喪三年，爲承重服，皆謂之曰丁憂。常服色黑或白，以布不以帛。乾隆末葉，山陰有申韓家王培鑄者，年二十一卽幕於外，至四十五歲而返，凡官幕之與相識者，絶未見其身有衣帛之一日也。蓋培鑄逾冠卽喪母鄭氏，期年，父稽文續娶壽氏，方二年而壽卒，卒未半載，父又續娶孫氏，一年半又卒，是培鑄已持喪九年矣。方孫氏之喪及禫，而稽文卒，服除，則又喪其兼祧母温氏。温卒將二年，而兼祧父酉俊續娶木氏，未一年木卒，甫釋服，而酉俊忽以疫卒。於是培鑄又持喪十二年。時祖母杜氏猶在堂，痛其兩房子媳之相繼物化，僅有一孫培鑄而又頻年遠游不得見也，日夕哀傷，遂致疾，距酉俊之歿方三年而亦卒。培鑄至是，蓋服三年之喪二十有四年，而亦老矣，以積棺未葬，遂辭館歸。或曰：「培鑄亦嘗數持三年之喪，特未必緜緜延延縞素相續，至二十四年之久耳。其殆天性儉約，飾言丁憂，可不衣帛。」至謂其假此名義以納賻金，則苛論也。

胡光北衣食之儉

乾、嘉間，瀏陽胡光北嘗肄業長沙嶽麓書院，其後同學者宦蹟半天下，交遊奔趨，儼如朝市，不與之通隻字，雖於夙所最契之羅麓西太守、嚴樂園按察亦然。性好儉，瀏陽土產有葛綢、夏布二種，葛綢薄如蟬翼，一名銀葛，以其有白光如銀也，其值倍於夏布，胡終其身未嘗一御也。食無兼味，佐脫粟者野菜而已。炊時，鄰人聞其庖中有肉香，則必曰：「今日胡先生祀祖矣。」光北，字楚良，號學山。

仁宗禁止萬壽演戲

仁宗五旬萬壽，御史景德奏請於萬壽節令城內演戲，設劇十日，歲以爲例。得旨以景德冒昧陳奏，照溺職例革職，並發往盛京差遣，充當苦差。

朱文正身後蕭條

朱文正公薨日，臥處僅一布被布褥，其別舍則殘書數篋而已，見者莫不悲感。仁宗親賜奠，甫至門，即放聲大哭，賜以輓詩，有「半生惟獨宿，一世不言錢」之句。

湯文端宦京無安宅

湯文端公金釗，蕭山人，嘉慶己未進士，出朱文正門，朱甚器之。性質樸，悃愊無華。官詞林時，寓光明殿左廊房，爲童子師，及任祭酒，尚居地安門外文昌宮，無安宅也。及視學江南，僕從惟數人，自閱課卷，暇日攜書至江陰君山上，誦讀終日，自笑曰：「此亦可謂玩物喪志矣。」

文端官卿貳日，不蓄車，入朝則賃諸市，一僕跨轅而已。京官子弟多從閱文，一日退食後，至某徒所，談文稍久，爲具小食，知湯不喜豐，肉一柈，胡餅數枚，湯問曰：「食肉乎？」對曰：「然。」問幾何，曰：「不過一斤。」攢眉摇首曰：「此胡可，未免費矣！」有緩急求助者，視親疎量爲應之。最惡裝飾。來子庚觀察入都，見其冠有飾，故問何物，答以寶石，曰：「寶當藏之於心，不在冠也。」

周子西之儉爲吝

青浦周子西富而儉，實吝也。當暑，曝水於日中，俟其熱，以爲盥澡之用。夜擣米，不燃燈燭，輒坐其旁，默識舂數，以驗糙白。竈下灰積久，見少，持篩簸揚之。又恐妨妻女紡績之日力，治爨提汲皆親任之。遇病服藥，將生者咽嚼，謂棄其渣可惜，且省薪炭也。嘉慶丁丑秋，忽大病，不服藥，遂卒。

姚祖同嫁女不用鼓樂

姚祖同撫直隸時，嫁女日不用鼓樂，潛送之出城。

裕莊毅自奉菲薄

裕莊毅公泰髫年時，考取繙繹中書。家貧，日趨内閣必徒步。母李太夫人與錢買小食，每歸，多不用，故既貴顯爲督撫，於民生之困苦莫不洞知，而自奉菲薄，澹然如老書生。

許子位食脱粟

許子位嘗知聞喜縣，攜一子、一僕至官，食脱粟飯，佐以青菜。往來郡省，策蹇而行。贄上官者，詩扇而已。

黄蛟門不裘不帷

黄蛟門，名以旂，嘉慶朝之江寧增生也。父有遺産，殁後，五子均分，蛟門以長男獨不與。既貧甚，常爲童子師以自給，蓋冬不裘、夏不帷幕者三十餘年，冠履雖垢敝不易也，時有補綴痕。有笑之者，惟以一笑爲答。常膳不具兼味，人或招與飲食，必堅拒逃匿，須要覓牽持，不得已而後至，經數日，輒相酬，其豐腆恆倍之。

宣宗節儉

宣宗中年尤崇節儉，嘗有御用黑狐端罩，襯緞稍闊，令内侍將出，四周添皮，内府呈册需銀千兩，乃諭勿添。明日，軍機大臣入直，諭及兹事，自是京官衣裘不出風者十有餘年。

宣宗所服套褲，當膝處已穿，輒令所司綴一圓綢其上，俗所云打掌是也。於是大臣效之，亦綴一圓綢於膝間。一日，召見軍機大臣，時曹文正跪近御座，宣宗見其綴痕，問曰：「汝套褲亦打掌乎」？對曰：

「改製甚費，故補綴。」宣宗問曰：「汝打掌須銀幾何？」曹愕眙久之，曰：「須銀三錢。」宣宗曰：「汝外間作物大便宜，吾內府乃須銀五兩。」又嘗問曹曰：「汝家食雞卵，須銀若干？」曹詭對曰：「臣少患氣病，生平未嘗食雞卵，故不知其價。」

孝貞后崇儉

孝貞后聖德巍巍，尤崇儉樸，宮中器用，一切用銀，起居飲食皆有常節，所役內監亦僅七十餘人。

散秩大臣之儉

有入都應試者，賃一巨室，主人爲一老者，酬應頗周，時出閒譚，常日每服短後衣，拖雙屨，攜長柄籃，躬自出外市物，羣以其寒儉也，不爲意。一夕，漏方深，衆已睡，忽聞堂上諠譁聲，僕從紛紛然，似出入甚忙者，又似有踶齧聲在中庭躑躅不已者。應試者潛披衣起，自窗隙窺之，則堂上下鐙火爛然，老者已蟒服補褂，戴孔雀翎，冠緋頂，自內出，即乘輿去，燈燭遂滅。因急起同伴，具告之。久之，將復睡，忽隱隱聞馬嘶聲，未幾，其聲益近，似將入門者。時天微明，果見老者朝服自外入，至堂前降輿，從容進內去，僕從均伺主人入，乃擾擾牽韁挽輿出。衆乃大怪，方猜度間，忽有人叩門，啓視，則一僕也，入內私問曰：「君等頃有所見否？」皆曰：「然，敢問何也？」僕遽搖手曰：「慎勿聲。此某宗室也，以與皇帝漸疏遠，故非遇大事不朝，僅居家食俸，爲散秩大臣而已。今以令節，故特往朝。惟主人以貧故，深自諱匿，愼不可問，否則必遭逐也。」既而天大明，主人出，仍躡雙履，服短後衣，攜籃市物如平時。

周天爵夫人無命服

東阿周天爵初任懷遠令，單車赴任，久之，始迓其母妻至署。夫人事紡績，官舍蕭然。適度歲，僚眷相往還，而夫人無命服，懷遠地僻不易購，周又不欲假諸縉紳家，典史孔某，平陽世家也，檢笥中舊七品服獻之，始得賀歲成禮。

曾文正夫人紡棉紗

曾文正公國藩駐師安慶時，其夫人及其冢婦劉氏在署中，每夜同紡棉紗，以四兩爲率，二鼓後即止。一夜，不覺至三更，長子惠敏公紀澤已就寢矣，夫人曰：「今爲爾說一笑話，以醒睡魔可乎？有率其子婦紡至夜深者，子怒詈，謂紡車聲聒耳不得眠，欲擊碎之。父在房應聲曰：『吾兒可將爾母紡車一并擊之爲妙。』」翌日早餐，文正爲笑述之，坐中無不噴飯。時有鄧伯昭孝廉者，性古執，在江達川方伯幕中，聞之贊歎，謂可以破除官場家人驕惰之習，力勸方伯製紡車，強其妻效之，終日不能成一絲，人笑以爲迂。

左文襄絮裘木案

左文襄公宗棠剛果強毅，至耄年，精力不衰，雖兵間積苦，未嘗以況瘁形於辭色。邊塞苦寒，雪壓行帳，惟擁緇布袈裟，據白木案，手披圖籍，口授方略，自朝至於日中昃，不皇暇食，軍事旁午，官書山積，亦必次第省治之不稍休也。

蕭敬孚自買菜

桐城蕭敬孚學淵博，曾文正公嘗薦之，館於上海之江南製造局，垂三十年。賃居城西，輒自提籃入市買菜，居停主人坐馬車遇之，曰：「此蕭先生也。」亟與爲禮，命僕代攜之行。

彭剛直崇儉

衡陽彭剛直公玉麟力崇儉樸，偶微服出，布衣草履，狀如村夫子。巡閱長江時，每赴營官處，營官急將廳事陳設之古玩及華煥之鋪陳一律撤去，始敢迎入。副將某方以千金得玉鐘一具，一日，聞彭至，捧而趨出，忽失足，砰然墮地。彭適入，見之，微笑曰：「惜哉！」副將慴伏，至不敢仰視。又嘗飯友人處，見珍饌必蹙額，終席不下箸，惟嗜辣椒及豆豉醬。又有人嘗謁之於退省庵，時歲首，彭衣繭綢袍，加老羊皮外掛，已裂數處，冠纓作黃色，室除筆硯外，竹簏二事而已。久之，命飯，園蔬數種，中置肉一盤。飯已，出，或告之曰：「此已優待君矣。」

剛直赴蘇，適楚南會館舉行團拜，預焉。是日召優演劇，午後在階下閒立，見一人帽綴披霞寶玉，衣品藍漳緞袍，昂然入，意必同鄉子弟也，頷之，與爲禮。其人置不理。乃詢左右，則唱花旦之吴蘭仙也，大怒，立命縛之出，呼杖，將斃之。蘭仙膝行至織造前，乞緩頰，織造再三陳請，衆亦環求，怒始已，僅命褫其服，逐之出。蘭仙自是聲名頓落。

德宗崇儉惡奢

德宗崇儉惡奢，每遇進膳，便云：「詔書屢有卧薪嘗膽之語，而朕終日所嘗者爲何？朕心殊不安。以後進膳，不得過事肥美。」

德宗尤惡機巧玩物，其崇尚西法，純出於保國救民之念，外間所傳某侍郎入對，必懷西人玩物以進而得邀聖眷者，皆蜚語耳。秀水沈淇泉學使衞於光緒甲午殿試前，補行覆試，其詩結聯頌聖處曰：「聖朝崇本務，奇技絀重洋。」閱卷大臣原定一等第十名，及進呈，特以硃筆密圈，拔置第一人，觀此可知德宗之儉德矣。

孝欽后禁宮人濫費

孝欽后好貨財，然亦惡人濫費。一日，宮眷啓一裹，欲斷繩，不許，既解之，命將紙摺疊，與繩同置於屜。孝欽有時賞宮眷錢，每人與一小簿，宮眷用錢皆須記載於上，至月杪則躬自查閱一次，費則責之，儉則奬之。

天下儉一國儉

光緒初年，有「天下儉一國儉」之謠。「天下儉」者，爲李用清，其自江西原籍起復入京時，徒步三千餘里，未雇一車騎。及撫雲南，則日坐堂皇理事，夫人卽居其旁之小室。將産時，不雇接生媼，既産，遂斃。其僕憐之，爲市棺，稍昂，以爲費，令易薄者。已而子亦死，僕又爲市小棺，叱曰：「安用是！」乃啓夫人棺納之。「一國儉」者，爲李嘉樂，其爲江西布政使也，常薙髮，每次與二十文，已而詢其僕曰：「薙髮匠得資，亦得意否？」僕曰：「外間薙髮皆四十錢，今殊不滿所望，已墊付數十文使去矣。」李怒曰：「吾家中薙髮才須十二文，今多與之，已大過，汝乃更益之乎！此後不須彼矣。」蓋李之夫人亦能供待詔之役，不假他人手也。後二李均被劾。

閻文介崇儉

閻文介公敬銘官部曹時，胡文忠公林翼奏引辦湖北糧臺，崇尚儉樸，風爲之變。及撫山西，則躬御布袍，所着韈下綴上布，其夫人紡績於大堂之後，僚屬詣謁者，惟聞暖閣旁機聲軋軋而已。冬月衣緼絮袍，出示僚屬曰：「此中之絮，內人所手彈也。」

文介將至晉，語其戚某曰：「宜多攜搭連布。」此布至粗且厚，抵任，首製以爲袍褂。屬員有用摹本緞者，輒斥之，謂：「方今兵書旁午，汝輩何尚奢侈。審如此者，必多財，可捐資充軍餉。」屬員等乃皆以搭連布爲袍褂。戚所攜布且盡，價大漲。有知縣某以進士卽用，嘗徧假貸華貴之衣及諸佩物，服以入見，文介責其奢，對曰：「卑職需次此間，所得宦囊僅足製衣物，實再無此多金購搭連布，故服舊衣入見，雖被參劾，亦無可避。」文介憮不復語，自後雖有著摹本線縐者，亦不復致詰矣。

文介所御肴饌極粗惡，嘗招新學政飲，所設皆草具，中一碟則爲乾燒餅也，文介擘而啖之，若有餘味。學政終席不下一箸，故強之，勉盡白飯半盂，歸語人曰：「此豈是請客，直祭鬼耳！」

李用清爲文介門生，守蘇州時，訪知陸稿薦薫臘店滷鍋外圜之麪餅，價廉而味美，滷鍋上用蒸桶，汁易伇出，圜以生麥麪，汁漬入，滷鍋熟而餅亦熟，貧家購以當肉食。告某中丞，因共令其店分進此餅以爲常，蘇人傳爲笑柄。及擢陝西布政，署中不具廚傳，宴客則取之旗亭。有某酒樓以方伯刅次定席，殽饌精美，計值甚廉。其後宴客，皆責如前例，酒樓主人遂移他處以避之。李在簽押房，見僕抱衣出澣，云：「何不交太太洗之？」僕言：「太太今無暇。」則云：「俟明日。」陝撫葉伯英後因事劾李去，文介在樞府力爭，失上意，乞罷。光緒壬辰，文介薨於解州，遺摺入，初擬卹典甚渥，後悉改常例，獨謚以文介。孝欽后常語人曰：「可恨閻敬銘騙一好謚法去。」孝欽好侈，文介管戶部，陰加裁節，故有此語也。

閻文介惡華字

閻文介管戶部日，臨桂謝春谷啓華官主事，充雲南司主稿，兼北檔房。一日，文介謂謝曰：「取名何必用華字？」謝固別有奧援者，從容對曰：「中堂以華字爲嫌，然則取名當用何字耶？中堂異日若奉命轉文華殿，抑亦拜命否耶？」文介默然，不以爲忤也。

衞榮光之儉

光緒朝，浙撫衞静瀾中丞榮光以節儉著稱，其便服多補綴痕。蓄一羊裘，鬱矣，衣以見客，不怍也。夜於簽押房閲文牘，案僅竹燈檠，熒熒如豆而已。嘗召客晚餐，肴三簋，客出，方呼燈送，僕以無燭對，客逡巡去。一日，其僕購燒餅油條二大盤，幕僚問之，則曰：「今爲中丞夫人誕辰也。」

錢塘丁氏之儉

錢塘丁竹舟主政申、松生大令丙爲同懷兄弟，家充殷盛，而性好儉，惡衣惡食，惟志於道。凡撰擬文字，所用紙，每就殘餘者墨之。外來書函之封套，或翻用其裏，或加簽其上，不浪費也。杭城慈善事業，主政、大令主持者有年，大府倚重之。大令謁大府，輒徒步而往，使人挈禮服，至官廳易之，其儉如此。然儉而不吝，睦婣任卹，著於里閭。主政之子修甫舍人立誠，大令之子和甫舍人立中，亦皆有父風，每敝衣冠行於市，見者不知其爲富人子也。

李秉衡之儉

李秉衡巡撫山左時，頗以儉德著，居恆衣冠闇敝，與趙舒翹同。所衣棉袍，縫裂，絮縷縷然漏於外，或睨之而笑，則鬚髮怒張，厲聲曰：「此出風也，汝不識耶？」一僕戴新紅雨纓帽，李見而大恚，發縣，笞數十，逐之去。自是屬吏多有鶉衣百結而行庭參禮者，李則極口稱之爲廉吏。

楊古醞之儉

婁縣楊古醞大令葆光，名宿也，性儉約。自浙罷官歸，出必徒步。年七十九時，腰脚猶健，嘗與徐珂游蘇州，步行至虎邱，登千人石，珂喘息甫定，倚石小坐，楊猶徘徊賦詩，不覺其勞。歸途飲於花步里之酒樓，食前方丈，楊下箸者二簋而已。珂詫問之，楊曰：「晚年宜戒饕餮，餐庢兼味，雖宴會亦如是也。」

趙廉昉李審言之儉

趙能官，字廉昉，與李審言詳爲中表兄弟，少時居審言家讀書。審言妻趙氏爲廉昉女兄。廉昉與審言各健飯，酸虀尺韭，率盡數盌。釜罄，趙氏每食鐺底焦飯，或竟忍飢，詭云已食。以是有怨詢之者，并及趙氏，審言與廉昉若不聞，而互厲於學。二人恆共褻衣一襲，趙氏遞澣之，計日以易，不失先後。

朱吉甫待客至儉

朱吉甫，光、宣間人，待客至儉，菜則園蔬，魚必親釣，曰：「是有真滋味，市品遠弗逮也。」

清稗類鈔

狷介類

黄梨洲卻薦

餘姚黄梨洲，名宗羲，聞翰林院掌院學士葉方藹將薦己，寓書拒之，葉不從。門人陳錫嘏知之，大驚，詣葉曰：「公如是，是將使吾師爲殺身之疊山也。」葉愕然，乃又以老病奏聞。

林茂之遠避權要

林茂之居金陵，年八十餘，貧甚，不受人憐，富商某欲招致之，不爲屈。冬夜眠敗絮中吟詩，有「恰如孤鶴入蘆花」句。方爾止寄詩云：「積雪初晴鳥曬毛，閒攜幼女出林臯。家人莫怪兒衣薄，八十五翁猶緼袍。」茂之，福清人，順治初移居金陵，嗜客耽吟，遠避權要，殘氈破榻，讀書琅琅。「孤鶴蘆花」七字，王文簡公士禎嘗謂爲雅韻清才。

查韜荒不應試

查容，字韜荒，海寧人也。少時應童子試，有司例有搜檢，查怒曰：「朝廷以之取士，而有司以不肖待人，人之不肖固至此耶？」遂不應試，以布衣終。

張祖望傲慢難近

秀水何蕤音，名元英，以順治乙未進士通籍，官侍御，與張祖望友善。或短張曰：「此君遺落世事，傲慢難近。」何曰：「今人不少便佞，吾正喜其傲慢耳。」祖望，名綱孫，仁和人。

王邁人不通京師一字

嘉興王邁人參政庭自京外簡，事上官強項不屈，好爲其難。在官八年，不通京師一字。所遷皆極邊，命下卽單車就道，不惕利害。家計蕭條，幾不給朝夕，不問也。

張太阿不就廷試

康熙丙辰，張鋆舉明經，不就廷試，或有以謁選諷之者，則曰：「吾年幾六十，老矣，寧貪一官，令五柳笑人耶！」鋆，字太阿，襄城人。

李二曲一再卻薦

李顒，字中孚，陝西盩厔人，學者稱二曲先生。康熙癸丑，陝督以隱逸薦，書八上，皆以病爲解。戊午，部臣以真儒薦之，乃固稱疾篤，至就卧於牀，使人舁之至行省，以示不起。及聖祖西巡，將召見，聞之，曰：「吾其死矣。」遂遣其子進所著《四書反身録》，聖祖御書「關中大儒」四字賜之。

李雪木棄博士弟子

關中二李，爲康熙間大儒，亦有稱三李者，二曲、天生外，天生名因篤。一則郿之太白山人也，名柏，字雪木。九歲孤，稍長，讀小學，曰：「道在是矣。」遂盡焚所習帖括，日誦古書。會童子試，匿廢寺眢井以免，母命之，乃一就試。補博士弟子員，旋棄去，入山力耕苦學。

嚴繩孫自陳疾不能試

嚴繩孫爲康熙宏博大科四布衣之一，方被薦，貽書京師達官曰：「聞薦舉濫及賤名，某雖愚，自幼不希無妄之福，今行老矣，無論試而見黜，爲不知者所姍笑，卽不爾，去就當何從哉？竊謂堯舜在上，而欲全草澤之身以没餘齒，詎有不得？惟幸加保護耳。」時有司奉詔敦趣，引疾，不許。既抵京，赴吏部，自陳疾不能應試狀，至再四，終不允。御試之日，發題賦詩各一首，嚴僅賦《省耕詩》一首而出，冀被放也。

聖祖素諗其姓字，諭閣臣曰：「史局不可無此人。」仍用翰林。繩孫，字蓀友。

嚴繩孫拂袖遽歸

嚴繩孫在職五年，嘗侍宴保和殿，和聖製《昇平嘉讌》詩稱旨，特命撤御前金盤棗脯以賜。又從容語左右：「嚴某好人，中外皆知。」時論謂旦夕當大用，而嚴竟拂袖遽歸。

萬季野不少寬假

康熙己未，詔修《明史》，鄞縣萬季野在史局，周旋諸貴人間，不肯稍自貶抑。其題刺則曰布衣萬斯同，其會坐則攝衣登首席，岸然以賓師自居。故督師某之婣人方居要津，請少寬假，噤不答。

陶紫筍請從此辭

陶紫筍進士元淳，江蘇人也。年少入都，能文章，尚志節，萬季野、閻百詩皆與訂忘年交。時徐乾學領史局，季野爲之任考索，而頗委紫筍以文。已而爲忌者所排，與徐絕。紫筍甫通籍，一日在某邸，某之子，妄人也，辱何義門於衆中，紫筍憤甚，請某出，以正誼責之。某護其子，甚不直紫筍，紫筍長揖出，且謂之曰：「明公之力，不過使陶生不爲翰林，請從此辭。」已而果不與館選，出令粵之昌化，有惠政。

葉星期不見宋牧仲

葉星期，名燮，字横山，康熙時令寶應，以強項落職。時嘉定令爲陸清獻公隴其，亦被劾，星期曰：「吾與廉吏同列白簡，榮於遷除矣。」既歸，移家入横山，築小圃，顏曰「獨立蒼茫處」，著書其中。商邱宋牧仲犖聞其名，減從往訪，辭不見。牧仲曰：「獨立蒼茫處容一立否？」留二絶句而去，葉不往報也。晚年寓蕭寺，有富豪招之飲，星期曰：「吾忍飢誦經，豈不知屠沽兒有酒食耶！」

朱竹垞不攀援馳逐

朱竹垞在禾中時，恆與里人王翃、周篔、繆泳、沈進、李繩遠、良年爲詩課。然貧甚，僅一布袍，繩遠兄弟止一偏提，每會，則付質庫，兩家眷屬各以紡績助之，後會復然。及游京師，訪孫承澤，孫過寓，見插架書，謂人曰：「客長安者，務攀援馳逐耳。車塵蓬勃間，不廢著述者，惟秀水朱十而已。」

周青士耿介

周篔，字青士，嘉興人。性耿介，游京師，未嘗投貴人一刺，朝士願與納交者，一飯後不復過其邸。徐乾學好延攬海內知名士，時有徐秀才善主其家，青士嘗就善同卧起，乾學欲見之，不可得。某宗室所愛小妻周氏，買自楚，一日，謂其主曰：「妾實禾中人，公所識之周篔，妾季父也。」宗室以語青士，將令出拜，青士曰：「質，農家子也，聚族不及二十人，未嘗有楚游者，誤矣。」遽拂衣出。

吴慶百不入社

吴徵君農祥，字慶百，仁和人。康熙己未薦舉宏博，淹貫經史，與毛西河、朱竹垞相頡頏。其狀貌則鳶肩鶴頸，指爪長三寸，鬚鬑鬑然，頹然淵放，得錢輒付酒家。慶百識微見遠，時吴中人沿復社故態，角藝相徵逐，而浙西之讀書、秋聲、登樓、孚社等争立名字應之，各欲得慶百以自重。慶百曰：「是載禍見餉也，諸君子忘東京鉤黨事乎？」不答書，書亦不發視。其後政府果切齒於爲社集事者，悉搜所刊，拉雜摧燒之。

吴蓮洋耿介

吴蓮洋，名雯，性耿介。康熙己未，嘗應博學宏詞之徵，在京待試。一日，益都相國馮文毅公溥以便面索書，蓮洋提筆濡墨，大書一絶句還之，不以拘守繩墨爲足恭也。馮亦不介意。

申和孟不欲輕通貴交

廣平申和孟不欲輕通貴交，惟致書汪鈍翁，微訊王吏部近狀，汪報之曰：「吏部蕭疎簡遠，不失故武，誠吾黨第一流也。」

徐伯調不諧於俗

徐伯調居山陰梅市，扁舟箬笠，弋釣自娱，不諧於俗。時宋荔裳廉訪分守紹興，宣城施愚山寓書於宋曰：「山陰有徐緘者，渭之亞也。」宋遣人招之，久不至。比宋罷官，客西湖，徐乃時時往，相與盱衡抵掌，抗言今昔，意所不合，雖尊貴甚有氣勢，口期期不服。

翁仲謙不與俗諧

吴江翁仲謙，名逐，性孤介，不與俗諧。家酷貧，值歲儉，不能餬口，終日啜水而已。鄰有招之食者，謝不赴，嘗曰：「耐飢易，耐俗子難。」惟徐介白、顧茂倫餉之方受。後病卒，茂倫賣古琴殮之。

宗定九數月兀坐

宗定九性不喜煩，與人對終日即病，飲酌數夕亦然，或值勢利毁譽之場，便如溽暑置身赤日下。移家居鄉，未嘗至柴門外，或客至，或入郡，始一到門，不則數月兀坐草堂而已。

汪魏美與人落落

汪魏美，名渢，錢塘人。年二十一，舉孝廉，甘貧不仕。嘗獨身提藥裹，往來山谷間，食宿無定處。與人落落，性不好聲華，時人號曰「汪冷」。當道或割俸金爲壽，不得卻，坎而埋之。里貴人請撰墓銘，贈百金，拒勿許。

李良年不爲翕翕熱

李徵士良年，小字阿京，幼與朱竹垞齊名，其立品尤嶄然峻絕。康熙己未，被舉宏博入都，王公貴人多折節下交，徵士獨高矚雅步，不肯爲翕翕熱。先是，御試未有期，寶應喬舍人萊語之曰：「馮相國論海内詩家，首推子矣。」他日有謂宜造謝者，徵士曰：「詩，小技也；窮達，命也。相公知吾詩，孰與相公知吾守乎？」堅不往。聞者以爲誕，及見放，始信。

張惻庵與貴人不交一語

張大俊，號惻庵，其先世自薛川遷於歙南東源，遂家焉。晚歲歸里門，衣冠古樸，見貴人，拱揖而外，不交一語。暇則幅巾拄杖，跨烏犍，往來霞山、棲雲、翠微諸勝，與田夫野老課晴雨，話桑麻，足跡不入城市，客至，或杜門避之。

孫宋光一宿不留

孫璟，字宋光，金壇人，家素封，至宋光而業盡落，暮年至不免於飢寒，然雖有親知欲稍稍衣食之，不可得。子松，客授淮上，其主人慕宋光，具四十金脩脯，延至其家，宋光一宿謝去。松亦爲主人跪而請留，乃瞪目曰：「汝乃能居是耶？」卒去不顧。

劉古塘不合卽行

懷寧劉捷，字古塘，家甚貧，僦屋窮巷，無一畝之地，而名滿天下。諸大府常不遠數千里以厚幣招之，一語不合，則命駕而行，無能留者。

劉古塘辭年羹堯

年羹堯嘗撫四川，聘劉古塘以往，初不允，再三請，乃與之偕。年議加賦，力争而止，遂以他故行，曰：「其心神外我矣，能守吾言以期月邪？」及督川陝，復固請以往，再三見，浹日而歸。

張彝歎不肯試爲吏

高淳張彝歎進士自超爲諸生時，試必冠其曹，困舉場三十載，未嘗有愠色。爲詩古文，皆警邁，而未嘗争名於時。年近五十，始登甲科，而不肯試爲吏。其既升於禮部也，宗伯韓文懿公菼昌言於朝，謂張自超宜在上甲，自超踵門曰：「某有母，病且衰，某登上甲，必以職留，公當愛人以德也。」

程召南不謁權貴

程召南，滁、和間人。康熙初，嘗游京師，不一謁權貴。所爲制藝、詩辭絶工，宦族某聞其才賢，羅致之，命子弟受業焉。京師固冠蓋雲集之地，名士之館於斯者，輒懷刺訪友，倒屣接賓，日不暇給，時時索脩金爲酬酢資，或以飾冠服。程角巾短褐，如山中野客，然繡紈狐白之綺麗，書畫筆硯之精良，藏庋於笥，間一取之以被體，以置架，儼然貴游，非貧也。自入館，手一卷，不出門户，亦絶無一士來謁者。

竇静庵不可見

康熙朝，柘城竇静庵克勤官檢討，時索額圖當國，勢傾天下，王公百官逢迎恐後，静庵未嘗投刺。索之子託賢爲分校禮闈所得士，索言於朝曰：「小兒叨與科第，外人曾有物議否？」某答曰：「以明公貴盛，易滋物議，但出竇君之門，自無物議耳。」後索數延相會，静庵辭不往，索歎曰：「名可聞，人不可見，吾於竇君益信。」

陳左原不謁徐乾學

長洲陳學洙，字左原，康熙甲子舉人。當戊辰會試時，主司徐乾學先期羅致諸名士，有約左原往謁者，左原曰：「中不中，命也。」卒不往。

劉言潔爲狷者

劉齊，字言潔，無錫人。康熙丙寅，以選貢入太學，聲譽壓其儕輩。應試順天，有欲援而進之者，齊作《閨女詞》五章以謝之。及教習官學生期滿，敍於吏部，以十之八授縣令爲正途，下則授州佐爲冗雜，且淹滯無選期。徐乾學遣人先於齊曰：「君來見，必爲選首。」齊笑曰：「吾不以一刺易科第，肯易縣令耶？」卒不往。或勸納粟爲教官，齊貽書邵羲曰：「教官雖微，當爲諸生分義利之辨，奈何己先以納粟進耶？」亦卻之。及卒，方望溪侍郎苞大書其墓道曰「狷者劉言潔先生之墓」。

王文簡不以詩壽明珠

王文簡公好士，爲揚州推官時，一郡士子無不被其容接。及官京師，風裁嚴整，門無雜賓，以納蘭太傅明珠之赫奕，而不得其一詩。蓋文簡自重其作，不輕爲人下筆。蓋明之稱壽也，朝士争致禮物，徐乾學先期以金箋一幅，請於文簡，欲得一詩以侑觴，文簡念曲筆以媚權貴，君子不爲，遂力辭之。文簡没後，門人私謚之爲文介。

當是時，世稱「南朱北王」，然朱竹垞猶結交成容若，以爲梯榮之地，文簡則獨與湯文正暱。文正弟子郭琇，卽劾明去位者，沆瀣相通，知文簡固不以此墮節也。

徐元夢不附索明

明珠執政，好輕財厚施，以招徠新進及海內知名士。時滿洲文定公徐元夢方以庶常數被召見，講經論議，以不附索額圖，散館改部屬。明每與索以權勢相傾，用此尤欲致徐。徐爲宦子，試京兆，與明子成德名相次，又同榜，選庶吉士，屢招皆不就。

徐旋改官於部，時因公見明，明必贊之於廣衆中。及改中允，遷侍講，聖祖偶詢徐之爲人，明以誠實對。選講官，列薦名，先於學士，徐終不一至其門。旋奉命爲皇子師，明復使所親謂徐曰：「此非福也，惟歸誠於執政，或少安。」徐不答。

一日，上御瀛臺，教諸皇子射。徐不能挽強，上怒，以嚴辭詰責。徐奏辨，上震怒，命扑責，被重傷，命籍其父母，皆發黑龍江安置。然上意終憐之，其夜，命醫二人治其瘡，翌日復召詣皇子書堂。時大雨，裹瘡至宮門，跪泥中，見御前侍衞，號泣求轉奏，謂：「奉職無狀，罪應死。臣父廉謹，當官數十年，籍產不及五金，望明主察之。且臣父母皆老病，臣年正壯，乞代父謫戍，尚能勝甲兵，盡命力。」衆皆揜耳走。有闕保者，最後至，斥徐而入，盡以所言奏上，立赦之。父母則已檻車就道矣，及諸途，觀者夾路皆感泣。遂復徐官，仍侍皇子。後復以德格勒私删起居注，下徐於獄，幾死，然久之亦察其忠誠，復自司員擢用至正卿。比世宗登極，倚任益專，嘗賜詩，稱爲「同學舊翰林」。論者謂康熙一朝，不附明珠、索額圖者，漢臣惟湯潛庵、魏環溪、郭華野，旗人則顧八代、德格勒與徐三人而已。

阿什坦不見鰲拜

康熙初，給事中阿什坦既退閒家居，時鰲拜專政，欲令一見，終不往。嗣以薦起，聖祖嘗召入便殿，問節用愛人，對曰：「節用莫要於寡欲，愛人莫先於用賢。」聖祖顧左右曰：「此我朝大儒也。」

文與也辭薦

長洲文與也，名君點。康熙時，薄游京師，有貴人欲以國子博士薦，力辭之，遂引去。嘗舍蓮涇慧慶寺，湯文正公撫蘇，屏騎訪之，問爲政之要，文曰：「愛民先務，在去其害。如虎邱采茶，府縣吏絡繹徵辦，積弊有年，公能除之，卽善政矣。」湯乃伐其樹，且語之曰：「聞先生存田三畝，何以給饘粥？」文對曰：「貧者，士之幸也。」湯稱善。

邵青門束書歸江南

武進邵長衡，字子湘，自號青門山人。束髮能詩，弱冠，以古文雄一時，既又潛心經學。某年，橐所著書，游京師，名動公卿，親交強之入太學，已隨牒試吏部矣，長洲宋文恪公方爲冢宰，得其文，驚曰：「今之歸震川也。」拔第一，例授州同知。時滇、黔猶開入貲例，立得選，親交欲爲之地，笑不應。乃提筆研，再就京兆試，再報罷，笑曰：「吾大誤，吾今已爲五十青帬媪，乃猶從少年爲倚門妝耶？草堂松菊，遲吾久矣。」遽束書歸江南。

周六雲不爲都講

遂安周上治，字六雲，貌清而脩，長指爪，眼開合有紅光。好讀書，所與游者多一時名士，而於徐蘋村少宗伯尤投分。蓋六雲嘗受知於谷霖蒼學使，兩試皆第一，時蘋村實襄校試卷也。及蘋村官禁近，六雲方以年資貢太學，蘋村大喜，爲言於祭酒，欲延之爲都講。而六雲投策禮曹，則已單僕孱驢，出春明門矣。蘋村歎曰：「真可謂望塵不及也。」

顧文端不附執政

文端公顧八代精韜略，善射，以擺牙喇從征雲南，先後參鎮南將軍襄壯公莽依圖、平南大將軍襄毅公賴塔軍，比有功。洊長禮部，列内臣班。文端雖以武功起，在家好治經義，矻矻如諸生。居母喪，三日不食，三年不入内。立朝持大節，不附執政索額圖，爲所抑。居要津數十年，致仕卒，無以爲殮。世宗在藩邸，遣王府官治其喪，乃克成禮。

蘇瑞一拒顯者

蘇瑞一家居時，有顯者欲求其文，至其所居之聚賢坊，不能舁八轎，乃徒步入門，竟拒不納。

王白田不通竿牘

王白田編輯《朱子年譜》，去取精審，於年月先後尤齗齗，少壯精力專注一書，世稱爲紫陽功臣，不誣也。性介澹，嘗謂友人曰：「老屋三間，破書萬卷，平生志願於斯足矣。」後雖以薦起，特授編修，既入官華要，而無日不以山林爲志。及丁母憂，世宗賜内府白金佽喪葬，踰年入都謝恩，遂以老病辭，時年僅五十餘耳。歸田後，杜門著書，當路貴人皆前時禁廷宿侶，未嘗以竿牘及之，卽故人天上，偶落雙魚，亦未嘗以寸牋答覆也。白田，名懋竑，寶應人。

杜旭初避俗客

杜曙，字旭初，杞縣人，鄉飲大賓。善畫水墨花草，灑落自適，有徐渭風，名聞梁宋間。兼長山水，偶寫白衣大士，亦雅秀。性孤高狷僻，善飲，醉後落墨不肯休，遇俗客則趨避，掩面卧，一顧不可得，客恆索然去。

汪惟憲充貢不出

錢塘汪惟憲，字積山，性好靜，其知交有欲使之爲州縣者，拍其肩曰：「可，且少住耳。」雍正己酉，例選士，貢國學，惟憲以疾未赴。學使大怒，遣學官押之入試，竟以充貢，且謂之曰：「子若務爲名高，不隨牒上計，我將以箠扑報子矣。」惟憲謝不敢，然竟以病不出。

謝濟世母不欲子爲藍衫屈

金州謝觀察濟世，雍正朝之諫垣直臣也。年十八，應學使者試，學使跣而坐於堂，命跽而呈卷，謝不從，逐之出。請罪於其母，母笑曰：「兒何罪！今日爲一領藍衫屈，它日仕宦，竊狗竇，爲門生義兒，皆此忍辱求榮一念誤之也。汝能是，吾無憂矣。」

謝濟世謂自有我在

謝濟世既以直聲震天下，愼郡王聞其名，思一見，平郡王爲道意，謝曰：「曳裾王門，非義也。」值朝會，廷臣咸集，平指之曰：「此謝侍御也。」乃前握手，如平生歡。及在阿爾泰軍前效力時，爲欽拜草疏。乾隆丁巳春，平入覲，高宗首贊欽疏曰：「欽拜有古大臣風。」平以實對，上顧左右曰：「果不出朕所料也。」平嘗遣嗣王從學，會得獵犬二，擬進奉，謝曰：「進犬非王事，孰與進賢？」平頷之。

其初至軍前也，姚中允三辰、陳御史學海亦以謫戍至，偕謁將軍，問儀節，或告曰：「三叩首。」姚、陳悽然，謝怡然曰：「此戍卒見將軍，非我見將軍也。」及見，將軍免禮，賜坐賜茶。出，姚、陳怡然，謝夷然曰：「此將軍待廢官，非將軍待我也。」曰：「然則子爲誰？」曰：「我自有我在。」

周欽萊畏軒冕

周欽萊絶嗜慾，好讀書，咿哦行途中，至得意時，人呼之不應。慕鹿門、峴山之勝，裹糧攜笻，歷荆襄，溯沔漢，足跡萬山中，盡探其奥。寡交游，尤畏軒冕，有造之者，匿身帳中，若恐其攫之而出也。

丁敬身兀傲自負

錢塘丁敬身處士敬，韜伏荒江，兀傲自負。博物工詩，尤專研金石之學。制府方恪敏公觀承愛其鐵筆，媚之者欲得其一二，方通意指，而惡聲殷牆屋，驚而逸去。

江苑卿春，世所稱鶴亭主人者，雖起家禺莢，而頗嗜風雅。慕處士詩，將之武林，以幣贄，謝勿與通。江亦畏其鋒，瑟縮不敢進。雍、乾之間，杭人金冬心、厲樊榭、張畏廬、奚鐵生輩，咸以孤峭與博著稱，而處士尤高絶也。

陳昆玉落落

海寧陳昆玉，名璘，以屢試弗售，棄諸生。性耿介，不隨俗婞阿。時其族方盛，內而居掞席官侍從，外而乘朱軒任牧伯者，不知凡幾，昆玉未嘗一至其門，以故終落落無所遇。

梁文莊門庭闃然

梁文莊公詩正官京朝日，自奉嗇於貧士，貲郎熱官不敢因緣造請。每下直，雙扉晝掩，門庭闃然，署所居爲「味初齋」，示不忘舊也。

全謝山以詩辭官

全謝山，名祖望，以翰林改外，宦情頓淡。李穆堂侍郎紱勸其就銓，乃呈詩曰：「生平坐笑陶彭澤，豈有牽絲百里才。秫未成醪身已去，先幾何待督郵來。」後高宗南巡，梁文莊將薦之，亦以詩代柬辭謝，有「故人代我關情處，莫學瓊山強定山」之句。

姚梧軒不私造邑廨

黃陂姚梧軒孝廉之琅之居鄉也，其所受知者，適爲令於其邑，不一私造，令召之，輒託故謝。及令去官候代，則日踵其寓，雖大風雨必往。

王存素不欲入畫苑

沈文慤公德潛爲詞林尊宿，且精賞鑑，尤愛王存素詩畫，招至吳門，一時名公鉅卿争欲得存素畫，存素不受迫促也。京華故交有欲薦入畫苑者，遺書敦勸，笑曰：「余自知才不足用世，故寄意丹青，奈何借胸中邱壑爲終南捷徑邪？」存素，名愫，鎮洋人。

朱東臣不爲貴介作畫

休寧朱東臣，名楝，僑居蘇州之楓橋，善畫山水人物，尤工荷花，得朱巨山祕傳。性耿介，頗嗜酒，嘗有貴介索其畫，東臣睨之而言曰：「若殆以我爲賈豎耶？」揮之去。有載酒至者，則罄其胸臆，奮筆爲之，輒淋漓滿幅。

姚姬傳卻特薦

姚姬傳，名鼐，方在京纂修祕書時，于文襄公敏中雅重之，欲令出其門，竟不往。書竣，當議遷官，劉文正公統勳以御史薦，已記名矣，未授而劉薨，遂決計去。既退歸，以教讀爲生。梁階平相國屬所親傳語曰：「姚君若出，吾當特薦，可得殊擢。」婉謝之。南康謝方伯啓昆見之，退而歎曰：「姚先生如醴泉芝草，曰使人塵俗都盡。」青浦王侍郎昶嘗集海内詩，至姚，曰：「姬傳藹然孝弟，踐履醇篤，有儒者氣象。」

毛叔成不干謁顯者

錢塘毛叔成，名應鎬，性耿介，親交有顯者，絶不干請。間通禮意，必將以恭，曰：「傲，凶德也，我其敢以貧賤驕人，而狎士大夫之喜怒乎？」

沈冠雲授官不就

吴江沈彤，字冠雲，乾隆朝宏博科徵士之表表者也。少醇篤，精研六經，尤善禮學，以與修《三禮》、《一統志》，書成授官，不就，歸。顧貧甚，無竈，以行竈炊爨。嘗絶糧，其母采羊眼豆以供晚食，寒齋絮衣，纂述不倦。

吴改堂耿介

吴江吴改堂徵君燮性耿介，家貧，嘗作諸侯賓客，倦游歸，棲於蘇州紫陽書院。所居老屋一間，擁破書數百卷，夕陽映樹，四壁無聲，咿唔不輟也。每遇試，與新進争頭角，如少年時。遇達官名士，則以前輩自居，據上座，兩目闔如綫，抗顔講論古今不稍遜。然卒以諸生終，晚益困。有令吴江者，改堂館京師時舊徒也，之任，卽謁改堂，不得面，乃屏騶從，往步上謁，始得面。既見，欲有言，改堂正色戒之曰：「若令於斯，但能廉潔愛民，於我有光矣，他勿言。」令唯唯，不得一言而退。及寢疾久，忽自言曰：「吾一生所讀書，不能無疑，今乃得無疑，死無恨，但惜無受吾學者。」言罷而卒，年七十六。

雷翠亭不欲自媒

寧化雷翠亭副憲鋐嘗隨計入都，寓蔡文勤公世遠邸，高安朱文端公軾方居比鄰，文勤語雷曰：「高安素知子，子可一見。」雷以陸清獻不見魏敏果爲比。後文端禮先焉，乃往見。又一日，孫文定公嘉淦過文勤，文勤語雷曰：「孫公實爲子來，當一往以答其意。」曰：「不敢也。將有保舉，恐近自媒。」文定終薦之，補國子監學正。

王宜秋不干人

鎮洋王譜，字宜秋，有清操。家貧甚，不干人。嘗以藝應人請，然稍不合，輒拂衣去。一宦家嘗緘白金餽之，請書其堂匾，艴然叱使者曰：「而主視我爲何等人耶！」遂不復往。

年王臣未嘗有干謁

年瘦生，名王臣，家本勳舊，不樂華膴，僦居邗上。時忍飢僵卧，未嘗有所干謁，其作畫，亦惟一二三知己互相切磋，尤不可以貨取。生平雅慕倪雲林，畫山水，落筆輒似之，亦不畫人。且能詩，嘗寫枯木竹石贈黃煦堂，題一絕於上云：「幾度行吟問水濱，西風回首總無因。年來筆墨皆拘束，只寫溪山孏畫人。」

蔡于龢不見試官

乾隆癸巳，高宗詔開四庫全書館，四方知名之士咸集焉。人多勸蔡于龢入都謀一官，蔡曰：「寒家自曾大父以來，大父兄弟多起家諸生明經，雖擁節旄，仕州縣，竟未一第。僕若假他途以進，非祖父志，不屑也。」比屢薦未售，試官有物色之而欲爲之地者，卒謝之，不一見。

朱笥河爲狷者

大興朱笥河學士筠，嘗主劉文正公統勳家，文正大拜後，不復通刺往候。一日，文正遇朱於朝，戲之曰：「忘我邪？」朱正色曰：「非公事，不敢過丞相門。」文正應聲而言曰：「狷者，狷者！」

朱笥河不和同

朱笥河視學安徽時，已官學士，以事降編修，在四庫全書處行走。比歸，總辦《日下舊聞》纂修事。是時，掌院金壇于敏中爲總裁，並直軍機，凡書館稿本，披覽辨析，苦往復之煩，意欲學士就見面質，而學士執翰林故事，總裁、纂修相見於館所，無往見禮，訖不往。愛之者強曳之至西園相見，學士持論侃侃，不稍下。于問爲上言朱筠辦書頗遲，高宗不之罪，曰：「命蔣錫棨趣之。」後學士弟文正公珪自山西歸，復入翰林，從容爲兄言，宜稍和同，學士曰：「子亦爲是言耶？」文正媿服。

陳在軒不求人憐

陳璿，字在軒，益陽諸生。家貧力學，飭廉隅，不苟阿於世，嘗自署其門曰：「頗堪自問，不求人憐。」與鄉先達蔡璨善，璨教授衡州，爲之薦於衡陽縣署，爲館師。主人禮稍疏，卽謝去。璨歸，益陽邑令聞璿賢且貧，欲璨介之見，璨語璿，璿曰：「吾修身潔行數十年，豈以貧故見邑宰乎！」卒不見。

胡稚威自謂不可招

胡天游，字稚威，少好奇任氣，有異才。當《一統志》成時，鄂文端公爾泰、張文和公廷玉咸屬表於齊次風侍郎召南，齊倩天游爲之。鄂、張見之驚歎，欲招之入都，齊曰：「稚威奇才，豈可招乎！」及舉經明行修科，爲忌者所中而罷。嘗與田山薑有舊，往依之於蒲州，數載而卒。

吴西林不應試

吴穎芳，字西林，居仁和之臨江鄉，故自號臨江鄉人。其稱於釋氏，則曰樹虛。少而端重沈默，寡言笑，年十五而孤。一赴童子試，爲隸所訶，曰：「是求榮而先辱也。」自是不復應試。

劉文定閉門杜客

劉文定公綸在朝時，每下直，卽閉門卻軌，兀坐書室，無所往還。

錢魯斯不強求進

僕射山樵，姓錢氏，名伯坰，字魯斯，陽湖人，國子監生，以善書名，天下稱曰魯斯先生。體貌魁梧，瞻視不羣。乾隆癸巳，至京師，時方開四庫全書館，天下寒畯競奔走，求試謄録，期滿得以丞簿進身。其族父文敏公維城欲爲之地，辭之。一試不入格，遂去，不強求進也。

褚廷璋膝不爲和珅屈

褚筠心廷璋，長洲人，爲沈文慤公弟子。少時與趙文哲、曹仁虎結社，號「吴門七子」。詩宗盛唐，無宋、元卑靡之習。嘗修《西域同文志》，習新疆古蹟，所作《西域詠古》諸詩，蒼涼合格。性鯁直，和珅秉權，褚傲不爲禮。和銜之，中以考事，改官部曹，遂終身不謁銓選，曰：「此膝不爲權臣屈也。」

黄仲則拒權貴

乾隆乙未，高宗東巡，武進黄仲則文學景仁被召試，列二等，在武英殿爲書籤官。是年入都，都中士大夫如翁學士方綱、紀文達公昀、温舍人汝适、潘舍人有爲、李主事威、馮庶常敏昌皆奇仲則，仲則亦願與定交。比權貴招之，拒不往也。

錢湘舲卻和珅招

錢棨，字湘舲，少嗜學，年二十八始補長洲庠生，縣府院試均第一，有小三元之目。六試鄉闈，至乾隆庚子始舉第一。明年，辛丑會試，聯捷會狀，座主贈詩，有「千古以來第七人」之句。時和珅方柄用，欲招致之，決意不往。及和敗，一歲間擢内閣學士，卒於雲南學政之任。

阿文成不與和珅通

阿文成公桂與和珅同充軍機大臣者十餘年，除召見議政外，毫不與通，立御階側，必去和十數武，愕然獨立。和就與言事，亦漫然應之，終不移故處。

金方雪不阿和珅

和珅當權時，吏部司員金方雪有能吏稱，甚賞之，而金不甚通謁。一日，和笑語金曰：「京察已記名，不日可外任，當以蘇松太道處君，亦如意否？」金曰：「原籍在五百里内，例應迴避。」和笑曰：「君太迂，此細事，何足介懷！」蓋金爲杭人，故云然。金終不自安。至省，卽以告督撫，奏入，與江寧鹽法道對調，和大恚。未二載，值高郵冒賑案發，已訊結，和忽奏曰：「歷任藩司失察，亦應議處。」上頷之。蓋金曾兩署寧藩也，遂由是鐫職去。和記憶力甚强，故巧中之。

陳小官不附和珅

陳小官，冀州人，佚其名字，其鄉人以其爲七品小京官也，僉以陳小官稱之。小官當乾隆時，頗有清望。居第與和珅爲鄰，時珅勢正盛，雅重小官名，思致之門下而未得。結鄰既久，兩家僕婦時攜兒同處嬉敖，情誼漸洽。一日，珅僕引陳兒至府，珅見而詰之，僕以陳家對。珅引至前，問以飲食冷暖諸瑣事。時兒方數歲，黠甚，隨問隨答，捷如響，珅大愛悦，使僕婦示意小官家人，肯納子爲義兒者，顯達可立致。家人意動，白小官，小官詭詞謝之。然珅終不釋，時致果餌玩物，託言贈兒，以通殷勤。小官曰：「此比鄰之誼，不可卻也。」受之。逾一二日，輒酬以倍禮，自是數年無間言。然小官深憂遠計，自守甚堅，雖時相饋遺，而足未嘗一涉其門，始終亦未通一柬。及珅敗，或竊竊然議之，然以無毫髮證，得不株連。事後，小官語人曰：「曩時拒之則速禍，近之則同罪。徒以擇鄰不慎，致數年不得安枕，今而後吾知免矣。」

孫淵如不謁和珅

陽湖孫淵如，名星衍，乾隆丁未科以一甲進士授編修。散館時，《厲志賦》用《史記》「鰌鰌如畏」語，和珅指爲别字，抑置二等。蓋珅方當國，朝官多趨走其門，孫獨不往謁，珅銜之，故有是舉。顧舊例，鼎甲散部，可奏請留館，即改官，亦可得員外郎。時珅掌院事，欲孫面謁，卒不往，毅然曰：「天子命，何官不可爲！某男子，不受人惠也。」卒以主事分刑部，出爲兖沂曹濟道，權臬事，告歸。

吴穀人卻和珅招

吴穀人，名錫麒，乾隆末，嘗館阿文成公宅，授那繹堂尚書彦成讀。師範嚴肅，杜絶權要，故徜徉詞苑二十餘年，始至祭酒。嘗曰：「得爲國子宗師，吾願足矣。」即日請假歸。世傳阮文達公元進身由和珅，吴時有以教之。和貴盛時，慕吴名，欲招致門下，卒謝不往。

白鎔不爲和珅屈

乾隆辛亥，通州白尚書鎔以春闈下第，待考教習在都。方赴試，途遇秀水汪宫詹潤之，且行且語，至則門已扃矣。方徙倚間，突有多騎擁華輿自內出者，則大學士和珅也。問兩少年奚爲，具以對，復詢名貫，笑曰：「來何晏也？吾當爲若計。」即頤指其奴，有所語，語畢，行矣，而門忽啓，白、汪乃得入。榜發，白裒然首列，汪殿焉。和雅重白，而白未往謁，欲招致之，竟不爲屈。

長麟不媚和珅

乾隆末，長麟嘗撫山西，以陛見入都。時和珅覬覦上公爵，市人董二誣告山東逆匪王倫潛匿晉省某家，珅見長，與握手宮門之柳下，囑託再三曰：「無論真僞，務坐爲逆黨，吾與公皆得上賞矣。」長至晉，訪之，無實據，某實董之仇家，故欲傾陷之也。慨然曰：「吾髮垂白，奈何滅人九族以媚權相！」因坐董二以誣告，大忤珅意。後因閩事牽連，謫戍西域。仁宗親政，起用之，歷任閩、陝諸督，以母老，入都參知政事，又以目眚致仕，久之卒。

湯文端不謝和珅

蕭山湯文端公金釗未第時，其封翁設酒肆於市，除夕，市闌矣，惟一叟獨留。翁促之曰：「歲除，人各有事，可歸矣。」叟唏噓曰：「垂死之人，何歸爲！」翁訝曰：「叟何出此言也？」叟曰：「余半生止一愛女，昨歲被奸人誘拐，近始知其在都爲和相之妾，欲往見之，而道途遙遠，徒手不能行，行死溝壑耳。」翁曰：「附糧艘入，僅十餘金可矣，我當代謀之。」叟拜謝而去。明年，叟至，翁出金與之。及至都，見女，知爲和之專房。既相見，女問父何能來，叟告以故。是歲爲乾隆某科鄉試，文端方應舉，和疏其名，以授浙主司，遂領解。明年，入都應禮部試，謁座主，語之曰：「子之得解，和相力也，宜急往謝。」文端愕然。返寓，卽託病，匆匆南歸。

和敗，文端始赴會試，成進士。及入史館，朝貴爭羅致之，謝不往，而時時徒步從大興朱文正公珪游，請業督過，如古聖賢，相爲師友。大庾戴文端公衢亨延館其家，雖居門下後進，諸國老大人皆嚴憚之。

馮秋鶴不交當道

嘉興馮治，號秋鶴，爲巡撫鈐之子。嘗隨任署中，未嘗私接賓客。家居，得父書，必正立恭讀，若親承教語者。偶有訓飭，雖嚴冬，汗輒霑衣。父罷歸，事之，得其歡心。及卒，奉生祖母曾太夫人、母莊夫人，愛敬備至。有勸之仕者，輒辭以親老，杜門自守，不交當道，郡守伊某欲見之不得。伊遷官赴滇，馮讀其留別詩，乃送之舟次。伊喜曰：「吾乃今日得見澹臺滅明也。」

張翰宣自惟不能仕

張士元，字翰宣，震澤人。乾隆戊申舉鄉試，七試於禮部，無所遇。老而需次，當爲教諭，以耳聵，不肯就，或勸之，謝曰：「國家設學校，使師若弟子相從講學，豈漫以廩禄振貧士哉！吾自惟不能仕也，苟利焉而往，不可。」翰宣亦時時館於外，義不合，即去。嘗與其友書曰：「吾其壽歟，夭歟，抑餓而死歟？吾妻孥得保聚歟，終漂泊歟？皆命也。命不可知，則聽之可也。蓋至死生不足變於己，而目前之得失固已輕矣。此吾之所自得者，雖倏得倏失，終愈於無所得也。」

單德昭棄舉業

常熟單德昭德棻，乾隆時人。年十三四時，曾一應縣試，見儕輩雜處堂下，縣吏抱牘呼名序進，便卻走疾出，自此割棄舉業不再試。

胡芋莊棄帖括

毘陵胡芋莊香昊見金陵應試者披襟跣足，及隸卒搜檢狀，曰：「士不可賤，奈先自賤何！」遂棄帖括不赴試。

奚鐵生不就試

奚岡，號鐵生，又號蒙泉外史，行九，人呼奚九，錢塘人。九歲作隸書，及長，工行書草篆，兼善詩詞，而尤以畫名。方應童子試，高宗南巡浙江，行在堊白壁，需畫，或以奚言。杭州府知府王瑞使人縶之至，呵之曰：「速畫壁。」岡笑曰：「焉有屬畫而縶至者乎！」居壁下三日，不畫，曰：「頭可斷，畫不可得。」

繫者曰：「爾非童生，乃鐵生也。」童與銅音同，故戲云。後或爲之解，及釋歸，因自號鐵生。自是遂不就試，惟以畫自給。

奚鐵生不謝過於貴官

奚鐵生性介僻，所作書畫，必其人之可與者乃與之。錢塘有貴官慕其名，延請數四，不得已而徑至，則貴官猶高卧未起，奚已心鄙之。及見，命僕持絹素出，索畫，且尅期。奚大怒，謾駡之。貴官亦怒，愬於令。令語奚，宜稍貶，往謝過，奚堅不肯。令亦素聞奚名，曰：「吾豈以貴人故辱高士哉！」釋之。

奚鐵生卻徵

奚鐵生少即見賞於杭堇浦、吴西林、方雪瓢諸人，四十後，名益重，性豪邁不羈，與人交，披露肝膽，周人之急，傾囊倒篋無所吝，久而相忘，不責償也。豪於飲，往往酣嬉淋漓，酒氣從襟間出。同席皆倦，猶左右叫呶不休，或稍避之，則大怒。座有俗客，醉後輒白眼睨之，繼以嫚駡。生平以友朋爲性命，然非其人不與之接，大吏或屏騶從訪之，拒不納。汪志伊爲方伯時，欲以孝廉方正徵，不就。阮文達公元、秦小峴侍郎瀛争欲識其面，多方致之，終不可得。晚年疊遭家難，旬日中喪其同母弟鑾，又喪其三子濂、澧、沖，與女子子而四。無何，家燬於火。還居後，又遭母喪。既除服，於嘉慶癸亥十月卒，年五十有八，所著有《冬花庵燼餘稿》。

桐城姚婦不義其夫之食

桐城姚氏婦，不義其夫之食而弗食也，食豆漿一盂，僅不死。一日，攜其子之母家，不復歸。

翁春不見貴人

大學士諸城劉文清公墉嘗以侍郎視學江蘇，行縣，聞華亭翁春名，欲見之。春不可，乃手書爲卷以贈之。青浦王侍郎昶中歲假歸，亦禮先於春，春不率謁也。春，字曙鳩。

毛大瀛恥以苞苴進

嘉慶丙辰，寶山毛大瀛從蜀督勒保平達州教匪，擒其酋，例得敍官。時和珅當國，凡敍官者必婪索，大瀛恥以苞苴進，遂弗敍。及珅敗，始以達州功，得官簡州知州。

黄鉞拒和珅

黄鉞爲諸生，即有名，高宗南巡，獻賦行在，列二等。和珅思羅致之，不應。乾隆庚戌，成進士。未朝考殿試，和即使人招之，餂以鼎甲，笑不答，珅恨甚，遂失館選，其試卷實前十本也。官主事，不久假歸，有句云：「馳驅九陌逐下風，不肯輕投一人刺。」嘉慶己未，珅賜死，仁宗召黄入都，諭曰：「朕在藩邸，即聞汝名。」乃以主事授贊善，使直南齋，洊歷户部尚書、軍機大臣。賜壽，謝摺有云：「夕陽無限，敢云已近黄昏；湛露方濃，竊喜長依化雨。」一時傳遍大江南北。以目微眚，故自號井西盲左。

鄧顯鶴辭舉優行

鄧顯鶴，字子振，學行爲世所重。某歲，新化教諭張家榘欲舉其優行，鄧聞之，陳書固辭。張得書，知不可强，遂不舉，亦不更舉它人。時學使爲秀水汪世樽，試畢，謂張曰：「它庠皆舉薦優行，君獨不能得人耶？」張以鄧辭舉事告，汪嗟歎久之。又三年，張卒舉之於學使岳鎮南，鄧不知也。

鄧石如不謁翁覃谿

鄧石如，號完白山人，工書，著名於世。初入都時，都中作篆分者，咸以翁覃谿閣學方綱爲宗師，石如獨不謁，遂蒙詆諆。歸南中，則陽湖錢魯斯、嘉定錢獻之同負世譽，未免以私意相凌，石如亦不與校也。

鄧石如索鶴於某太守

鄧石如長身脩髯，遇人落落，無款曲。常居集賢關，得一鶴，畜諸僧院中。某太守見而愛之，攜以去，石如大恚，立致書索之，卒得還。其書辭絶戛兀，某太守不以爲忤。石如有詩云：「草漫衙門春復秋，年華如水稱東流。朝朝兩件閒功課，放鶴晴空理釣舟。邱壑閒身古畫圖，青松留客足清娛。向平志願何年遂，老矣須眉七尺軀。」卽居集賢關時作也。卒時，年六十有三，爲嘉慶乙丑，鶴哀鳴數日，亦化去。

周保緒不謁戴文端

荆谿周濟，字保緒，所著《晉略》六十六篇，大體不失爲精當，其風骨尤有不可及者。嘉慶戊辰成進士，在都有盛名。時大庾戴文端公衢亨方筦樞密，時贊美之，周不往謁。一日，猝相遇，備述傾慕之意，語之曰：「子必得大魁，廷試對策，幸無過激。」周對曰：「此乃士子進身之始，敢欺君乎？」文端失色，曰：「謹受教。」遂不得上第，以知縣歸班，改教。後數年，選淮安府學教授，與知府論事不合，投劾歸，游四方。既而客漢上，旋依曲阿周制軍天爵以老，制軍爲刊其《晉略》以行世。

陳繼昌卻穆彰阿招

嘉慶庚辰，廣西陳繼昌以解元聯得會狀。時穆彰阿當國，欲羅致門下，遣人招之，陳不往，遂外補，終江蘇布政司。

莫若謙不爲勢脅利誘

善化莫我愚，字若謙，性聰穎，於真行草書、指頭書、筋頭書，皆不學而能。善畫山水，有興到筆隨之致，尤善寫照，每一點染，或白描，莫不畢肖。然不苟作，有以縑素請者，心所弗善，雖以勢脅，以利誘，弗得也。每風日清佳，忻然縱筆，作種種書畫示同好，卽爲人所攫，亦一笑置之。間以持贈，必視其人，獲之者恆珍若拱璧。

温靖介不應試

温靖介，名賢書，好學善屬文。年三十，始補博士弟子員。踰年，賓興，偕其曹偶出就試，至闈門，士衆𧤏午相推排，或僵仆，衣被及筐中具狼藉滿地，衆蹂踐其肩背行，且譁於門。靖介見之，歎曰：「國家以科目招人，曰爲國求賢也，曰明經取士也，若此者亦足當賢士選耶？」亟命僕襆被返。

李季眉不樂仕進

湘陰李星漁，字季眉，性恬曠，不樂仕進。其兄文恭公星沅嘗官總督，從子輩亦皆顯達。而季眉少補諸生，兄貴卽不應試。乃於宅旁構園，雜蒔花木，嘯傲其中，時或賦詩，與一二貧士酬倡，達官貴人皆不知文恭有能詩之同懷弟也。

彭甘亭未嘗有所私請

鎮洋彭兆蓀，字甘亭，少隨父官山西，卽神雋有聲。出應鄉試，諸公卿爭欲羅致。嘉慶丁卯，所知者主江南試，尤欲得彭。彭聞之，遂不復應。其集中有貽友人書，卽指此也。父兄没後，家貧甚，債集其門，議斥産以償。人曰：「得彭君一言，毋問舊事。」彭獨破産盡償所負，而自鞠幼弟，隻身客游以爲養。諸大吏多資其才，傾身内交，彭未嘗有所私請，於義所不可，凝如也。胡侍郎克家爲江蘇布政使時，江督以國用不足議加賦，彭力贊侍郎白大吏，寢其事。曾侍郎燠轉運兩淮，尤重彭。間一至邗上，詩文外無他語。兩侍郎平居議論頗不合，於彭皆無間言。道光紀元，例舉孝廉方正，太倉牧以彭名應詔，力辭。未幾，赴修文之召矣。

楊譜香好與朔風鬬

道光時，錢塘有楊尚觀號譜香者，習申韓家言，酷好飲，醉輒忤俗，以此貧甚，然意興自如，不鬱於境。壬辰冬，海鹽黃燮清游杭，一日，值大雪，譜香邀黃泛西湖，鑿冰行舟，泊荒亭敗柳間。譜香衣薄寒慄，肌寸寸粟，猶流連不去，塡《如此江山》詞一闋。是夕，下榻黃館舍，作竟夕談。黃諗其寒甚，衣以敝裘，笑而辭曰：「我鍊此傲骨，好與朔風鬬也。」

曹文正守舊例

舊例，軍機大臣與入覲督撫不私覿，不留飲，惟於朝房公衆地延接數次，以其爲人所共知共見之地也。曹文正在樞密時，守此例獨嚴。

陸二自願餓死

咸豐庚申秋，粵寇陷常熟，寇出資覓丐爲傭，争應之，丐陸二則詈之爲賊，曰：「是不可與有爲。」官兵至，亦將有所役，許以重酬，亦不顧。人問之曰：「汝何強項乃爾？」陸厲聲曰：「吾寧餓死耳。」

朱丫頭甘饑寒

朱丫頭，婁縣農家子也。家赤貧，又煢煢無所依，日行乞於市。咸豐辛酉，粵寇自嘉善趨楓涇，遇之，劫與俱去。朱曰：「我，丐也，既無錢自贖，又無藝可供用，何劫我爲？」寇曰：「汝既丐，饑寒之困甚矣，從我去，不憂不富貴。」朱怒曰：「我惟甘饑寒，故丐耳。否則爲竊爲盜，胡不可！我不爲竊爲盜，乃從爾作賊乎？」抗聲大駡，遂見害。

徐舍人卻蔣果敏之招

粤寇蹂躪東南，兩陷杭州。同治甲子二月，蔣果敏公益澧得法總兵德克碑洋槍隊之助，自富陽進兵。會左文襄公宗棠奉撫浙之命，統率楚軍，至自嚴州，大舉督戰，遂克之。時郡縣亦先後收復。亂既平，設賑撫局，辦理善後事宜，錢塘徐印香舍人恩綬與丁松生大令丙諸人從事其間，事無不舉。果敏嘉其才，屢稱賞之，然非公事不往謁也。果敏由浙藩擢撫粤東，欲挈以俱，徐不可，語所親曰：「某當爲桑梓盡義務，不敢爲一己謀富貴也。」

張春圃不羡齷齪富貴

琴工張春圃，戇直而朴野，以彈琴爲都中士大夫所賞。光緒辛巳、壬午間，孝欽后病，將有以自遣，欲學琴，召入寢殿，授琴焉。張與閹約，面孝欽不能跽，必坐彈始成聲，皆許之，故與孝欽異室而坐。設琴七八具，金徽玉軫，窮極富麗，取以彈，皆不中節。孝欽乃使以御用者令彈之，張落指，覺聲甚清越，贊曰：「好，好！」方闋，忽有若乳母者數人，擕一可十齡之童來，衣華美，覩琴而笑，撥其徽，抽其軫，張止之，曰：「此老佛爺物。」童瞪目視，旁婦怒以目，遂不言。自是張出宫後，更宣召則不入矣。

張入宫時，閹受孝欽恉，語之曰：「好自爲之，異日可得一官，供職於内府，不患不富貴也。」然張竟絶跡不再往。或問之，則曰：「吾不希冀此齷齪富貴也。」

張亦嘗應肅王隆懃之招，受月俸，彈琴於其邸，恆晨往而夕返。一日，王以雨止其勿歸，張出言有所忤，因逐之，怡然也。

張有女兒，亦善琴，以孀居，就養於張。

朱棣垞學行高岸

浙人朱棣垞，名啓連，籍於粵，學行高岸。張文襄公之洞督粵時，禮賢下士，首延其入幕，而數日不出晤，朱憤然貽書責之，卽襆被而出。

崔朝慶不欲師張蔭桓

崔聘臣，名朝慶，静海人，精疇人家言。光緒時，嘗於京師大學堂、南京高等學堂教授算學，負時名。時溥玉岑侍郎良以江蘇學政任滿回朝，特疏保薦。故事，學政薦舉人才，仍許入京考試。崔至都，總署命題試之。閱卷者爲席淦，席謂崔造詣精深，時張樵野侍郎蔭桓方爲總署堂官，雅重崔名，遣人示意，欲羅而致之門下。崔大笑曰：「何物傖荒，乃欲我師事之耶！」張怒，遂黜之。

黄慎之不受外人之官

光緒庚子，八國聯軍入都，美兵官聞黄慎之名，欲任以官。黄不可，力籌擁護主權之策，遂倡議以紳董名義劃界分設公所，籌濟民食，保護閭閻，措置裕如，遠近風效。時奸吏劣紳爭媚敵，德軍以其公使被害，聲言復讎，迫令户懸德旗。而順治門大街以西黄主之，無一豎降幟者，凡所誅求，悉拒之。黄，名思永，江寧人。

黄慎之不冀起用

黄慎之早罣吏議，及設商部，慶王謀起用之，屬其子中慧致殷勤者再。黄謝曰：「吾老矣，不能屈膝也。」其他王公之先施者，見亦長揖而已。

吴吉人不仰豎子鼻息

吴吉人總戎杰，守甬東招寶山礮臺久，以臺官遞遷至定海鎮總兵，歷任疆吏咸禮重之。其在臺也，築塞增械，皇皇然如不可終日者，嘗語同僚曰：「孰謂吾國不能戰？以吾所知，招寶山之礮臺即一健者。」蓋亦勇於自信也。

宣統初，朝廷方謀興海軍，貝勒載洵至浙勘軍港，其時將擬經營象山港也。吴起家學生，於浙形勢瞭若指掌，乃屬幕賓草海軍十二策，繪圖貼說，周密明瞭，將獻之於載洵，乞轉奏。挾策往，而三往三拒，大詫，語閽者曰：「余以公事來，非有所干也，何不達？」閽者笑曰：「若海上老兵，何尚不知門包例耶？速以二百金來，當俾若望見顏色也。」吴憤然而言曰：「老夫報國數十年，今白鬚盈尺矣，不欲仰豎子鼻息也。」趣左右回馬。歸而嘔血，未幾，竟不起。

李吉瑞不與女伶配戲

李吉瑞爲武生中之卓有聲譽者，性耿介。演劇於津門，不與女伶配戲。女伶勾引之，不爲動。嘗衣大布之衣，遨遊廛市間，不與惡少遊。

清稗類鈔

豪侈類

金瓦蓋屋

國初，湖州南潯有一小兒摸蚌於溪，忽得一瓦，色黝黑，叩之有聲，意爲銅也，攜之歸。閱數日，以布拭之，微覺黄色，異而告其父。其父攜至質庫，求人識别之。質庫中人見之，驚曰：「此金瓦也。昔富人以之蓋屋者，何爲乎來哉？」鄉人告以故，乃欣然懷之去，權之得八十兩有奇。蓋南潯與七里毗連，明末若温、若金皆鉅族，瓦或爲此兩姓物，鼎革時遺失於此也。

日役六十人遞水

雲南安寧州有温泉，極佳，浴之可愈風溼之疾。國初，雲貴總督某及其姬妾，須此泉水浴之，日費水三十斛。州牧爲之製木桶，使氣不洩，常雇六十人更番作水遞，至督署尚暖可浴也。

馮雲生跌宕自喜

順治辛卯，德州馮沛舉於鄉，性豪侈。家故畜小伶，時時使度曲，召親故，置酒高會，或圍碁、博簺，跌宕自喜。晝引賓客，夜則然燭觀書，一過目終身不忘也。沛，字雲生。

楊序玉家園多妓樂

武進楊序玉，名方榮，家有園林，器具精良，非世所恆有。客至命酒，珍錯疊陳。稍醉，即賦詩，或召冶童歌，自吹簫以和之。蓋其父以進士起家，累官至巡撫，家多妓樂，率善歌舞，其園爲里中冠。楊生而習知歌舞，吹簫擊鼓，鳴箏度曲，俱幼眇自喜。又美姿容，時比之潘、衛，以望見爲幸，每一出遊，至傾市觀。顧好爲文章，能學歌詩，獵傳記，雖善談笑，不爲嫚戲。後赴省試罷歸，愈發憤力學，凡昔日所往還者，率謝絶不爲通，曰：「使吾讀書三載，即不如古人，何至若庸妄之流，徒逐若輩以爲豪耶！」未幾，以病卒，年止二十有七，諸從游者無不流涕。

吴三桂結客之豪

吴三桂輕財結客，寧都曾應遴於吴有恩，其子傳燦游滇，吴以十四萬金贈行。巡撫袁懋功内召，饋以十萬金。李天洛予告，亦以三萬金爲贐。知縣以上官有才望素著及儀表偉岸者，皆令投身藩下，蓄爲私人。

吴三桂宴會賞賚

吴三桂奢侈無度，後宫之選，殆及千人。公暇，輒幅巾便服，召幕中諸名士讌會。酒酣，三桂擫笛，宫人以次高唱入雲。旋呼頒賞，則珠玉金帛堆置滿前，諸宫人相率攘取，三桂輒顧之以爲樂。

顧威明以米易鬚

松江顧威明之曾祖，明時官少參，富而好禮。曾出銀十萬四千餘兩，置義田四萬八千餘畝，合郡皆食其德。事聞於縣，命復其家。再傳以後，家漸落，至威明已饘粥不給矣，朝廷忽下所司盡還其產。威明性喜博，又酷好觀劇，以窶人驟擁多金，遂聘四方伶人演湯臨川《牡丹亭記》。有一伶，已蓄鬚矣，方飾杜麗娘，進曰：「俗語去鬚一莖，償米七石，倘勿吝，乃可從命。」威明撫掌笑曰：「此細事耳。」即令一青衣從旁數之，計削鬚四十三莖，立取白粲三百石送其家，其豪舉多類此。不四五年，以逋賦爲縣官所拘，縊死於獄，而四萬八千餘畝之田不可考矣。

李如穀贈曹叔方千金

李如穀官武昌郡守，江陵曹叔方以所編樂府投之。時李方坐堂皇，立取《梁州序》親自度曲，以扇代拍。時隸役百十輩，皆屏息而聽，寂若無人。歌罷，即出千金贈曹。

張敉菴豪侈

太倉張敉菴給事王治性豪侈，姿容瓌偉，飲酒日可三升。興至，蒱博争道，獨酌引滿，呼小僮撾鼓奏伎，奮袖激昂，大嘑不止。

翁逢春置酒高會

吳縣翁舍人逢春嘗游武林，輦橐中金二千於廡下。一日，被酒歸，蹴金傷其趾，大怒，遽呼曰：「吾明日用汝不盡，不復稱俠。」遂徧召故人、遊士及妖童、艷倡之屬，期詰旦集湖上。是日，檥舫西泠橋，合數十百人置酒高會，所贈遺纏頭資無算。抵暮，問守奴餘金幾何，則已盡矣。

景亭北自侈以爲豪

仁和景亭北布衣星杓之父邦鼎，字三岳，豐於財，人呼爲景三俠先生，蓋嘗出貲爲人排大難也。亭北性亦磊落，不拘小節，嘗集畫舫數十，招詩人、酒徒、劍客，遨遊禾中之鴛鴦湖。故通音律，方鬨飲，援籧作數弄，隔湖人傴耳嘹亮。有奴曰青猨，最蹻捷，酒酣耳熱，起射林薄間，命青猨疾取箭爲樂。赴友難，白晝刃人都市中，散萬金如流水，難得紓。家業如洗，猶自侈以爲豪。

譚慕鄴座滿食客

譚士琰，字慕鄴，爲沔陽名族子。好讀書，家雖中落，而視貨財如土。論文之暇，酷嗜弈，親故及四方士夫樂從之游。食客滿座，樽酒盤飧日費數千錢，以是益貧。

多羅皮雨衣

蒙古蓬帳以油布爲之，有用多羅皮者，非多金之貴族不辦。多羅，蒙古樹名，其精者編作雨衣，輕巧便捷，入水不濡，卷之一手可握，每套值銀二百餘。查初白扈駕木蘭，值大雨，聖祖以己所御雨衣賜之，即多羅皮織成者也。

乾隆時富人之豪

京師米、賈、祝氏，自明代起家，富逾王侯，屋宇至千餘間，園亭瓌麗，遊十日未竟。宛平查氏、盛氏富亦相仿，然三族喜交結士大夫，爲干進之階，故屢爲言官彈劾。懷柔郝氏膏腴萬頃，喜施濟貧乏，人呼爲郝善人。高宗嘗駐蹕其家，進奉上方水陸珍錯至百餘品，王公近侍及輿儓奴隸皆供食饌，一日之餐，費至十餘萬。又有尉遲氏者，居陝西，爲唐尉遲敬德之後，積貲無算。鑄鋇如磚式，以四健兒舁之，不能動也，散置牆陰下，不加檢點。所居儼然城郭，有四門，不時啓閉，藉防寇盜。仰給於其家者人數萬，皆自稱奴隸。相傳敬德微時，爲冶工自給，其家間有仕於外者，一時有「鐵匠官」之誚。又有亢氏者，得明時闖賊遺產。闖賊恣掠奪，聚全國精華運藏一處，如董卓之郿塢。闖賊死，所有迺歸亢氏。某歲，有人於亢氏所居左右設典肆，一日，有以金羅漢典銀一千兩者，翌日又如之。約三月，資本將完，大懼，叩其故，則答曰：「吾家有金羅漢五百尊，此三月間方典至九十尊，尚有四百十尊未攜至也。」主人偵訪之，知爲亢氏，與之商，取贖後忽忽收肆去。

典商汪己山之侈

清江浦爲南北孔道，乾、嘉間河工極盛。距二十里即湖嘴，乃淮北鹽商聚集之地。再五里爲淮城，乃漕船所必經者。河、鹽、漕三途併集一隅，故人士流寓之多，賓客飲宴之樂，自廣州、漢口外，雖吳門亦不逮也。有徽人汪己山，僑此二百年矣，家富百萬，列典肆，俗呼爲汪家大門。與本地人不通婚姻，惟與北商程氏互爲陳朱而已。程氏有字水南者，以名翰林隱居，有曲江樓、菰蒲一曲、荻莊諸勝，詩畫皆臻絕詣。汪則工書，能作方丈字，得率更筆意。廣結名流，築觀復齋，四方英彥畢至，投縞贈紵無虛日，與揚州之玲瓏山館、康山草堂、天津之水西莊後先輝映。未及二十年，家遂大落，典肆以負帑入官，汪亦貧悴而死，未至六十也。吳門午節後名優皆歇夏，汪則以重資迓之來，留至八月始歸，此數十日之午後，輒布氍毹於廣廈中，疏簾清簟，茶瓜四列，座皆不速之客，歌聲繞梁，笙簧迭奏，不啻神仙之境也。

河員之汰

南河河工歲修費銀四百五十萬，決口漫溢不與焉。浙人王權齋熟於外工，謂採買竹木薪石麻鐵之屬，與在工人役一切公用，費帑金十之三二，可以保安瀾，十用四三可以書上考矣。其餘三百萬，除各廳浮銷外，則供給院道，酬應戚友，饋送京員過客，降至丞簿、千把總、胥吏、兵丁，凡有職事於河工者，皆取給焉。歲脩積弊，各有傳授，築隄則削浜增頂，挑河則墊崖貼腮，買料則虛堆假垛，即大吏臨工查驗，奉行故事，勢不能親發其藏，當局者張皇補苴，沿爲積習，上下欺蔽，瘠公肥私，而河工不敗不止矣。故清江上下數十里，街市之繁，食貨之富，五方輻輳，肩摩轂擊，曲廊高廈，食客盈門，細穀豐毛，山腴海饌，揚揚然意氣自得。青樓綺閣之中，悲管清瑟，華燭通宵，不知其幾十百家也。梨園麗質，貢媚於後堂；琳宮緇流，抗顏爲上客。長袖利屣，颯沓如雲，不自覺其錯雜而不倫也。

鹽商起居服食之奢靡

康、乾盛時，鹽綱徧天下，而以江蘇之揚州總其綱。當時業鹺者競尚奢靡，無論婚嫁喪葬之事，凡宮室、飲食、衣服、輿馬之所費，輒數十萬金。有某姓者，每食，庖人備十數席，臨食時，夫婦並坐堂上，侍者置席於前，茶麵葷素等，凡不食者輒對之搖首，侍者審色，則更易他類。有好馬者，蓄馬數百，每馬日費數十金，朝自城中出，暮自城外入，五花燦著，觀者目炫。有好蘭者，自門以至內室，置蘭殆徧。或以木作裸體婦人，動以機關，置諸齋閣，座客往往爲之驚避。即其所延之賓客，所蓄之奴僕，支給月俸，初不爲厚，乃不數年而悉致小康者，則以每一奉命採辦貨物，沾溉甚多。且凡隸其門籍者，主人必次第使之，固不計其賢否，而但期普及，不令向隅也。

其先以安麓村爲最盛，後起之家則更奇矣。有欲以萬金一時費去者，使門下客以金盡買金箔，載至鎮江金山寺塔上，向風颺之，頃刻而散，沿緣草樹間，不可復收。又有以三千金盡買蘇州不倒翁，傾於水中，水道爲之塞者。有喜美貌者，自司閽以至竈婢，皆選十數齡清秀之輩。或反之而盡用奇醜者，自鏡之以爲不稱，毀其面，以醬敷之，暴於日中。有好大者，以銅爲溺器，高五六尺，夜欲溺，起就之。一時争奇鬬異，不可勝計。自嘉慶時鹽務改制，又經陶文毅之裁抑，乃日就衰落，不可問矣。

麓村嘗延河督趙世顯飲酒，十里之外，燈綵如雲。至其家，東廂西舍珍奇古玩羅列無算，世顯顧之，如無有也。及酒酣席撤，入燕室小坐，則有美女二人捧雙錦盒呈上，麓村語世顯曰：「此中有小玩物。」世顯啓之，乃關東活貂鼠二尾，躍然而出，拱手向世顯。世顯始啞然一笑，顧謂麓村曰：「今日君費心矣。」

黄某者，家業鹺，均太其名也。然人但知有均太而不知有黄某，故呼黄某者輒以均太呼之。均太爲兩淮八大鹽商之冠，晨起餌燕窩，進參湯，更食雞蛋二枚，庖人亦例以是進。一日無事，偶翻閲簿記，見蛋二枚下註每枚紋銀一兩，均太大詫曰：「蛋值卽昂，未必如此之巨。」卽呼庖人至，責以浮冒過甚。庖人曰：「每日所進之雞蛋，非市上所購者可比，每枚紋銀一兩，價猶未昂。主人不信，請別易一人，試嘗其味，以爲適口，則用之可也。」言畢，自告退。黄遂擇一人充之，而其味迥異於昔。一易再易，仍如是，意不懌，仍命其人宅服役。翌日以鷄蛋進，味果如初，因問曰：「汝果操何術而使味美若此？」庖人曰：「小人家中畜母雞百餘頭，所飼之食皆參朮等物，研末摻入，其味乃若是之美。主人試使人至小人家中一觀，即知真僞也。」均太遣人往驗，果然，由是復重用之。

汪太太奢侈

汪石公者，兩淮八大鹽商之一也。石公既殁，内外各事均其婦主持，故人輒稱之曰汪太太。太太當高宗幸揚時，與淮之鹽商，先數月，在北城外擇荒地數百畝，仿杭之西湖風景，建築亭臺園榭，以供御覽。惟中少一池，太太獨出數萬金，夜集工匠，趕造三仙池一方。池夜成而翌日駕至，高宗大讚賞，賜珍物，由是而太太之名益著。門下多食客，有求於太太者，咸如願以償。家畜優伶，嘗演劇自遣。揚城每值燈節，兒童輒作花鼓龍燈之戲，太太莫不招入，而人亦以樂得太太賞賜，争趨之。

某總商喪儀之侈

兩淮鹽務某總商者，居父喪，飾終之典備至，而喪禮亦浩侈無度，其尤僭者爲遮道白布天棚。出殯之先七日，使人預於出喪必由之路，上施布幔，彌望皆白。沿途所經，如節孝坊上之「聖旨」二字，下馬碑之「奉旨」等字，寺院額上之「敕建」「御賜」等字，皆爲白幔所掩。葬日，觀者萬人。後經言官某糾參，有「膽敢將聖旨字、御字、敕字任意抹蔽，輕褻朝廷，欺妄無禮」等語，將坐以大不道罪。事下督撫會勘，人皆爲之危。而最後定案，亦惟嫁禍於江都縣某令，科以失察罪，僅鐫一級去，總商餽白金五千以慰之。而總商仍如故也。

查小山之侈

海寧查小山員外有圻官京師，席先世業，稱巨富。性奢侈，自奉至豐，京師以查三膘子呼之。喜蓄石硯，硯皆鐫前代名人之銘，積數十年，選其尤者百方，裝潢藏弆，所費累巨萬矣。晚年家落，一日，取所藏硯質千金，徧歷歌臺舞榭，金盡矣，歸入門，思贖硯無期，悲極號咷。既而曰：「千古之能散財者，當以查小山爲第一人。」復縱聲狂笑不止。查敬禮名士，聞張船山太守問陶詩名，延爲上客。張醉後時詈之，不以爲侮，每送新詩一卷，輒餽五百金爲潤筆資。

王亶望驕奢淫佚

浙江巡撫王亶望以貲郎起家，至中丞，後以不法伏誅。籍没時，篋有四足褲，繡字於上，曰「鴛鴦褲」。高宗大惡之，曰：「公卿宣淫，一至於此！」

朱雲錦客揚州，雇庖人王某，自言幼時隨其師役於王署中。王喜食驢肉絲，廚中有專飼驢者，蓄數驢，肥而健。中丞食時，若傳言燻驢肉絲，則審視驢之腴處，刲一臠，烹以獻。驢刲處，血淋漓，則以燒鐵烙之，血即止。其食鴨也，必食填鴨。填鴨者，飼鴨不使鴨動，法以紹興酒罎去其底，令鴨入其中，以泥封之，使鴨頸伸於罎外，用脂和飯飼之，留孔遺糞，六七日即肥大可食，肉之嫩如豆腐。王偶欲食豆腐，則殺兩鴨熬湯，煑腐以獻之。

王有寵妾曰卿憐，後歸和珅。四足褌之爲物，殆王與卿憐所用者也。

福康安享用之豪

異姓封王者，三藩而後，福康安一人而已。福享用豪奢，其用兵時，大軍所過，地方官供給動逾數萬。福既至，則笙歌一片，徹旦通宵。福喜御紫色衣，人争效之，謂之福色。善歌崑曲，每駐節，輒手操鼓板，引吭高唱，雖前敵開仗，血肉交飛，而裊裊之聲猶未絶也。

張亨甫縱酒聽歌

建寧張亨甫，名際亮，詩人也。計偕入都，一日，忽有所不慊，戒門者謝客，獨招素所喜歌郎，命酒爲長夜飲。既散，搜篋，出朱提，令各挾十兩以去，乃酣睡。及醒，僕告米盡，則囊空無以應矣。執友某聞之，繼粟繼肉，私爲部署，而亨甫弗問也。

文欽明任意揮霍

横塘居士文欽明，名思。其先爲韓人，國初入京師，兩傳而富埒陶頓。居士賦性脱略，任意揮霍，凡人間服食、居處、子女、玩好、狗馬之奉，無不備致。

隨園食物具備

袁子才居江寧之隨園，以其地僻左，故家儲食物甚夥，購之於市者惟鮮豬肉及豆腐，其他則無一不備。有果，有蔬，有魚，而豢養雞鳧尤爲得法，美釀儲藏，可稱名貴，形形色色，較購諸市者爲佳。有不速之客至，肆設筵席，可咄嗟立辦也。

袁子才宴客更酒盞

袁子才性不飲酒，家中多藏美釀，又喜搜羅酒器。每當宴客時，一席之中，例更酒盞四五度，始而名瓷，繼而白玉，繼而犀角，繼而玻璃，由小而大，遞相勸酬，宏量者，期盡歡而後已。

王立人結客

王立人，佚其名，山陰人，人呼之曰王二先生。工摺奏，刑名、錢穀之學無弗知。居滇久，熟其風土人情，遂執梃爲幕賓盟長。館於近花圃，園林、戲臺咸備，以督撫之尊，可折簡招之，道府以下，有君前無士前也。時布政爲德清許祖京，按察爲江夏賀長庚，皆其兒女姻親。首府爲武林莊肇奎，交誼尤篤，左靴貯刑名，右靴藏錢穀，視王二先生點定，即遣奴呈督撫施行，不待斟酌。一缺出，官須兩司議詳兩院商定，幕則僅王片言而決，當局者不敢參一詞。滇省脩脯最優，即至薄者亦六百金，繁缺倍之，皆其門下士，然亦以技之長短分高下，不稍軒輊也。府、廳、州、縣衙參大府後，午必麕集，謁貴者於斯，訪友者於斯，審案者亦於斯，娛戲者亦必於斯，一廳則敲樸喧譁，一廳則笙歌婀娜，不相聞，不相混。夜必設筵，器物如大方杌、闊茶几，皆新製，人占一杌一几，進食單，以筆點之，一壺一簋不並案。或欲徧嘗，或不兼味，惟其便。紹酒大尊價紋銀十二兩，夜必罄一尊。鄉人之賦閒者，悉館穀之。故雖大府有投贈，司道有縞紵，府廳以下有進奉，而終不足供其揮霍也。

於是王謀於當事，總辦各省銅運，除京運八起及粵省以鹽交易外，其餘各省以銅本交藩庫，即以運本交王。屆期，則於百色兌銅，既速且逸，運員以恬以娛。運本羨餘，歲本可得數萬金，而辦理十餘年，總計短二十四萬，乃告兩司曰：「公等得銅廠、錢局之潤，多者七八十萬，少者亦不下二三十萬，非臣力不及此。今與公等約，若助我十六萬，若助我八萬。宦囊太豐，非福也，以濟我急，且減君裝耳。見機而作，予亦從此逝矣。」召諸委員代草公稟，訖已，復爲兩司代草詳稿罪己。以邊省犯事，調戍四川，蒐合餘燼，尚存萬餘金，挾之走成都，曰：「予本窶人子，還我本來面目，亦大不惡。」不見一客，年八十餘卒於蜀。

周海門結客

嘉慶時，周海門隻身商於淮，不十年，致素封，坐中食客常千人。士之踵其門者，雖一技一能，必温顔接之，延上座而厚款焉。倚山建客邸數百，編號爲之，客之來者，以次就宿，如歸其家。又善於縱橫捭闔，貴戚權要皆通賂遺，地方長官有疑難事必就決於周，里鄰有急難輒周濟之。

沙三預雇大小船

承平時，蘇州虎邱之繁華甲全國，酒樓歌榭，畫舫燈船，留連其中以破家者不可勝計。尤盛者，競渡之戲，粉黛雜遝，笙歌敖曹，踰月不止，浮薄子弟及富商市賈皆趨之若狂。

有沙三者，富而無聞，一日，偕友往觀，買舟不得，蓋遊人預約舟子於三日前，無空船也。沙敗興，慚憤而歸。明年端午，官幕、紳富買舟者，皆曰沙氏訂矣。覓小舟，小舟亦然。蓋沙於前歲徧召長年篙師，予之金，約不得載他客。屆期，置酒招妓，廣集戚友，雖半面識、一揖交皆與焉。桂楫蘭橈，上下千計，歌舞盛於往時，莫非沙氏客也。

自是沙之名大噪於吴中，黄金買笑，紅袖争迎，豪舉數年，貲財將盡。妻争之不得，乃析餘田，獨與子居。沙困甚，至衣食不給，妻子欲迎養之，沙笑曰：「吾手揮十萬金，不數載輒盡，今乃仰食於兒女子耶！」去不顧。已而賣寒具於市，好歌，歌皆述其平日冶游事。寒具，俗所食之麻團也。里巷小兒及勾欄相識者，樂聞其歌，争買之。得錢，則詣酒肆醉飽以爲常。會蘇守某至，惡民俗奢侈，日思所以儆之。或舉沙三事以告，守撫掌曰：「吾得之矣。」又明年端午，命備一舟，置酒招妓如故。即召沙，使多挾寒具以來，榜其船曰「麻團勝會」。沙至，跣一足，衣袴藍褸，手捧筐籃，腰懸破燈一，卽每夕自炤以歸，刻不去身者也。登船放櫂，容與於彩旗花舫間。守意藉沙作棒喝，而沙則大樂，令諸妓雜奏絲竹，自擕鼓板，曼歌以和之。酒酣，自書聯云：「借景玩龍舟，不履不衫，三少爺及時行樂；回頭看虎阜，是真是假，大老官觸目傷心。」

和珅餐珠

和珅貪黷枉法，僭侈踰制，世多知之。相傳和每日早起，屑珠爲粉作晨餐，餌珠後心竅開朗，諸事了。凡已舊及穿孔者，屏不服，卽服之亦無效。價極重，一粒二萬金，次者萬金，最賤者猶值八千金。吳縣珠賈石某專司其事，牟利甚厚。藏珠之法，搓赤金爲丸，裹以緼，襲以錦囊，貯以精美小篋。海上採珠者日涉風濤中，得美珠必投石，石裝潰之，以時獻。

和珅有真珠鼻烟壺

和珅伏誅時，仁宗嘗謂其私取大內寶物，誠然。孫士毅自越南歸，待漏宮門外，與珅值，珅見孫所持鼻烟壺而索觀之，則大如雀卵之明珠所琢成者也。珅欲之，孫大窘，曰：「昨已奏聞，卽當呈進奈何？」珅微哂曰：「相戲耳。」其後復相遇於直廬，和以昨亦得一珠壺告孫，出示之，卽前日物，孫意以爲上所賜也。旋偵之，知珅出入禁庭，遇所喜者，逕攫以出，不復關白也。

黃學乾爲要緊窮

青浦黃學乾爲富人子，納資得五品銜，出入儀從比於現任官吏。以薪炭之多烟而難熾也，憎之。或曰：「莫若改用木花。」顧不能卽得，乃買巨木，使工人鉋之。一日，有友言蘇州閶門某待詔藝爲吳中第一，卽賃舟至蘇，薙髮而回。又於重九挾金箔登山散之，深林高麓俱成金色，人遂呼之曰「要緊窮」。久之，家産蕩盡，晚年遂不能自給，鬻身於蘇州某氏。某出謁客，則潛戴晶頂從其後。某駭問，則曰：「吾固青浦黃某也。」某不敢留，贈金遣歸。比抵家，則其婦已就養母家。翌年元旦，黃詣婦家稱賀，其婦從外舅、外姑出見，乘間攫其婦之釵環以走。甫出門，遇丐，卽贈之。

那倫日易滌器

侍衛那倫，納蘭太傅明珠後也。少時家巨富，以銀器滌面，日易其一。

高江村子孫之豪

張得天司寇初娶高氏，爲江村女孫，谷蘭女也。新婚廟見後，婦循例視庖，司寇之父茹英語之曰：「廚下諸人執事尚勤否？」曰：「甚勤，然未免太勞。卽如執爨一役，傳薪必再四。」翁曰：「媳家不如是乎？」曰：「媳家止架薪於陘，將熄，則以膏沃之。」其奩贈甚豐，卽圖章亦一千具，玉石晶瓷咸備。一日，司寇赴座師家慶壽，帽珠爲人竊。父性嚴，慮有呵責，乃歸謀諸婦。高云：「珠本二顆，以三千金購之，一以裝君帽，一以綴余幗，無辨也。」司寇大喜，然苦珠無穴，乃命小奴以鐵錐穿之，不入，擊以石，珠裂爲二，片刻而值三千金之物失矣。歲餘，舉一子，谷蘭貽外孫者，有正龍頭刻絲衲百幅，婢媪卽以供兒溺焉。

谷蘭與陸雙柑善，雙柑薦一客往，谷蘭方內值，旬餘不見，供給至腆。一日，谷蘭報謁，語之曰：「有所欲，幸卽以告，雙柑與我一也。」客乃請曰：「願効力門下。」谷蘭卽呼紀綱來，囑之，則對曰：「府中事事有主者，無已，惟近畿蘆臺一帶，逋租已及三萬，無暇料理，但瑣甚，無以爲也。」谷蘭俯仰久之，語客曰：「敬以奉煩，可乎？」客曰：「幸甚。」乃點檢而往。客頗練事，往索月餘，得五千金，造册齎金歸。又候之旬餘，復得見，奉册呈金，方將陳說，谷蘭略一勞苦，初不省視，顰蹙久之。客曰：「此後當漸有生色。」谷蘭搖手曰：「何可再也。重勞長者，殊深惶悚，卽以五千金爲壽，幸勿嫌也。」客拜賜而歸，小康矣。谷蘭一身揮霍，及歿，司寇挽詩云：「文人承世寵，弱冠紫宸前。性命杯中酒，生平語外禪。曾揮萬鎰盡，不着一絲牽。誰最傷知己？詩人孟浩然。」浩然，以況雙柑，皆紀實也。至子三臺時，已中落，然豪邁猶有父風。翰林程珣假三臺金，積子母，已七萬五千，親自來索，館於秀野。一日，束裝欲歸，或問之曰：「程君負已清乎？」曰：「清矣。」曰：「何速也？」曰：「我找與二萬五千，結十萬金票，乃得清耳。」三臺子作令陝中，以公私交累，潦倒而死。

阿克當阿之奢侈

起居服食之奢侈，以旗員爲最，蓋多供奉内廷，得風氣之先，無往而不當行出色也。嘉、道時，兩淮鹽政以阿克當阿爲尤侈，任淮鹾至十餘年，人稱爲「阿財神」。過客之酬應，至少無減五百金者，交遊遍天下。仁宗亦眷之，派查河，派查賑，乃竟未能洊擢封疆，蓋其時政體尚嚴也。至道光，則同爲内務府員之鍾雲亭即任閩督、魯撫矣。

阿所藏書籍字畫值三十萬金，金玉珠玩值二三十萬，花卉、食器、几案值十萬，衣裘、車馬值三十萬，僮僕以百計，幕友以數十計。每食必方丈，非國忌，鮮不演劇。即鼻烟壺一種，亦有二三百枚，無百金以内物，紛紅駭緑，美不勝收。真奇楠朝珠用碧犀、翡翠爲配件者，一掛必三五千金，皆膩軟如泥，潤不留手，香聞半里以外。帶鈎玉佩則更多矣。司書籍者僕八人，隨時裝潢補訂者又别有人。宋、元團扇多至二千餘，每扇值四五兩，乃於數萬中選擇而留之者。全唐文館即其奏請開辦者也。吴穀人、吴山尊、孫淵如、黄仲則、石琢堂、洪桐生皆爲座上客，極一時風雅之樂。其飲饌，他不具論，鰣魚上市，必派數小艇張網於焦山急流中，上置薪釜，得魚即投之釜，雙槳馳歸，至平山則正熟，與親在焦山烹食者無異也。

葉盧之侈

粵東富室，在嘉、道間首推潘、盧、伍、葉。葉之盛時，飲食起居倍極豪侈，其家廟之木主，鑄金字，以茄楠爲質。洎式微，既以金易錢，復斲楠質爲牟尼，每一木主得粒十八，遂以成串，次第爲之，猶得拯一家數載之飢寒也。盧亦窮奢極欲，其裔曰秋舫者，窮極無聊，乃以需索鄉人爲業。一日，忽異想天開，斲木爲燭二，持之周行城市鄉落，見有喪家，輒貢以木燭，予一銀元，則稱謝而去，習以爲常，遂終其身得飽暖矣。

潘士成散姬

粵東潘士成盛時，姬妾數十人，以一大樓處之。人各一室，窗壁悉用玻璃，彼此通明，不得容姦，又禁不使下樓。有所需，則婢媼致之。潘别居一室，至夜，欲召人侍寢，則按其行第，使人召之。潘敗，一日，將遣諸妾，則令人樓下呼之曰：「幾姑，粵俗，婢僕呼主人之妾，多以入門之前後次第之，曰幾姑。老爺召汝，可扃門來。」至，則潘諭之曰：「今不需汝等，汝欲留者，吾仍月給汝金若干，否則給汝四百金，任汝所之，惟不得復上樓。」一人去，則又呼他人，散者十之九。諸人初不預備，故房中物纖悉未取也。

南海伍氏購呢

南海伍氏，較潘、盧、葉三氏爲尤富。當其盛時，其子弟某嘗購洋呢於英屬香港，肆主以貨已有人預定，所取過多，不克應付，因倍其價以難之。某燭其隱，故倍取之，不以值昂爲嫌，遂空其肆中所有。事爲英民政司所聞，屬華董勸其少節，曰：「物力艱也。」某不能用。

潘汪鬬富

潘梅溪爲蘇城鉅富，與之相埒者，惟楓橋汪姓而已。嘗謁汪，服貂耳茸外褂，汪不之識，問潘，潘告之，面有得色，汪大恚。潘去，乃令其僕遍至巨室搜覓此服，且懸重價，每一襲償金八百兩，一夕而得八襲。詰朝，折柬招潘飲。潘至，則八僕立於大門之左，所服與潘無異，潘慚而返。

南河官吏之食品

治河總督，當銅瓦廂河決以前，有南北二缺。駐山東濟寧者爲北督，事簡費絀，遠不如南督之繁劇也。南督駐江蘇清河縣之清江浦，以有歲修費五六百萬金，大小官吏常乾没其十之九，驕奢淫佚，乃遂著稱於道光時。即飲食言之，略舉一二，幾有非帝王所可及者。

某督嘗設宴，座客咸贊豚肉之美。酒闌，一客起去，偶見院中有豕尸數十，枕籍階下，異而詢之典廚，始知席次所陳之一簋，實集衆豕背肉而成。其法，閉豚於室，屠者人持一竿，追而撻之，豕負痛，必叫號奔走，走愈亟，撻愈甚，待其力竭而斃，亟刲背肉一臠，復及他豕，死五十餘，始足供一席之用。蓋其背受撻，以全力護痛，則全體精華皆萃於背，甘腴無比，餘皆腥惡失味，不堪烹飪，盡委而棄之矣。至烹鵝掌之法，則用鐵籠籠鵝於地，熾炭其下，旁置醯醬。有頃，地熱，鵝環走，不勝痛，輒飲醯醬自救。及死，全身脂膏萃於兩掌，厚可數寸，而餘肉悉不堪食矣。有食駝峯者，選壯健橐駝縛於柱，以沸湯澆其背，立死，菁華皆在一峯，一席所需恆三四駝。又有吸猴腦之法，尤慘酷。選俊猴，被以錦衣，穴方桌爲圓孔，納猴首孔中，拄之以木，使不能進退，乃以刀剃其毛，刮其皮。猴不勝痛，號極哀，然後以沸湯灌其頂，用鐵椎擊破顱骨，諸客各手銀勺入猴首中，探其腦吸之。每客所吸，數勺而已。他如食一豆腐，製法有數十種之多，且須數月前購集材料，選派工人，統計所需，非數百金不能餐來其一箸也。食品既繁，一席之宴，恆歷三晝夜不能畢，往往酒闌人倦，各自引去，從未有終席者。

奕經之侈

道光辛丑鴉片之戰，九月，蒙古、吉林及京師火器、健鋭營兵，由揚威將軍帥領南來者，命翼長等統之，分布江浙，資策應。而將軍駐節蘇州，往來於杭、紹之間，營帳中器皿珍羞，窮極瑰異。其幕客知州鄂某復濫支軍餉，費用無度，以博將軍歡。會天寒風雪，簾幕、壁衣之屬皆以貂狐、洋灰鼠爲之。圍鑪擁酒，侑以管絃，説者謂有緩帶輕裘雅歌投壺之概。時英人要索條款不已，參贊或請進兵，將軍酒半啓帷探望，曰：「寒哉氣也！」揚威將軍者，協辦大學士奕經也，其參贊爲副都統特依順侍郎文蔚。

吴某門客以百計

浙中富家子吴某，性豪侈，起居飲食，擬於王侯，而求資助者無不允。客其門者以百計，各挾一技以自炫。一日，有僧來訪，貌甚寢，門者見其衣冠襤褸，阻不入，呵之，聲聞於內。吴趨出，問故，怒責門者，迎僧入，禮甚恭。僧居月餘，亦不言去。一夕，吴置酒款僧，僧量甚豪，飲輒盡數斗，酒酣，謂吴曰：「僧蒙主人厚待，無可報酬，敢以薄技獻君。」吴唯唯。口出鐵丸二，旋化白光，上下飛繞如白練。吴及諸人皆呆立如木偶。俄而戛然有聲，僧與白練俱杳，但聞遥呼曰：「吾去矣！」

耆英吸鼻烟

耆英官兩廣總督時，每吸鼻烟，輒以手握一把擦鼻端，狼籍徧地，皆上品鼻烟也。其侍者不忍，嘗隨時録貯之。後其家貧甚，乃以之售諸肆，得數百金。

玉琵琶享用豪奢

玉琵琶者，不知何許人，道、咸間人也，居武進、無錫間，人皆稱爲老技師，生徒徧大江南北。所居爲巨宅，漚釘獸鐶，與世家埒。享用豪奢，每宴客，舟車坌集，明燈燭天，水陸之珍，求之數千里外，侑酒歌吹必菊部名伶。僮僕數百人，皆日得醉飽，臧獲輩嘖嘖矜其值，殆不止貧家一歲糧也。平居盛容飾，玉蟬貂錦，狀類金張子弟。深居簡出，出則香車寶馬，或綵錦小肩輿，行廚食榼，奚奴三五，絡繹隨之，徜徉湖壖。春秋佳日，有見之者，爭言天下琵琶第一人，故克享此清福也。

官文恭張燈奏樂

官文恭公文督兩湖，軍書旁午。文恭設軍務處，與胡文忠公林翼莅其事，藩臬司道參知焉。文恭間日一臨，文忠則自朝至夜寢饋於斯。文恭多內嬖，在節署，每夜必張燈奏樂，文恭引羊脂玉巨盌，偎紅倚翠，藉以消遣。軍報至，文恭輒曰：「告胡大人可也。」厥後論功行賞，乃褎然居首，封伯爵。

胡文忠口體之奉

胡文忠公少時有公子、才子之目，頗豪宕不羈。改官黔中，始勵志政事，軍興而後，益以名節自厲。然口體之奉，未能如曾文正、左文襄之嗇苦也。嘗英山時，無三日不小宴者，且肴饌至精，外間遂有糧臺供應日五十金之謠。

洪秀全有珠帳

咸、同間，粵寇李秀成部下恣淫掠，嘗出其所掠金玉寶玩別爲五等，最上者獻洪秀全，次者自取，餘以分賞諸酋。有飾冠之大珠，如龍眼，夜置暗室，光射五尺許。又選珠之一分以上者十數盤，以銀絲聯爲帷帳，獻諸秀全，謂暑日寢其中，自能清涼爽健也。

楊秀清之侈

粵寇楊秀清所寢之牀，以玻璃片鑲嵌，中貯水，養金魚。又結珍珠成一帳，雜以五色寶石，奇光燦爛，炫耀奪目。其餘器物概用金玉，地衣則以黄緞爲之。

館前有女傳宣十二人，均朱冠黄帽。有人進謁，悉由傳宣通報。秀清之出門也，隨從極盛，有銅鑼十餘對，五色繡龍長數十丈，轎夫三十六人，美童二人在轎前擊小鐘，以記里數，旗幡簇擁如雲。

潘雲閣耽聲色

咸、同間，有南河總督潘雲閣者，耽聲色，幾不僅金釵十二也。當五十歲前，受制於妻，無後房之寵。既失偶，乃大縱所欲，有稱如夫人者四，各蓄豔婢四，自餘女傭及婢之少艾者尤夥，皆暱之，而猶以爲不足。每出巡，見民婦之美好者，輒遣僕嫗託如夫人命召之入署，信宿而出，贈以二十金。

潘治南河時，年將七十矣。而精神矍鑠逾壯年，豪縱猶昔。其寵姬率南部名娼，精音律，艷婢皆嫻歌舞，演劇之化裝咸備。時或命酒展紅氍毹，令諸婢扮演，愛妾理絲竹於後，自衣及膝之短緑襖，冠便帽，紅綫成握，長尺有咫，斜披肩背，時便帽結紅綫必附以綏纓。白髮如帚拂胸，支頤疊股而觀。遇劇中關目可噱者，則入場與諸婢狂嬲以爲樂，屬吏得縱觀。一日，演《挑簾》、《裁衣》諸院本，備極妖冶，遂嬲諸婢，聞旁有掩口嗤者，由是遂不得與觀。又聞其於理事室中別闢一房，婦女裝飾針黹所需之品無不備，午後輒至，凡署中婦女欲市各物，必至此交易，一一親與論值，故靳之，索羣雌笑駡以爲快。

勝保食必方丈

勝保性豪侈，聲色狗馬皆酷嗜之。食輒方丈，每肴必二器，食之甘，則曰：「以此賜文案某。」蓋仿上方之賜食也，然惟文案諸人得與焉。勝又豪於飲，每食，必傳文案一人侍晏。一日，軍次同州境，忽謂文案諸員曰：「今午食韭黃，甚佳，晚飧時與諸君共嘗之。」及就坐，詢韭黃，則棄其餘於臨潼矣。大怒，立斬庖人於席前，期明晨必得。庖人大駭，立策騎往取，往復二百餘里，亟以進。

周莘仲座客常滿

周長庚，字莘仲，侯官人。未冠，舉同治壬戌鄉試，選建陽教諭，調彰化。愛士彌至，士有爲人中傷者，必爭諸長官，無所憚。尤喜賓接士大夫，講經濟詞章之學。閩中士大夫之有名者，至臺，必主彰化，車馬輻輳，座客常滿，臺之南北無不知有周教諭矣。有與其夜宴者，謂珍錯雜陳，燈炬如晝，非苜蓿荒齋所得有也。

曾忠襄買蠟箋

同治甲子，曾忠襄公國荃率師下金陵，粵寇洪秀全自殺。曾文正公奏言，初疑秀全有積金，可助國用，後嚴密搜求，乃知其誣。然恭王嘗對人言，聞忠襄是時嘗買蠟箋一捆，至費三千金云，然是言亦固無據也。

曾忠襄有珠數珠

同治甲子，江寧城破，曾忠襄之部下獻物有明珠一串，大於指頂。懸之項下，則晶瑩的皪，光射鬚眉。珠凡一百零八顆，配以背雲之類，改作朝珠。

郭壯武之豪

郭壯武公松林嘗從李文忠公鴻章征粵寇及捻，其部將有錢永林者，後官施南協副將。當勦賊時，每破一城，賊往往棄財帛而去，有所獲，輒獻之郭，故郭之家貲累數百萬。乃大興土木於長沙，以奢僭爲御史所劾，幾不測。飲食男女之事，一時無與並者。又好博，呼盧喝雉，一擲輒巨萬。郭，字子美，湘潭人。何子貞太史紹基嘗壽以聯云：「古今雙子美，前後兩汾陽。」

李次青有玳瑁杯

平江李次青廉訪元度嘗藏玳瑁杯四進，杯口不大，徑寸許，不見其合縫，蓋以一片琢成者。映光深紅，似紫玻璃，其邊各鐫「萬壽無疆」四字，金綫鑲入，蓋爲内府供奉之物。或云某内監竊而售之，值萬金。

淮商洪某讌客

淮商巨擘有洪姓者，以助餉百萬，賞二品銜。同治戊辰仲夏，約客爲消炎會。自外觀其廬，則堂構爽塏，樓閣壯麗。洪肅客入，委宛曲折，約歷十數門，至一院，小山玲瓏，供素蘭、茉莉、夜來香、西番蓮數十種，悉以白石琢盆，梓楠爲架。正南小閣三楹，前槐後竹，垂蔭周匝，窗户盡懸水紋蝦鬚簾。捲簾入内，懸董思白雪景山水，副以趙子昂聯，下鋪紫黄二竹互織卍字地簟，左右棕竹椅十六，瓷凳二，瓷榻一，以龍鬚草爲枕褥，棕竹方几一，花欄細密，以錫作屜，面嵌水晶，中蓄緑荇，金魚游泳可玩，兩壁皆以紫檀花板爲之，雕鏤山水人物，空其隙以通兩夾室。室貯香花，排五輪大扇，典守者運輪轉軸，風自隙入。逡巡入苑囿，邱壑連環，亭臺雅麗。於是繞山穿林，前有平池，滿栽芙蕖，紅白相間。緣堤而東，則垂楊無數，別有舫室。渡板橋而入，爲頭亭，爲中艙，爲稍棚，宛然船也。窗以鐵線紗爲屜，延入荷香，桌椅皆湘妃竹鑲青花瓷爲之。就船設筵，筵陳榴、荔、梨、棗、蘋婆果、哈蜜瓜之屬，半非時物，食器皆鐵底哥窑。每客侍以孌童二，一執壺，一供饌。饌則客各一器，常供之雪燕、冰參以外，有駝峯、鹿臡、熊蹯、象白諸珍。俄而妓至，妙舞清歌。酒數行，洪命佈雨，則池面龍首四出，環屋而噴。宴畢雨止，潛察龍之所在，乃製皮爲之，掉入池中，一人坐其背，鼓水而上者也。

英果敏抛擲銀塊

英果敏公翰撫皖時，蓄女僕甚多，皆年少美風姿者。暇時輒以寶銀碎爲一二錢重之塊，抛擲於地，使婢子與女僕争攫之以爲己有，如撲蝶戲。英大樂，幾日以爲常。

胡雪巖之豪

同、光間，杭有巨富江西候補道胡雪巖者，名光墉，以豪著稱。居省城元寶巷，姬妾極多，於所居之宅作數長弄，諸妾以次處其中，各占一室，若大内永巷。胡不甚省其名，每夕由侍婢以銀盤進，盤儲牙牌無數，胡隨手拈得一牌，婢即按牌後所鐫之姓名，呼入令侍寢，率以爲常。又喜作微服遊，過街市，見有姿色美麗者，卽令門客訪其居址姓氏，向之關説，身價多寡不計，且允與其父若夫或兄弟一美事。於是凡婦女之無志節者，男子之闒茸者，無不惟命是聽。而其各省營業所用之夥友，大半恃有内寵，乾没誆騙無所不至，遂至於敗。久之，荒淫過度，精力不繼，有以京都狗皮膏獻者，大喜。蓋其他春藥，皆爲煎劑或丸藥之類，雖暫濟一時，然日久易致他疾，惟狗皮膏但貼於湧泉穴中，事畢卽棄去，其藥性不經由臟腑，故較他藥爲良。然都中他店所售皆僞物，卽有真者，而火候失宜，亦不見效，惟一家獨得秘傳，擅名一時，而有時亦以舊物欺人，僞作新者，故歲必囑其至戚，挾巨金入京監製，以供一年之用，所費亦不貲。

胡既敗，自知不能再如前之揮霍，乃先遣散其姬妾之次等者，令家屬領歸，室中所有亦任攜去，所得不亞中人之產。迨事急，有將行籍沒之舉，乃亟擇留其最愛者數人，餘皆遣去，則所攜已不及前，然猶珠翠盈頭綺羅被體也。洎疾亟，并其所留之姬亦遣之，遂徒手而出，一無所得矣。

胡敗，江浙諸省之商務因之大減，論者謂不下於咸豐庚申之刼。蓋其時惟官款及諸勢要之存款，尚能勒取其居室、市肆、古玩爲抵，此外若各善堂、各行號、各官民之存款，則皆無可追索，相率飲恨吞聲而已。胡之母享年九十餘，當胡未敗時，爲母稱觴於西湖雲林寺，自山門直至方丈房，懸挂壽文，幾無隙地，官紳戚族登堂祝壽者踵相接。胡卒後，母亦繼歿，親友避匿，到者寥寥，又適被查抄之命，慮人指摘，喪儀一切惟務減殺，無復前之鋪張矣。

孝欽后之衣飾

孝欽后常御之服爲黃緞袍，上繡粉紅大牡丹花。珠寶滿髻，左垂珠絡，中盤粉紅牡丹，皆以寶石配成。項下披肩，形似魚網，以三千五百粒真珠綴之，粒大如鳥卵，圓而且光。復有美玉纓絡。手帶珠玉鐲各一，右手三指五指悉罩金護指，左手兩指罩玉護指，各長三寸。復帶寶石戒指數枚。鞋亦有珠絡，鑲以各色寶石。

孝欽后宴外賓時，衣更華美，衣以孔雀毛織成鳳凰，每一鳳凰口中銜珠纓絡一串，約長三寸，略一行動，前後左右均放異彩。冠巾及鞋亦均繡鳳凰。

孝欽后之珠寶飾器

孝欽后宮中儲藏珠寶之屋，有三面木架，由上至下，中置檀木盒一排，各標名稱，凡三千箱，尚有儲藏他處者。

孝欽后之珠鞋

孝欽后有珠鞋一雙，四圍均鑲大珍珠，乃袁世凱督直時所進獻者，綜計購辦及宮門費，都凡七十萬金。

孝欽后之飲食品

孝欽后用膳無定所，惟每飯必有上鋪白布之三大桌，其及時陳設也。太監立於院中，持多數食盒以進，盒黄色，中可置二大碗四小碗，碗皆黄底緑龍或壽字，約一百五十品，列成長式，大碗小碟相間排列。别有二几置果盤，皆糖蓮子、瓜子、核桃等乾鮮果品，爲餐後隨意掇食之用。至茗飲時，輒置金銀花於茶器中。肴之最多者爲豬羊鷄鴨野菜，即以肉丸論，亦有紅白二色，此外尚有清湯魚翅、蒸鷄鴨、鍋燒鷄鴨。鷄上覆以松柏之枝。鷄蛋餅、香肉、白菜煨肉、蘿蔔煨肉、櫻桃燒肉、葱燴肉片、竹笋炒肉絲之屬。

孝欽喜食燒烤與醬及麥類，餅爲炕餅、蒸餅、椒鹽餅、甜餅，亦有以肉爲餡者，其式爲龍形、蝶形、花形，又有大米小米粥、緑豆糕、花生糕帶甜湯，凡此種種，皆常膳所必備者也。米飯以玉田稻米爲之，長及寸，有胭脂、碧粳諸名。常膳必備粥，至五十餘種之多，稻粱菽麥無所不有。故每餐所耗輒需百金。

御廚供膳，小菜俱盛以碟，如醃西瓜皮之類，亦燦然大備，其味精絶，聞別有泡製之方。大梨切爲塊，以密漬之，尤爲雋味，諸王大臣時蒙撤賜。孝欽晚年，時患咳，故以此代滋潤之品焉。

水皆於玉泉山汲之，清洌異常，非泥沙俱下者所能比也。

太后用膳畢，輒命皇后、宫妃等食之，然不得坐，惟立而餐之，且不敢言語。

孝欽后以二萬金攝影

日人某精攝影，慶王爲之介紹於孝欽后，令至頤和園爲照一簪花小像，即在慶邸消夏園洗曬，已許以千金之賞矣，内廷傳諭又支二萬餘金。

許翁散財之豪

許翁，歙縣人，汪鏡軒之外舅也。家故巨富，設質物之肆四十餘所，江浙多有之，至翁猶然。翁爲人極愿慤，其言吶吶然如不出口。而其子弟中則有三四輩以豪侈自喜，漿酒藿肉，奉養逾王侯，家僮百數十人，馬數十匹，青驪彤白無色不具，腹鞅背韉亦與相稱。每出則前後導從，炫熿於閭巷間。一日，忽郡吏持官文書來，太守以其豪橫，欲逮問之，乃懼，上下行賂求免，所費無算，始寢不問。於是此三四輩者相與謀曰：「故鄉不可居矣，盍出游！」乃各具舟車出游江浙間，凡其家設肆之處，無遠不至，至則日以片紙至肆中取銀錢，無饜足。主者或靳之，輒怒曰：「此吾家物，何預乃公事！」使所善倡家自至肆中恣所取，主者大懼，皆以書白翁。翁自度不能要束其子弟，乃曰：「今吾悉閉諸肆，彼無所取，則已矣。」爲書徧告諸肆，使同日而閉。已而肆中之客皆大譁曰：「主人所不足者非財也，何爲悉罷？爲肆主人自爲計，則得矣，如吾曹何！」翁聞之，曰：「誠如公等言。」乃命自筦事者以下悉有所贈，筦事者或與之千金，或二千金，視肆之大小，自是遞降，至厮役廑養皆有之，最下亦與錢十萬。方定此議時，初未嘗辜較其人數，及此議出，主者按籍而計之，則四十餘肆中人數幾及二千，各如數拜賜而去，而錢罄矣。十數世之積，數百萬之貲，一朝而盡，亦可駭也。俞曲園太史樾曾於其閉肆後，見之於友人許，則其冠猶戴青金石頂，綴鶡羽藍翎焉。然所存雖僅此，而意氣固猶不減於昔也。

蘇子熙善用錢

廣西提督蘇子熙宮保元春專閫久矣，性好佛，駐龍州時，每年七月必召集僧道，設壇建醮，所費輒數千金，於陣亡之從征將士無不列名追薦，而自爲之焚香奠酒。又廣交游，凡京朝官之負有資望者，歲必以珍品相貽。嘗遣人至暹羅采辦燕窩，大如瓢者始合格，貯以篋笥，飛遞至京，王公大臣無不普及。光緒己亥，入都陛見，所贈京朝官之金錶多至三百餘枚。又性嗜西洋酒，凡勃蘭地、惠司格等悉列之几。某制軍爲滇撫時，與蘇同癖，蘇知之，餽若干箱。某痛飲得咯血症，蘇知之，乃又餽以藥餌。及罷官，實不名一錢，論者皆謂其善用錢也。

德曉峰蓄鼻煙壺

京外達官貴人皆嗜鼻煙，每於公衆宴會時，各出其所藏以相炫。其名有十三太保、小金花之别，年愈久則值愈昂，每瓶昂者至數百金。蓄之多者輒身佩數枚，日易數次也。

貯鼻煙之壺，舊以五色玻璃爲之，其後改用套料，且更有套至四五采者，雕鏤皆極精，以壺足題有「古月軒」字者爲最著名。又其後則以美玉、寶石、水晶、象牙、甆、黄楊木、椰等物爲之，然賞鑒家仍以舊製之玻璃者爲上也，値昂者一壺輒千金。德曉峰中丞馨所藏之壺，多至千餘品，有一最奇者乃金珀所製，中有一蜘蛛，頭足畢具。

程長庚與某王賽鼻煙

程長庚中年以後，名譽益著，凡堂會戲，幾以無程爲缺憾。一日，至某王府演戲，王知其嗜鼻煙，因盡出所藏，分裝各色煙壺，使品之，曰：「汝非至予處，一時斷不得聞如許名煙。」程惡其謾己也，謂王曰：

「某亦略有所蓄，王曷臨況，一評其優劣乎？」王諾之。次日，王至，程以所蓄各種煙列於几，煙壺或玉或翠，亦各以類分，每一類可分爲數種或十數種，五光十色，紛陳王前，乃笑謂王曰：「此視王所蓄者何如？」王慚而去。

李文忠冠飾玉

京師達官達人多喜飾珠玉於便帽，而旗人爲多。李文忠公亦嗜之，其玉爲恭親王奕訢所贈，值逾萬。權閹李蓮英涎之，嘗諷文忠，欲求此玉，李曰：「昔韓宣子向鄭商求環，彼商人尚能不畏權勢，力抗弗與，子產又善爲之辭，故卒能保其所有。余老矣，何愛於一玉，特此物貽自故友，飾帽已三十年，何得輕以與人，爲終身之玷耶！」乃於琉璃廠出五千金市他玉以贈蓮英。

繼禄享用擬王侯

京師之富而多豪舉者有三項人，内務府人員，吏户兩部書吏，各庫庫丁是也。其中之強有力者，輒皆歲入數十萬，然率不事家人生產，每歲所得悉糜於聲色狗馬諸玩好。故凡歌樓妓館中，傳呼某某等至，則羣呼大爺或二爺，其音徹耳，如向日六部司員之參謁堂官然，其乞憐之狀可掬也。而以内務府中人爲尤甚。

内務府總管大臣繼禄，爲榮文忠公禄近族，以榮之援，又於李蓮英爲義子，故内府大權握於一手，積資至數百萬。姓好馬，聞有名駒，必羅而致之廄下，雖千金不惜。養鴿千餘頭，種色皆備，日飼粟五斗，有一頭貴至百金者。家畜美妾五。其享用擬於王侯，有過之無不及也。

繼禄爲妓脱籍

繼禄嘗以八千金爲花寶琴脱籍，以三千金爲翠雲脱籍，又以鉅金爲銀福紅寶脱籍，費累鉅萬。然雖多姬侍，猶作冶游，無夕不至勾欄，每夕必費數百金。

文某爲伶脱籍

文某爲内務府司員，暇則狎優，其在光緒中葉，伶之稍有聲譽者，皆出資爲之脱籍，每費必萬金。又嘗於同日爲四像姑出師，四人皆以「頴」字名其堂，時人號稱「四頴」。像姑爲相公之音轉，即伶人也。

立山爲伶妓脱籍

立山，字豫甫，内務府旗人，嘗官户部尚書。饒於財，性豪侈，凡京師菊部名伶、北里歌伎之有聲譽者，往往爲之脱籍。

立山日易朝珠

京師巨族，自數百年以來，聚物至多。立豫甫尚書家有朝珠三百六十五掛，下者猶值千金。立平時除國忌外，每日易一掛，絶不重複。所蓄古玩值三百萬。光緒庚子拳匪之亂，既被難，迨聯軍入京，家貲盡喪，寶器大半西去矣。

榮文忠日易貂褂

榮文忠公美風儀，有玉人之目，衣裳雜佩皆極精好。每歲自十一月朔迄次年之元夕，所服貂褂日易一襲，無重複者。其衣衩内標第幾號，是可知其多矣。趨朝遇風雨，恆服四不露褂。四不露，即不出風毛者也。

榮文忠之翎管

榮文忠之寶物，拳亂亦多散失，其後廣收賄賂，未幾即已充實。聞所用翡翠翎管表裏瑩澈，自外視之，翎毛纖髮畢覩，蓋玻璃翠也，價值一萬三千金。帶鉤一具，亦值萬餘。

榮文忠嗣子日揮千金

榮文忠無子，乃撫從子某以爲嗣。某好聲色，日揮千金不稍惜。榮薨，孝欽后念其勳，賞以四品京堂，某益揮霍無忌憚。所畜馬爲京師最，出則前後簇擁十數匹，望之毛色一律，異日更出，則全易其色，如是數易而馬色不復。

食魚翅之豪舉

魚翅產閩粤而不多，大率來自日本，自明以來始爲珍品，宴客無之則客以爲慢。京庖爲此，未必盡得法，故以閩粤人爲最擅長，次則河南。光緒時，有閩籍京官四人，爲食魚翅之盛會，其法以一百六十金購上等魚翅，復剔選再四，而平鋪於蒸籠，蒸之極爛，又以火腿四肘、鷄四隻，亦精選，火腿去爪去滴油去骨，鷄去腹中物去爪翼，煮至極融化，而漉取其汁，則又以火腿鷄鴨各四，再以前汁煮之，並撇去其油，使極清腴，乃以蒸爛之魚翅入之，味之鮮美，爲普通所無，所耗各物及犒賞庖丁之費計之，約三百餘金。四人者，爲翰林院編修林貽書、商部主事沈瑶慶、候選道陳某，其一人則佚其姓名矣。

某貴人以豆芽爲奢侈品

京師貴人某，一日訪其戚，留午餐，肴有豆芽。其戚固嘗乞貸於某者，至是，某責之曰：「君屢言貧，而肴饌何奢侈乃爾？」戚力辨爲非貴品，某曰：「此爲吾所常食，每盤需銀一二錢，何得謂非貴品？」戚以未烹者示之，且曰：「所值實僅錢二三文耳。」某悟廚人之奸，歸而欲逐之。廚人乃取豆芽截其鬚，以辣椒絲覆其上，又調以麻油醬油，別取不截鬚者漬以鹽水，悉盛於盤以獻之，指不截鬚者而言曰：「此賤物，即三文尚嫌貴，主人所見者此也。若主人平日之所食者，則確爲貴品。」某不知其詐，遂復留廚人。

僧尼素食之侈

乾隆時，京師某寺方丈僧，以高行聞於時，善圍棋，某樞相亦有棋癖，過從甚密。其香積廚所供素麵，風味絶佳，樞相食而甘之，輒命庖丁仿製，弗若也，則扑責之屢矣。庖丁窘且憤，變姓名，傭於僧，久之乃得其法，則選雞雛肥美者，擘析其至精，縷而屑之，入麵中，故汁醲而無脂，味鮮而弗膩。蓋自是而高僧之譽驟衰矣。

輦下多諸宅眷，一日，集某尼庵，爲禮佛誦經之舉，虔誠齋絜，庖人以蔬饌至，經婢嫗輩搜檢，然後入，雖滌器之布，亦必易其新者。而不知此新布之兩面，卽滿塗雞脂，入廚後沃以沸湯，可得最濃厚之雞汁。蓋非此，則笋菌瓜瓠之屬不能使之悅口也。

親貴所服之珍裘

光緒中葉以後，京朝官相尚奢侈，衣服麗都。戊申冬十二月，慶王府以事筵宴，賓客重裘而至，皆珍品，多親貴所服也。其種類爲雀舌犴尖、雞心犴尖、鳳眼犴尖、條龍犴尖、京莊犴尖、雲南犴尖、本作犴尖、帶膝紫貂、銀針紫貂、翎眼紫貂、貝勒小貂、紫貂膝、貂爪仁、貂耳羢、銀針海虎、猞猁肷、猞猁脊、猞猁腿、西藏獺皮、金絲猴皮、火狐肷、白狐肷、玄狐肷、吉祥肷、白狐腿、大狐腿、青狐肷、金銀肷、白狐[illegible]、紅狐腿、金銀腿、狐耳羢、青狐膝、白狐膝、金邊膝、元狐膝、火狐背、玉堂肷、天馬肷、窩刀、花灰鼠、真銀鼠、洋灰鼠、索倫灰脊、白狼欻、寧夏灘皮、青順腿、紅順腿、黑種羊、青種羊、白種羊、葡萄欻、玉帶欻、海棠欻、黑緇羔、同州羔皮。

銀針海虎之拉虎

四塊瓦,卽便帽中之拉虎也,以其上分四塊,如瓦形,故以爲名,下垂短帶。普通多用熏貂,佳者值三十餘金。而榮文忠公所藏者值三百餘金,蓋以銀針海虎爲之也。

那琴軒膳費月六七百金

那琴軒相國桐善飯,然非佳殽不適口,每食必具參翅數簋,啖之立盡。其庖人月領膳費至六七百金之多。

某侍郎之飲饌

光緒季年,京曹官風尚豪侈,卽以飲饌言之,無不羅列珍錯,食前方丈。有久居京師之某侍郎亦然,所傭庖人,中西兼備,中肴皆蘇揚名手,人必有一二品之擅長者,西肴則歐美名庖任之。早晚二餐,中西各肴列於左右,某坐其中,椅可隨意旋轉,擇所嗜啖之,其宴客更可知矣。京師貴人遇宴外賓及外省入覲之大吏,必假其庖,亦中西肴並列,每席有費至二百金者。試言其鴨,則火烤而鬆脆者,仿京師製也；紅燜而甘腴者，仿蘇州製也；清蒸而肥膩者，仿揚州製也，餘肴亦大率類是。自午至晡，客已輟箸，而尚燔炙紛陳，續續不已，類皆不待終席而散矣。

金仲撝有豪侈之思想

光緒時，有歷佐戎幕之閩人金仲撝名謙者，家故寒素，而豪邁自喜，所得金到手輒盡，既無資以營商，又不欲作齷齪官以獵取儻來物，初頗悒鬱不自得。久之而研究哲學，有所悟，於世之虛榮實利，視之如浮雲，棄之如敝屣矣。至其少年時之豪侈思想，則固嘗爲仁和林重夫茂才任道之，其言至恢詭，雖富如猗頓，貴如金張，恐亦未易實行也，謂爲囈語可耳。然可譬之道經屠門者，卽不得肉，但大嚼亦快意於一時也。

重夫嘗以告人曰：仲撝雖閩籍，其大父以宦浙寄居，故生於浙江之杭州。意謂湖山有美，誠爲通國第一名勝之區。蘇杭齊名，以山水言，杭勝於蘇多矣。惟以西湖居民之粗俗可厭也，欲爲移民之策，徙蘇州男女以實之，冀以吳姬之顏色，吳娃之語言，與三竺、六橋之花柳燕鶯，相得益彰，無美不臻也。至是，乃擇地靈隱，建築園林，其間重堂高閣，溫廬涼館，及亭臺、樓觀、軒榭、池沼之屬，無不具備。植物如奇葩異木，動物如珍禽嘉獸，凡人世間所可有者悉羅致之。更於其中搆宅以居京師、奉天、長沙、廣州、蘇州、揚州之妾者六，各自爲宅，仲撝則與其婦於六宅之中央而居一宅焉。妾爲京師產，則宅亦京師式，室中之器具，食時之肴饌，役使之婢媼，亦無不自京師致之。推而至於奉天、長沙、廣州、蘇州、揚州，皆如之。不出園門，日偕其婦任意以游。入某妾之室，則所進之食、所聞之言，無不與此妾之出生地相應。故見京師之妾，則如至京師矣；見奉天之妾，則如至奉天矣；見長沙之妾，則如至長沙矣；見廣州之妾，則如至廣州矣；見蘇州之妾，則如至蘇州矣；見揚州之妾，則如至揚州矣。至夕，或與其婦偕返自居之宅，或己留而婦返，惟其便。

至於仲撝常日之衣食，則但取其有資衛生足矣。雖妻妾臧獲被文服纖，四字見《文選》宋玉《招魂》，文謂綺繡也，纖謂羅縠也。飫膏粱而饜珍錯，而己之所衣僅取適體，寒暑惟宜而已，且或科跣而見客也。食必參以西法，飯麥茹素，肴以豆類製者爲多，不求快一時之朵頤。偶食米，必粗糲，蓋以其澱粉質少，蛋白質多，多滋養料，次於麥，勝於精米也。有時宴客，食前必方丈，偶或參坐，亦惟餌日進之常饌數簋，客縱飲狂啖弗之顧。蓋食有定時，且不欲以饕餮傷生也。客之來去，令幕賓迎送之。春秋佳日，召男女名伶演劇，犒金輒以千。不延客觀劇，客聞之而來，亦不拒。仲撝不衫不履，支胡牀，坐而觀之。設榻於旁，倦而假寐，即就枕，劇亦輟演，俟醒而續之。亦與人通慶弔，然異於常。宗族戚友之貧窶者，遇婚喪，至少饋百金，富貴者無贈。仲撝家有事，則不納人之儀物，或以詩文爲慶祝，亦不受，蓋惡諛也。平時有以急難丐資助者，千金亦不吝，地方之公共事業、慈善事業，累數萬斥之以爲常。仲撝與其婦之誕日，則佃人免租一年，服賈於其肆者增一月俸。僅計此，凡得惠者逾千人焉。

清稗類鈔

才辯類

徐竹逸自謂無隱惡

宜興徐竹逸司李喈，順治戊戌進士，某年喪子，客有議之者曰：「徐君必有隱惡，故罰及其子。」竹逸聞之，曰：「昔仲尼有何隱惡，而伯魚殀乎？」

陳散木健辨論

通州陳散木，名世祥，性狷介，不爲苟容。素健辨論，客或不合，必與抗爭，不少遷隨，或憾焉。散木聞而言曰：「我之所嫉，怒我固然；即爾見喜，正復何益！」

徐敬輿解釋裘盡金敝

仁和徐敬輿，名敬直，嘗與人閒談，誤「金盡裘敝」爲「裘盡金敝」，客笑之，徐曰：「皮之不存，毛將焉附，非裘盡乎？何意百鍊剛，化爲繞指柔，非金敝乎？」客無以難。

不打爾打佛

華亦祥爲順治己亥進士第二人，聖眷甚優。康熙初，嘗扈蹕至京外之香山，有某寺僧者，聖祖禮之，如拜佛然，僧箕踞自若也。亦祥含怒未發，頃之，車駕出門，亦祥遂取所持錫杖痛毆之，謾罵曰：「爾何人，敢受天子拜耶！」僧曰：「不拜我，拜佛也。」華亦曰：「我不打爾，打佛也。」僧乃合掌曰：「阿彌陀佛善知識。」

史立庵論孝子節婦廩給

康熙朝，鄞縣史立庵侍郎及超官少宗伯時，同官議裁孝子、節婦廩給，曰：「彼自分内事，何與朝廷！」史曰：「爲子不孝，爲婦不節，亦何與朝廷，而必以法繩之耶？」議遂寢。

沈去矜發辯議

沈去矜弱不勝衣，而骨性剛挺。平時與人語，氣纔屬，及發辯議，則電閃霆激，摧屈一坐。

靳文襄論治河

漢軍靳文襄公輔任河事最久，其受人傾軋亦最多。康熙乙丑，上念高郵、寶應諸州縣湖水泛溢，民田被淹，命安徽按察使于成龍經理海口。旋召靳及于至京會議，于力主開濬海口故道，靳仍初議築長隄束水敵潮。時大學士九卿從靳議，而通政司參議成其範、給事中王又旦、御史錢珏均韙于説，寶應侍讀喬萊亦奏靳議非是，乃命尚書薩穆哈等勘視，奏稱海口不必開。會湯文正公斌以巡撫入爲尚書，獨奏下河宜濬。卒以廷臣異議，命侍郎孫在豐往董其役，未嘗專從靳策也。丁卯諭，又詢下河田畝可紓水患之策，靳仍主築隄減水之説。時于撫直隸，上以靳疏示詢，于仍言下河宜開，重隄不宜築。詔遣尚書佛倫、侍郎熊一瀟與總督董訥、總漕慕天顏、孫在豐會勘，惟佛倫奏應從靳議，天顏、在豐議均與靳左。戊辰正月，御史郭琇劾靳糜費帑金，攘奪民田，橫取米麥，越境貨賣，科臣劉楷、臺臣陸祖修復交章劾之，天顏、在豐亦疏論靳屯田累民及阻撓下河開濬事。靳自請入覲。上御乾清門，命輔、琇及于各陳所見，卒允九卿議，停築重隄，革靳職。後又命學士凱音布、侍衞馬布、尚書張玉書、圖納等先後往勘，均稱靳治河功。己巳正月，上南巡閲河，靳從行，上親見隄工河道，始褒靳實心任事，勞績昭然，復原品。壬申，復任河督。逾年，召見于及原署河督董訥，責其排靳，諭大學士曰：「于成龍曾奏河岸未見靳輔栽柳，及朕南巡，指詢成龍，無辭以對。董訥亦曾言之。彼時九卿皆言靳輔當從重治罪，若即誅輔，則死者可復生乎？」成龍、訥皆叩首。

周櫟園上下今古

周櫟園嗜飲好客，客日滿坐，坐必設酒，談諧辯難，上下今古，旁及山川草木、方名小物，娓娓不倦，觴政拇陣，叠出新意，務使客極懽而去。

邵稼軒舉𠁁字

康熙時有邵稼軒者，強識多聞，性喜詼諧。值《康熙字典》初成，讀三月而畢，不遺一字。有難之者，造「𠁁」字以請，邵曰：「此字六書所不載，人不能識而我獨能識之。一手提兩口，當爲亨去聲鼻涕之亨字。」難之者不能辯。

王丹麓解口字著人

地師沈六如嘗過王丹麓，語以庭前不宜種樹，謂口字著木爲困字，不佳。王曰：「誠然，君亦未宜立於此也。口字著人，豈不成囚字乎？」沈默然。

宗舉兒謂月中桂樹不奇

宗定九子舉兒，名學詩，喜讀書，善言辭，六歲而殤。年五歲時，曾偕諸兒戲於庭，一兒指月而言曰：「月中那得有桂樹！」舉兒曰：「汝謂月中桂樹爲奇，彼天地間之有樹，亦當奇耶？」

王用和謂孔子無眉

王丹麓好客，裙屐紛集。一日，有客謂孔子無鬚，衆詰其説，客曰：「見之《孔叢子》。子思告齊王曰：『先君生無鬚眉，天下王侯不以此損其敬。』故知今像多鬚誤也。」時丹麓子鼎在側，方六歲，應聲曰：「然則孔子亦無眉耶？」客語塞。鼎，字用和。

王小能謂風亦畏寒

王丹麓病起畏寒，每當雪夕，輒楗户禦風。其第五子小能方五歲，適坐於膝，曰：「大人寒，故畏風，抑知風亦畏寒乎？」王問故，答曰：「風不畏寒，何由喜撲人懷。」

吴威卿謂有孤獨連文

吴錦雯有子名鷹，字威卿，幼慧好學。七歲，嘗侍客座，客論詩，謂無孤獨連文者。吴應聲答曰：「孤雲獨去閒，非佳句耶？」一坐驚歎。

虞景敏作辭巧文

石門虞景敏，名黄昊，康熙丙午舉於鄉，十歲即善屬文。嘗閲唐柳宗元《乞巧文》而斥其謬，更作《辭巧文》以辨之。

高宗謂三藩司皆督撫才

乾隆時，有浙江、山東、甘肅三藩司入覲，同時召對。高宗問：「汝等皆歷任藩司，在任時亦畏督撫否？」東藩對曰：「不畏。」問其故，對曰：「皇上既放督撫，又放藩司，本屬互相糾察，若一味畏懼，不敢争論，則藩司爲虛設矣。」浙藩對曰：「臣公事不畏督撫，私事畏督撫。」問何謂，對曰：「公事，督撫有失，必當争執，如畏懼默默，必致逢迎遷就；至私事，稍涉營私不公，督撫即當奏劾，安敢不畏。」上以爲然。又次，甘藩對曰：「臣甚畏督撫。」上曰：「爾何以獨甚？」對曰：「督撫以下即藩司，屬員視藩司如視督撫，藩司不畏督撫，屬員亦相率不畏藩司。屬員無畏懼心，公事必致棘手，臣不敢不畏。」上亦以爲然。次日，召見軍機大臣，謂昨見三藩司，皆督撫才也。未幾，皆擢疆圻。

梁相國釋佛之笑

梁相國，即《貳臣傳》中某。國初，父子相繼入樞垣，權勢張甚。高宗南巡時，其子已退老，或以其不法事上聞。會梁迎駕遊大佛寺，至山門前，高宗怒指彌勒佛問曰：「佛見朕笑，於意云何？」梁以佛見佛故笑對。高宗復返顧問曰：「然則見汝亦笑，何歟？」梁免冠頓首曰：「佛笑奴才不成佛耳。」

金壽門爲鹾商解圍

錢塘金壽門客揚州，諸鹺商慕其名，競相延致。一日，有某商宴客於平山堂，金首坐，席間以古人詩句飛紅爲觴政。次至某商，苦思未得，衆客將議罰，商曰：「得之矣。柳絮飛來片片紅。」一座譁然，誚其杜撰。金獨曰：「此元人詠平山堂詩也，引用綦切。」衆請其全篇，金誦之曰：「廿四橋邊廿四風，憑闌猶憶舊江東。夕陽返照桃花渡，柳絮飛來片片紅。」衆皆服金博洽。其實乃金口占此詩，爲某商解圍耳。商大喜，越日以千金餽之。壽門，名農，乾隆丙辰嘗以布衣舉宏博科而不就。

杭堇浦有談天口

仁和杭堇浦，名世駿，字大宗。生平博聞強記，口如懸河。時方靈皋以文章負重名，堇浦獨侃侃與辯，靈皋遜避之。袁子才有挽詩云：「横衝一世談天口，生就千秋數典才。」蓋紀實也。

戴姚成微言息争

戴東原太史與錢籜石宗伯，乾隆中同官京師。錢素不喜戴。一日，錢之鄉人會飲，同館後輩某縱談至於戴，錢力詆之，某與之往復辯論，錢憤，責某詆斥前輩。越翼日，鄉人又會飲，錢與某均在座，有言及錢之同館前輩杭大宗者，頗致不滿，錢和之。某又抗論，錢不懌，因以某言質之末席戴舍人姚成，姚成曰：「小子不敏，於先生所操月旦，實未敢置喙也。所不解者，先生前有一語耳。」錢大愕，詢之，姚成則曰：「先生不嘗以某之排斥前輩爲無禮乎？先生之於大宗，亦前輩也，今亦排斥之，宜小子之不解也。」錢乃肅容起立而謝曰：「君言良是。老夫不敏，願安承教。」

李復堂題佛像

李復堂鱓、鄭板橋燮，書畫皆精絶。復堂嘗爲人題觀音大士像云：「巧笑倩兮，美目盼兮。」或訐其儗於不倫，復堂奇窘。板橋卽應聲而言曰：「何不云彼美人兮，西方之人兮。」

和尚懼内不敢娶

廣州某寺住持僧某，名衲也，平日不事文字，而語言超妙。一日，招集諸名流小飲，座有戲問我輩何人最懼内者，衆未及答，僧亟應曰：「惟老僧最懼内。」衆笑其不倫，僧徐徐而言曰：「惟懼内，故不敢娶耳。」

袁子才釋園字

袁子才居金陵，嘗畜一羊，逸入鄰園，食其所種之菜。園叟來告，袁戲叟曰：「汝知園字乎？必築園而後可。」叟固風雅士也，聞之，亦戲曰：「汝亦知園字内爲何字乎？築園僅能防圍外，不能防圍内也。」袁亦爲之絶倒。

一朝天子一朝臣

秦殿撰大士嘗侍高宗，一日，高宗偶問曰：「汝果秦檜後人乎？」秦無他言，但對曰：「一朝天子一朝臣。」

梁文莊召對得體

錢塘梁文莊公詩正在政府，一時援引如陳句山太僕兆崙、孫虛船通議灝，皆杭州名宿也。或有以文莊庇護鄉人爲言者，一日，高宗召文莊謂之曰：「人言爾庇護同鄉，自後有則改之，無則加勉。」梁頓首對曰：「臣領皇上無則加勉之訓。」時服其有體。

熟梅天氣半陰晴

乾隆末，桐城有方、姚二人，同負時望，而議論輒相抵，每因一言，辯駁累日，得他人排解始息，久竟成爲慣例。一日，同赴張某家小飲，酒後閒談，偶及時令，方謂黃梅多雨，姚謂黄梅常晴。方曰：「唐詩『黃梅時節家家雨』，子未知耶？」姚曰：「尚有『梅子黄時日日晴』句，子忘之耶？」方怒之以目，姚亦忿忿，張急勸解曰：「二君之言皆當，惜尚忘卻唐詩一句，不然可毋争矣。」方、姚齊聲問何句，張曰：「『熟梅天氣半陰晴』，非耶？」於是皆大笑。

僧問畢秋帆以子曰

畢秋帆制軍撫秦，赴任時道經某剎，因往隨喜。一老僧迎入，畢曰：「爾亦知誦經否？」僧答以曾誦，畢曰：「一部《法華經》，得多少阿彌陀佛？」僧曰：「荒庵老衲，深愧鈍根。大人天上文星，作福全陝，自有夙悟，不知一部《四書》，得多少子曰？」畢愕然，深賞之，遂捐俸置田爲香火資，並新其寺。

某生論金頂

嘉慶初年，釐正品級，凡生員帽頂，必循例用銀而不得用金。河南汲縣某生，以事至縣署，戴金頂，令指其頂而嗔其違制。生曰：「生員家貧，無銀，故用銅。若以此爲違制，則老父臺已先之矣，何責生員！」令大怒，曰：「吾何嘗違制？」生曰：「按例，老父臺之頂宜照七品例用金，今果金也者，以責生員可也，否則生員不獨任違制之罪也。敢請以頂俾生員驗之。」令語塞。

龔寶寶問難

嘉慶中，江蘇詩人龔光瓚以事戍黑龍江，歷任將軍至，皆待以賓禮，不以流人視之也。光瓚有子寶寶，幼慧，嗜讀，年九歲，已畢《五經》，人咸稱之曰聖童。將軍那啓泰常命蒼頭負入節署中説經。寶寶，庶出也，一日，講《易》大義，問將軍曰：「乾爲天爲父，坤爲地爲母，天地父母，一而已。我乃一爺而二娘，然則地固可多於天歟？」將軍無以應之，漫曰：「在江蘇爲江南地，在黑龍江爲塞北地，地雖多，其實一也。若有兩母，將毋同。」寶寶亦漫諾之。

某明經誚徐令無規矩

長輿縣令徐某初下車，頗鋒利，每收呈，必摘呈中語面詰之，倘所對稍有參差，輕則擲還，重且撲責，其意蓋以示能也。有明經某者，平日把持邑中事，吏胥咸畏之。令亦知其人，思痛懲之，而未有間。明經亦知令將與己爲難。會有事，訟之縣，乃自懷呈往。是日具呈者殆百餘人，吏胥以明經呈置第一，意令出先詰數語，即可縱之去，以免滋事也。俄而令升堂，人皆跪而待命。令見明經呈，即置之末，而每閱一呈，必呼一人前，絮絮問不休，欲令久跪以挫之。明經頗不耐，然尚無隙可乘也。少頃，令摘冠置案上，以手搔髮際。明經見之，即蹶然起。令怒曰：「汝衣冠中人，奈何不知規矩？公堂之上，容汝長立不跪乎？」明經乃以手指其頭曰：「汝先無規矩矣。世豈有不衣冠而臨民之官耶？」言已，掉臂出，令竟無如之何。

良相是長麟

某部司官馬某，爲長麟所劾。某日，與某中翰等在陶然亭讌叙，縱譚及此，中翰高吟曰：「司中無小馬，堂上有長麟。」蓋譏之也。長突然至，微聞長麟二字，嚴詞致詰。中翰笑曰：「吾輩方以公名作對耳。

曰名醫惟扁鵲，良相是長麟。」長始歎然而去。

賊詰周燾

嘉、道間有周太守燾者，嘗牧通州，治賊嚴，每獲賊，卽斷其脚脛。有一賊，甚強項，謂周曰：「小的雖作賊多年，亦頗知《大清律例》，割脚脛在何條？」周笑曰：「汝言甚是。惟吾亦問汝，三百六十行，行行喫飯著衣裳，汝爲何行？」賊不語，遂割之。

孫制府以片言解紛

道光癸未冬，裘安邦任南河中軍副將時，以兵丁鼓譟，稟請河督究辦，而河督不允，遂至齟齬。值江督孫某蒞浦，詢裘曰：「是日演武場中，僅人語喧譁乎，抑有擊鼓者乎？」裘曰：「無鼓聲。」孫笑曰：「鼓者，伐鼓淵淵；譟者，人聲嘈雜。必兼之，乃爲鼓譟，此殆非也。」其獄頓息。

羅文俊不違天威

羅侍郎文俊有才辯，素短視，尋丈外卽茫無所覩。宣宗嘗於召見時笑問：「卿見朕否？」叩首曰：「天威不違顏咫尺。」蓋羅實一無所見也。

康泰直呼縣令姓名

上海庠生康泰，以強索漕規歲千元事被控，上海令許乃大提之到案。康甚辯，許怒，語之曰：「爾既爲庠生，當知禮法。爾爲何學使所取進？」康期期言曰：「周周周。」許曰：「豈周系英耶？」康遽應曰：「許乃大所言是也。」許怒，拍案曰：「爾何直呼本縣姓名？」康曰：「老父臺可直呼學使姓名，生員自可直呼老父臺姓名。」許大怒，詳請學使斥革衣頂，學使斥不准。

錢東平談鋒

長興錢東平布衣，名江，負不羈才，遍讀異書，足跡滿天下。少入京師，上萬言書，言時政，請遷都江寧，廢時文，罷鄉會考試，令各省選録人才。書上，奉旨嚴逮，遂發烏里雅蘇臺爲奴。旋賜環，再入京師，與李文忠公鴻章、何子貞太史紹基友善。未幾，粤寇洪秀全陷鄂城，東平星夜往奔。洪一見器之，令掌機要。上書勸洪直趨京師，洪不聽，逕取江寧，遂棄洪而逃。乃謁曾文正公國藩，閽者延入，文正雅重其名，降階迎之，握手入中堂。東平岸然，拱手就坐，與文正論海内大局及安危所繫，縱横辯論，索筆繪圖，指陳得失。文正唯唯，不敢稍阻其談鋒也。

沈文定爲殷譜經飾辭

吳江沈文定公桂芬直軍機時，對於宦京鄉人，每極意周旋之。殷譜經侍郎方行走南書房，遇文定，岸然以鄉先輩自居，文定恆下之。侍郎性峭直，出言不顧忌諱，文定時彌縫之。一日，待漏朝房，百司咸集，有某大臣詢侍郎曰：「聞聖躬違和，果何症也？」侍郎遽喟然曰：「小兒好色所致也。」文定聞言大驚，幸侍郎語時微帶吳音，故聞者不甚了了，文定遂亟以京語從容顧侍郎曰：「老前輩所云，非宵衣旰食所致也歟？」於是聞者釋然。蓋京語宵衣旰食四字，其音與小兒好色本絕相似，故遂無覺者。

金安清口若懸河

同治初元，秀水金安清以兩淮鹽運使褫職，乃遊說於湘淮軍諸帥，求起用。七謁曾文正，不見。文正語人曰：「我不敢見也。此人口若懸河，江南財政瞭如指掌，一見必爲所動，不如用其言不用其人之爲愈也。」同治壬申，遂從金說，得增淮南票鹽八十萬。曾忠襄撫某省時，金往說之，大爲所惑，專摺奏保請起用，大受申斥。文正聞之，歎曰：「老九幾爲其所累矣。」久之，鬱鬱死。

孝哲后爲穆宗争立嗣

孝哲后與穆宗伉儷綦篤，而不得於孝欽后。穆宗病革時，本擬令貝勒載□承大統，孝哲亦以爲然。

及李文正公鴻藻洩其事於孝欽，孝欽震怒。穆宗崩，孝欽議立德宗，后復争之，謂不可使大行皇帝無後。孝欽曰：「有相予得佳婦者，大行皇帝有後久矣。」意蓋誚后無出也。后頓首曰：「兒德薄，負先帝恩，萬死莫辭。然後宫某氏已有身，宗社有靈，或誕降皇儲以承丕緒也。」孝欽曰：「國不可一日無君，且能預卜其所生爲男耶？」后曰：「請先立賢王監國以待之，所生果女，然後卽真，似未晚也。」孝欽怒后嘵辯，厲聲曰：「此事有余曁慈安后主之，安有汝置喙地！再多言，當論死。」慈安后，卽孝貞后也。后素和婉，事兩宫有禮，是日忽憤不可忍，泣而言曰：「死從先帝，兒之志也。兒以皇嗣未定，故隱忍須臾耳，今已矣。然兒死尚能自大清門出者，則請爲先帝立後，固兒之分所當言，安能以是爲兒罪耶？」孝欽大怒曰：「汝謂我死不能自大清門出耶？」立呼内監批后頰。孝貞力爲之請，始叱后退。后遂絶粒。久而未絶，卒乃服碎磁屑而崩。奉安時，孝欽憾其前言，欲使后金棺自便門出，孝貞曰：「我朝家法，后崩，金棺必出大清門，歷代相承，不可改也。」孝欽默然，乃止。惟后所言後宫有身者，竟不知所終。

彼此以何相詰

朱九江有猶子，酷嗜錢，一日，九江謂之曰：「錢之爲物，有何佳處，汝顧愛之若是？」猶子者亦質問九江曰：「錢之爲物，有何不佳處，叔顧不愛之若是？」

桂林清議絶可畏。況東橋所居，距其弟夔笙太守周頤之廬不數武。某日嚮夕，詣兄，值盛暑，未易長衣，甫出門，遇一友，遽訶太守曰：「汝何故著短衣出門？」太守亦笑詰之曰：「汝何故著長衣出門?」

左文襄俊辨

左文襄大拜,至翰林院受職。諸翰林意存蔑視,文襄危坐清祕堂中,曰:「適從何來,遽集於此?」諸翰林肅然起敬。已而請書匾額,文襄大喜,謂:「諸君皆擅長八法,今乃推一麤鄙武夫作此,足徵引重之心,遂有入學蒙童乍臨影帖爲塾師所激賞動筆加圈之樂。」諸翰林皆服其俊辨。蓋左以舉人補賞檢討,爲入閣地也。既官東閣,往往一人在室中摇首自語曰:「東閣大學士,東閣大學士。」

王惟清謂舉人尚

左文襄以孝廉從軍,立躋通顯,居嘗高自期許,以爲秀才能任天下,布衣可佐王業,雅不欲以甲科中人爲評隲之定鑑,此蓋有所激而然也。光緒甲申法越之役,帥軍由江蘇至福建,道次九江,官吏呈刺謁見,左視九江道履歷,乃進士出身,未延見,僅傳見九江府。繼而德化等縣皆進士出身,不得已,皆見之。後有同知王惟清,以舉人需次者,持刺來見,左視之若大賓,肅衣延之入,即納之上座,於後謁者概令謝絶。候轅諸人疑之,密賄持帖者探左意。未幾,東房人云:左見惟清時,頗謙抑,進茶後,問惟清出身,惟清以舉人對。左問舉人與進士孰尚,惟清曰:「舉人尚。」文襄佯示疑訝,詰之,惟清正對曰:「凡人作秀才時,僅經營於八股試帖,以外無暇他及。通籍後,又有大考試差,紛糾於内,不得不於小楷詩賦昕夜研攻，猶必出習世故，奔走於酬酢應答之間。惟至鄉榜告捷，胸襟始展，志氣甫宏，經世文章，政治沿革，乃稍稍有暇究治焉。幸而出仕，及膺任顯要，皆其平日所營治者，尚得有尸位誚耶？故卑職竊謂舉人尚。」文襄拍案叫絶，稱是者久之，曰：「一篇好議論，今何幸聞之！足下在晚近中，真不愧爲佼佼矣。」語畢，送惟清出，時道府方站班，文襄顧左右曰：「此間好官，僅一王丞，奈何使之屈抑如此？」道府聳然受教。文襄行後，道府問惟清與文襄感洽之故，惟清詳述之，與閽人所道同。

陳樹屏善解紛

張文襄督鄂時，與撫軍譚繼洵意見不合，遇事多齟齬。一日公宴，集黄鶴樓，賓主酬酢，咸有酒意。座客某詢及漢水江面之廣狹，譚答以五里三分，曾見某書。張沈思有頃，乃顧客而言曰：「其言不實。實廣七里三分，有某某書可考。」譚不屈，仍争爲五里三分，互争執不相讓。張、譚盛氣之下，急欲一競勝負，然又無所取決。張乃遣弁飛騎召江夏縣，時知縣事者爲望江陳樹屏，名進士也，聞召，亟肅衣冠飛騎往。比至，甫入門，未及開言，張、譚皆同聲問曰：「君知江夏縣事，漢水在汝轄境，亦知江面七里三分乎，抑五里三分乎？」陳應聲曰：「江面水漲，即廣至七里三分；水落，即狹至五里三分。制軍就水漲言之，中丞所言，就水落言之也，知縣以爲皆無訛。」張、譚聞之，皆大笑，争乃解。

康廣仁辨才無礙

南海康廣仁爲有爲胞弟，辨才無礙，每中駁議，層出不窮，譚嗣同輩咸畏服之。有封事，廣仁直達黼座，德宗卽與之計畫，他人不知也。光緒戊戌被難，由京師廣仁善堂收殮，葬於義塚，南海會館爲立一碑，無字。庚子聯軍入京，始有人鐫字其上，曰「南海康廣仁之墓」。後以沈藎之力，始返其骨於故鄉。

李文忠拒革命

光緒庚子，拳匪肇亂畿輔，八國聯軍踵至，南北隔閡，舉國不統一，勢岌岌如累卵。時李文忠自粤至滬，寓劉學詢家之滄洲别墅。革命黨將於沿江起事，因舉某某二人往說文忠，意將推爲首領。文忠若已早知某某來意者，立延見之，方通姓名，遽曰：「君等欲稱兵乎？惜我年老，不能相助。亦恨君等遲生五十年，當時不能助我也。」其言明亮痛快，使人更不能再進一語。某乃詢兵事利鈍，文忠曰：「我國用兵，本無奥妙，亦惟一閧而已。」言時，舉手作閧勢，復續言曰：「閧得過去卽勝，勝卽成事。」言至此，仰屋大笑，拄杖起立矣。

偷兒自稱劉坤一

光緒中，劉忠誠公坤一任兩江總督時，一夕，署中獲一偷兒，親鞫之，詢姓名，偷兒曰：「小的姓劉，名坤一。」劉拍案曰：「豈有劉坤一而作賊者乎！」偷兒順口改曰：「小的本不作賊，實爲差役誤拘。」劉曰：「然則何爲暮夜入署中？」偷兒曰：「大人與小的姓名偶同，竊欲一覘大人顔色耳。」時有幕友某在旁，謂宜改名劉坤二，偷兒頷首曰：「小的與大人，本一而二、二而一者也，賜名坤二，亦何妨！」劉服其辯，笑而釋之。

錢念劬論請安

歸安錢念劬，名恂，嘗以道員需次江蘇，每見司道，輒隨俗請安。或以奴性譏之，錢笑曰：「人之一身，手在上，足在下，手尊而足賤，若輩敢受我長揖乎？不如以足與之行禮，但彎腿而已可也。」

王文勤設辭拒人

仁和王文勤公文韶在樞垣時，有浙人某以知縣引見，將出京，謁王，丐八行書，以介紹於當道，王曰：「如君之才，必爲上游所賞，老朽之言不足增重也。」某無辭而退。又有謀出洋隨員，乞其言於駐美公使者，王曰：「出洋路險，中途若有疏虞，君家中人轉而詰我，我將何以復之？敬謝不敏。」

張氏女慷慨陳説

湖北張氏女有幹才，已嫁而孀矣。其父仕於閩，爲縣令，資財巨萬，惟挾二妾以從，棄妻於家不顧也。族人咸不平，慫恿其妻，使如閩，辭無資，則爲醵資，又懼不禮於夫，女乃曰：「母無懼，我侍母以行，然須具來往之資，合則留，不合則返耳。」於是母女俱如閩，未至其所三十里，使人以告。父聞妻至，將不納，聞女與俱至，始大具車徒迎之。既至，果相安。居數月，女辭欲返，母留之，女曰：「家有尊長，豈能居此長奉母乎！」母泣曰：「汝在，故我無苦；汝去，彼將魚肉我矣。吾從汝歸耳。」遂與俱返。其後，父以贓敗，詔下原籍，簿録其家財。縣官奉檄至門，母皇恐伏竈下，餘人悉走匿。女盛服出見縣官，言父平時棄母不顧狀，且曰：「父盛時，母不同其樂；今父敗，母豈得同其憂。請公入視，如有銖金寸錦之儲，甘受隱匿之罪。」聲情慷慨，縣官爲之動容。入視之，破屋數椽，疏帳縹被而已，歎曰：「誠如汝言，誠如汝言。」遂去。

董成妻善遣張姓女

董成，山東人，少無行，以博負債，潛逃至京師，傭於某商店。性伶俐，能得主人歡。主人與某王交，王時至商店，拂巾瀹茗，皆令成充其役，便捷機巧，無不如意。王悦之，與主人商，召之邸，供雜役。謹慎將事，與人無忤，邸中上下，無不交口稱成，王因委以管鑰焉。邸側有張姓者，養一女，年與成相若，而貧，以十指自給。成時以縫紉事至其家，漸與女狎，女父母知之，亦不之拒。越二年，王以成樸實，賜以邸中婢，且爲治外宅。婢頗慧，口齒伶俐，爲成治家政，毫釐無所失。以是成無餘資復贈女家，張之門絶成跡者數月。女漸聞成納婢事，與母計，欲覓成，母曰：「吾家以貧故，得成贈助，賴以免凍餒，彼已成家，諒無兼顧力。且渠妻爲貴人婢，與之爭，必不勝，子安之可也。」女曰：「否，渠與兒有前約，寒盟不可。」遂偕往。抵門，值成出，婢邀入室，詢家族，女母始敍來意，並言送女來，無再返理。婢曰：「茲事顛末，予概不知。既有前盟，而渠背之，誠爲非是。但予係貴人賜，而彼無家產，居室飲食惟主人是求，多一人尚虞不給，寧容有二乎？況汝年方少艾，私約無人知，宜及此時別覓佳壻，願三思之。」女曰：「予所以蒙羞而來者，以息壤在前，已如傾出之水不可復收耳。苟相愛，奴婢犬馬皆所不辭；若不見納，請卽以頸血濺汝身。」婢笑謂之曰：「勿爾，鴻毛之死，智者所羞，況戕生於此，穢名益彰。」復爲之畫策曰：「渠執役數年，識人頗夥，汝可認予作義妹，姊爲擇一俊壻，奩費予爲代辦，卽二老亦得娛天年，妹以爲何如？」女沉思良久而歸。數月後，爲女介紹一山西賈人子，悉出所蓄爲購奩具。屆期，以鼓樂迎，女登車去。成與婢相處以終。

氏有子姑有孫

某姓姑婦孀居，家僅中資，姑欲爲己嗣子，婦亦欲爲己嗣子。族黨中有助姑者，有助婦者，呶呶紛爭，竟至涉訟，久仍不決。婦特投一老訟師，欲求必勝，訟師曰：「易事耳。」遂爲擬一詞，中有句云：「爲姑立嗣，姑有子而氏無夫；爲氏立嗣，氏有子則姑有孫矣。」問官閱此數語，乃判令族黨爲婦立嗣。

崔李辨難

崔、李爲六朝著姓，有崔鴻者，字初民，李元者，字赤萌，居同里，學同師，而少相狎也。一日，李訪崔，坐定，談諧間作，李嘲崔曰：「君名鴻而字初民，初民卽原人，産生於鴻濛甫闢之時代，野蠻二字之徵號殆難免矣。」崔曰：「君既目我爲原人，則我爲人之鼻祖，君獨非我之雲仍乎？君以元爲名，以赤萌爲字，赤萌者，赤子之萌芽，卽精蟲也。精蟲一名生原，原與元音同。精蟲體甚小，爲蝌蚪形，行動活潑如蟲，在男性生殖器之精液中，故名。須用五六百倍之顯微鏡始能見之，與女性生殖器所生之卵珠同爲生殖之原。況元龜爲古之寶物，見於《詩》，龜又嘗被老桑稱爲元緒，《述異記》曾載之，元之時義大矣哉。」李曰：「元者始也，凡數之始，多曰元，如元年、元月、元日是也。又善也，子元元，民之類善，故曰元，則見於《國語》。吾名之元，元氣之元也。《白虎通》曰：『地者元氣所生，萬物之祖也。』又道教之神曰元始天尊，晁氏《讀書志》嘗紀之也。且吾卽爲精蟲，則人類皆吾所化生，君亦託始於吾也。」崔曰：「君休矣，精蟲尚未成人，豈能齒於人類耶？」

清稗類鈔

明智類

傅青主知子將死

傅青主徵君山善草書，一日醉後，偶作草書，書畢偃臥，書置几上，子眉潛以己書易之。傅醒見之，歎曰：「我昨醉後偶書，今起視之，中氣已絶，殆將死矣。」眉亟白其事，山曰：「然則汝不食麥矣。」後果然。

邵薪傳知死賢於生

常熟邵薪傳刑部燈，順治壬辰進士，嘗言向子平未是達人，既知富不如貧，貴不如賤，便應知死賢於生。

計甫草知了一生

或問計甫草暇日何以自娱，計云：「賦詩彈碁，俱增惡業，但能日誦《楞嚴經》兩卷，便足了一生事。」

林視公卜真宅

鄞縣林視公岳隆，爲侍御祖述子，少宰棟隆兄，家世貴盛，而超曠自喜。嘗預爲生藏，每春秋佳日，必命僕荷榼相隨，自攜一卷詩，日造飲其所。人過問之，林笑答曰：「卜吾真宅，愛此寂居。游雲翩翩，古今無期。」

融和滿漢

順、康間，有以融和滿漢直陳於殿試策中者，溧陽馬章民世俊所對策有云：「臣尤有進者，唐貞觀時，天子問山東、關中之同異，而其大臣曰：『王者以天下爲家，不宜示同異於天下。』裴度既平蔡，卽用蔡人爲牙兵，曰蔡人卽吾人。今天下遐邇傾心，車書同軌，而猶分滿人漢人之名，恐亦非全盛之世所宜也。」宜興儲遯庵方慶所對策有云：「陛下既爲天下主，卽當收天下才供天下用，一有偏重於其間，臣恐漢人有所顧忌，滿人無以取信於天下矣。」

魏文毅請鄂督移荆州

康熙甲辰，吴三桂定雲南，使鎮之。魏文毅公裔介上疏，請命湖廣總督自武昌移駐荆州，從之。及三桂反，湖南州縣俱陷，卒不得以隻輪匹馬躪及荆湘，人以是服文毅之先見也。

查容知吴三桂欲叛

吴三桂之未叛也，幕有查容，敬禮倍至。查察其有異志，久欲去之。一日，與宴，僞爲醉後失儀狀，不告而出。瀕行，題一詩於壁，有「將軍有酒能投轄，壯士聞雞已出關」句。三桂亟遣材官往追，查策騎直前，提材官擲之於地曰：「乃公終不爲汝留也。」材官歸報，三桂大怒，遣人殺之，微服間道乃免。容，字漸江，一字韜荒，海寧人。

顔修來知生死

顔修來，名光敏，字遜甫，曲阜人，官吏部郎中。嗜讀書，善鼓琴，精騎射，躭山水，好友，勤於睦族，年四十卒。生平不信浮屠、星命之説，嘗言軀體猶炭，神氣猶火也。火傳於炭，然後能爲功，炭當風則易燼，扇之則立燼，置密室覆以灰則後燼，然則謂人可長生者妄也，謂死有時，不可先不可後者亦妄也。

聖祖機警

聖祖登極，甫八齡，時鰲拜當國，勢甚張，以帝幼，肆行無忌。帝日選小奄之強有力者，令習布庫以爲戲。布庫，滿語也，相鬪賭力。拜入奏事，不之避也。拜更以帝弱且好弄，心益坦然。一日入內，帝令布庫擒之，十數小奄立執拜，遂伏誅。

陳圓圓知吴三桂必敗

平西王吴三桂之妾陳圓圓，逆知三桂必敗，出家峨眉山，在四川嘉定府峨眉縣。其妝閣在雲南五華山華國寺後，曾留影一幀而去。

劉玄初爲吴三桂畫策

蜀人劉玄初客吴三桂幕，康熙癸丑，平南王尚可喜、靖南王耿精忠皆疏請解職東歸，三桂世子應熊使人致意於三桂。三桂命玄初擬草，玄初曰：「上久思調王，特難啓口，王疏朝上而夕調矣。」三桂怒，出玄初爲鹽井提舉。貴州變，三桂駐兵松滋，三月不進，玄初上啓曰：「愚計此時當直擣黄龍而痛飲矣，乃阻兵不進，河上逍遥，坐失機宜，以待四方之兵集，愚不知其爲何説也。意者王特送諸大臣入朝，爲王請乎？諸大臣救死不暇，烏能爲王請也！若曰待世子歸乎？愚以爲朝廷寧失四海，決不令世子返國也。夫弱者與強者鬬，弱者利於乘捷，而強者利於角力；富者與貧者訟，貧者樂於速結，而富者樂於持久。今雲南一隅之地，不足當東南一郡，而吴越之財貨，山陝之武勇，皆雲翔蝟集於荆襄江漢之間，乃按兵不舉，思與久持，是何異弱者與強者角力，而貧者與富者競財也。噫！惟望天早生聖人以靖中華耳。」三桂不答。

天然和尚知蕭牆之禍

廣州海雲寺林巒秀蔚，爲海山佛國之佳境。明末，僧今湛主之。鼎革後，天然和尚主講焉。平南王尚可喜鎮粤時，爲之廣寺田，鑄佛像，土木之盛，近代罕有，遂爲海邦上刹。天然卽曾起辛，明末以名孝廉教授鄉里，知時事不可爲，披剃出家，父母姊妹咸爲僧尼，人多異之。及國變，縉紳父老多遁跡空門，天然爲之汲引，世人始服其先見焉。可喜仰慕高蹤，禮聘至邸，一宿卽告歸。或問之，曰：「平南具佛性，而無定力，游豫多忍，蕭牆之禍不旋踵矣，遑計其他耶！」後悉如其言。

南征小校以計驚賊

康熙乙卯，大兵討吳三桂，涿州有小校從軍行。校初入伍，無他技，惟善烹飪，遂留爲軍士具食。一日，爇飯初熟，賊刦營入，衆奔潰。校以飯囊繫馬後，囊蒸馬背，馬咆哮，轉入賊隊，賊將驚懼，因轉敗爲勝，大破賊衆。主將嘉之，拔爲隊長，後累功至護軍參領。

費武襄防黷武窮兵之漸

費武襄公以國戚封伯爵，大兵征噶爾丹，出爲撫遠大將軍。康熙丁丑，既奏凱，衆欲露布揚功績，費不謂然。其疏惟言「兵至某處迷道，某處敗績，某處絕糧，此行屢蹈危機，皆臣失算之故。今憑藉聖天子洪福，徼幸成功，實非意料所及」。幕客皆咎其失體，費曰：「天子深居九重，如見策勛太易，必至好大喜功，士卒勞瘁，不可不使上聞之，庶異日無窮兵黷武之患也。」人皆慴服。

毛稚黃自相審矣

有客薦相者陳生於毛稚黃，謂其術比許負。毛曰：「貧賤吾所自有，富貴本非所望。夭壽不貳，修身俟之。僕自相審矣，故無煩此公饒舌也。」

王丹麓謂天幸德我

王丹麓年踰四十，益困，其婦語之曰：「同學少年皆不賤，奈何夫子獨長貧？」王曰：「昊廬少詹有言，貧者上天所設以待學者之清俸。金陵吳介茲亦言，天以貧德人。今處儔類之中，天幸德我，特頒清俸，義難獨享，願以共卿。」婦曰：「君意良厚，但不知何日俸滿耳。」

喬文衣悟人世升沈

內邱喬文衣司城鉢官京師時，嘗於夜半過午門，踽踽獨行。萬籟俱寂，猛思日中百億生靈，今歸何處，乃悟人世升沈，如此而已。

羅琨公看春夏光景

上元羅琨公孚尹嘗云：「樓居受用天氣，看春夏過接處，光景絶微。」

陸麗京善思誤書

陸麗京誦讀明敏，善思誤書，嘗閲《韓非子》，至「一從而成危」句，曰：「是一徙而成邑也。」後令他人覆射，無一合者，惟其弟左城中之。

任待庵悟盗金者爲裴愛

康熙時，安西估魏丙貿卉布於上海，夜就逆旅醉卧，風雨大作，失槖金三百兩。時上海令爲蕭山任待庵辰旦，素善讞，而是獄乃不能定。因詣城隍廟禱之，請神以實告，乃留捕之隨往者，使待命於神寢宫。入夜，捕夢寢宫有幼婦出，右手抱細女，左手挈衣與之，及接視，則裙襴也。歸以告令。令俯首再三，仰而言曰：「賜衣而得裙襴，非衣也。非衣者，裴也。豈有裴姓其人者耶？」捕叩頭曰：「似也。閭左有裴愛，無賴也，不事家人生産作業，而僦旅舍旁以居，得出入於舍，此當是也。」任曰：「然。然則其抱細女者抑可知矣。夫細女，愛女耳。吾聞納音之數，陽姓從左，今左非衣而右愛女，其爲裴愛無可疑者。」遂收裴，拷之，得實。

趙洞門知吳薗次可恃

趙洞門爲御史大夫，賓客盈庭，車馬輻輳，望塵者接踵於道。及罷歸，出國門，送者纔三數人。尋召還，前去者復來如初。歙縣吳薗次太守綺獨落落然不以欣戚改觀，趙每目送之，顧謂子友沂曰：「吾百年後，終當恃此人力耳。」未幾，友沂卒，趙亦以痛子殁於京邸，兩孫孤立，薗次哀而振之，撫其幼者如子，字以愛女，一時咸歎趙有知人之明。

聖祖知張伯行爲清官

儀封張伯行尚書通籍，用内閣中書，總河張文端公異其才，題赴河工，以勞績補濟寧道，旋遷江寧按察使。康熙己卯，聖祖南巡，以伯行爲江南第一清官，徧問大學士督撫以下，推獎無異詞，大悦，曰：「汝等何不保舉？朕保之，將來居官好，天下以朕爲明君；若貪贓壞法，天下人笑朕不識人。」駕至松江，即擢福建巡撫。又伯行撫蘇時，以緝海盜及科場二事，與總督噶禮互訐，廷臣多袒噶者，上諭削噶禮職，而伯行留原任。時江左士民歡聲徧朝野，榜於門曰：「天子聖明，還我天下第一清官。」焚香結綵，拜龍亭，呼萬歲者，至數十萬人。復有數萬人赴京師暢春園，跪疏謝恩，願各減一齡，益聖壽萬萬歲，以申真實感激之忱。

聖祖知施世綸偏執

康熙辛巳，漕督施世綸方官淮徐道，適湖南按察使闕員，大學士伊桑阿等以九卿保舉世綸入奏。諭曰：「施世綸，朕深知之，其操守果廉，但遇事偏執，百姓與生員訟，彼必護庇百姓；生員與縉紳訟，彼必護庇生員。夫處事惟求得中，豈可偏私！如施世綸者，委以錢穀之事，則相宜耳。」

聖祖知熊文端遺疏之僞

孝感相國熊文端賜履引退後，初留京師，嗣疏辭食俸，歸老江寧。康熙己丑卒，遺疏至京，其同姓編修熊本竄入薦己語。上覽疏，諭廷臣曰：「熊賜履學問既優，人品亦端，此遺疏內薦舉其姪熊本，必係虛僞。」命總督噶禮確察。噶禮取其疏草以進，果無是語，下法司鞫勘，論熊本罪如律。或曰，噶禮迎合忮忌，所呈疏草未可據也。

聖祖知三藩之宜撤

康熙甲寅，尚可喜請撤藩，吳三桂、耿精忠亦陽請以覘廷議。滿洲米敏果公堅言宜撤。既而三桂、精忠相繼叛，人謂撤藩速變，聖祖諭廷臣曰：「朕少時卽以三藩勢燄日熾，不可不撤，豈因其叛，遂委過於人耶！」

富春知王亶望不久

宗室輔國公富春任杭州將軍，撫軍王亶望，貪吏也，耽聲色，元旦拜聖牌，王困酒，日中始至，富正色責曰：「元旦爲履端令節，拜牌乃臣子禮儀，安可遲延，是玩愒也。」王長跽請謝。富退謂人曰：「王公其不久乎！」逾年以貪縱敗，如其言。

愛星阿知明珠

愛星阿曾偕吳三桂入緬，擒獲明桂王由榔，以功任領侍衞内大臣。初，索額圖以椒房擅寵，時明珠爲侍郎，因索而見知於聖祖，愛謂索曰：「明之材智在君上，今雖因君見用，殊畏悏，蓋忌君也，他日齮齕君者必明。」索不悟。後明引高士奇、徐乾學輩爲黨，索爲所擠落職，抑鬱以終，如愛所料。

世宗批示之明察

世宗明察特甚，屢於批示中見之。某獲罪受錮，在獄，上書自陳，有「辜負天恩，羞懼交并」之語，批云：「知汝懼死實甚，然羞則未也。」批某督密奏云：「朕未踐祚，即諗知汝，汝謂朕爲盲耶？」批示某撫云：「善治本省，朕雖未悉汝面，然汝之政績朕皆諗悉，莫謂朕無耳也。」批刑部秋決一案云：「犯婦某氏謀死親夫，例應處刑。但該氏以丈夫逼其爲娼，情急自衞，與因姦成命者有別，應免治罪。且該氏貞潔自保，至死所天而不顧，大義滅親，亟宜爲建坊旌表」云云。

世宗察下情

雍正初，世宗因允禩輩蓄逆謀，故設緹騎，四出偵伺，即閭閻細故，亦皆上達。有引見人欲買新冠者，路逢人，問其處。次日入朝，免冠謝恩，上笑曰：「慎勿汙汝新帽也。」王制府士俊出都，張文和薦一健僕，供役甚謹。王將陛見，僕豫辭去。王問故，僕曰：「汝數年無大咎，吾亦入京面聖，爲汝先容。」至此，乃始知僕爲侍衞某也。

世宗知部臣疏於入署

刑部大門之匾額，相傳世宗遣人取之，部臣不知也。一日御門，詢及「爾部有額否」？對以有。上命人舁出，示之曰：「額在此久矣，而若輩未之知，則平日疏於入署可知也。」諸臣叩首引罪，自是額亦不復發出，故遂無額。

阿文勤與年羹堯蹤跡甚疏

阿文勤與年大將軍羹堯爲同年，年入覲時，寵眷方隆，文勤知其必敗也，落落然與之蹤跡甚疏。一日，年在朝房中語文勤云：「我二人乃老同年，形迹何落寞若是？」次日即餽多儀於文勤，文勤僅納袍褂料各一端，自詣年邸致謝，此後遂不通往來。年賜死，牽連者衆，文勤竟不爲所累。

蔣衡知年羹堯必敗

年羹堯鎮西安時，廣求才士，羅而致之於幕中。孝廉蔣衡應聘往，年甚愛其才。曰：「下科狀頭當屬君。」蓋年有權勢，試官皆不敢違也。蔣見其威福自用告同，舍生曰：「年公德不勝威，禍必至，吾儕不可久居於此。」友不聽，蔣佯稱疾發，辭歸。年餽以千金，蔣辭不受；易百金，乃受。歸未踰時，年以事誅，幕賓皆罹其難。年素侈，用不及五百者不登簿，蔣故辭千而受百。時雍正乙巳也。

孫劍才知年羹堯必敗

湘人孫劍才以善卜客年羹堯門下，居二年矣。年建邸，術士咸集，皆曰：「百年之業也。」孫曰：「俄頃可墟耳。」年大怒，將殺之，孫自陳願一言而死。乃召之至，孫曰：「大將軍大禍在前而不悟，願就死。」年詰之，孫曰：「大將軍威震中外，然功高則疑，主上苛察而羣下構陷，非福也。且張廣泗、岳鍾琪率軍征西，方成犄角之勢，所以制將軍也。果能遣人往刺張、岳，自統大軍入燕，燕破，各省不移檄而定矣，此子孫萬世之業也。」年曰：「成敗不可知，吾固握有兵權耳。」孫由是得釋，變姓名而遁。其後年眷入京，中途遇盜，失其子。及雍正乙巳，年賜死。年子既爲盜所擄，教之讀書、學劍。盜爲誰？孫劍才也。蓋逆知年之必不善終，欲存其嗣，故出此刦人之策耳。

世宗不信岳襄勤謀逆謡言

雍正乙巳，成都岳襄勤公以一等公總督川陝，勛高望重，持節故鄉。丁未秋，成都謡言有謂襄勤以川陝兵馬反者，疏聞，諭曰：「數年以來，在朕前讒譖岳鍾琪者甚多，不但謗書一篋，甚至有謂鍾琪係岳飛之後，意欲修宋、金之報復者。其荒唐悖謬，至於此極。岳鍾琪懋著功勳，川陝兵淳良忠厚，其尊君親上，衆所共知共聞。今奸民乃云從鍾琪謀反，是不特誣鍾琪，并誣川陝兵民以叛逆之罪矣。」特飭疆臣黄炳、黄廷桂嚴審造言之人，旋訊知爲湖廣奸民寄居四川之盧宗漢播造浮言，乃論斬如律。

伶人機警

年羹堯率師出征，朝士設宴爲祖餞，演劇以佐觴，所點某齣曲本中，有「瓦罐不離井上破，將軍難免陣前亡」二句。及扮演登場，曲已過半，方猛然悟之，然已無及矣。點者不敢聲。詎知某伶竟改爲「瓦罐豈必井上破，將軍此去定封王」，座客擊節，賞賚有加。又《文昭關》之伍員例宜佩劍，某伶結束登場，誤懸腰刀一口，出場方覺，同輩咸爲之寒心，座客亦有腹誹之者。某伶絶不介意，乃將「過了一天又一天」四句，改爲「過了一朝又一朝，心中煩惱何日消？腰中佩了三尺刀，父兄怨仇不能報」。點者嘉許之，賚以百金，伶由是知名。

高宗精音律，《拾金》一齣，御製曲也。南巡時，崑伶某淨名重江浙間，以供奉承值。甫開場，命演

《訓子》劇。時院本《粉蝶兒》一曲，首句俱作「那其間天下荒荒」，淨知不可邀宸聽也，乃改唱「那其間楚漢争強」，實較原本爲勝，高宗大嘉歎，厚賞之。

蔣適園知老僧殺人

鉛山蔣適園堅，爲心餘之父，七歲，從叔游法雲寺，聽諷經。廡有縣署捕役數人以蹤跡殺人犯至，方坐談，蔣微聞其言曰：「某僧被殺，不得主名，奈何？」乃私告其叔曰：「殺人者卽堂上老僧。」叔問何以知之，曰：「彼誦經而目屢顧，可疑也。」語爲捕者聞，牽僧去，一訊卽服。

高宗不取好名無實之舉

乾隆癸酉，近畿蝗，曹文恪公秀先方爲御史，疏請御製祭文，頒發有蝗郡縣，謄黄祭告，并稽古典舉行蜡祭。手敕曰：「蝗蝻害稼，惟當實力撲滅，此人事所當盡。至於諸神報賽，禮亦宜之。若欲假文詞以期感格，如韓愈之祭鱷魚，其鱷魚之遠徙與否，究亦無可稽求，未必非好事者附會其説。朕非有泰山北斗之文筆，似此好名無實之舉，深所弗取，所請著不准行。」

戴東原問周宋相去時代

戴東原，名震，幼入塾，塾師授以《大學》章句，一日，讀至「右經」一章，質於師曰：「曾子何以知爲孔子之言而述之，門人又何以知爲曾子之意而記之？」師曰：「朱子所言也。」戴曰：「朱子何時人？」師曰：「南宋。」戴曰：「曾子何時人？」師曰：「東周。」戴澄思有頃而又問曰：「周、宋相去若干年矣？」師曰：「約二千年。」戴曰：「時代相距若此之遠，朱子何以知其然而云爾？」師默然。

錢文端有知人鑒

秀水錢文端公陳羣有知人鑒，諸城劉文正公統勳初釋褐時，以所業就正，錢謂文正房師王樓山云：「吾賀子，及門得偉器，他日令僕才也。」時文正及錢唐梁文莊俱以筆法自詡，錢曰：「二君毋高自位置，會看賢郎跨竈耳。」後文正子文清公墉、文莊子山舟學士同書，果濡染家學，八法冠時，碑版大書，照耀四裔，而書名突出其父上矣。

舒文襄預知阿睦爾撒納之叛

乾隆乙亥，舒文襄公以分置準噶爾阿睦爾撒納家屬獲罪，降爲馬卒，即荷殳執靮，與士卒同伍。及聞班忠烈公第密劾阿事，曰：「阿叛志已決，不可使得其家屬，傅虎以翼。余雖得罪，曾任大臣，出疆專命之罪，余甘任之。」乃部勒士卒，圍其營帳。阿果夜率衆至，欲擄其家屬牧廠。兵士爭先用命，阿知有備，踉蹌遁。高宗聞之大喜，復其職。

和珅預知試題

每屆順天鄉試，其《四書》文題，例由欽定。先期，內閣進呈《四書》一部，命題畢，仍發下。乾隆乙酉鄉試，奄人捧《四書》發還內閣，和珅就奄與語，探高宗命題時情狀。奄言：「上披閱時忽微笑，振筆直書。」珅不語，遂知爲「或乞醯焉」一章。蓋「乞醯」二字中嵌「乙酉」字在內也。乃密通信於其門生，倩人預搆，獲儁者甚衆。

郭大昌識和珅之奸

嘉謨爲河庫道，大學士忠襄伯和珅，其外孫也。珅少貧，每遣僕劉全徒步往返五千里，求佽助，嘉資以白金五十兩。郭大昌方爲河庫道吏，與全飲而歡，語之曰：「子且貴，何爲人僕從苦如此。」亦資之如嘉數。珅嗣以家累，遣全求嘉助白金三百兩，嘉怒詈遣之。珅遂私出都詣嘉，嘉怒甚，欲治以逃人之法。郭從容語嘉曰：「吏見和郎，貴當在公上，公毋薄其貧。且公以三百兩助外孫，事甚小，何苦怒如此！」嘉曰：「汝善和郎，何不自助之。」郭曰：「公不助和郎者，吏不敢先。」嘉乃出金授郭曰：「郎日爲我遣之。」郭招至酒樓，握手曰：「郎君不日當大貴，貴後願毋忘，今日爲天下窮黎乞命。」既爲具鞍馬，又自以白金三百助其裝。其後珅以戶部尚書爲軍機大臣，扈蹕下江南，至紅花埠，遣全馳詣郭，約相見於衆與集。郭曰：「吾始謂若濟世才，今乃招權納賄，爲贓吏逋逃藪，毒流生民，吾恨爾時不慫恿治以逃旗外遣之罪。若主僕旦夕且無死所，毋累我！」遂與絶。後卒如其言。大昌，山陽人，洞徹水性，窮極事變，乾、嘉之際數十年，凡奉特旨持節治河及經制官河督以下，無不遇事諮決，倚爲安危，蓋振奇士也。

趙謙士知物可招尤

椰子産嶺南，取其蒂以爲數珠，冬不冰手，夏不畏汗漬，於服用最宜。色純黑，若稍有筋膜，則雜以微黄，每一百八顆中，求其純黑光潤無瑕疵者，殆難一二。上海趙謙士侍郎嘗兢骨董鋪取數十百串，擇其美者，集爲一，以十數年之功，始純粹以精，不啻千狐之腋也，甚愛之。官户部時，和珅正烜赫，方爲其屬，每見必目其珠，或手摩挲之，歎美不置，有欲得之色，趙輒佯爲不知者而退。或謂之曰：「彼視金玉如糠粃，而獨愛君數珠。此微物耳，若獻之，美遷可得也。」笑不答。歸遂扃之，不復御。他日，從容語其家人曰：「吾之集此數珠，未嘗不自笑其甚勞而無謂也。吾有玩物，友朋愛之，必以贈，蓋歸於所好，物得其所，初不必終據爲己有也。若以貽權要，即微物亦不可。然吾聞物異於衆，足以招尤，吾終身不復用矣。」

陳四承王槐江教

和珅之僕有陳四者，舊曾給事於兵部侍郎奉寬。乾隆某年，王槐江隨珅使滇，四亦從，以王爲奉之門下士也，優禮有加。及差竣回都，四語王曰：「如有求補州縣者，可爲關説，彼此均可沾潤。」王飾詞卻之。後復再三陳述，王引至無人處，告以利害所在，四爽然而止，旋託疾退役。及珅敗，四脱然無累。

畢秋帆知張回子不反

乾隆辛丑，畢秋帆制府撫陝時，甘回不靖，阿文成奉命督師往勦。西安有張回子者，爲内地回人之望，擁資百萬。畢素知其人，一日，方與兩司議籌防，有飛騎傳軍報至，啓視，即置韡中。兩司退，召巡捕曰：「汝持我名柬，即邀張回子來。」張至，以軍報與閲，張皇遽伏地，請收付獄。畢曰：「我欲收汝，不汝邀矣。我固知汝必不反也，我將以全家六口保汝。」張叩頭出。後知文成營中獲一諜，親訊之，指張爲謀主，諜固嘗傭於張，以盗牛逐也。文成已入告，馳書陝撫密收，畢亦即拜疏，以全家保其不反，事遂得寢。然其時方修城，回人之居内地者不下數萬，張素任俠，爲族人所信嚮，諸回多伺其動静以爲從違。設非畢之推誠布公，後患殆不可料也。

完顏夫人知禍福關頭

傅文忠公恆原配完顏夫人，總督明山長女也。性爽伉，有機智，遇事多决斷。儷文忠二十餘年，時佐理案牘。安南國王阮光平既歸降，高宗欲阮來朝，始貰其罪，而阮畏懼不敢來。傅以爲憂，夫人曰：「此相公禍福關頭也。阮不親至，何以報上命？」因呼阮使臣吴俊入内室，隔簾語之曰：「吾儕雖裙釵，敢以此頭保汝王不死，務須令其至粤，以彰聖德。」吴馳歸，力説阮，以夫人語告之，阮始入覲。上大悦，優賚以歸。文忠薨後數十年，夫人持家以嚴肅稱，爲滿洲世族中所罕遘也。

周文恭知川陝楚豫兵少之危

周文恭公鍠任武政時，語人云：「今天下惟川、陝、楚、豫甲兵甚少，其地當中原腹心，道路險阻，一旦盜賊竊發，恐非有司所能辦。」欲見上陳奏經略，會以病去官不果。及川、楚教匪作亂，果以兵勢單弱不及備，蔓延九載，人始信其有先見也。

程正夫知百年真夢

程正夫，名先貞，夙具達觀，嘗製一棺，題曰「休息庵」，自作銘刻其上，酒酣便卽偃卧於中。有詩曰：「版屋蕭然密四周，愚人息矣聖人休。百年恍惚真疑夢，萬事紛紜已到頭。廣柳何時催去駕，猗蘭此夕詠閒愁。相煩雅客來欣賞，莫待遥憐土一丘。」

張介賓知死期

張介賓邃於醫，著述甚富，晚年尤深於《易》，事皆前知。至八十三歲之秋，一日忽語家人曰：「我將死，速備殮具。」既而連日陰雨，乃曰：「道路泥淖，未可走别同人，展遲十日亦無不可。」屆期，宴戚友，歡飲畢，講《易》至隨卦三爻，時月色正明，乃曰：「可去矣。」起身拱手，向諸人作别，上榻趺坐，一笑而逝。

袁守中案置小棺

嘉慶時，蘇州城隍廟道士袁守中居月渚山房，其案頭常置紫檀小棺一，長三寸許，有蓋，可開闔。錢梅溪見而詢之曰：「製此何用耶？」袁曰：「人生必有死，死則便入此中。吾怪世之但知富貴功名而不知有死者，比比是也。吾每有不如意事，輒取視之，以當嚴師之訓誡、座右之箴銘耳。」

羅思舉驅猿

四川山中多猿，猿以族居，時時入人家盜食物。稻熟時，猿多以千計，自山下，人以器穫，則猿以爪摘，逐之則東馳西去，猿輕捷，人往往不能近，而稻則蹂躪無遺，或擊殪其一二，猿不懼也。農民無如之何，則聽之，三分秋收，猿取其一，人取其二，歲以爲常。羅壯勇公思舉幼嘗爲人放牛山中，一日，語主人，能以千錢見予者，當盡驅猿羣，使不敢盜一穗一粟，主人許之。俄而猿大至，思舉手繩伏壠下，伺一巨者過，猝躍起擒之，縶以獻主人。主人誚曰：「若以是計去猿耶？山中猿多不可計，今捕其一，所去幾何？」思舉曰：「卽此已足，敢保三日後猿屏迹不來也。」乃縛猿於柱，假薙刀一，剃其體，茸茸者悉去之，濯濯之鞟露矣。於是周身塗以五采，陸離斑駁，有若鬼怪，乃以爆竹數千繫諸其尾。明日，猿羣又至，則取前所擒者燃爆竹而縱之，爆竹驟發，所擒之猿，則奔還其羣。其羣見之大駭，以爲異物也，亟奔逃。所擒者爲爆竹所轟，亦駭極，益狂奔不止，自相追逐踐踏，展轉互引，顚隕山谷，死傷纍纍，自是不敢復出。壯勇由是以智顯，後官至湖北提督。

仁宗知和珅

嘉慶丙辰元日，仁宗既受禪，和珅以擁戴自居，待之甚厚。遇有奏高宗者，皆珅代白。左右有非之者，上曰：「朕方倚相公理四海，何可輕也。」珅又薦其師吴省蘭爲上録詩草，覘動静。上知其意，吟詠中不露圭角，珅心安之。及高宗崩，王念孫、廣興等先後劾之，立命儀、成二王傳旨逮珅，並命勇士阿蘭保監以行，尋賜死。

某太守名刺以珍珠爲字

和珅當國，朝士咸奔走於其門。嘉慶己未，珅敗，凡所援引之人悉被累獲咎，即僅投一刺者，籍没時，爲吏所得，輒不免。某太守知其必敗，而又不敢不往，所用名刺綴珍珠爲字，閽人貪得珠，即毁其刺，故珅敗而某太守獨無恙。

仁宗駁斥閉門求雨之奏

嘉慶丁卯，春夏愆暘，光禄卿錢楷請依《漢書》求雨閉陽縱陰之説，將正陽門石道停工。仁宗謂：「五行生尅，大率經生傅會，即如《漢書》求雨注内所稱閉南門、禁舉火之類，一鄉一邑或可偶一爲之，京師都會之地，設令正陽、崇文、宣武三門暫閉數日，成何政體。從前竇光鼐惑於此說，竟有不開房門出入窗牖之事，豈非笑談。雨澤愆期，惟當勤修實政，敬迓天和，所奏應無庸議。」

錢黼堂知將死

嘉善錢黼堂少宰樾，乾隆壬辰進士，官至吏部左侍郎。少工書法。年七十餘，自營生壙，一切飾終之具皆自經理。一日早起，命家人將書籍、筆硯、字畫、什物及生平玩好之具，悉點檢而鎖扃之，若將有遠行者，遂坐後堂，儵然而逝。

託津戴均元督内臣檢御篋

嘉慶庚辰七月，滿相託津、漢相大庾戴均元扈蹕於灤陽圍，甫駐蹕，聖躬驟不豫，變出倉猝，從官多皇遽失措。託、戴督内臣檢御篋十數事，最後近侍於身間出小金盒，鎖固無鑰，託壞金鎖發盒，得寶書，遂相偕奉宣宗即大位，率文武百官隨瑞邸行禮，乃發喪。中外晏然，均服其急智。

龍夫人智略

嘉、道名將，首推二楊。果勇侯芳則有夫人龍氏，爲華陽人。侯方任寧陝總兵，夫人歸焉，婚三日，終南教匪熾，侯率兵搜賊。明年，調署固原提督，夫人方懷妊未行。及秋，寧陝鎮兵以停餉兩月，嘖有叛言，鎮將不善駕馭，勢岌岌不可終日。或請夫人乘夜速行，夫人曰：「叛否不可知，若行而後叛，是通賊也。不然，何以先知？」卒不行。亂作，殺營官，肆焚掠，闔城擾攘，官民眷屬夤夜驚竄，反依夫人爲逃死藪。方是時，未叛者拒於內，曰：「夫人勿死，我輩受恩重，誓禦賊以衛夫人。即不敵而死，主將聞之，亦見我輩心也。」已叛者拒於外，曰：「夫人勿驚，我輩受恩重，情急而叛，無與夫人事。誠慮外寇驚及夫人，主將聞之，無以明我輩心也。」先是，鎮署司餉員朱之貴，性吝刻，衆欲殺之。夫人藏之複壁中，佯令追捕，衆意乃釋。黎明，叛衆請見夫人，奴婢及避難婦女倉皇號涕，求勿放入。夫人怒曰：「生死有數，敢涕泣者懲之。且朽牆薄壁，脱有他意，誰能禦之？請見則見，何畏之有。」命左右啓門出，端坐堂上。叛首數十人血臂淋漓，伏地痛哭，請送夫人出城。夫人曰：「誰則戕官，殺人者抵命，於汝衆人何尤！速擒首逆，絶妄念，主將或可以申奏朝廷，予以生路。」衆曰：「我輩結盟，誓同生死，不能遵夫人命。謹備輿馬以俟。」諸婦女又曰：「夫人行，我輩死矣。」夫人曰：「此輩皆我故舊，須隨我出，不得傷殘。」即出婢媪衣履，與官眷結束，以次啓行，而己乃乘輿殿後。甫出署，叛衆發號傳隊以送，夫人呵曰：「止！此何時，何等狂悖，而猶循此虚文耶！除現在署前者，餘皆不得露面。」衆唯唯，送至澗溝，哭拜而返。適遇之貴於途，舉刃擬之曰：「汝今日亦入我輩手耶？」之貴曰：「我藏複壁，夫人計也。」夫人忘盥盆，命我送往，汝等欲殺我，即轉賣盥盆去。」衆審視良久，曰：「且爲此盆饒汝。」

明日，夫人抵石泉縣，石泉民方遷徙，縣令不能止，聞夫人至，公服攀轅，留守城池。越六日，始就興安免身。時典郡興安者，夫人從兄燮堂也。

初，侯於固原聞變，遣屬將選兵進勦，而自帥親丁四人，冒雨急馳千二百里，三晝夜而至盩厔。得孌堂書，知夫人已居興安，卽馳往石泉撫賊，解鄠縣圍。賊首蒲大芳，舊部也，素得衆心，侯又素得大芳心，乃單騎入賊壘諭以順逆利害，說令投誠，仍同入寧陝鎮城，約束歸伍。而大芳心懷反側，頗悔降，遂以願赴興安迎致夫人爲請，實以試主將心也。侯立允所請，不增一奴。或謂夫人明哲，必託辭而不行。比大芳至，天大風雪，夫人冒雪抱子，泰然登程。越日，道過漢陰廳，大芳與同行王奉者相鬨，夫人入廳署，訊知曲直，棍責大芳四十，械繫而行。將至鎮城，降衆代求免繫，更乞勿使主將知，夫人許之。及見侯，詢問公私事，則悲喜交集，獨不言途責大芳事。居十日，各帥遣都守馳候侯，見左右役使皆叛黨，目灼灼，皆相視無一言。少頃，請間，密白曰：「各帥得漢陰稟函，知夫人途責大芳，恐降衆離心，故遣某等探侯。」侯曰：「吾不知也。」入詢夫人，曰：「有之。」曰：「何無一言？」夫人曰：「是不必知。知而不誅則廢法，知而加誅，則失信。我見不徹，不敢行，既行，保其貼服，無勞探也。」侯出語都守，皆歎服而去。他日，各帥戲謂侯曰：「君小心，夫人敢責賊，恐元帥亦不免也。」

方侯削職將戍伊犂時，謂立功贖罪，或可免行。夫人曰：「卒伍爲逆而主帥無罪，國家無此法度。所望君恩高厚，不久戍耳。」後一月，果蒙賜還。侯籍隸貴州，褫職自韃爲南歸，舟子慫恿糴鹽，謂至沿河司可獲重利，侯幾爲之動。夫人曰：「居官不宜重利，況數奇，始罷官，一生財祿可知。」力諫而止。行抵黃瓜漕，前舟撞損，以載輕，急駛傍岸，人免而船沈。

阿文成遠慮

乾隆辛丑，大學士阿文成公桂既平回亂，廷臣有新開郡縣之議，文成言：「回部性頑，難治以漢法，宜擇酋建國，而駐大將軍於烏魯木齊，責其貢賦，不然，恐辦事領隊大臣或有嗜財好色者，不過六十年後，終當有變。」及道光乙酉，張格爾事起，適符其期。參贊大臣武隆阿因重進此說，上遂命直督那彥成馳往密議，始以丁亥除夕擒張於鐵蓋山。

胡興仁辦差急智

道光中，胡中丞興仁官陝西西安府，時長文襄公凱旋過境，天寒，需火爐，倉猝無以具，乃命取食案數百，鏇其中，置鐵鑊盛火，而截其足之半，自是三軍如挾纊。又督師牙兵三千索貂纓，諾之。從官請折價，需金六千，乃購貂裘數襲，命縫人縷裁之，叱嗟立辦，長大悅。

程恩澤預知粵亂

南海譚玉生瑩素善飲，雖疾病不去杯杓，或箴以酒非攝生所宜，瑩笑曰：「酒乃天之美禄，古人所以享食高年，豈殺人物？況壽算天定，吾犬馬齒當踰古稀。」或曰：「何以知之？」瑩曰：「道光壬辰，歙縣程侍郎恩澤至粵典試，榜後，同人餞於白雲山雲泉仙館，酒酣，慨然曰：『粵東今日可云極盛，衰象將見，此後二十餘年，亂從粵東起；再十餘年，亂徧天下，不堪設想矣。』曾拔貢釗與相問難，不覺鬱悒，程笑曰：『子無爲杞人憂，吾與子不及見。』隨諦視座客曰：『皆不及見矣。及見者譚玉生耳。』後五年，程卒。甲寅，紅巾起，曾卒。丁巳以降，内外交訌，幾如陽九百六之期，而當日座客物故殆盡，惟瑩獨存，至七十二始殁。

李文恭深慮粵亂

李文恭公星沅嘗官兩江總督，尋以母老乞病歸。文宗御極召用，懇請終養。道光乙巳，粵寇漸肆，而林文忠公則徐道卒，朝廷以文恭能任事也，詑以欽差大臣關防畀之，而李又殂。方其抵粵西也，憂寇甚，寢食失常度，每謂人曰：「此賊非眼前諸公可了。」時周文忠公天爵、向忠武公榮、烏武壯公蘭泰皆與共事，意不謂然，李曰：「後當思吾言耳。」疾革，以關防送周，而遺表薦烏、向，謂可任其後。

吴文熊知會匪將爲後患

道光戊申，吴文熊錫徵佐其從兄武陽司巡檢某擒會匪十餘人，中有洪秀全、楊秀清、石達開、韋昌輝四人。文熊見其狀，知不可制，必爲後日患，言於巡檢，將請縣令置之重典，而令得賄三千金，分以與巡檢，遂釋之，文熊太息而已。

孫渠田預知粵寇之變

道光庚戌，粵寇未起，而廣西全省伏莽已四布。時瑞安孫渠田學士方督學廣西，知必有大變，亟草疏以陳。蓋廣西歲饑多盜，適湖南雷再浩、李沅發兩次之亂，均有竄至廣西者，乃蜂起應之。六月，洪秀全遂據桂平縣之金田村以爲亂，咸豐壬子二月，秀全圍省城矣。

孫宜人賢而智

孫太君爲錢塘徐杉泉大令之配，生平居處必循禮，素重師儒，兩子就傅時，每饗塾師，必有豕肉。一日，飧不繼，憂之，謀於子婦孫宜人曰：「吾與子可不食，奈師長何？」孫宜人曰：「易易耳。」乃以青蚨八，市餺飥，以外襲之黍進太君，而取其中之肉醢置蔬上，成一簋。太君喜曰：「子可謂賢而智矣。」

潘功甫知亢旱

吴縣潘功甫舍人曾沂爲文恭冢子，文恭當國，深自韜匿，就所居鳳池園構一廬曰船庵，鍵關謝人事，終日焚香讀書，澆花洗竹，一家如在深山中。有童子應門，客至，受柬門隙，無貴賤一不報。中間省視京邸者再，往返數千里，亦不見一客。俗所用署名小紅箋，擯不具者二十餘年。中歲以後，長齋禮佛，究心内典。弟曾瑩舉京兆，從子祖蔭捷南宮，咸預知，次第不爽。咸豐壬子春，趣工治義井，甃新渫舊，凡四五十區，人莫測也。無何，秋八月不雨，至冬十有一月，城中擔水直百錢，遠近賴以得飲，始大異之。

文慶破除滿漢成見

咸豐乙卯七月，文慶以大學士入軍機，時海内多故，粤寇縱横，滿臣如賽尚阿、訥爾經額皆以失利獲咎。文嘗言欲辦天下事，當重用漢人，平時建白，常密請破除滿漢成見，不拘資地以用人。曾國藩起鄉團擊賊，爲壽陽祁寯藻所排阸，文獨謂其能殺賊，終當建大功。胡林翼以江南科場失察，與文同鐫秩。文知胡負奇才，嘗薦之，乃由貴州道員一歲而擢湖北巡撫。而袁甲三、駱秉章皆文所力薦，賴以削平大難者。及將薨，遺疏謂各省督撫如慶端、福濟、崇恩、英棨等，皆難勝任，不早罷斥，恐誤封疆事，其後皆如所料。

閻文介勸胡文忠勿劾官文

咸豐時，胡文忠公林翼撫鄂，時督師者爲官文恭公文。官有門丁弄權納賄，府中用財無度，不足則提用軍餉，文忠恒以爲憂。朝邑閻文介公敬銘時以户部員外郎總理糧餉，參帷幄，往謁文忠，請問言事。文忠屏人，以督府專告之曰：「方今籌餉艱難，而彼用若泥沙。進賢退不肖，大臣之職也，而彼動輒乖謬。今若不舉實糾參，恐誤封疆事。」閻對曰：「公誤矣。夫湖北居天下衝，爲良將勁兵所萃，朝廷豈肯不以親信大臣臨之。夫督撫相劾，無論未必能勝，即能勝，能保後來者必勝前人耶？公能復劾之耶？且使繼之者或勵清操，勤庶務，而不明遠略，未必不專心自用。彼秩至督撫，亦欲自行其是，豈必盡能讓人？若是則掣肘滋甚，詎若今用事者胸無成見，依人而行。況以使相而握兵符，又隸旗籍，爲朝廷所倚重，每有大事，可借其言以得請。今彼於軍事餉事之大者，皆惟公言是聽，其失祇在私費豪奢耳。然誠於天下事有濟，即歲捐十萬金以供給之，未爲失計。至其位置一二私人，可容則容之，不可容則劾去之，彼意氣素平，必無忤也。此等共事人，正求之不可得，公乃欲去之何耶？」文忠深服其言，由是益與官交歡無間言。

葛謙山知兵禍

廣西潯州葛謙山，性豪俠。道光末，粵寇洪秀全、楊秀清皆與交，方思乘機煽亂，將羅致謙山，乃深自匿。某年，仁和鍾某挈子駿聲從新簡潯州守，至潯，掌教某書院。諸生中有與謙山交契者，言於鍾曰：「葛謙山家深山中，缺西席，雅慕公子，欲延以爲師。」於是駿聲遂往。其家有園，依山爲牆，導澗爲池，屋百餘椽，館之於園中。謙山待駿聲有加禮，徒二人，至馴謹。一日，謙山語駿聲曰：「僕有事外出，某日某刻將有數人來訪，慮閽人無以峻卻而闌入書室，善爲我辭，則幸甚。」至期，客果至，答如前。客坐久，慨然曰：「主人匿不見，亦無曹焉。雖然，余等非甘受紿者，請以一言爲證，主人此時在某樓，坐某向，閱某書，試往驗之。余等從此逝矣。」遂去。駿聲亟攜僮登樓視之，謙山所坐之向，所閱之書，不爽毫髮，蓋諸客亦精術數也。謙山乃語駿聲曰：「若輩素與予交，今將舉大事，予故避之。君在此亦危矣，宜亟請尊甫來，予當有以相告。」越日，某至，謙山設席相待，曰：「余將遠徙，此地不久爲灰燼，所存者惟園中湖石耳。君於庚申，可得殿撰，惟此時兵禍蔓延半天下，過此，其亡也忽諸。爲今日計，喬梓宜速歸。自此至浙，亙數千里，途中盜賊遊勇，滿地荊棘，多攜資斧，無益有累，僕已繕書數函，投某某處，可得資爲助。他日軺車四出，或至山中一覲園石之存否可乎？敢以此言爲息壤。」飲酣而別。後駿聲果以庚申第一人及第。越數年，視學某省，事竣，迂道訪之，則荒煙蔓草矣。問之鄉人，皆云不知所往，而湖石則巋然獨存。

蕭智懷以遯自全

蕭智懷，湘鄉人也，生而豪蕩不羈。年數歲，讀書一目了然，然不肯竟讀，得間輒逸去，集牧牛兒爲超距拔河之戲，指揮進退，如大將撫士卒。稍長，有文名，肄業長沙嶽麓書院。當時士人率以八股爲事，蕭不耐，遇題出，就己意揮灑，以氣行之，頃刻千言，見者吐舌。撫軍某初下車，觀風，題爲《故仲尼不有天下》，蕭中幅云：「假使天命有歸，則三恪可封，杞、宋與成周並列；諸侯錫命，晉、楚與邾、莒同行。所難爲者，魯君與季孟不免北面之慚耳。抑使人心有屬，則安內攘外，回、由信將相之才；繼體守文，鯉、伋亦成、康之比。所遺憾者，亳社與殷頑無及裸將之恥耳。」撫軍見文大驚，立拔置第一而黜之出齋。蕭亦不爲意，其文則傳誦一時。

及粤寇起，蕭被褐謁洪秀全於軍次，挺身直入，門卒止之，不聽，疑爲刺客，執而搜之。蕭怒，出市井語相詈，聲達於内，楊秀清聞而出視，蕭拱手曰：「公，東王耶？敢問今日舉兵，將以排滿歟，抑以佐滿歟？」秀清曰：「惡，是何言？吾固排滿，安得佐之？」蕭曰：「然則公欲舉大事矣，乃使走卒窘辱國士何也？」楊大笑曰：「君亦狂生也。」乃握手入，偕見秀全。蕭請毋戀戰，順流而下，急取襄鄂，出兵中原，以窺燕京，秀全納之。武昌既陷，將士覵東南繁富，皆請東下，蕭不能争。及據金陵，蕭又畫策，請以荆襄之兵出南陽，趨河洛；皖贛之兵出淮潁，趨開封；秀全出揚州，沿運河水陸並進，扼臨清，赴幽冀，所在招納豪傑，易置守令，一切因俗從簡易，暫不更張，如此則河北將望風而下。秀全意亦謂然。而秀清陰有異志，以軍中耳目多，不便舉動，由是兵不得出。蕭歎曰：「事敗矣！」佯狂不問事，俄而乘間逸去。

曾文正圍金陵，時陳湜在軍，與蕭有舊，蕭訪之，故態猶昔，欲留之，蕭不可，曰：「已事洪矣。既雞口，復牛後耶？」遂去，不知所終。

高繼周論卵石之勢

某年，曹縣之變，賊劫獄，釋罪犯，皆逸，中有因命案擬抵之犯高繼周，將被糾入夥，高曰：「我已入死而出生，不從將焉往！然徒侣祇此數百人，將何以舉大事？兗沂曹道距此甚近，帥兵來剿，是卵石之勢也。若困守孤城，直坐以待斃耳。君等可先去，我當至各村糾集數百人，庶可成事。」賊以爲然，棄城去。高奔告各署，僅一武弁，與之商，召集兵民，閉城，城遂完，高自投案，卒免於罪。

穆宗知肅順有異志

穆宗天資英敏，即位時方八歲，知肅順有異志，嘗戲以小刀割菜，呼曰：「殺肅頫，剮肅順。」及見肅，亦周旋無異他人，故肅不之疑也。

左文襄力斥衆論

光緒初，帕夏之未平也，左文襄肅清關内，禡旗啓行。英使威妥瑪居間調停，倡議封帕夏爲外藩，朝士和之，并爲一談。文襄獨引邊荒艱鉅爲己任，力斥衆論，而西域遂平。

左文襄見幾而作

左文襄公宗棠入都，僦居東安門内之石鼓閣，其時蓋以節度入樞密也。初亦鋭意欲有所爲，而成例具在，絲毫難於展布，且陳奏發行，急於星火，無暇推敲，又有明日上章，而今日甫定稿者，有所建白，爲同僚所尼，多中輟。所以文襄入值未幾，即力疏求去，殆亦見幾而作歟？

曾惠敏夫人賽會急智

曾惠敏公紀澤使英時，夫人從之，嘗與彼都人士相酬酢。一日，諸貴婦公議，翌日各出所有列會，供人遊覽，以得酬多者勝。貴婦多富豪，夫人自知不敵，歸商於惠敏。惠敏殊躊躇，顧又不能毁約。屆時，夫人挈龍井茶葉以往，是日酷熱，遊者疲而渴，夫人乘時煎茶進，遊者大悦，競擲以資，會既，夫人得酬獨多。

焉敢重爲社會之蠹

錢塘徐印香舍人恩綬浮沈下僚，安貧樂道，湘陰左文襄公宗棠、湘鄉蔣果敏公益澧及合肥李筱荃制軍瀚章先後欲疏薦之，輒謝勿受。任邱邊竹潭鹾尹葆樞嘗勸之，則曰：「吾無經世才，不欲以牧令自效，焉敢朘削膏脂，重爲社會之蠹乎？即此以言，已爲分利之人，方滋愧焉。」吴縣俞小甫通守廷瑛聞而語人曰：「徐君其真明智乎！」

沈文肅慮西人見底藴

同治甲戌、光緒乙亥間，日本與臺灣生番搆釁，侯官沈文肅公葆楨奉命巡臺，晤日本司令官西鄉從道，告以兩國海軍方萌芽，不宜遽開戰，爲西人盡見底藴，不如各歸，益自治軍，二十年以後可相見也。西鄉大感動，遂罷兵。及移督兩江，奏定各行省歲協南北洋二百萬兩，專儲海軍用，期以十年成南北粤三洋大軍。又恐緩不及事，先助北洋四百萬令成軍。於是購製鎮遠、定遠鐵甲兩艦，鎮東、鎮泰、鎮南、鎮北四礮艦。己卯，日本滅琉球，北洋增購致遠、靖遠、經遠、來遠四艦，扂琅威理督操。及頤和園工興，海軍費二千餘萬盡輸之，南洋前積費數百萬亦爲左文襄公宗棠移治朱家山河工。甲午戰後，文肅孫翊清赴日閱兵，西鄉從道猶在，語翊清曰：「日本海軍之有今日，不敢忘令祖之贈言，惜其人不再見。且貴國任事者，不能完其遺志，尤可惜也。」

張文襄不奉僞詔

凡上飭下曰仰，惟官文書則然，未聞見於諭旨者，諭旨則用着字。光緒庚子拳匪之變，矯詔南中疆吏讐逐外人，五月某日，鄂督張文襄公之洞奉廷寄，有「仰該督撫等」云云，故一望而知其爲矯詔也，不奉詔之計益決。

劉葆真知拳禍

武進劉葆真太史可毅爲光緒壬辰會元，庚子，從事京師大學堂，見拳亂之亟，憂之，乃言於許竹篔侍郎景澄曰：「此非義民也，不戢，將有大禍。」尋挈其家屬徙通州，拳遇之於途，識之，遂及於難。

汪氏女知前途之憂

輪迴宿命之説，本自不誣，西藏、青海喇嘛近世尚有擅斯術者，但必避人避世，修持於青海中之二島耳。

光緒時有汪孟平者，官河南周家口同知，生數女。其季女幼而好道，善文字，不教而能。家固多藏書，女悉發篋，擇其關於道術者讀之。孟平欲爲議婚，女知之，曰：「兒再來人也，幸夙因不昧，二十歲後卽入山學道，今暫寄於此。必苦相迫者，當委蛻去耳。」孟平以其年幼，姑置之。

孟平倜儻自喜，好聲色，年五十，猶納雛妓爲妾，夫人阻之不得，時牴牾。女勸母曰：「去之可耳。人世事如朝露，何戀此旦夕爲！」於是夫人託辭歸寧，攜女去。時女年未二十，孟平遣幹僕數輩具車馬送之。行數舍，女在逆旅中，一日晨起，叱僕使歸，詞意決絶，眉棱威毅，狀若劍客，僕震懾不敢抗，惟顧夫人，夫人無一言。僕退，羣議曰：「女公子素和易，何忽駭人乃爾？然失夫人與女，責任在吾儕，將何以報？盍陽去而陰尾之。」是日，女侍母登車，命御者曰：「聽我命，左則左，右則右。」御者不敢違。車行山野，女左右揮，若甚悉者。自汴入陝，至華山下，女令母暫寓旅舍，先入山覓地。已而女至，曰：「得之矣。」驅車入山。行數里，車馬不前，女命御者負行李以從，而自扶母，緣層崖數疊，至一潭，水清若鏡，潭側一石洞，委裝於內，遣御者去，遂居之。僕偵得實，歸白孟平。孟平大驚，知不能挽，乃使人以芻米之屬周給之。

年餘，夫人病卒，女葬之山中，親負土爲墳。庚子拳匪變起，周家口亦燬一教堂，孟平緣是罣吏議，罷官歸。甫抵家，女慰藉之函亦至，並隱約及辛亥事，且謂前途之憂方大也。

有乳嫗，女幼時嘗得其鞠養，以孟平命往視，宿山中三日。言女已辟穀，惟啖黄精，石洞無門，編枝爲籬，夜有豹臥籬外，巨若牛，而見女則馴如犬。女嘗引嫗游山中，見石洞數十所，或有人，或無人，其在者皆女子，云有自明末來者，相見亦不甚爲禮也。

陸太君不佞佛

光、宣間，錢塘徐印香舍人恩綬之繼室仁和陸太君玉珍居滬上，不持齋而有時茹素，不念佛而終日看經。女琳、子婦何墨君嘗進言曰：「老年血氣衰，宜肉食，觀書恐耗目力。」太君則曰：「食植物者多壽，觀書以養心耳。吾非佞佛也，毋多言！」

新嫁娘知偷兒

蘇州某姓嫁女，奩具豐，觀者如市，夫家亦豪富，有賊見而涎之矣。婚夕，客散，新郎倦而睡，新婦亦卸裝將寢，瞥見牀下有人，疑爲鬧房者。蓋吳有鬧房之俗，新婚三日內，戚好張讌設飲，嘗至達旦，甚有隱匿幬間牀下，竊聽新人私語爲噱。及見其人以刀剖地上榛栗，知爲偷兒，遂搴帳語郎曰：「我欲溲而器滲，奈何？」郎曰：「夜深矣，明日設法補之。」婦曰：「試探姑睡否？如尚未也，將往謁姑。」郎如言，女即使郎移燭出，而下鍵於門，詣姑言其狀，謂賊匿此，必有接贓者在外，可潛諭厮養。於是舉家健丁持械而至，賊不及防，遂就擒，並其黨盡數捕得而送之官。

林生妻預設米肆

有林生者，家中資，而性嗜博，父母時訓之，始稍斂抑。及父母亡，遂無所顧忌，家事悉委其妻。妻固賢而有才識者，勸之不聽，乃密與其母家兄嫂謀曰：「妹夫沈湎於此，將來必至蕩産傾家，妹有金資少許，欲託兄嫂代爲經營，以免他日饑寒。」兄固長者，然之，爲設一米肆。林不知也，惟嗜賭如故，逋負叢集，鬻田産以償。久之，饔飧不濟，乃就商於妻兄，妻兄曰：「爲今之計，謀生爲急。僕設有米鋪，將延一司會計者，誠能改行，不妨即任此事，月可得金若干。」林乃自矢以後不賭，遂延之往。及數年後，妻兄見其無他，始明告之。

白棉線知聊齋爲憤世勸世之作

白棉線，李氏女，泗水倡也。姿不甚都，善脩飾，以能周急濟困，由是名遂振，茶商、鹽販日造其門。所得纏頭資，買泗水田數十畝，賃隣境宅一區，將爲終老計。亡何，病，田宅皆被人佔，或爲之不平曰：「何不訟？」棉線從容言曰：「吾所得，皆不義財，聽之可也。」暇則聽人講説古事，聞忠孝節義則淚涔涔下，有身墮泥犂追悔莫及之慨。尤喜聽人説《聊齋誌異》，凡所合意，必請重宣以記之。客或詰之曰：「卿喜狐乎，喜鬼乎？」棉線笑曰：「煌煌宇宙，何狐何鬼，此蒲留仙憤世語也，勸世文也。蒲因君子道消，託言比興，何得以稗官野史而忽之耶？」客將更有問，棉線倦而倚几酣睡矣。

劉桂慶了然去來

京伶劉桂慶工王帽戲，一日，赴内城某宅演劇，侵曉歸，而語其家人曰：「吾心如落葉空山，了無歸宿，恐將逝矣。」家人以爲誕。劉偃息在牀，日加午，遽卒。此殆了然於去來者歟？

智僕成人之美

御史某以清節著於時，一日宴客，見一妓有殊色，席散，遂命僕喚之，既而忽自悔曰：「某不得無禮。」急命人呼僕返。僕從屏後轉出，某曰：「汝未去耶？」僕曰：「吾事公久，未見有此舉動，度公之必悔也，是以未去。」某喜甚，重賞之。

錢邦彦聆音知兵禍

聲音之道，感人至微。錢俊甫拔貢邦彦以朝考入都，見京朝士夫卑鄙齷齪，拂袖而歸，在鄉授徒自給，布衣脱粟，宴如也。宣統庚戌，偶入城，聞警局掌號聲，忽歎曰：「將亡矣。」遇老友某，告之曰：「不出二年，必有兵革之禍，我從此不入城市，君亦宜善自爲謀。」辛亥八月，武昌果起事矣。

楊仁山神明不亂

石埭楊仁山，名文會，以居士而爲佛家尊宿。父官杭州。自言十八九時馳逐聲色，二十後始潛心西方聖人之書，屏絶嗜好。少亦工詩，有「客味鵝兒酒，鄉心燕子魚」句。宣統辛亥秋，病没，處分後事，神明不亂。仁山嘗言：「譚復生臨刑，呼剛毅欲有所言，即此一念，尚須墮入輪迴。」

村婦殺盜

富川縣僻處廣西邊疆，多崇山峻嶺，羣盜倚之爲巢穴。村婦某生而驍健，有膽識。嘗孑身歸寧，一盜要於路，婦長跽乞憐，請以釵環代，盜不可，更曰：「願傾吾身所有而與之，何如？」盜曰：「可矣。」即釋刃，鋪包裹，整置一切。半晌，婦又曰：「吾解襯衣，請君背我。」盜信之，急轉身反向，仍料理衣具。村婦乘隙拾刃，奮力一擊，中其頸部，遂殞。婦返其物，急奔回。念遺尸路旁，或且累人，是不可以不一白之，乃自投縣署，訴顛末。邑令王甲榮嘉其能殺賊也，優禮之，贈額曰「勇比健男」。此宣統辛亥事也。

清稗類鈔

雅量類

太宗釋張春

天聰辛未，大兵圍大凌河城，生擒明監軍道張春等。春見太宗，不跪，太宗引弓怖之，禮烈親王諫曰：「彼不懼死，射之何爲？」乃舍之。春終不失節，以壽終。

世祖許恩養明太子

李自成既去燕西走，攝政王多爾袞亟命吴三桂與英親王阿濟格合軍追擊，而已則以明太子手敕，賺之入都。

時太子已自三桂軍中逸出，匿故内官楊玉外舍。越數月，見京師大局稍定，玉乃爲太子易服，送之故嘉定伯周奎府中。奎，烈后父，太子外大父也。奎姪鐸引太子入見故長平公主，兄妹相對泣。奎具酒食以獻，舉家行君臣禮。薄暮，太子哭别而去。數日復至，公主贈以錦袍。後又至，奎留宿，教太子自詭姓劉，爲書生，以免禍及，否則即向官府究論。太子不從，奎遂以聞。捕下三法司，刑部主事錢鳳覽勘問，傳訊內侍舊臣，花園內監常進節、指揮官李時蔭僉言此真太子，故司禮王德化亦謂爲真。觀者數千，皆應聲呼真太子。

及廷勘，太子言宮中事甚悉，再召故錦衣官嘗侍衞東宮者十人證之，十人同聲對曰：「真也。」獨故貴妃袁氏及故晉王執以爲非是，遂下太子、玉、進節、時蔭、德化及錦衣官十人於獄。鳳覽上疏力争曰：「前太子，危地也，何所覬覦而假之？」於是鳳覽亦被逮下獄。時京師商民皆具疏請釋故太子。又有宛平楊時茂者上疏，請將時茂身肉剁爲泥，骨硰成粉，以贖故太子。順天府民人楊博等亦疏請留故太子以奉明祀。疏上，悉留中。而故太子已先一夜絞殺於獄中，鳳覽曁玉等十五人翌日同棄市，時順治甲申十二月辛巳日也。仍令內院傳諭中外，有以真明太子來告者，太子必加恩養，來告之人亦予優賞。

世祖褒卹淩忠介

淩忠介公義渠爲明末十九忠臣之一，順治間歸骨故邱，世祖諭知府吴綺護之行，且命爲卜葬。褒卹遺忠之典，自世祖開之，不以其効忠勝國而惡之也。

世祖命歌萬古愁曲

明歸震川之孫玄恭所著《萬古愁》一曲，沈鬱瑰瓌，悲壯淋漓，其中實含有民族主義。當時流傳極廣，至達大内。世祖方入關，欲禁之，後不果，乃命樂工歌之以侑食焉。

世祖不罪尤侗

尤悔庵舍人侗惑於女色，搆消渴疾，經年不瘉。聖祖時爲皇太子，命内豎饋藥餌焉。尤作啓謝之曰：「臣風月膏肓，烟花痼疾，同馬卿之消渴，比盧子之幽憂。忽啓文魚，如逢扁鵲。贈之芍藥，投我木瓜。紫蘇與白芷同香，黄菊共紅花相映。猥云小草，錫以上方。月宫桂杵，竊是姮娥；台洞桃花，採從仙女。一杯池水，堪資丈室之譚；半匕神樓，頓醒驚天之夢。肺腑銘篆，羊叔子豈有酖人；耳目發皇，楚太子無勞謝客。謹啓。」聖祖得書，見「贈之芍藥」及「月宫」「台洞」等句，以爲大不敬，言於世祖，將加罪焉。世祖笑曰：「文人之文，興到筆隨，豈能有所顧忌！尤侗乃勝國遺逸，殺之不祥。」聖祖默然。

徐竹逸與弟獨守敝廬

世祖初定鼎時，兵戈四起，人皆裹糧避山谷間。徐竹逸與弟竹虚獨守敝廬，晝則力田，夜不廢讀，儼如太平之世。其避兵他處者，率多受警歸，竹逸語弟曰：「吉凶悔吝生乎動，於今益信。」

顧亭林謂鼠勉我

顧亭林居家恆服布衣，附身者無寸縷之絲。當著《音學五書》時，《詩本音》卷二稿再爲鼠嚙，再爲膳録，略無愠色。有勸其翻瓦倒壁一盡其類者，顧曰：「鼠齧我稿，實勉我也。不然，好好擱置，焉能五易其稿耶？」

丁葯園與牧豎同卧起

仁和丁葯園儀部澎初至靖安，卜築東岡，躬自飯牛，與牧豎同卧起。暇則乘牛車行遊紫塞中，手《周易》一卷，吟誦自若。

丁葯園賜吏鵝炙

丁葯園居法曹，詩名滿京師，吏人嘗竊其牘以易鵝炙。竈下養思染指，不獲，訟於庭，葯園自出其所食鵝炙以賜之。

毛爾旋恕佃人

遂安毛爾旋之履絶意仕進，惟日課其子際可爲文。家有薄田，督收秋租，佃人以稗溼者充數，置不問。或詰之，乃惻然曰：「若輩力田作苦，尚不能奉父母飽妻孥，吾姑譬之鼠雀耗耳。」比至歲祲，頗不能自給，弗顧也。

聖祖優容大臣

聖祖厚待臣下，如明珠雖貪擅，念其籌畫削平三藩之功，終未置之極典。徐乾學昆仲與高士奇比昵，時有「九天供賦歸東海，萬國金珠獻淡人」之謡，上知之，惟奪其官而已。嘗諭近臣曰：「諸臣爲秀才，皆徒步布素，一朝得位，便高軒駟馬，八騶擁護，皆何所來，可細究乎？」

聖祖寬容陳名夏

國初於明臣之歸款者，率仍還其本職，保全始終。大學士陳名夏輾轉矯詐，屢貸其死，乃猶語同僚寧完我曰：「若望天下太平，除非依我兩事。」寧問何事，名夏推帽摩其首曰：「留髮，復衣冠，天下即太平矣。」寧以其語上聞，聖祖頷之，然惟治名夏以抹删諭旨、作奸犯科諸款，於前兩語置不問也。

計甫草觀江濤澎湃

吴江計甫草自海陵歸里，渡揚子江，會大風雨雪，舟不得發，同行者皆垂首歎惋。計坐舵樓下，手王阮亭詩讀之，至論鄭少谷絶句，哭失聲。既乃大喜，拭涕起，坐雪中，觀江濤澎湃，吟嘯自樂。

董蒼水渡湖賦詩

華亭董蒼水孝廉俞有鹿角山之游，渡洞庭湖，風大作，波翻浪湧，上流覆舟，蔽湖而下，僮僕震慴無人色。董坦然危坐，賦二詩，投之湖，竟無恙，且以數小時而行三百餘里。

諸駿男渡江賦詩

錢塘諸駿男，名九鼎，嘗與仁和姜真源侍御霪思聯舟渡揚子江，過金山時，風大作，舟直觸郭璞墓石。姜意諸必大惶怖，而諸方吟嘯自若，作《過金山》詩。

黄大宗扣舷吟嘯

山陽黄大宗，名之翰，游楚，嘗月夜破浪江行，爲戍卒所追，扣舷吟嘯，神思自若。

王水雲掀髯渡江

餘杭王水雲大令舟瑶，嘗與錢塘茅子鴻兆儒偕渡揚子江，時風濤洶湧，王掀髯稱快，曰：「吾胸中鬱勃之氣，對此稍舒。」茅亦爲之放膽。

高念東繫驢而卧

蒙陰高念東，名珩，少年登第，筮仕館閣，屢膺簡命，出入中外三十餘年。家般陽，每風日晴和，輒自跨一驢出，遇嘉石濃蔭，卽繫驢而卧，見者不知其爲貴人也。

王匡廬不留枝贅

新城王匡廬，名與敕，生平不恆爲詩，每遇林皋清曠，襟抱悠然，輒復有作。諸子或請編録，王曰：「吾寫懷送抱，如絃之有音，所懷既往，則絃停音寂，何庸留此枝贅爲耶！」

徐野君與村人周旋

徐野君性坦易，不與人忤，每遇能文章者，與言文章；曉音律者，與言音律；善琴弈、丹青諸藝者，與言琴弈丹青諸藝。暇輒獨行村落，山顛水涯，所遇村人如樵翁、漁叟、牧童，亦與周旋，終日無倦色。

沈康臣儒冠見大猾

國初兵亂，有大猾招集流亡，擾浙東西。猾與山陰沈康臣比部夙有郤，懸賞購沈急。沈夷然不顧，被儒衣冠往見，曰：「某來矣。殺一書生，何購爲！」猾奇之，大笑，留之飲，旋釋令歸家。

周櫟園在獄賦詩

祥符周櫟園，名亮工，被讒，詣詔獄。嘗於雪夜靜坐，念獄事正急，鐵衣人周羅户外，乃與黄山、吴冠五共爲詩，漏下數十刻不止。又曾對卧薄板上，已解衣卧，忽聯句成，兩人擁敗絮，從口吻中溼不律，露臂爭書薄板，躍起，短燭撲滅，一笑而止。又一日，堂下健卒狰獰立，鋃鐺纍纍，呼謈聲如沸，手拲音鞏，兩手同械也。據地，顧伍伯，乞紙筆作《送客游大梁》詩三十三絶句，投筆起，對簿。詩語皆驚人。

周赤之飲酒自若

周櫟園在獄時，幾死，獄且成。其父赤之家金陵，客爲之憂，赤之曰：「吾今固甚念之，然吾生平無一念足死吾子，吾子又類我，於理不死，行當雪耳。且義命有在，吾卽日夜憂之，豈能遂脱吾子？」卒與客飲酒自若。已而事果得雪，竟如其言。

鄒程村舉酒自慰

鄒程村爲晉陵甲族，豪於貲。會有蜚語中之者，一日，散萬金立盡，四顧壁立，舉酒自慰，曰：「田園無存，幸賓客尚在耳。」

朱子殷歌呼笑傲

嘉善朱子殷，名幹，家貧甚，雖瓶無宿舂，歌呼笑傲，不改其樂。宋既庭嘗語人曰：「子殷積學辯才，今日之樓君卿也。」

張晴峯貧而購書

景川張晴峯學使衡嘗爲水部郎，居京師，貧不能自給。一日，貸錢舉火，過慈仁寺，竟倒囊中錢購書以歸，陶然自適。

陳際叔掩舊棺

陳際叔廷會拮据葬父，而發穴得舊棺，亟掩之，曰：「冥漠君不安，卽親靈不妥也。」仍厚禮葬師而遣之。

李鄭生見緋衣而不動

修湖李鄭生孝廉夢蘭嘗游學白鹿洞，數年不歸，獨居攻苦。夜半孤燈，忽見緋衣滿室，不之動，吟誦自如。

徐羽儀不畏虎

徐羽儀嘗讀書杭州西湖之靈鷲山，夜陟北高峯望月，有虎怒嘯，山谷震動。或勸之避，徐笑曰：「虎雖猛獸，焉能齧人！人惟畏虎，虎故齧之。」意氣自若。

王輔臣遣妾散財

康熙甲寅五月，王輔臣反於陝西，然非輔臣本意。方部衆之謀爲變也，輔臣以死自誓曰：「寧殺我，無負朝廷。」言之至再。迨變局成，而輔臣亦無如之何矣。

平涼之兵既殺經略莫洛，陝西督撫以反狀聞。聖祖亟召輔臣之子繼楨入内，曰：「汝父反矣。」繼楨曰：「不知也。」上以陝撫疏示之，繼楨戰慄不能言。上曰：「無恐。朕知汝父忠貞，决不及此，此由經略不善調御，汝父爲平涼兵所脅，不得不從耳。汝宜亟往宣朕命，汝父無罪，殺經略，罪在衆人。汝父宜竭力約束徒衆，破賊立功，朕赦衆罪，不食言也。」繼楨乃賫敕，星夜歸平涼。時輔臣尚在秦州，平涼居守諸將見繼楨歸，歡呼曰：「大總爺至矣。」擁之入城，奉爲總兵，設官分守焉。繼楨亦不復顧。而輔臣之反勢成，且既殺莫洛，思疾取西安，慮張勇躡其後，躊躇審顧，退保平涼，而大兵已四集矣。

輔臣初在大同，城破日，有髮妻自縊而死。後貴，復置妻妾七。平涼被圍時，顧七人而歎曰：「死大同者，今無其人矣。」七人聞之，同時皆自縊死。輔臣出戰雖屢勝，而孤城坐困不支。經略圖海招之降，與之鑽刀設誓，保無他。輔臣出降，隨圖海轉戰有功。事平，上撤圖海還，並召輔臣。鞍馬已具，行有日矣，乃出其後妻。蓋自七人縊後，輔臣復娶一女。至是，忽與反目，决欲出之，召其父來，與訣而密語之曰：「領汝女亟離此遠嫁，我出汝女，所以保全之也。」

輔臣隨命司計者取庫銀分之，各一封，多以百計，少或數兩，悉標識之。所餘二萬金，置庫中，封以印條，更録簿記銀數及諸雜物，曰：「吾爲提督久，豈無餘貲，令人動疑，累後人也。」取舊帳册悉火之。召諸將卒、僕役等至前曰：「汝等隨我久，東西南北奔走，犯霜露，冒矢石，亦良苦。今我與汝等辭，汝等宜遠去。」各以銀一封與之，曰：「可持此，願歸田者亟歸，願入行伍者速投他鎮去，但勿言向隨我也。」衆皆哭，揮之行，曰：「速去！我事不至累汝等，從此訣矣。」既乃命酒獨酌，高歌酣醉，視盛魚銀碗在案，重二十餘兩，沈吟曰：「此物當與誰？」適有童子捧茶至，顧曰：「汝在此幾年？曾娶妻否？」童曰：「未娶也。」遽命取石槌碗令扁，以授童，曰：「與汝，可歸娶一妻，勿更來。」

輔臣至是乃復酣飲高歌，亙二三日，問門下尚有幾人，則惟數十人在矣。召之來，共坐，呼酒歡飲，至夜半，泣謂之曰：「我起行伍，受朝廷厚恩，富貴已極。前迫於衆人，爲不義事，又不成。今雖反正，然朝廷蓄怒已深，豈能恕我！大丈夫與其駢首僇於市曹，何如自死！然刀死、繩死、藥死，跡不可掩，則將遺累經略，遺累督撫，遺累汝等。我已籌之熟矣，待我極醉，縶我手足，以紙蒙我面，冷水噀之立死，與病死無異，汝等當以暴死告。」衆哭止之。怒，欲自刎，不得已從之。天明，以厥死聞，時丙辰四月也。

聖祖於臺灣事不降諭旨

康熙庚申、辛酉間，臺灣蠢動，閩省警報到日，聖祖方率諸皇子習射於暢春園，諭令該部知道而已。旋報全臺失陷，仍如前諭。諸皇子請宣旨指授機宜，聖祖不答。射畢回宮，始召諸皇子諭之曰：「閩省距京數千里，臺灣復隔重洋，平日用督撫提鎮，原爲地方有事而設，伊等自能就近籌辦。若降諭旨，豈能悉合海外情形。不遵則違旨，遵則誤事。」未幾，全臺收復矣。

聖祖保全施琅

福建提督靖海侯施琅陛見，聖祖曰：「爾前爲内大臣十有三年，當時頗有以爾爲閩人而輕爾者，惟朕深知爾，待爾甚厚。其後三逆反叛，虐我赤子，旋經次第平定。惟有海寇游魂，潛踞臺灣，尚爲閩害，欲除此寇，非爾不可。爰斷自朕衷，特加擢用，果能竭力盡心，不負任使。舉六十年難平之寇，殄滅無餘，誠爾之功也。邇來或有言爾恃功驕傲者，朕亦頗聞之。今爾來京，又有言當留爾弗遣者。朕思寇亂之際，尚用爾勿疑，況天下已平，疑爾勿遣耶？今命爾復任。自此宜益加敬慎，以保功名。從來功高者往往不克保全始終，皆由未能敬慎之故，爾其勉之。更須和輯兵民，使地方安静，以副朕愛兵息民並保全功臣至意。」琅奏曰：「臣年力已衰，封疆重大，恐精神不堪。」聖祖曰：「爲將尚智不尚力，朕用爾以智耳，豈在手足之力哉！」

聖祖宥杜詔

海寧查慎行與杜紫綸太史詔友善，聖祖嘗賜杜御書一幅，爲程明道《春日偶成》詩，查戲題一截曰：「天子揮毫不值錢，紫綸新詔賜綾箋。千家詩句從頭寫，雲淡風輕近午天。」詩成未寄，録之日記簿，杜不知也。後查罹罪，籍没其家，日記簿進呈御覽。杜聞，大驚。聖祖謂此事與杜無關，不之罪。初，杜賫御書而返，建樓供奉，額曰「雲川」，集御書中語也。復自號雲川居士以誌恩寵。

湯文正移居旁舍

康熙時，睢陽湯文正公斌奉旨簡授江蘇巡撫，其赴任時，布衣牛車，從一老蒼頭。中途遇一年少官，衣冠華麗，騎從紛紜，或先之，或後之，時而觸其輿蓋。從人輒怒聲呵斥，湯不較，避之路隅。無何，抵逆旅，湯已入上屋，年少官後至，從者叱店主令相讓，店主以已有人對。從者曰：「不問誰何，必移讓。某縣太爺至，詎容他客佔此！」店主婉商於湯，湯即移入旁舍焉。

王永吉不使魏敏果避道

京朝官之途遇也，秩卑者或勒馬候過，或讓道旁行，顯貴則昂然前行而已。蔚州魏敏果公象樞在臺垣時，一日，與吏部尚書王永吉途遇，魏當引避，王堅請魏先行。翌日，使族人語魏曰：「吾每過其門，門可羅雀，其清操可想，吾甚敬之。若避道，則吾心何安，後勿復爾。」

李文定平氣

合肥李文定公天馥廉靜寬和，尤慎刑辟。每預廷議，務持平。同官或厲辭色，笑語之曰：「君何至是！凡事，平其氣而可也。吾初亦爾，後既熟，漸平也。」文定官至武英殿大學士，其在官以簡易爲主，威福歸之於朝，毀譽不出諸口，宰物應機，悉以虛心處之，不以己與也。

聖祖宥王掞

理密親王既廢，聖祖命王大臣保立東宮。時允禩黨羽布中外，王鴻緒後至，手書八字以視衆，衆遂共保廉親王爲儲君。聖祖震怒，問首謀之人，衆莫敢對。以太傅馬齊銜名居首，擬大辟，因謂衆曰：「朕必立一剛堅不可奪之人，爲天下共主。」蓋謂世宗也。衆莫測上意。太倉相國王掞年七十餘矣，自念受恩深，當言天下第一事，又以祖文肅公錫爵於明以建儲事受惡名，遂於康熙丁酉五月密奏建儲事，疏留中。是年冬，又有上言建儲者，上不悅，並發掞疏命內閣議處。忌掞者引馬齊故事，欲陷掞以死。掞止宮門外，不敢入，聖祖顧左右，問王掞何在，首輔李光地奏掞待罪宮門。聖祖曰：「王掞言甚是，但不宜命御史同奏，蹈前明惡習。汝等票擬處分太重，可速召其來。」掞聞命，趨入，免冠謝。上坐乾清宮，手招令前，耳語良久，人不能知。

後五年，辛丑正月，掞復疏前事，語尤激切。三月十三日，又有御史柴謙等十三人亦上疏如掞言。聖祖震怒，召諸王大臣，降旨責掞植黨希恩，並令覆奏，舉朝失色。掞就宮門階石上裂生紙，以唾濡墨奏之，畧謂「臣伏見宋仁宗爲一代賢君，而晚年立儲猶豫，其時名臣如范鎮、包拯等皆交章切諫。臣愚信古太篤，妄思效法古人，實未嘗妄嗾臺臣共爲此奏」。奏上，待罪五日，詔謂王掞應謫戍軍臺，姑念年老免行，著其子王奕清隨諸御史代父往。明年元旦，諸大臣上壽，無掞名，聖祖發還劄子，命列掞名以進，隨賜宴太和殿。宴畢，再召見東暖閣，賜坐，命起原官，視事如初。

陳恪勤神色逌然

陳恪勤公鵬年守江寧，爲總督阿山所齮，將入獄，神色逌然，自忖未了事曰：「杜茶村未葬，某僧求書未與，布衣王安節缺爲面別。」從容料量，承鏁而行，其鎮定如此。

陳宦蹟所至，嘗表東海孝婦廟，建狄梁公祠，立陸績廉石，復劉蕡後人租傜。在蘇，舁鬱林石於郡學，游焦山，遣人泅水出《瘞鶴銘》，爲亭覆之。

柴虎臣予偷兒以錢

仁和柴虎臣，名紹炳，家居，嘗有偷兒夜入其室，覺其爲鄰人也，默不言。捃摭及衣被，徐曰：「獨不能留此爲吾禦寒邪？」偷兒驚而止。遂勸其改行，檢枕畔百錢及案上銅器一二具予之，令持出，其人嗚咽去。

徐文敬令羣兒呼字

錢塘徐文敬公潮以户部尚書致仕家居，時徒步里巷，兒童見之，羣相指曰：「徐潮來矣。」文敬問羣兒曰：「汝等何以識吾爲徐潮也？」兒曰：「聞人以此呼公，故知之。」乃曰：「潮，我名也，未可呼。我字青來，自後汝等可呼我爲青來耳。」

世宗待理密親王

世宗居藩邸時，人情物理卽已通澈，郡國利弊如指諸掌。時理密親王已正儲位，世宗事之最敬。而王先受宵小言，待之甚薄。及被罪，聖祖縛置空廬，禁人入見。世宗親持湯羹以進，守者遏之，世宗曰：「吾惟知昆弟之情，不知利害也。」聖祖聞而善之。

世宗准明裔襲封

雍正癸卯，世宗於聖祖書笥中檢出未發諭旨一道，以明太祖崛起布衣，統一方夏，經文緯武，漢、唐、宋諸君之所未能及，其後嗣亦未有如前代荒淫暴虐亡國之跡，欲大廓成例，訪求支派一人，量授官職，以奉春秋陳薦，仍令世襲。甲辰，遂封朱之璉爲一等侯，入漢軍正白旗。

鄂文端讀書達旦

鄂文端公爾泰嘗閱兵雒容，會日暮，大雨，從者失道，供給不繼。獨危坐草室中，讀書達旦，無愠色。

陳木齋以正艙讓人

江右陳木齋侍郎守創居官清介，雍正某年，以詿誤罷倉場侍郎，居京師數載，幾不能舉火。庚戌冬，蒙恩放歸，及登舟，則有一商人在焉。商所出賃錢略多於陳，陳遂以正艙讓之，而自與一僕居頭艙。時陳行李蕭然，商意頗輕之，亦不問爲誰也。至淮上，總河嵇筠遣人以名刺致意，商猶茫然。未幾，淮安守以腰輿往迎，始大駭，知爲陳，旋匿去。然陳自以所出錢少，宜讓以正艙，不介意也。

高宗命補載史可法書

高宗嘗閱《睿忠王傳》，以致明史忠正公可法書未載回札，因命將内閣庫中所存原稿檢以補載。法時帆謂睿王之書乃李舒章雯捉刀。雯，江蘇人，順治初曾官内閣中書舍人。答書爲侯朝宗方域之筆。二人皆當時文章巨手，故致書察時明理，答書義正辭嚴，不惟頡頏一時，洵足並傳千古也。

高宗優容鄂忠烈國柱

高宗雖厭滿人之沿襲漢俗，然遇宿儒耆學，亦優容之。鄂忠烈公容安不諳滿語，上厚加任使，未嘗因一眚廢棄。國太僕柱校射禁庭，褎衣大冠，侍衛有望之而笑者，上曰：「汝莫姍笑，彼儒士能持弓校射，不忘舊俗，殊可嘉也。」

阿文成容岳鍾琪

阿文成公桂從征金川時，曾被大將軍岳襄勤公鍾琪參劾獲咎。其後文成總督雲貴，襄勤適任雲南提督，心常惴惴。文成偶詠詩示之云：「鳴鏑一聲山響答，長空飛鳥漫相疑。」襄勤始釋然。

阿文成道歉於李榮吉

阿文成奉命堵青龍岡工，副將李榮吉以爲進占得占，大工所深忌，宜緩之，得實而後進，以防陡蟄。文成斥其撓衆，急趣之。既合龍，文武皆賀，惟榮吉不至。召之，則於壩上再拜使者曰：「爲榮吉謝公相，壩實未固，榮吉不敢賀。」乃督土料追壓。閱兩日，竟不守。文成中夜聞壩蟄，馳至，榮吉已掛纜落水。文成令曰：「能生之者，官擢三等，兵吏賞千金。」未幾，舁榮吉至，文成垂涕親去其溼衣，以上賜黑狐端罩護之，良久始甦。乃道歉忱，尋即自劾，而薦榮吉。

阿文成馬逸不怒

阿文成有上賜馬，一日，脱韁去，圉人入告。方觀書，曰：「覓之。」既獲，復命，徐曰：「好。」讀書如故，不怒也。

梁文恪犯而不校

會稽梁文恪公國治，乾隆戊辰狀元，入直南書房，累任學使，後以粵東事免，尋被簡爲湖南巡撫。嘗出巡，州縣具供張，家丁索賄不遂，故阻膳脯以激之使怒。枵腹終日，初無怒容，亦不知爲奴所紿也。及入樞垣，和珅以其懦弱，有意揶揄之，至用佩刀爲薙其髮，以爲笑樂，亦不與校。

朱石君賴盃水解圍

大興朱文正公珪與兄竹君學士筠對弈，家人以茶至，誤觸文正衣，盡溼。文正起，顧學士笑曰：「幾爲兄敗矣，賴此盃水解圍耳。」

王西莊恕酒人

嘉定王西莊閣學鳴盛，乾隆甲戌榜眼，官至内閣學士。尋丁内艱歸，遂不出，家居三十年。有無賴子與人賭勝，乘醉罵其門，閣人不能忍，力止之。次日，無賴子酒醒，其母挈之登堂請罪，笑謝之曰：「昨汝酒醉，我固不怪，惟以後若醉而罵他人，恐獲咎耳。」無賴子惶恐而歸，戒酒終身，卒無事。

彭定求鋸樓柱

乾隆時，彭定求家中建樓，已立柱矣，有友過訪，述堪輿家言，謂樓太高，固無礙於本宅，第未免有礙鄰家耳。彭曰：「此甚易，將柱鋸去尺許，即無礙。」友曰：「公自築樓，當自謀安適，何必爲鄰計？」彭曰：「樓稍卑，儘可安居，何必妨及鄰家。」竟鋸去之。

劉綸被人呼名

乾隆時，常州某太守頗鋒厲，一日，呵殿出門，聞途人有直呼其名者，大怒，飭役鎖拏，縋之回署，繫於獄。時武進劉繩庵相國綸方讀《禮》家居，微聞其事，適太守往謁之，坐定，語之曰：「此地愚民不諳體制，我有時外出，人皆呼我爲劉綸也，亦聽之耳。」太守爽然，回署立釋之。

劉賓門罷潘姓輸魚

漁家多畜鸕鷀以捕魚，湘潭潘某，明末時，官武弁，隸統兵官同邑劉髦鬬部下。一日，犯令當誅，劉惜其勇，曲宥之。後戰死，子孫以漁爲業，然皆感劉恩，每年開網，凡三日内所得魚，悉以輸劉。乾隆朝，劉族益繁，潘仍照常供應不稍衰也。至劉之五世孫賓門太史時，始罷其饋以全祖德。

姚立德協守東昌之鎮静

乾隆甲午，山東王倫之亂，姚立德方官河督，值東撫徐績勦匪不克，退駐東昌府城，姚與之協籌守禦。府東門外人烟輻輳，爲南北往來水衢，匪傳檄某日攻城。先一夕，東廂火起，徐疑匪至，登城，促令放礮。姚曰：「事未得實，萬有一誤，則城外生靈塗炭，民心惶變，恐失城不待賊至矣。」相持不已。徐欲手自然火，姚從後掣其肘。未幾，報至，則民居失火，非匪也。徐揖謝姚，姚曰：「君志在急滅賊，不暇思耳。」人服其雅量。

雷翠庭恕茶遲至

寧化雷翠庭副憲鋐立朝謇諤，貞介絶塵，其雅量亦不可及。家居時，客至，三呼從人捧茶來，未應，雷怡然。或問之，曰：「若輩在吾家，廪給薄，自懈於趨承耳。」

某方伯有一字師

乾隆時，某方伯蒞浙，見文牘有「鼈子亹」三字，投牘於地曰：「此明明是亹字，何得誤讀爲門耶？」一吏從容拾牘，援《大雅·鳧鷖》之説以進曰：「舊注亹音門，謂水流峽中，兩峯如門也。」方伯憮然曰：「微子，幾誤乃公事！子卽吾一字師也。」

吳縠人任人負桌

錢塘吳縠人祭酒錫麒，乾隆乙未通籍，時其家適以中元延僧放燄口，事畢，僕攜雜物進內，有供寒林大士之半桌尚置門外，偷兒乘間竊負而去。僕出求桌，不得，詢諸人。吴方默坐廳事，應曰：「適見一人負去矣。」僕曰：「何不呼？」吴曰：「其人已負去，呼之，奈若人何？」

沈文慤購物不論價

長洲沈文慤公德潛官至禮部尚書，以詩受知高宗。少時家貧，不蓄僮僕，晨必攜一筐，自購物於市。售者索值若干，悉照給，不稍與争。久之，市人知其寬厚，亦無有敢欺之者。

董文敏不念舊惡

上元董文敏公教曾以乾隆丁未通籍，當未第時，貧甚，舉拔貢，入都朝考，徒步襆被，自負而往。至邗上，遇一舟，時尚熱，力憊，求附載。榜人爲請於艙中客，許之。董坐舵旁，朝夕朗誦不輟。榜人私語艙中爲巨紳某公子兄弟甲乙赴京應試者，勿相擾。董讀如故。艙中客方以飲酒度曲爲樂，果厭之。兩少年出，呵問：「爾何人？」具述名姓，並言將應試，遽嗤之曰：「爾寒乞如是，亦欲赴試求名耶？」狎客等從而和之。董不能堪，負氣奔岸，又走數百里，始賃小車抵都，朝考列一等，授小京官。旋鄉會試聯捷，中探花，授職編修，數年京察，由監司洊擢四川布政使。某公子甲方以貳尹同官一省，憶及前事，不自安，謀引退。董聞之，召之入見，好言慰之。詢其弟乙，則已死，乃笑語之曰：「韓信不讎胯下之辱，余豈不逮古人，勿以往事介懷也。」此事嘗於爲閩督時自述以戒人，且云：「當時以負重徒步遠行，至今左髆逢陰雨時輒酸痛也。」

董文恭宥竊珠奴

富陽董文恭公誥，未冠成進士，入直樞府幾四十年。和珅當軸，謙沖自居，不爲用。仁宗親政，寵眷日隆，終身無過，時人賢之。嘗有上賜朝珠，價值數萬，一旦失之，絶不介意，但責有司捕治。後知爲奴所盜，因訓之曰：「余待汝甚厚，何得爲此不肖事？使余逐汝，終身無倚矣。」仍令服役。奴感終身，及董薨，以身殉。

黄南薰以屋地假人

嘉慶甲子，嘉善大水，米價驟騰，縣官令行平糶。時衆多避匿，黄南薰封翁凱鈞獨以身倡，大暑烈日，持蓋步行，按户之上下，定米之多寡，罔有漏失，全活甚夥。嘗以屋旁隙地假人，其後久假不歸，且加辱焉，南薰笑置不問。又買鄰人之屋，而其屋已先出賃爲商店，慮其他徙失利，券垂成，毁之。

李翁謂金鎔有耗

烏程新市鎮李翁饒於貲，將嫁女，出赤金數斤，召匠製奩具。製畢，權之，幾少其十之二，舉室大譁，謂匠竊金，議欲褫其衣而搜之。匠初亦嘵嘵置辨，已而面赤不發一言。適翁自外至，笑曰：「金就鎔，豈無耗。」以好言慰匠，遣之。匠歸，其夕即死。蓋匠實竊金，每夕必攜少許歸。是日亦藏少許於身，聞將搜之，亟納於口，而不圖争辨時誤吞之也。設非翁置而不校，則匠死於翁家，而其家且執以與訟矣。

徐華亭自引咎

徐華亭督學浙江，生員某文中有「顔苦孔之卓」句，華亭批其語曰「杜撰」，置之三等。洎發落日，生員乃面陳曰：「顔苦孔之卓，出自揚子《太玄經》，非生員杜撰也。」華亭即起立曰：「本部院以僥倖太早，未讀古書，予之過也。」即改爲前列，俾附一等末。

蔡西齋承認爲老頭兒

蔡西齋，名鴻業，道光庚寅，以奉諱罷官。家居之暇，輒荷衣篛笠，徒步田野，與二三老農課晴雨，話桑麻，人不知其爲二品貴官也。某撫遣使送牘，使叩門，遇一老人方薙草，因呼之曰「老頭兒」，輒應之。問以蔡大人第宅所在，老人指點之。及請見，則大人即薙草之老人也。使叩頭請罪，笑掖之起，厚犒而去。

李復軒予偷兒以錢

有偷兒潛匿李復軒家中堂之長案下，復軒見之，不明言，與其婦歸佩珊在堂中吟詩，迭相賡和。夜半，復軒令偷兒出，邀之食粥。偷兒大駭，叩頭不已。復軒給以錢二百文，戒之曰：「此後當爲好人。」偷兒感之，後遂改行。

某封翁呼樹上君子

某封翁富而好德，某歲除夕，出廳事蒞家讌，二婢執燭前導，過中庭，翁仰見樹杪有人，即止不進，告二婢曰：「汝等留燭於亭，吾願留此獨酌，速移樽至。」既，翁屏退家人，仰樹呼曰：「樹上君子，此間已無外人，盍下，且暢飲耶！」樹上人聞之，戰栗幾墜。翁曰：「毋恐，老夫豈忍執人者。」其人乃下，叩首稱死罪。翁視之，鄰人也，相將入亭，先酌之三杯，曰：「汝所需若干？」鄰人泣告曰：「小人有母，遇年荒，無以卒歲，素諗翁家富有，故行此不肖事。今既不罪，尚敢他望耶？」言已，聲酸嘶。翁曰：「不能周濟鄰居，以至爲非，老夫之過也。今酒殽尚溫，汝其飽飡，當以三十金畀汝。卒歲之餘，小作貿易，可度日矣。勿再爲此，他人不汝恕也，且陷老母於不義。一成爲盜，没齒不能掩蓋，其奈何！」食已，乃予銀，並布裹食物，送之牆下，曰：「歸遺爾母。汝仍出此，勿使我家人知之，余亦終勿告人也。」鄰人俟母卒，棄家爲僧，苦志虔修，爲西湖靈隱寺方丈。聞翁死，千里赴喪，哭不成聲，且自言其事。

王定九不怒批頰

王定九相國嘗家居，偶出遊，至弄廚，私焉。無賴子不知其爲相國也，批其頰，相國一笑置之。

陳碩士靜退

陳碩士侍郎奐家素封，以諸父仕宦，中落。侍郎自御史回翰林院原銜門，貧益甚。人勸其出游，陳曰：「吾近臣矣，又爲人客，奈何！」一日，有貸於友人，至則弈棋賦詩，盡日暮，忘所事而返。後驟遷至閣學，宣宗諭之曰：「汝非有保舉人，朕知汝靜退有操守，故進汝官。」

湯文端償菜值

蕭山湯文端公金釗在京日，乘車過京師宣武門大街，有賣菜翁弛擔坐，前驅誤觸之，菜傾於地。翁不知爲文端也，捽其僕下，詈且毆，欲索菜值。文端啓簾笑曰：「值幾何耶？我償爾。」翁言錢一貫，僕曰：「此數文耳，何詐也！」翁怒曰：「即一文，誰使觸我？」復欲鬬。乃笑止之，且曰：「取錢我家，何如？」翁不肯，曰：「子無良，將愚我至家送我也。償則此地償耳。」文端爲之窘。適南城兵馬司指揮至，起居已，稟曰：「此小人，卑職帶回重懲可也。」翁始懼，叩首乞哀。文端謂指揮曰：「無庸，假貫錢足矣。」指揮請自給，翁不許，乃如數攜至。文端面予翁，翁觳觫謝，固予之，乃叩首去。文端停轡，故與指揮言許久，意翁行已杳，乃別指揮，叱馭去。

琦善曲成二令

琦善性豪爽，善判決，聲如洪鐘，奏對輒稱旨。三十歲，督某省，一日，有試用令二人報謁，一截取，一大挑，老名士也，皆寒素。初見時，猶服便章，外飾補褂而已。投刺，不候傳呼，直趨官廳，匡床對坐，論經史，侃侃有聲。內巡捕官惡其荒唐，欲屏去。琦在牖後竊聽其言論，嘉賞之，戒勿聲。琦出，二令不知琦之年少也，坐微起，曰：「我輩謁見大人，候之久矣，煩後生爲我請之。」琦微笑曰：「二位老先生請坐，我卽琦某也。」二令急下拜，起而詢曰：「大人好福命，如此英年，卑職方在塾中讀書，大人已京外天子矣。是何出身？敢問貴科。」琦笑而不答。琦，滿人，襲其先世侯爵官階，不由科名，故未壯而居高位，二令不知也。然琦雖世祿之子，而雅重斯文，以延攬英豪自命，二人負重名，故優容之。督甘時，甫抵任，連劾司道以下數十人，其鋒鍔可知。

越數日，傳二令入，各以女公子受讀。二人請曰：「卑職在家半生教書，今一行作吏，復膺此任，不猶然故我耶？」琦曰：「候缺無期，姑喫無錢飯耳。」二令稱善。逾時，請缺，琦曰：「易耳。」蓋琦知其無吏才，授以州縣，必一蹶不振，預爲改教，得食讀書之報以娛老也。又恐往返道途，艱於貲斧，故辟爲教讀。及部文轉出，以示二令曰：「兩先生缺在是矣。」二令愕然。乃各與一薦書，金五百，而歸掌教書院，在籍候選。

林文忠制怒

候官林文忠公則徐性卞急，撫蘇日，嘗手書匾額於聽事之堂，曰「制一怒字」。久之，人亦服其有雅量矣。

林文忠怡然就道

道光辛丑，林文忠戍伊犂時，王定九相國以其詳悉水利，特請留辦河工。未幾，即合龍。一日，王宴客，文忠與焉，忽傳旨到，使者謂於合龍日開讀。明日啓讀，則曰：「林則徐於合龍後，著仍往伊犂。」王大駭。文忠自若，即日怡然就道。既至伊犂，將軍某固夙器文忠者，問之曰：「君欲遠乎，欲近乎？」文忠曰：「願遠。」乃遂批發極遠之所。

陸韻梅夫人仁恕

吴縣潘申甫侍郎曾瑩，爲嘉慶朝大學士文恭公世恩仲子，學有根柢，尤長於史學。畫以青藤、白陽爲宗，書則初學吴興，晚學襄陽，尤得其神髓。淑配陸夫人，名韻梅，字琇卿，亦知書，工書畫。同時女史汪小韞端鐫小印以贈，文曰「潘江陸海」。夫人性仁恕，每大雨初霽，聞門前有賣瓜果者，曰：「天涼如此，孰購之？徒賴其肩耳。」命盡買之。一日，婢不慎，偶有兩甌墮地，一瓶一否，顧諸子曰：「汝曹識之，薄者破，厚者完也。」

萬文敏犯而不校

萬文敏公官尚書時，自起宅第，高其閈閎。其對門有旗人某，所居殊卑隘，惑於風水之說，嫉萬宅軒峻，勢若憑陵己也，日必詈於其門。公子輩欲與校，文敏則設几門内而坐鎮焉，諭閽宅人等毋許出外與人爭。久之，詈益肆，語侵及所生，公子曰：「至是寧尚可忍乎？」文敏曰：「彼所詈者若而人，我非若而人，則彼非詈我也，何不可忍之有！」公子輩聞之釋然。

官文恭不以細故介懷

官文恭公文之督兩湖也，胡文忠公林翼爲巡撫，胡心輕之，事多徑行，不與商搉。官所用人，輒爲胡所劾，登之白簡。幕僚皆不平，請之官，將劾胡所用者以報之，官力持不可。

胡軍於外，以軍械不繼，遣弁持令箭至督署坐索，幕客皆怒曰：「彼無禮至此，公卽不怒，我輩在此亦覺無顏。」爲草一疏，請其入奏。官曉之曰：「諸君若提一軍而禦寇，能如胡乎？」曰：「不能。」「我卽出而勦寇，能如胡乎？」曰：「亦似不能。」曰：「我輩之才皆不及胡，而胡身歷行間，獨任其勞，我輩安享其逸，所愧多矣。且此間大僚惟我與胡，我無胡不能禦敵，胡無我不能籌餉，若以細故介懷，國事將誰任之？諸君休矣。」後胡聞之，深悔所爲，躬詣請罪，官乃與之約爲異姓兄弟焉。

胡文忠不欲置人危地

胡文忠嘗病，飲王遠仲藥而愈。已而治兵黄州，時軍事方急，前病復發，或勸復迎王，文忠曰：「安可因己求生，置人危地！」

張秀才不怒鄰人殺子

張秀才，壽州人也，性任俠，重義氣，好交當世奇士。壽俗尚武，比户蓄兵器。鄰人有市鳥鎗歸者，夜試之宅旁，猝聞號聲，急往視之，有死者，則秀才子也。鄰人懼，曰：「殺他人子且不可，况殺張秀才子乎！」乃率家人環跽秀才門，泣訴其故，且曰：「惟君所欲爲。」秀才曰：「子豈敢故殺吾子哉，是吾子命當絶也。且安知非我不德，天之降罰，殺吾子以報吾耶？」命具棺瘞之，無他語。秀才時已年五十矣，鄰人思有以報其德，求女以進，秀才不可，强而後受之，生二子。

曾文正大度

曾文正未達時，嘗肄業長沙嶽麓書院，與某生同居。某性褊躁，其書案距窗可數尺，文正因置案窗前以取光，某怒曰：「吾案頭之光全自窗中射入，今爲汝遮，則滅吾讀書之光矣。」文正曰：「然則令我置之何處？」某指牀側曰：「可置此。」文正亦如其言。中夜讀書，某又怒曰：「平日不讀書，此時乃聒噪如此！」爲之低聲潛誦。後居軍中，從容坐鎮，綽有雅歌投壺氣概，日必圍棋一局以養心，前敵交綏，或逢小挫，亦無太息咨嗟之狀。

曾文正毫無芥蒂

新寧劉武慎公長佑以拔貢生入都朝考，時曾文正已貴，有閱卷大臣之望，索武慎楷書，欲預識其字體，固不與。其後爲直隸總督，捻勢方熾，文正主分堵，武慎主合勦，草疏將上之，或曰：「如曾公意不同何？」武慎曰：「顧事理何如耳，他何足恤！」文正見其疏，甚以爲然。武慎知之，乃語幕客曰：「滌翁於此乃毫無芥蒂，良由做過聖賢工夫來也。」

德宗諭慰馮子材

馮萃亭少保子材初從粵寇，及歸誠，隸淮北大營，立功至專閫。光緒乙亥，叛將李揚材作亂越南，犯粵、桂，大府奏派少保統諸軍出關督勦，大破賊，揚材授首，凱旋入關。朝廷嘉其功，賞賚稠疊，賜物中有《平定粵匪方略》一種，其書於少保未歸誠前與官軍拒戰事不稍諱。少保讀而病之，乃專疏入奏，所略謂「臣少年迫於飢寒，誤入賊中，桀犬吠堯，良非本心。自投誠後，二十年間，東南兵事無役不從，冀少贖前愆，附驥於忠義之林。今恭讀方略，於臣前事詳載靡遺，史官職在徵信，自應據事直書，但微臣伏讀之下，輒覺媿汗，無以爲人。可否仰懇天恩，念臣積勞，泯其往事。命史官凡遇馮子材字樣，均於材字增一筆，改爲林字，則感激之忱益無紀極」云云。時孝欽后垂簾聽政，念其新立大功，且武人不識掌故，僅降旨申斥，以温諭慰解之。

李文忠與戈登交歡

李文忠平吳之役，多斬降人，洋將戈登諫之不納，由是欲得而甘心。或告文忠，且爲畫策，文忠歎曰：「吾自不德，致啓怨尤。外人伉爽，宜有此英風俠骨，聽之可也。然吾亦不懼。」戈聞其言，隱然折服。後文忠開府畿疆，戈以事往謁，仍歡然道故，不稍介懷。

李文忠舉手謝過

李文忠居要津久，僚屬咸仰其鼻息，政躬勞勩過甚，自不免有倨傲侮慢之處，然有面折其過者，則亦深自引咎。某令進謁，行半跪禮，文忠仰天拈髭，若未之見者。既坐定，問何事來見，對曰：「聞中堂政躬弗豫，特來省疾。」曰：「無之，或外間傳訛耳。」曰：「否，以卑職所見，中堂或患目疾也。」笑曰：「是益謬妄。」曰：「卑職方向中堂請安，中堂未見，恐目疾深，中堂反不自覺耳。」文忠爲之舉手謝過。

李文忠胸中一段春

李文忠嘗於簽押房揭一自手書之楹帖云:「受盡天下百官氣,養就胸中一段春。」

衛榮光體貼寒士

衛静瀾中丞榮光起家寒素,以翰林至中丞。嘗巡撫浙江,逢書院課時,必檄派進士出身之屬員五六人,於一二日内盡閱試卷,三日揭曉。嘗語所屬曰:「我未達時,曾在鄉間課蒙,離城十餘里,每試必不憚跋涉,親候榜示。寒士苦況,大略相同,其候榜之心,必皆以先覩爲快也。」

俞小甫謹謝不敏

吴縣俞小甫,名廷瑛,工詩詞,尤善駢文。於咸、同間從軍浙江,得一官,旋以通判需次,久充軍需局文案。性淡泊,落拓無威儀,同僚輒藐之。一日,候補同知胡因明過其齋,出壽文稿示之,曰:「此大作也,何不通至是?」則俞所爲浙撫衛榮光之壽序也。俞視之,評抹滿紙,皆門外漢語,但唯唯而已。越日,胡復譏之於軍需局總辦,總辦以告俞,俞謹謝不敏,無他言。

陶善之恕輕薄少年

陶善之嘗撰聯以自壽，揭之堂楹，聯云：「排排坐，喫果果，童子六七人，從吾所好；欣欣然，闞蟲蟲，彭祖八百歲，視我猶孩。」善之，上元人，爲光緒初壽榜副貢。年八十餘，日以尋樂爲事，每出游，白鬚朱履，輕薄少年或戲之，輒一笑而去，不以爲忤也。

劉襄勤容袁垚齡之戇

湘鄉劉襄勤公錦棠嘗撫新疆，每食必與幕友偕，欲辦一事，往往自挾文牘，就友商搉。諸友擬稿，有應增損之處，亦必面言其所以然，情款密而語開爽。有袁垚齡者，以襄勤言某事將出奏，乃曰：「此公職所應爲者，何必入告？」襄勤曰：「如此名可達天聽耳。」袁曰：「吾鄉以公爲貪，觀此益信。」復顧他友曰：「凡貪者，不必愛錢也，即好名亦謂之貪。」他友有初來者，竊議袁之戇，然襄勤竟受之不怫也。

周百純自謂得横覽形勝

光緒間，杭有張子虞者，名預，久客李文忠幕，後官翰林院編修，提學湖南。其父名道，隱士也，與里人周百純爲道義交。百純有文譽，以貧老，赴湘訪預，冀其介紹於人，得館穀也。托辭拒之。越日，齎杭州土宜以往，預受之而仍不延見，且不答謁。百純乃作書與之，三月不報。百純困逆旅中，窘甚，乃質衣物以歸。或問之，則曰：「張雖拒我，然若不受我土宜，則纍纍者將攜之以返，不更累乎？且此行也，泝大江，涉洞庭，得横覽形勝，謂非張君之賜而何？」

張文襄躁釋矜平

張文襄晚年躁釋矜平，有猶子捷南宮，一日，開賀，賓客紛集，席半，各贈以硃卷一册，多有故作諛詞以贊歎者。座客黄紹第，文章經濟卓絶海内，且讀且訾，未終幅，裂而碎之，擲於地。文襄惶恐，逡巡入。次日語人曰：「黄君所評，誠不謬也。」

文襄在鄂時提倡興學，某年，某校行畢業禮，官吏、教員、學生畢集。時番禺梁星海廉訪鼎芬方充兩湖書院監督，特製長篇頌詞，道勷盛美，令畢業生劉某朗誦之，環而肅聽者數百人。誦甫畢，忽有狂生某應聲續曰：「嗚呼哀哉，尚饗！」聞者莫不駴笑，羣集視於發聲之一隅。頃之，亟斂笑收視，肅立如初。梁艴然變色者久之，文襄夷然自若，若充耳不聞者，亦未嘗旁睞也。

王文勤楷書蹈字

光緒中，剛毅與王文勤公文韶同官樞密，一日，剛於擬諭旁自增「毋蹈積習」四字，以授文勤，而書「蹈」爲「跌」。文勤見之，乃取硃筆密點「跌」字四圍，復以恭楷書一「蹈」字於旁，始終未變辭色。

譚復堂恕醉人

仁和譚復堂司馬獻，性和藹，粹然儒者之容。光緒中葉，補含山縣，不赴官，告歸。時俞小甫通守方待次杭州，與之結文字交，甚投契，常相過從。一日，偕游西湖，小飲於樓外樓。隔座有三少年，亦杭人，方劇談，蓋臧否鄉邦人物也。酒酣，僉有醉意，縱論至於譚，評隲其所選刊之《篋中詞》，多譏言。俞聞之不平，語譚曰：「此亦蚍蜉撼大樹也。」譚曰：「人孰能無過，苦不自知，若輩所言，或不盡誣。且僕年逾五十，亦幸尚能知非耳。矧彼爲醉人，聽彼言之，庸何傷！」

何梓汀恕醉人

汲縣何梓汀太守棪嘗需次山左，書生本色，落落無威儀，恆步行於市，不以僕隨，人不知其爲官僚也。一日，獨游大明湖，晚歸，將至寓矣，誤觸醉漢，醉漢詈曰：「咱老子出門，孰不讓道？爾何人斯，速去休！」時何之僕適自市購物歸，經其地，聞而責之曰：「此某大人也，乃受汝謾駡耶？」醉漢猶喋喋不已。僕大怒，欲毆之，何亟止之曰：「慎勿爾。王道坦坦，大公無私，彼自不審斯義耳，況又爲醉後之失德耶。且人類平等，又何必以我之官嚇之？速行，吾腹餒，將歸而進餐也。」

張文達言吾未審

長沙張文達公百熙愛才如命，顧獨不喜面諛。某爲張所重，思見好於張。會張之妾有疾，某設香案祈禱於寓中，張聞之曰：「吾愛其才，吾未審。」言至此遽止。自是雖貌重之，不若鄉者之殷摯矣。

張文達令門生自愛

贛人某甲，以寠人子受張文達識拔，得官部曹，飲食教誨，無所不至。甲數負張，而張卒涵容之。光緒甲辰，某乙至京師，初謁張，卽誨之曰：「若年少，同門如某者，勿與親洽。」乙唯唯。意謂已屏諸門外矣，而張資贍其妻子如故也。厥後甲假張名以行詐僞，張知之，召至，贈以四百金，温語之曰：「行矣自愛，長安居大不易也。」

陸太淑人恕婢覆羹

仁和陸太淑人玉珍，爲錢塘徐印香舍人恩綬繼室，生子珂、女琳，性仁慈嚴正。家蓄二婢，曰來喜，曰來慶，衣食必周，偶有疾病，恆使就醫，燈下則教其識字，與講大意，有過失，訶斥之而已，不鞭撻也。一日，將午膳，來喜進羹，偶不愼，傾其碗，碗碎，羹汚太淑人手及衣。羹至熱，手痛衣汚，來喜懼遭譴而泣，太淑人夷然曰：「衣不足惜，固可浣也，手痛亦俄頃耳。碗之碎，更何足道。臺灣，我疆土也，今且割畀日本矣，遑論其他！況汝亦無心之過乎。」語已，猶極力撫慰之，不責也。珂之師俞小甫通守聞之，乃語珂曰：「太淑人之雅量，誠巾幗中所罕見者。且待婢若此，是直爲貧民教養子女耳，使比户皆然，亦社會教育普及之一端也，更何必申蓄婢之禁哉！」

葉逋梅遇盜不驚

昆明葉逋梅與南海周俊叔同旅濟南，皆諸侯賓客也。光緒甲辰，相將赴曹州，將至矣，俊叔車在前，逋梅躡其後，方手書披覽，猝有盜至。俊叔跪伏車中，戰栗無人色。逋梅從容下車，語盜曰：「吾輩皆窮書生，無珍物，苟不棄者，任取之，不汝怨也。且工業不興，君輩無以爲生，亦奚咎！第勿擾吾書可耳。」乃植立道左，觀書如故。盜搜篋，取所攜旅費而去。

清稗類鈔

異稟類

稟氣異常

俗謂男子十四而精通，六十而精絶；女子二七而天癸至，七七而閉，驗之，實不盡然。曾見有七八十歲之衰翁而娶中年婦者，其家族竊覘之，則固能人道而再接再厲也。且有八十老人娶少艾而得孿生子者。至女子受孕，有十二歲而生子者，有六十餘而生二男一女者。是皆不可以常理測之也。

閩婦孕期

婦人孕，本十閱月而生。閩婦則十餘月或二三十月，不獨土著爲然，即他處人之久居於閩者亦常有之。有蘇人某，久居閩，其子即三十六月而生，生時與普通産兒無異。醫家原謂子在母腹，有妨礙發育之感受，産必延期，然若是之久，亦所罕覯，閩則視爲固常也。

男生子

順治初，奉賢南橋鎮有鰥夫，年五十餘，本徽人也，以結氈爲業。畜一徒，曰王三。一日，裸而浴於河，忽爲同伴窺見其陰，乃數月不出，或偵之，則産一男矣。南橋巡檢聞之官，解至松江，曹千里嘗親見之。

文人多壽

本朝文人多壽，如王文簡公士禎年七十七，朱竹垞檢討彝尊年八十四，尤西堂舍人侗年八十五，沈文愨公德潛年九十五，宋牧仲尚書犖年七十二，查初白編修慎行年七十，方望溪侍郎苞年八十，袁子才太史枚年八十二，錢辛楣學士大昕年七十，紀文達公昀年八十二，彭文勤公元瑞年七十，姚惜抱郎中鼐年八十四，翁覃溪閣學方綱年八十六，梁山舟學士同書年九十二，趙甌北觀察翼年八十二是也。

曹子顧博聞強記

嘉善曹子顧學士爾堪博聞強記，出游所至，山川阨塞無不能畫其形勢。士大夫一與之交，積久不忘，且具能識其名氏、爵里、家世，毫髮無遺。

錢牧齋富記憶力

錢牧齋尚書謙益富記憶力，幼嘗與人舉《四書》語「口」字最多者以角勝負。或舉「人知之亦囂囂，人不知亦囂囂」二句，得十八「口」字，錢舉「謳歌者不謳歌益，而謳歌啓」得十九「口」字，遂獲勝。

顧亭林强記

顧亭林，名炎武，嘗客京師。一日，王文簡過其邸舍，語之曰：「先生博學强記，請誦古樂府《蛺蝶行》可乎？」顧即朗誦一過，同坐皆驚。

劉璐十齡不言

劉璐，字石渠，沈邱人。父學向，順治進士，令於浙江。長、仲二兄聰慧而夭。璐時年十齡，尚不能言，狀類痴呆，父憂之。一日，獨坐長歎，璐侍側，問曰：「父何歎？」父以其忽能言也，喜甚，曰：「家門不幸，汝兄夭折，而汝又不能言。今能言，吾無憂矣。」自是，教之讀，過目成誦，恍如有宿慧者。

原襄敏讀書痴獃

陽城原襄敏公髫齡入塾，既一載，書不成誦，亦不甚解。歲將除，師召其父至，令其偕歸。中途，父讓之曰：「向與若論世事，頗敏慧，何讀書竟痴獃乃爾？」襄敏曰：「讀書亦如應世事乎？」曰：「然。」曰：「得之矣。」復入塾，聽講輒洞徹，久之博洽今古，掇巍科，爲世名臣。

周于漆記前世事

江浦周西水兵部于漆幼不能言，而能記前世事。自言前世爲某邑人，及所常栖止處，嘗於廣庭設一几，庭有紅薔薇一叢，時時夢到其地。七歲時，戲門前，有僧過門，顧之曰：「此郎有夙因。」周應聲，即能言，家人驚喜。因令讀書，一過目，如宿習。數月，徧通《左傳》、《國語》、《史記》、《漢書》。年十四，讀書山中精舍，一日，日向夕，憩溪邊石上，遇老僧，謂曰：「郎忘七歲門前相見時耶？」叩其名，曰：「我寶藥也，閩人。」周因留之舍，日夜與論象緯律曆、六壬丁甲、勾股洞章之術，未半載，盡通其説。瀕行，復以黃河海道九邊授之，且曰：「吾數學未傳人，今當游四方訪之。」又密語周以十年之内天下必大亂，君異代人物也。自明崇禎丙子迄甲申，九年而明果亡，皆如其言。

周入國朝，以明經謁選人，常念寶藥別時贈詩有「元夕燈前尋賈子，秋風臺下拜鄒生」之句，未詳所謂。及謁選，得房山令，上元，與僚屬讌於賈公祠，問之，唐詩人賈閬仙祠也。問有子孫乎，吏對有賈某者，其裔也，見以逋税繫獄。周即令出之，代完其逋。是年秋，調平谷令，抵縣日，即出勘田畝，夜宿山村古廟。比晨，視其額，則鄒衍祠也。於是悟寶藥之語，一一無爽，乃述其學，著《三才儒要》三十卷。

洪潤孫有潔癖

錢塘洪潤孫，名景融，以博雅擅名。乃有潔癖，每靧面，輒自旦達午不休。陸麗京偕胡同往視之，洪爾時神氣傲邁，旁若無人。

黄庭表童年穎悟

黄與堅，字庭表，號忍菴，太倉人，順治己亥進士。康熙己未，舉博學宏詞，官贊善。童年穎悟，詩一目，文二三目卽記憶。三歲能識字，五歲能誦詩，八歲酷好唐人詩。嘗録小本，出入輒攜以自隨。十四，慨然有志於古學，欲徧讀周、秦以下書，甫三年而讀周末諸子及六朝以上者幾盡。

魏昭士二齡誦歸去來辭

寧都魏昭士，名世傚，生甫二十餘月，實年爲二齡，母口授《歸去來辭》及《九歌》一二章，久之，輒能背誦。諸父嘗抱之，誘以果餌，使歌，歌聲悠揚可聽，詫爲英物。

博野婦人不飲食

順、康間，博野有婦人，一生不飲食，而生育男女數人，日夕操作與常人無異，亦罕疾病。

克勤郡王無日廢飲

順治時，克勤郡王戰功卓著，性和平，無貴胄氣，旌麾所莅，恆喜與野老閒話。又能約束所部，禁淫掠。聲色狗馬一無所奉，惟嗜酒，一石不醉。歲時賜宴，世祖知其量，使罄無算爵，不愆於儀，不改常度。

康熙初，天下略定，王移書各督撫，有以酒力稱最者，不問貴賤，資送入都。時聖祖方幼沖，太后訓政，臺臣劾王招致酒徒，荒耽縱佚，且主少國疑，迹近樹黨，請下廷尉問狀。太后以章示王，王對曰：「臣嗜酒，在朝在軍無日廢飲，幸不及亂，先帝不之禁。賴宗廟之福，海內大寧，臣誠無狀，欲與天下善飲者一角酒力，愚昧不識大體，迹涉樹黨，願伏重誅，請毋付廷尉。」某王，尊屬也，謂天下雖定，隱患猶多，親藩大臣不兢兢業業贊襄政務，沉湎於酒，又擅與督撫書，招酒人入都角飲，臺臣言是，請治以罪。太后曰：「彼忠誠無他，先朝所許，姑聽之。」惟諄諄以勿爲酒困、毋通宵人爲戒。王感謝而退。即日，以公牘與各督撫，寢前議，而山西撫臣已資送一人至矣。

先是，王令既出，疆臣下屬縣羅致，久而未得。蓋各省所產之酒，惟浙之女兒酒、汾之西魯酒爲天下最，而南人不能飲汾酒，北人亦以女兒酒味薄，屏弗御。南省督撫知王生長朔方，飲醇醪者未必能敵，輒不敢獻；北人善飲者衆，一時於此中求不醉量，殊覺莫衷壹是。壺關某令有酒癖，且能兼收並蓄，浙酒、汾酒汎愛不倦。巡撫聞之，欲以塞責，召某令面諭之。令亦喜，謂催科、撫字之外，杯中物亦能署上考，秣馬整裝，行有日矣。忽急足自涼州至，令之母以疾終於鄉，終天永痛，匍匐星奔。瀕行，爲巡撫言：「縣屬羊腸坂有一人，年且七十矣，終身不娶，以酒爲命。顧樵採爲生，不能以野人溷親藩奈何？」巡撫曰：「斯人之飲，於君何如？」曰：「勝屬吏遠甚。每歲行春，輒賜卮酒，觀者掩口，以爲是戔戔者，彼固視之如一滴，官何吝也。次年，昇巨甕置老人前，令罄之，頃刻而盡，若無事者。此非異人乎？」巡撫曰：「王固不擇人，惟求善飲者，樵採何礙！」急識姓名，檄新令尹送入省，親試之，信，爲具裝，遣材官與之俱。既入都，投邸，王之長史、内奄索巨賄，不得見。老人怒，謂長史曰：「我奉巡撫命來應王召，爲飲酒耳，不聞有婪索事，是以無備。」長史呵之。材官爲之緩頰，以費不足，終不許入。旅館羈遲，資用將乏。材官欲具牘稟巡撫，老人曰：「待巡撫以金來，老人餓且死。」翌日黎明，出走闤闠，見有輿從過市，輒攀輿訴入都事，並言王人塈遏狀。輿中爲某貝子，急引至王邸，面致之。乃革長史，杖奄人，召材官，賚以金帛，問老人年歲、職業。見其短小精悍，髯長及胸，目灼灼有光，知非常人，置於別室，待入朝奏明，請假一日，爲角飲計。

王邸深邃，時值新秋，老人請擇爽塏地以行酒，許之。問能弈乎，曰：「能。」王益喜。曲欄清池，殘荷猶馥，有亭翼然，顧視軒敞，王於此設楸枰，瀹苦茗，先與對局。局半，内侍昇巨甕二，分置於王與老人之前。甕可三十斤，乃女兒酒之最醇者。王以老人居汾河，必善飲汾酒，紹酒不易至山西，野老更不能致，或者不勝巨甕，思有以難之。席間別無下酒物，各設一圓碟，分貯金華乾脯、巴達杏仁及鮮梨少許。且飲且弈，自午至於酉，一局未終，老人遽起曰：「王以角飲見徵，不聞以弈。請置此，姑酣飲以副成命。」蓋已預計負一子半矣。王笑從之，以手亂局，促左右進酒。内侍曰：「甕罄。」回視老人，神色自若也。王曰：「爾飲誠豪，然亦未足以勝我。」對曰：「王之量，包涵萬物，於以上佐天子，致昇平。若杯杓之間，終讓野人一籌。」王不服。曰：「今猶有説。」王曰：「何如？」乃指肴碟以對，謂王貴人也，珍錯之奉，度已饜足，非若村野，初嘗異味。今王食乾脯略盡，杏仁亦過半，野人不然。以此言之，王固以貴下賤，大得民也。王爽然，留之匝月，仍賚巨金使返，並爲告巡撫，飭所司以時存問。

河南信陽州北鄉有一農，亦酒豪，刺史將爲王致之。奉行不善，籤差傳提，慴不欲行。胥徒揮斥叫號，勢洶洶若捕巨盜。農有邁父，已病踰月，驚悸遂死。家人典其所有田二畝，賂蠹役，詭報病故，乃免。

惠天牧背誦封禪文

惠天牧初生時，父夢東里楊文貞公來謁，遂名士奇。年十二，善爲詩，有「柳未成陰夕照多」之句，爲名流所激賞。弱冠，補諸生，或戲謂之曰：「卿熟《史記》、《漢書》，試爲我誦封禪文。」卽應聲朗誦終篇，略無譌脫。

王虎兒三歲誦唐詩

王文簡公士禎幼子，小字虎兒，三歲能誦唐詩百首。

年羹堯解三字經

年羹堯七歲，父延師教之讀，開學日，師授以《三字經》，卽問其師曰：「人之初，性本善，其解如何？」

師曰：「人之初生，性質本美，所有惡人，皆日後受社會之薰染而成。」年曰：「我意不然。初生之人，性質皆惡，必有人教之，以漸而改。苟不然者，吾父何必請先生來教我乎？」師默然。又一日，讀《千字文》，亦問曰：「天地玄黃，其解如何？」師曰：「天玄色，地黃色。」年又曰：「地果黃。天青色，有時或蒼色，至下雨時亦灰色，固無玄色也。」

章言在以筆狀顴額鬚眉

仁和章言在，名谷，幼從塾師學，師出，有友訪之，比歸，羣兒告以客至，而忘其姓氏。師怒，呵羣兒。章曰：「師毋怒，我猶能約略記之。」因以筆狀其顴額鬚眉，栩栩然也。師見而笑曰：「是得非某乎？」已而叩之，果然。

王文簡前身爲高麗國王

王文簡前身爲高麗國王。將誕之夕，有人止村廟中，見途中羽葆鼓吹，儀衛甚盛。其人駭懼，詢之從者，云：「高麗國王降生新城王家。」其人素善封翁，急入城探訪，文簡已墮地矣。

王文簡目覽文書口決報

王文簡爲揚州司李時，地殷務劇，座客日滿。晨起，坐堂皇，目覽文書，口決報，呼謈之聲沸耳，案牘成於手中。及放衙，召客刻燭賦詩，清言霏霏，久而不絶。座客見而詫曰：「王公真天才也。」

閻百詩先魯後敏

阮應韶之父，少時與閻百詩同受業於靳茶坡。日暮，各抱書歸，閻愚魯，獨吟不置，必背誦如翻水乃已。後發憤，將書拆散，讀一頁，輒用麵糊黏几，背誦既熟，即焚之，終身不再讀。一夕，胸前膈下豁然洞開，若有聲震耳，後閲書，一過目即成誦。嘗集陶貞白、皇甫士安語題其柱曰：「一物不知，以爲深恥；遭人而問，少有寧日。」

或謂閻幼時口吃資鈍，讀書至千百過始略上口。又善病，母禁之讀，遂闇記不復出聲，如是十年。當十五歲時，冬夜讀書，有所礙，沈思堅坐，心忽開朗，自是穎悟異常，蓋積精所致也。

毛西河五官並用

蕭山毛西河檢討奇齡生有異稟，能五官並用。嘗以右手改弟子課作，左手撥算珠，耳聽弟子背誦經書，目視小僮澆花，口又答弟子之問難，間與其婦詬誶焉，不稍紊也。

毛西河博聞强記

毛西河博聞强記，嘗與客言：「《四書》中有一妖、二怪、三女子，五龍、九虎、十先生，又九館、十先生。」二怪者，「素隱行怪」，「怪力亂神」是也。他倣此。毛歷歷數之，客且并《四書》之句而忘之矣。

毛西河默寫市招

毛西河嘗與友騎而入市，默記兩旁市招，歸而書於册。明日，友持册至市，校之，一字不差。

毛西河默寫染肆帳册

毛西河嘗入染肆，與肆夥閒話，坐定，吸淡巴菰，且閱其帳册，星火落焉，乘風而燃，册遂燬。肆夥窘而大號，毛曰：「勿懼。」取別紙，一一書之，凡染物人姓名、綢布、日期均無訛。

姜西溟不食猪肉

姜西溟，名宸英，不食猪肉，偶見人食，輒避之，致有以回教徒稱之者。朱竹垞戲曰：「假食猪肉，得淡墨書名，則何如？」西溟不答。相傳朱竹垞自定詩集，不肯删《風懷》二百韻，曰：「我寧不食兩廡特豚耳。」若西溟乃真不食特豚者。

潘次耕闇誦曆書

吴江潘次耕檢討耒，幼有聖童之目，覽曆書一過，即能闇誦，無所譌脱，首尾不遺一字。

徐健庵飲食之多

崑山徐健庵司寇乾學善飲啖，每早入朝，食餑餑五十、黄雀五十、雞子五十、酒十壺，可竟日不饑。及解組言歸，門生餞之，謂將供一日醉飽也。安一空腹銅人於座後，凡徐進一觴，則亦傾一觴於銅人腹，殽胾羹湯皆然。銅人腹滿而倒换者再，徐則健啖自若也。

徐健庵十行俱下

徐健庵之記憶力甚强，凡與有一面之緣者，終身不忘。無才藝者，不入門下。有執贄者，先繕帙以進，十行俱下，頃刻終篇。遇不善處，折角志之。其人進見，則面命指示，一字不爽。且尤能記憶人之面貌也。

徐健庵横閲碑文

徐健庵嘗與姜西溟編修觀古碑，碑甚高，徐令人掖之以上，横閲之。已，又横閲其中下，遂舉其文。編修大驚，歎爲絶才。

張玉書飲食之少

丹徒大學士張玉書，古貌清癯，每朝餐，僅食山藥二片、清水一杯，可竟日不飢。

魏經國飯米八升

魏經國，漢軍正白旗人，少爲監者，供役大内，每夜飯米八升，所得不足給一餐，請於主者，願加倍工食，以夜繼之。某日漏下，聖祖出游禁苑，聞力作聲，詢知其情，即命以米如數作飯。經國跪食盡之。大爲稱異，擢厚載門守備，又擢通州副將，代白小民寃。後官湖廣提督，復調江南提督，加太子少傅，並尚書銜。

簡謙居過目不忘

蜀中簡謙居天姿絶人，凡有記覽，過目不忘。康熙辛亥，視學江南，按臨各郡，每發榜，輒進諸生而誨之，某某解題中款，某某用古入化，不必攤卷於案，自能背誦其文，無所譌脱。

周櫟園記憶力

河南周櫟園，名亮工，嘗觀察維揚，簿書稍暇，輒手一編不輟。即以參拜大僚、酬訪賓客而出，坐輿幙中，猶以十數卷自隨。歸語幕賓，輒能舉其詳曲。雖甚久遠，偶析一字之疑，引據證明，必指其出何書載何卷以及行墨之次第，當命掌記依檢，應手而出，不差絫黍。

陳句山背誦門牓

錢塘陳句山太僕兆崙，幼清警好學。嘗遊西湖淨慈寺，讀門牓三過，還家試誦，略無遺脱。

孫文定過目成誦

孫文定公家淦家世清貧，少耕且讀書，過目輒成誦。嘗上山斧薪，值大風雪，斧落層崖間，緣跡手探之，幾至僵仆，而口中猶咿唔也。

納蘭容若轉世

納蘭容若，名成德，原名性德，太傅明珠子也。與無錫顧梁汾舍人貞觀交最密，嘗賦《賀新郎》詞爲梁汾題照云：「一日心期千刼在，後身緣恐結他生裏。」梁汾答詞亦有「結託來生休悔」之語。容若没，梁汾亦歸里，一夕，夢容若至，曰：「文章知己，念不去懷，泡影石光，願尋息壤。」是夜，舉一孫，梁汾視之，面目與容若無二，灼然知爲再來也。梁汾喜甚。彌月，忽得疾。梁汾一日晨卧未醒，驟夢容若來别，驚寤，聞哭聲，則已殤矣，「泡影石光」之言亦驗。容若故有小像在梁汾處，梁汾乃賦詞題其上，詞中隱寓其事，一時名流和者甚衆。像存惠山草庵貫華閣。

錢芳標爲飯頭陀轉世

錢芳標，華亭人，或言其父少司寇艱於嗣，與夫人往寧波之天童求子，大師爲集衆僧，問誰願隨錢居士往，衆皆不答，一飯頭陀老矣，自言願往。已而果得子。名鼎瑞，字寶汾，後易名芳標，字葆馚。詞華麗藻，有名東南。中康熙丙午順天鄉試，官中書舍人，既而假歸。康熙戊午，以博學宏詞薦，值丁內艱，不赴。一日，方與客坐書齋，有僧至門，持一緘書，云自天童來。舍人啓視之，殊不駭訝，但云：「倉卒奈何？」明日晨起，徧召親故與決，索筆書一偈云：「來從白雲來，去從白雲去，笑至天童山，是我舊遊處。」微笑而逝。

趙撝謙百有六歲舉子女

閩人趙撝謙善容成御女術，康熙中，有人見之，年百有六歲矣，猶蓄數姬，舉子女十餘人。偶游京師，朝貴争相延致，競作詩歌以贈之，且有執贄門庭稱弟子者，羣尊之爲趙老仙人。

李蟠食三十六餑餑

康熙丁丑狀元李蟠，字根大，書法不甚精，文思亦蹇澀。廷試日，試者薄暮皆出，蟠獨留，殿前護軍催督甚急，蟠泣告曰：「畢生之業在此一朝，幸毋相促，以成鄙人功名。」護軍哂而諾之。直至四鼓，始獲完卷。聖祖廉知之，意爲苦心之士，拔置一甲一名，同榜探花則慈谿姜宸英也。姜作五言贈之云：「望重彭城郡，名高進士科。儀容如絳、勃，刀筆似蕭何。木下還生子，蟲邊更著番。一般難學處，三十六餑餑。」蟠偉幹虬鬚，狀似武人，其爲諸生時，以刀筆聞。廷試，懷麪餅三十六枚餐之至盡。餑餑，都下方言也。

彭禹峯飲食之豪

鄧州彭禹峯，名而述，長身修髯，聲若洪鐘，一飲能舉數升，一食能盡一彘肩，汪鈍翁目爲撥亂之異才。

允礽起居飲食之奇

康熙己丑，聖祖以太子允礽肆惡虐衆，暴戾淫亂，特下詔廢爲庶人。即其起居飲食以言，則晝多沈睡，夜半方食，飲酒數十巨觥不醉。每對越神明，則驚懼不能成禮，遇陰雨雷電，則畏沮不知所措。居處失常，語言顛倒，爲鬼魅所憑，不安寢處，屢遷其居。啖飯七八碗尚不知飽，飲酒二三十觥亦不至醉。

方穉官飲酒數斗

方穉官天懷坦易，飲酒數斗不亂，每良辰令節，輒攜友詣獅山，劇飲歡呼，曠然自放。間獨行道中，諸田父相謂曰：「村釀新熟，翁能從吾飲乎？但苦無佐酒具耳。」方亟歸，左提魚，右持蓋，行烈日中，就其家酣醉，達旦始罷。

盧西寧斷乳後不食他物

仁和盧西寧學士琦少有異稟，斷乳後不食他物，晝夜飲酒三五升，一吸輒盡，家人謂之酒仙。

高士奇盛暑無汗

錢塘高江村宮詹士奇生有異質，身御盛服，雖時當酷暑，曾無點汗，便遺之事，終日不行。以是出入禁闥，從容中禮，侍從諸臣俱莫能及。

邵僧彌有潔癖

長洲邵僧彌，名彌，性舒緩，有潔癖。整拂巾屐，經營几硯，皆人世所不急之事，乃爲之煩數纖悉，雖僮僕患苦，妻子竊駡，不爲意也。

陳氏婦有潔癖

海寧陳家有孀婦某氏，富而有潔癖。嘗駕舟赴鄧尉探梅，行數里，於船窗内見他舟傾糞溺於河，已舟方汲水爲炊，遂命返棹。婢媼力言已炊乃自攜雪水，已早熟。不聽，竟歸。氏平日飲食淡泊，一切腥膩從不沾唇，嫌穢濁也。最憎穩婆，望而卻走，去後，必覓其茶盃棄之。所用物或爲婦人所跨，即棄不用，以其穢也。或以此物適加他物上，則又大聲疾呼，謂以穢遇穢也。晨起，面巾不用布，以績時出婦人跨下，不可施之頭面，以竹紙拭之。日啖蓮實、山藥及香稻米粥等物而已。此康、雍間事也。

汪積山好潔

雍正時，錢塘汪積山惟憲善爲詩，尤工五言，論者謂覽其詩，非徒愔愔有雅致，乃別見貞白之性，有《積山集》六卷。少補諸生，好潔成癖，每受知於學使者，終不肯畢鄉試，以塲屋儲積汙穢，易霑垢漬也。

齊次風敏悟強識

天台齊次風侍郎召南，敏悟強識，觀書每十行下，既覽則終身不忘。其應徵北上時，謁某邑宰，留宿署中，見架有異書八册，請借觀，宰諾。次日，將登程，宰奉書以出，齊曰：「已閲訖矣。」宰未信，抽一二册詢之，探喉而出，不謁一字。

齊次風記軍籍簿

齊次風嘗客杭州，將軍某延其午飯，几有軍籍簿，齊披閲，皆能記其姓名。翌晨，代將軍傳呼，不誤一名，並皆識其狀貌，遇於道輒呼之，皆應聲而答。

李穆堂有夙慧

臨川李穆堂侍郎紱有夙慧，少貧，無貲買書，貸於鄰，每一披覽，無不成誦。及官翰林，庫中舊藏有《永樂大典》，皆讀之。同僚取架上書以難之，無不立對。典試江南，闈中試卷幾及萬本，一一批示，無不中肯。

李穆堂查閲册籍

李穆堂嘗由侍郎降光禄卿，履任之日，檢閲册籍，復至實録館，同僚問以今日何事，李歷舉筵宴器物制度，背誦無遺。蓋一過目，輒能至老不改也。

嚴冬友十行並下

江寧嚴冬友侍讀長明，幼讀書十行並下。年十一歲時，值李穆堂奉命典試江南，聞其早慧，欲見之，因介編修熊本往謁。李舉「子夏」二字令對，即應聲曰：「亥唐。」大奇之。謂方侍郎苞、楊編修繩武曰：「此將來國器也，公等善視之。」嚴遂執經二人之門，學以大成。

全祖謙爲聖童

鄞縣全祖謙，謝山太史祖望之兄也。四齡入塾，即通諸經章句，蔣寥涯見而奇之，曰：「此聖童也。」一日，戲以小翦翦紙，傷指，感風而疾，遂篤。臨危，大書「鯉也死」三字於几，而作破題以示意曰：「聖人不得有子，聖人之不幸也。」竟卒，時年僅六歲耳。

朱氏兩神童

大興朱竹君學士筠、石君太傅珪，均幼負美才。太傅甫成童，受知於府丞石首鄭太常其儲，擢第一，學士次之，遂同入學，人稱朱氏兩神童。明年，府尹常州蔣炳約其同鄉劉文定公綸、程文恭公景伊、錢文敏公維城、莊侍郎存設筵，招兩神童面試。文定授題《崑田雙玉歌》，詩成，合座驚喜，明日皆先就訪焉。

焦里堂早慧

甘泉焦里堂，名循，早慧，八歲至人家，客有舉馮夷音如縫尼者，焦曰：「此出《楚辭》，馮字讀皮冰切。」客大驚。

和珅爲世宗某妃轉世

世宗朝某妃，貌姣豔，高宗年將冠，以事入宫，過妃側，見妃方對鏡理髮，遽自後以兩手掩其目，蓋與之戲耳。妃不知爲太子，大驚，遽持梳向後擊之，中其額。高宗覺痛，遂舍之。翌日爲月朔，高宗往謁孝聖后，后瞥見其額有傷痕，問之，高宗隱不言。嚴詰之，始具以對。后大怒，疑妃之調太子也，立賜妃死。高宗大駭，欲白其寃，逡巡不敢發，乃染硃於指，迅往妃所，則妃已繯帛，氣垂絶，亟以指硃印妃頸，曰：「我害爾矣。魂而有靈，俟二十年後，其復與吾相聚乎！」

乾隆中葉，珅以滿洲官學生入鑾儀衛，選舁御輿。一日，駕將出，倉猝求黄蓋不得，高宗曰：「是誰之過歟？」珅應聲曰：「典守者不得辭其責。」高宗聞而視之，則似曾相識者，驟思之於何處相遇，竟不可得，然心終不能忘也。既回宫，追憶自少至壯事，恍然於珅之貌與妃相似。因密召珅入，令跪近御座，俯視其頸，指痕宛在。因默認珅爲妃之後身，倍憐之。不數年，遂由内務府總管而驟躋相位。迨高宗將歸政時，謂珅曰：「我與汝有宿緣，故能若是，後之人將不汝容也。」嘉慶己未，仁宗果賜其死。

和珅記性絶佳

和珅記性絶佳，每日諭旨，一見輒能默記，乃至中外章奏連篇累牘，倉猝披閲，皆能提綱挈領，批卻導窾。以故與聞密勿，奏對咸能稱旨。此所謂才足濟奸，聰明誤用者矣。

張永清五齡背御製詩

乾隆戊辰，高宗幸曲阜，謁孔林，濟南貢生張廷璺挈其五齡孫永清跽迎道左，自陳能背誦御製《樂善堂全集》。高宗召見之，果不謬，文義聲律，悉能了解。高宗大悦，御製詩賜之，並欽賜舉人。

錢竹汀王西莊背誦曆書

嘉定錢竹汀宫詹、王西莊光禄本至戚，生同時，長同塾，名譽官階亦相頡頏。相傳宫詹少時，一日在塾檢閲曆書，適光禄至，因謂曰：「吾與若偕讀，能先默誦者爲勝。」宫詹允之。光禄甫讀一遍，已能背誦，宫詹則讀三遍而始能之，於是同塾之人咸優光禄而絀宫詹。及翌日，請再試之，宫詹一字不誤，而光禄則間有訛舛，以是知二人固無分軒輊也。

孫淵如背誦文選全部

陽湖孫淵如，名星衍，年十四能背誦《文選》全部

汪容甫過目能記

江都汪容甫明經中，蚤歲家貧，無書，嘗入坊肆借閲，過目能記。既而販賣書籍，且販且誦，博覽古今文史，學遂大成。

張大進願背誦所讀書

翁覃谿視學粤東時，所出文告有「廣東士子素不讀書」之語，一日，歲貢生張大進具稟上陳，自稱生平所讀之書，盡能背誦者三千餘卷，能通大義未能成誦者五千餘卷，開列書目，稟請考驗。翁召之至，將有以難之，張復曰：「此考不載功令，貢生不能盡讀數千卷而妄言欺誑，受罪何辭。倘若不謬，亦欲一叩學使胸中之書，能成誦者幾卷，通大義者幾卷，尚望惠告，以廣見聞。」翁以其侮己也，大怒，叱之使出。

李侍堯過目不忘

李昭信相國侍堯，少以世廕膺宿衛，高宗見之曰：「此奇才也。」立授滿洲副都統。後任廣州將軍，轉兩廣總督，先後幾二十餘年。性機警，案牘過目輒不忘，屬吏謁見，數語即知其才，談其邑之利害動中窾要，人有陰事，縷縷道之如目覩。

于文襄彊記

高宗御製詩文皆無定藁，上朗誦後，由大學士于文襄公敏中爲之起草，一字無誤。後梁詩正入軍機，上命梁掌詩本，專委于以政事。一日，上召于及梁入，復誦天章。于目梁，梁不省。及出，于待梁謄錄，久之不至，問之，茫然。于曰：「吾以爲君所專司，故不復記憶，今奈何？」梁愧無以答。于曰：「老夫代公思之。」因默坐斗室刻餘，錄出，所差惟一二字耳，梁大折服。

紀文達不穀食

紀文達公昀生平未嘗穀食，米不進口，麥飯則偶一嘗之。飯時，烹肉一盤，熬茶一壺，別無他物。每宴客，肴饌亦精潔，主人惟在旁舉箸相讓而已。一日，偕人閒話，適有餉火腿數斤者，啖之立盡。

紀文達中夜見物

紀文達自言少時中夜開目，一室之物無不見之。及年踰二十，乃僅見一二物而已。

紀文達對語敏捷

紀文達對語敏捷工巧，一日，爲其師招飲，座有戊子科父子同榜者，師云：「曉嵐，爾善對，今有出語，能即席成之，當以百金古硯爲贈，否則照罰。」紀諾。師云：「父戊子，子戊子，父子戊子。」紀不假思索，即對云：「師司徒，徒司徒，師徒司徒。」蓋某時爲户部尚書，紀時爲户部侍郎，皆本地風光也。

彭文勤對語敏捷

高宗燕見詞臣，談次，出對曰：「氷冷酒，一點水，兩點水，三點水。」南昌彭文勤公元瑞時亦侍側，應聲而對曰：「丁香花，百人頭，千人頭，萬人頭。」

戴可亭父子享大年

國朝宰輔，頤耋引年，戴可亭相國其稱首矣。相國名均元，年九十有五，長子户部郎中詩亨侍養在籍，年將八十，依依膝下，如嬰兒，人呼爲小萊子。

湯雲程古稀再慶

乾隆辛未南巡，有湖南老人湯雲程接駕，年一百四十歲。高宗先賜匾額云「花甲重周」，又賜云「古稀再慶」。其孫曾隨者，皆白髮飄蕭之翁也。

王世芳壽百十七歲

南亭老人王世芳，臨海人。康熙丙辰，曾養性犯台州，祖爲賊所害，老人隨父請兵，夜襲賊營，殺賊無算，口不言功。歸而讀書，家貧，賣藥自給。年四十九入學，八十貢成均，九十六官遂昌訓導，百有九歲告休，七世一堂。高宗御賜詩章，並賞國子監司業銜，建坊表以旌人瑞。老人壽百十七歲始終。

姚仁和百有三歲

揚州北湖姚老人仁和，乾隆丙午夏六月，乘肩輿入市，一老人負囊從之，囊中皆錢。童子數十人繞其輿，不能前。仁和怒，責負囊老人，負囊老人唯唯。已而入市肆飲，盡肉半斤，曰：「吾不耐輿矣。」步行去。負囊老人隨之不及，汗浹背。蓋是日爲仁和百歲誕日，謁沿湖諸神廟，負輿者其兩孫，負囊老人其子也，年八十矣。仁和髮尚黑，望之如六十許人。於是里人將爲之舉於有司，而商人某更欲張其事，仁和婉謝曰：「我農人，生平未敢上人，故活至今日。一旦自肆，非農所宜，且天促我歲也。」遂中止。邗上士大夫乃皆賦詩壽之，而焦里堂孝廉補爲之序，時老人已百有三歲，尚無恙。

丁文恪九十九歲

内務府總管丁文恪公皂保，漢軍人，壽至九十九歲而薨。袁簡齋嘗往謁，問養生之方，丁曰：「薄滋味，少慍怒六字而已。」又曰：「人在世，居心行事不可一日無喜神護持。」袁拜而識之。

某僧喫盡天下無敵手

薛一瓢，吳門醫士也，居南園掃葉莊，曠達風雅。嘗遇異僧於路，身掛一瓢，瓢鐫七字，曰「喫盡天下無敵手」。薛奇之，邀至家。薛故不善飲，時門下從遊者甚衆，悉召至，布席堂中，薛南向，僧北向，餘皆東西相向坐。以瓢注酒，約斤許，飲一晝夜，薛盡一瓢，僧盡三十六瓢。一陳某，薛弟子也，亦盡三十六瓢。僧僵三日，棄瓢遁去。由是薛遂自號爲一瓢。

恭勤慤善飲

勤慤公恭阿拉善飲，官禮部尚書十餘年，嘗與長沙劉相國較酒量，日傾二十餘甕不醉也。

鐵冶亭飲酒四百杯

鐵冶亭侍郎保嘗督兩江，一日，司道請其賞花瞻園，因宴之。鐵飲紹酒二百杯，無醉意，藩司曰：

「黄酒力薄，易以燒酒何如？」鐵領之，復飲二百杯，於是有「鐵酒缸」之稱。

吳白華某將軍善飯

吴白華侍郎省欽素善飯，宗室某將軍與有同嗜。一日，侍郎謂將軍曰：「夙仰將軍之腹，量可兼人，若某者，雖非經笥便便，而亦不愧爲酒囊飯袋，盍一決勝負乎？」將軍笑應之。侍郎命左右持籌侍側，每啖一碗，則授一籌。飯罷數之，將軍得三十二籌，侍郎得二十四籌。侍郎不服，約明日再賭，將軍笑曰：「敗軍之將，尚敢戰乎？」侍郎曰：「明日與君白戰，不許持寸鐵，僅設飯而無殽，若再不勝，願拜麾下。」於是復計籌而食，將軍食至三十碗而止，侍郎竟得三十六籌。

尹文端僅食蓮米

尹文端公繼善每趨朝，僅食蓮米一甌。迨退直，則日亭午矣，案積公牘，手不停披，而少呼飢之日。

曹文恪達香圃善啖豬肉

善啖豬肉者，首推曹文恪公秀先，次則達香圃總憲椿。人言文恪肚皮寬鬆，摺一一疊，以帶束之，飽則以次放摺。每賜食肉，王公大臣人攜一羊烏叉，皆以遺文恪，轎倉爲之滿。文恪坐轎中，取置扶手板上，以刀片而食之。至家，轎倉中之肉已盡矣。故其摺中有「微臣善於喫肉」之句，道其實也。香圃每日常膳之外，必得火腿、豬頭、肥鴨、油鷄，率雙分以爲常。有時無豬肉，惟貿牛肉四五斤以供一飽。肉亦不必甚爛，略責而已。香圃人極儒雅，食時見肉至，則喉中有聲，如貓之見鼠者又加厲焉，與同食者皆不敢下箸。都城風俗，親戚壽日必以燒鴨、燒豚相餽遺。香圃每生日，餽者多，是日但取燒鴨切爲方塊，置籔箕中，宴坐，以手攫啖，爲之一快。傷寒病起，高宗問尚能食肉否，對以能食。於是賜食肉，乃竟以此反其病而終。

謝金圃飯半盞

謝金圃侍郎墉每日兩餐，飯僅半盞。

海蘭察之肉慾

乾隆時，超勇公海蘭察以軍功累晉公爵，其在軍中，日須備徑寸大蜘蛛百枚，蝍蛆、蠑螈、蠆蝎等物稱是，一一去鉗爪，生啖畢，再取兩巨蛇，粗如錢，長丈有奇，拔刀寸斷大嚼，如齕甘蔗。食訖，入後室，內有蠢胖村婦八人，年皆二十許，裸體以待，一一遞接之。凡沿途供億，必如此，否則竟日忽忽不樂，鞭撻部曲，無所不至矣。後用兵新疆，經戈壁，其地常數百里無人烟，村婦難致，則以肥壯水牛代之，故軍中多帶水牛聽用。按日輪交四牛，牛輒不能與之敵，則手刃剮而生饗之。

顧秋碧好色多力

江寧顧秋碧體氣過人，夕必御女。指爪甚有力，可排牆。

香妃體有異香

回王某妃以體有異香，號香妃，國色也。高宗久聞其美，乾隆戊寅，嘗於征回之役，召見將軍兆惠，令窮其異。兆惠知指，己卯，回疆平，果生得之。

香妃既至京，命處之西苑，妃意泰然。高宗時至其居，百問不一答，乃令宮眷游説之，則袖出白刃，侃侃而言曰：「國破家亡，死志久決。然徒死無益，必得一當以報故主。今若強逼，吾志遂矣。」宮眷大愕，欲羣劫而奪其刃，妃笑曰：「吾衵衣中尚有數十刃，若輩欲迫我者，請先飲刃。」宮眷不得已，以狀奏聞，高宗太息而已。但命人日夕邏守，防其自戕，且猶冀其久而復仇之意漸怠，更有以悦之也。於其所居樓外，仿西域式建清真寺及市肆，使如見故土焉。

太后聞其事，爲高宗危，戒勿往西苑，曰：「彼終不自屈，盍殺之！否則放還鄉里耳。」高宗不聽。某年，冬至郊天，太后知高宗之方先期赴齋宮也，召妃至慈寧宮，鐍宮門，戒左右曰：「雖帝至，不得納。」語妃曰：「汝不屈志，當何爲？」妃曰：「死耳。」太后曰：「今賜汝死，可乎！」妃再拜謝曰：「妾以志在復仇，不欲徒死，今得從故主於地下，感且不朽。」時高宗已得報，亟命駕歸，詣慈寧宮，則宮門已下鍵，乃痛哭門外。須臾，門啓，高宗入，妃已氣絶，而異香不散，面猶含笑也。後以妃禮葬之。

祥符周星譽藏有香妃小影，作滿妝，姿態可人。高宗戎裝佩劍，糾糾有威猛之風。香妃手持箭三枝，似欲授之於高宗者。蓋所繪爲塞外行獵之景也。

香姑

乾隆中，桐城姚氏誕一女，竟體芳馥如蘭，人稱之曰香姑。既長，適張氏子某，文端公英之裔也。此與俄國農家子同。蓋俄國農家誕一子，狀貌與常兒無殊，身有異香，晴則香氣濃郁，陰晦略減。有醫士聞而往視，亦莫詳其由。是則漢宫人吹氣如蘭之事，無足奇矣。

羅兩峯淨眼

揚州羅兩峯自言爲淨眼，俗名狗眼，能見鬼也。能見鬼物，不獨夜中，日惟午時絶跡，餘皆有鬼。或隱躍街市，或雜處人叢，千態萬狀，不可枚舉。畫有《鬼趣圖》，裝之成卷，士大夫皆有題詠，真奇筆也。乾隆壬子，兩峯寓京師，於玉河橋翰林院署旁見金甲二神，長丈餘。後於鎮江焦山松寥閣前見一鬼，長三四丈，徧身緑色，眼出血，口吐火。或曰：「此江魈也。」一日，有友留其夜宴，推窗出溺，一鬼倉卒難避，影爲溺所衝而散。

胡寶瑔淨眼

松江胡中丞寶瑔生而具淨眼，嘗於清晨見屬員，有兩鬼在前，橫坐窗檻，呼止之，以告此員。聞者莫不驚駭，而中丞怡笑自若也。

吴鳴捷淨眼

吴蔗鄉明府鳴捷，歙縣人，嘉慶辛酉科進士，出爲陝西咸陽令。生有淨眼，能白日見鬼，每日所見者以數萬計。吴每謂鬼多於人。一日，見有兩鬼争道，適一醉漢踉蹌而來，一鬼避不及，身爲擠碎，一鬼拍手大笑。頃之，又有一人來，碰笑者，碎裂如前。

阮文達對語敏捷

阮文達公元對語敏捷，其在翰苑時，一日，仁宗召見便殿，命其自以姓名屬對，文達即應聲而對曰：「伊尹。」

李忠毅幼時弄筆

李忠毅公長庚生有異稟，幼時在塾中，好弄筆，輒大書「天生我才必有用」七字。其後果爲大將，以劉海寇蔡牽、朱濆死事。

周蓮堂過目不忘

周蓮堂嘗以諸生佐百文敏公幕，兩江案牘日以千計，過目不忘，有問輒答。

任昭才潛身海底

鄞人任昭才入海底，能歷數時之久，行數十里之遠。阮文達撫浙，獲安南二千餘斤銅礮，遭颶沈於温州三盤海，命昭才往圖之。昭才變通秤象之法，用八船，分二番，一番四船，空其中，四船滿載碎石，自引八巨繩入海底，繫沈船之四隅，以四繩末繫四石船。繫定，撥其石，入四空船，則石船空矣，浮起者數尺。復以四繩繫二番之石船，繫定，復撥石入第一番空船，浮起者又數尺。如此數十番，船與礮皆出水矣。後昭才入營，僅得微官，旋以病卒。

劉文恪酒量

劉文恪公權之酒量至洪，官京朝時，非正陽門湧金樓之酒不飲。罷相南歸，門人史望之尚書致餞核公飲數於樓，樓中人謂其邸第自取者，五十年中不下二十餘萬錢，燕會饋遺不計也。

諸士毅酒量

青浦黄儼思家有巨觥，幾容半甕之酒。一日，集善飲者，謂有能勝此，即相贈。客相顧有難色，諸士毅大叫而起，手持一吸，無剩瀝，無醉態。席終，逕攜以歸。觥以榆樹根爲之，雕刻精巧，高二尺，下列三足，每足可盛酒一經。

松文清費筠圃日飲千杯

松文清公筠督兩江，方南下時，道袁浦，漕督費筠圃就其行館宴之。松善飲，日可千杯，與費敵。而嫌二人對酌之寂寞也，以袁浦僚屬有無善飲者詢費，費乃招河轅中軍某副將至，令侍末座。松、費各手巨盞，談諧閒作，副將坐旁默飲，罄爵無算。天將曉，松辭歸舟。費旋報謁，則松以守風故，訂再飲，仍使材官召副將，材官返，知副將已醉死矣。

程元恭善飲戴子韶善飯

程元恭善飲，一吸百鍾無酒色，以牛飲著於嘉、道間。偶赴友人宴，座客戴子韶獨涓滴不入口，同輩戲之，戴曰：「人各有能有不能，何見侮！」程起而言曰：「君何能？」戴曰：「我善飯，能食肴。」程請試之。會席上餘豚蹄四、魚三、飯三大盂，争取以進，頃刻啖盡。程曰：「君可得飯桶之稱矣。」

某寡婦食驢陽

道光時，清江浦某巨室有寡婦，食性甚奇，嗜驢陽。其法，使牡與牝交，俟其酣暢，使人亟以利刃斷其莖，卽自牝陰中抽出，烹而食之，謂其味嫩美無比。吳清惠公蓉時爲清河縣令，執而誅之。

嚴九能生而識字

歸安嚴九能，名元照，生而識字。四歲，作書徑尺，有規矩。十齡，於屏風上爲四體書，擅其藝者莫能及，人號之爲嚴氏奇童。九能父樹萼，聚書至數萬卷，其涵育有自來矣。

焦虎玉童年精算

焦廷琥虎玉，里堂孝廉子也，讀書具慧心，能傳家學，知平圓三角八線之法。阮文達校浙士，以算學別爲一科，孝廉佐之閱卷，虎玉隨至杭。阮嘗令其步籌推算，以驗得數，百不失一，時年僅十四也。

十齡神童

常熟翁祖庚視學貴州，按臨某郡，應試者有十齡童子，羣目之曰神童。翁面試之，出一對曰：「公孫丑。」童應聲曰：「此對可對大人。」翁曰：「大人二字如何能對？」童曰：「對大宗師。」翁曰：「不工。」童曰：

「非也。謂卽對大宗師之姓名也。」翁大笑曰：「誠是。我幾忘我之爲翁祖庚也。」童以是入郡庠。

洪大全九齡背誦十三經

粵寇有洪大全者，幼敏慧，九齡能背誦《十三經》。屢應童子試不售，乃益狂放，往謁秀全，聯宗誼，遂爲寇矣。

蔣礪堂默寫題名録

蔣礪堂相國攸銛在軍機日，宣宗欲觀會試題名録，卽默寫以進，二百數十名，其差者僅一縣名耳。

某侍郎有妾不御

某侍郎之夫人甚賢淑，侍郎以三百金買一妾，絶色也，嬖之，恆與妾同宿，然絶不聞笑語，某秉燭觀書，妾爲之添香捧硯而已。逾年，夫人探之，猶處子也，詫而問之，某笑曰：「譬之天上一輪好月，人間一枝好花，流連玩賞，生趣無窮，若距躍攀折，則俗子所爲矣。」夫人大笑。

湯文端臨死不昧

蕭山湯文端公金釗卒之日，尚披衣坐於床，使進酒，飲畢，取帳頂所庋預書遺摺展閱一過，乃卧，未幾逝矣。

徐少薇前生爲華林子

錢塘徐少薇孝廉暐，嘗應嘉慶庚辰、道光壬午春試，俱不利，頗鬱鬱。以次年試期近，遂留居京邸。一夕，假寐，夢至一所，修篁夾路，中有棋聲，因自吟曰：「飛來碎玉度棋聲，修竹嬋娟畫不成。」忽有人應曰：「惆悵碧溪相別後，烟霞深處五峯青。」尋聲而往，則一樵者在焉，訝曰：「華林子，來何速乎？錢某猶未至也。既來此，可與子一觀。」乃導與俱往，至一朱門，類官廨。入門，有女郎六七人，執帚掃花，相視無語，堂楹懸一聯曰：「天下今宵共明月，人間何處有仙山。」堂之左右書橱八九，有野服者挾册諷誦。樵者信手取一卷示之，則生平所作詩文皆載其上，初不解何祥。惟錢爲同硯友也，私念前生或與同在一處。乃未及數日，錢訃至。自知將不起，乃記其事藏書篋中。

秋露軒淨眼

山陰秋女士瑾之大父露軒，嘗自言爲天生淨眼，見鬼甚多，青天白日，朝野市井皆有鬼往來其間，惟見人則避道而行，余朝夕遇之，亦不辨孰爲鬼，孰爲人矣。有兩次則毛骨悚然。一日，飲逾量，至道旁小遺，遥見牆隅有鬼僅尺許，心鄙其小，輕之。溲未畢，忽高逾屋檐，蹣跚而前，駭絶，狂呼而逸。閩有會館，曠大無比，傳聞有厲鬼，常出爲祟，余居之，宴如也。又一日遊園，見一老者衣紅袍，蹣跚道左，余以爲同居之人也，趨前叩詢，乃掉頭不顧而去。至舍後，冉冉而没，大駭，翌日詢之館丁，始知前數日有老者縊死於園中小舍也。

陸阿昭能視鬼

青浦吴小南有僕曰陸祥，其子阿昭，年十餘，目有雙眸子，日中能見鬼，凡小兒有疾者，使阿昭在外導魂歸，病輒愈。會小南之長子育光病，令往覓之，曰：「無庸，官人在牀自坐腹上。」隔日，曰：「在枕次。」又隔日，曰：「在牀檻，在牕次。」未一日，急報曰：「官人外走，我强曳之，亦不欲歸矣。」入視而育光果氣絶。俄而其母病，阿昭謂有人索祭，祥不應，旁人勸之，祥猶喃喃駡，問阿昭何所見，則曰：「老翁面短而髯，左頰有痣。」言未畢，祥已長跪，蓋卽祥父也，死二十餘年矣。

馬葵好潔致死

道、咸間，京師阜成門外三里河有民馬葵，美丰姿，性好潔，衣無纖塵。每值炎暑，日數易衣，惡汗垢也。好食瓜，賣瓜者果衣服清潔，筐筥齊整，無美惡必購之以嘗。鰥居無偶，井臼自操，所用器物不假手於人，或有手觸之者，卽棄置不御。偶入肆飲酒，必戒肆人洗盃箸，淨刀杓，遠座客，據獨案。或唾於旁，卽推箸不復食，目炯炯，口喃喃，遽拂衣去。一日，雨後入廁，則穢水溢流，蛆蟲蠕蠕，覩之欲嘔。顧腹痛，亟欲遺矢，倉卒赴村市，又腐草雜泥濘。瞥見鄰家有短垣，綠草蒙茸，雅可愛玩，乃躍登而遺。

適鄰翁種豆垣下，俯首劚土，硼然一聲，矢淋漓滿頭。翁大驚，舉首見之，遽以鐮刀刺其臀。馬大痛，墜垣外，翁痛詈之。至是，衣履盡污穢，蹣跚自歸。

馬好潔成癖，飲食衣服之資遂較普通爲費。久之，家財蕩盡，乃謀入緑營，博微餉以自贍。而雜處儕偶中，憎其穢，遂相忤。未幾，退伍，鄰嫗憐之，時餽以飯，亦憎其穢不食。一日，仰天歎曰：「污濁世界，誰可同羣？人不我憐，我亦不欲受人憐也，不如死。」將投河，見水濁，悽然曰：「吾雖死，豈可爲穢水所污哉！」岸旁有古墓，其地青松若蓋，緑草如茵，野花送香，快人心意，乃欣然曰：「此吾死所也。」遽擇佳木，投環死。

張文達爲簡雍後身

南皮張文達公之萬嘗佩一私印，曰「簡雍後身」。蓋嘗夢至一殿，伏拜其王，王起與爲禮，承命旁坐。忽有一官上白，謂下界事已勘定，須暫釋諸囚，王頷之。少選，諸囚麕集，王一一點名，最後，有監者縶一囚至，睫下有二大黑子。王顧張，大聲叱曰：「此吾簡雍先生也，苟有犯，決不貸。」復顧張曰：「頃釋諸囚，下界恐有不靖，先生好爲之。」張拜謝而出。後粤寇難作，其酋有綽號四眼狗者，爲陳玉成，睫下有雙黑子，所向無敵，惟聞有張在，輒引避。

啞子能言

紹興有孫氏婦，嫠也，年且五十矣，與比鄰徐叟通，生一子，不忍棄。而婦有女已嫁，亦早寡無子，乃使女子之。女甚喜，託言得之育嬰堂者，撫之如所出。子五歲不能言，而性甚悍，年浸長，恆操刀與母鬭，女患之。其母適至，女以告。時女之夫族有在坐者，曰：「此兒本非己出，又悍無人理，養虎畜狼，甚無謂也，不如逐之。」母素愛此兒，不信女言，齗齗與辯。兒忽大聲謂女曰：「我本爾弟也，何得子我！」母女皆失色。族人以其素不能言，亦甚駭異，細詰之，則不復語矣。知其有異，亦不窮究。於是復留數年，年益長，性益暴。而是時其母已與徐叟合而同居，若夫婦矣。女之夫族竟以此兒歸之二老，二老亦受之不辭。兒歸徐，遂能言，與常兒無異，後爲木工。

蔣劍人有神童之譽

咸豐時，寶山蔣劍人有神童之譽，當六七歲時，塾師指几上墨令對，蔣卽應聲曰：「泉。」塾師以爲未工，蔣曰：「白水對黑土，何謂不工？」塾師大奇之。

陳允升允文豪飲

吳江陳允升，字玉泉，以資雄於咸、同間，性亢爽，豪於飲。嘗以事上郡，飲數十酒家不醉。暇則與其弟允文字秋泉者飲，時節宴會，客恒滿坐，二人輒相與歌呼行令以爲樂，非各罄百盞，不達旦不止也。允文子去病，亦善飲，能文，有聲於時。

三奇童背壽文

無錫邵某，幼時與同邑丁松年、惠遠二人，並稱三奇童。嘗同游洞虛宫，嗣龍山房道士時年八十餘矣，既見，謂之曰：「君等聰穎，聞之久矣。有王學士壽先師祖文千餘言，能誦十過，記之，當烹白鵝以進。」於是丁誦一過，背之，不失一字。惠二過，訛四五字。邵細讀三過，又側聽二子背誦各一，訛十餘字。道士大笑，進鵝。既去，謂其弟子曰：「邵子深沉寡言，舉止不苟，乃遠大之器。二子質敏而氣浮，非其倫也。」時三人皆十餘歲。又三年，丁以儒士第一人應舉，不第，尋卒。惠仕終順天通判，邵至尚書。

裘日照默寫漢書

同治朝有裘日照者，博聞強記，能詩，善屬文。或疑之，乃當衆攜紙吮筆，寫《前漢書》十一卷，并臣瓚、師古等注，無一字遺脱，未及二小時畢矣。

王濤日記千言

寶應王濤生有異稟，五歲時，客以「魯男子」三字屬對，濤卽曰：「徐夫人。」四座歎賞。客有難其更對者，濤又曰：「莽大夫。」客愈驚。方入塾，師教之讀《神童詩》，濤笑曰：「吾能作也，何必讀！請讀九經。」日記千言，三年而畢。年十九，不娶婦，父母亦無如何。

王漸默寫文告

臨江王元瀚，名漸，嘗至蘇州，與客閲市，見某官文告列數十事，約萬餘言，漸與客俱覽一過。歸逆旅，呼酒共酌，問客以所覽事，客僅記一二，乃援筆引紙默寫，須臾而畢。復偕客過其地，相與對讀，不誤一字。常謂舉世齷齪，無足當意者，而其志欲將大有爲，故其傲誕，下視一世如無人。鬱鬱之氣久不得伸，而疽發於背，遂卒。無妻子，其友爲殯之僧舍。

孟昭暹早慧不壽

安慶諸生有孟昭暹者，年十二，補博士弟子員，其詩文、書法具臻完美，尤善屬對，嘗以「盤庚」對「箕子」，名噪一時。曾文正駐師安慶，聞而召見之，詢家世，知其祖亦諸生也。文正口占四字，使屬對曰：「孫承祖志。」昭暹應聲對曰：「孟受曾傳。」文正大激賞，謂此子必可有成。乃自同治甲子至癸酉科，四應鄉試皆不售，癸酉出闈，遽以疾卒。

長生不死

湖南有異人，以修脚爲業，蓄髮赤體，常如四五十歲人。布政使彭理恐其惑衆，爲之薙髮，予以單衣，遂著之，四時不改。

曾文正畏雞毛

曾文正公畏雞毛，在軍，遇有插羽文，皆不敢手拆。某年，至上海閱兵，上海縣令具供張，從者先至，見座後有雞毛箒，囑去之，謂大帥惡見此物，羣不解其故，蓋喜食雞肉，而乃畏其毛耳。

劉琨竟日飲酒

劉琨嘗官湖南巡撫，以事褫職，遂僑長沙，沈湎於酒以自放，世以劉伶第二稱之。蓋自朝至於日中昃，杯杓未一離手也。門生故吏遍湘中，歲時餽贈，率以紹酒、汾酒。某大令餽贈不至，乃貽以書云：「弟老而無用，無用卽其用，無能卽其能。」時年八十餘矣。

戴子高好潔

德清戴子高，名望，研精經史，性好潔。同治朝校書金陵，嘗與江陰金溎生登酒樓，席未半，大嘔不止。同席者疑其醉，争趨視之。子高手指隔席之人，嘔益劇。衆回視之，見有衣服襤褸者數人，正隔席飲酒也。乃不終席而去。

湘鄉胡氏多壽

光緒戊寅，湖南巡撫奏稱湘鄉縣胡氏兄弟五人，皆耆壽健存，長曰朝瑜，八十九歲；次曰朝瑞，八十七歲；次曰朝琇，八十五歲；次曰朝瑀，八十三歲；次曰朝環，八十一歲，請旨旌表，德宗俞之。

喇嘛轉世

世稱喇嘛世世相傳，有神識不滅之說。陝右有某者，即能斯術，云恍恍惚惚，意念所觸，覺此身前爲樵夫，在山中種菜伐薪以奉母，娶妻，生二子，年四十餘，以下則不可知，蓋瀕死矣。

某云：「昔奉差河湟，居大青山喇嘛寺。歲餘，有大喇嘛者與相善，乃授以靜功及秘密咒，令先學入定之法。初習時，萬念紛起，則以咒力禁壓之。七日以後，念稍淡，而胸中沉悶，若有大憂患者，然莫可端倪，以問喇嘛，喇嘛曰：『此進境也。當先過此關，庶幾乃至道耳。』如是者又十餘日，日惟誦咒數千萬遍，心漸平靜，而本生所作所爲者，一一如在目前，閉目輒親歷其境。始猶在數年以內，已而漸遠，乃至兒童啼笑之際，己身亦儼然瑶佩輪納也，終不動，每至憂喜哀樂極難堪之境，輒持咒以忍之。以問喇嘛，喇嘛曰：『此刼魔也。必勝之，毋爲所動。不然，且狂。』於是力忍之。忍之既久，頓覺心地澄明，空濛洞徹，無有上下古今左右內外，不禁喜躍曰：『得之矣。』以告喇嘛，喇嘛曰：『此虛光也，何輕易乃爾？凡盈虛消息之道，七日來復。子方虛而未盈，消而未息，七日以後，魔將復來。不爾，十四日亦必致敗。

持咒，漸覺稍僻，即現於前，一力持咒，便覺稍間。以問喇嘛，喇嘛曰：「此前生也。然觀君道力，不能尅矣，當以俗情尅之耳。」某不信，如法更行之，終不能驅除也。乃求術於喇嘛，喇嘛令之博弈、飲酒、淫婦人、恣遊獵以自遺，自此始絶。欲更從喇嘛學，喇嘛曰：「術不可以再瀆。」然至今但趺坐凝神，亦隱約可睹也。

其慎之。」某退。七日，果覺沖漠不極渺冥無際之中，忽然若無着者，瞿然生戒心，慄然生懼心，勉自持咒，力求克之。已而蒼蒼莽莽之中，忽覺有天地，有日月，有人有己，則又歷歷在目矣。惟持咒稍懈，即

某又云：喇嘛神氣至静，兩眸作青色，炯炯逼人。嘗問以轉世之由，曰：「人本無輪迴，惟以業力輾轉相引，故至於此。」「子已稱呼圖克圖，何以仍有輪迴？」曰：「以道力未堅故。數世以後，至多五世，便不須復來。」今之號爲世世不絶者，皆番民臨時妄作耳。惟間有天資亮亢者，一旦觸悟，立地證成，則又轉輪數世，以淨業根，故至今喇嘛之中雖無一人爲當日真身，而高僧仍自不乏也。

苑姓之後身

苑寨苑姓娶智氏，年餘忽病。數月，疾少間，妻歸寧。一日，病復劇，家人以車迓其妻。妻在室坐，見夫掀簾入，色悽惋，急詢何來，則已渺矣。妻驚疑，乘夜急歸，夫已卒。苑寨東北十餘里某村一家，是夜誕一子，生而能言，言己爲苑寨苑某。此家遣人乘專馬往探問，則苑卒時正其子生時也。

跛脚僧託生

吴縣金薌圃老而無子，偶游杭州，詣靈隱寺，默祝三寶求嗣。與長老散步廊間，過香積廚，忽一跛脚僧執爨杖出，顧金而笑，長老復頷之，金不解。及歸，閲十月，妾夜夢僧入，驚醒，生子，因戲以小和尚呼之。金後過寺，長老曰：「公子無恙耶？」金愕然，詢預知之故。長老引至廚下，見一龕曰：「此公子前身，昔遇而笑之跛僧也。當圓寂時，自題聯云：『此去有緣憑夙慧，歸來好認舊菩提。』且囑勿焚化，故留以待。」金出資爲甃砌之，乃歸，命子名曰葆。及長，不茹葷酒，强與，輒吐，讀書至慧，博聞强記，精通釋典。父死，事母孝。十五入泮，明年，領鄉薦，聯捷入南宫。

京師慈仁寺有浮屠大師善知識，能説無上妙法。葆詣之，僧傲不爲禮，葆竪一指叱曰：「天地間亦知有我否？」僧喜，延入方丈，與語一真、二諦、三摩、四大、五藴、六慾、七心、八垢、九根、十行，莫不了了，僧驚服。後出爲荆州守，安恬無爲，與民休息，郡人咸頌之。嘗曰：「《大學》工夫由静定做起，其效乃至平天下。佛、老亦言静定，而以淑身則有餘，以法世則不足。蓋視静定爲凝神淡慮，萬緣皆空，不知利慾可空，而人倫骨肉不可空也。故通儒術者可以括釋老之全，而譚釋、道者當深求儒者之理。」葆言若此，固習於佛而不錮於佛者也。

後三年，母死，歸葬，服闋不仕。有僧自杭來，門吏不與通，僧遺扇去。葆知之，曰：「長老命我歸矣。」欲之杭爲僧。夫人李氏，世家女，明大義，乃進言曰：「妾聞達者聞理而通變，愚人守暗而抱拙。今夫子欲去先人之墓廬，遁跡枯槁，妾竊非之，深願夫子之不出家而成教於國也。」葆憮然曰：「余達此理久矣，今何蒙蔽至此！雖然，不可不一行，了前因果。」抵寺，詢長老所在，僧云：「三月前卓錫去矣。」葆乃啓龕視，面如生，集衆具火化之。封山後，葆自題其塔曰：「再來人建。」遂歸。修身立行，爲學益堅，年八十二，無疾而終。

張文襄起居異人

南皮張文襄公之洞生有異稟，其起居大異於人。嘗終日不食，終夜不寢，而無倦容。無論大寒暑，輒於簽押房和衣卧，未嘗解帶。每觀書，則矇矓合眼睡，或一晝夜，或兩三時不等，左右屏息環立，不敢須臾離。侍姬輩亦於此時進御，從者反扃其扉，遥立而已。蓋簽押房有一門，故與内室通也。

當文襄督蜀學時，一日出城，遊浣花草堂，集杜詩二語爲楹帖，欲繫以跋，乃坐而屬思，稿數十易，終不愜，然已三日夜不寐矣。侍者更番下直，猶不支，困而偃者相屬也，而文襄從容如平時。及揮毫落紙，則僅「集本集句」四字而已。書成，始欣然命駕歸。及任鄂督，則已垂老，日夜在簽押房，或會客，或理髮，忽鼾聲大作，亦常事也。

張文襄善食忍饑

張文襄食量亦甚宏，其簽押房中恒雜置肴糖果餌等物，隨意掇食。然勤於事，能忍飢不輟，須事訖方用膳，故其用膳無定刻，恒有午膳至夜始餐者，每留客用膳，莫不飢困。其卒時年七十九矣。

張權幼慧

張文襄之長公子名權，幼敏慧。一日，有客訪文襄，不遇，權出，謁焉。客與語，甚賞之，因語之曰：「鼎甲一二三，可對何語？」權應聲曰：「盤庚上中下。」

某臬司食量兼人

山東臬司某體豐偉，食量兼人。時張勤果公曜爲巡撫，一日，戒庖人曰：「今日某臬台來，吾須留之作半日談，可作麵兩海碗，臬台食量大，非此不足飽也。」已而某至，勤果延之簽押房，與讌談，因爲設食。僕人持兩海碗麵至，某食之頓盡，勤果謂必已大飽，因姑問曰：「君食此，頗已飽否？」某曰：「已稍可，如有餘，尚可食。」勤果飭僕命庖人益麵，庖人答言頃所作麵都已啖盡，不能益矣。勤果責庖人數語乃罷。他日來謁，又留之，款以水餃二百枚，啖之才餘二三枚。勤果問：「今日得飽否？」曰：「今日頗飽矣。」勤果因頌之曰：「如君者，真可謂量大福大者矣。」某曰：「如司裏（藩司、學司、臬司之於督撫，公牘自稱本司，發言時自稱司裏。）何足言，昔者吾父，食量實倍之。」勤果亟稱曰：「食福如此，真可豔羨。」某一時忘前言，便曰：「何足羨，不過傻喫耳。」

鄭紹宗食量

鄭紹宗長身廣膊，孔武有力。初從粵寇，以降於官軍，隸統領金某麾下，乃從主將姓，曰金紹宗。口大幾容二拳，食量至偉，能盡粟一斗、彘肩四雙，時稱大口金。後積功官至提督，始奏請歸宗。

孫文恪酒量

光緒朝，樞臣孫文恪公毓汶酒量極宏，每退值，輒小飲。即遇內廷賞戲，孝欽后賜以酒肴，亦復茗艼大醉，或且鼾聲作而遝睡矣。

孫文正少食

壽州孫文正公家鼐食量甚小，光緒中，管理京師大學堂，嘗與教習同案用膳，孫性喜食麵，一日，適食米飯期，孫不樂食，令僕買油炸檜來，取一枝，劈其半置碗中，以蛋湯少許泡之，食訖，便輟箸。或曰：「公所食毋乃太少乎？」曰：「即此已足，吾每飯皆然。」孫卒年八十。

方曜夕必御女

光緒中，廣東水師提督方曜秉賦奇特，精力絶人，夕必御女以資排洩。向例，穀埠妓艇每日以四人入值，繳費則免。方在任時，定爲二人繳費，二人入值，輪班當夕，無虛者。

方曜伏水中三晝夜

方曜能在水中伏三晝夜，取魚蝦以爲糧。臨陣，身先士卒，所至披靡，洵異人也。

産異

邵陽婦孕十四月，産一物，鉅牙鈎爪，虎首人身，長尺許，墮地卽跳躍。母見之，大駭昏絶，穩婆亦驚走。父聞聲趨至，急裹以被，拳擊足踏，啾啾有聲，久之乃絶。然其體雖小，而手爪長四寸許，利如鋼鈎，足指亦堅鋭若熊掌，所卧之被已盡裂矣。

高郵農家婦生子，獰目血口，髮被及肩，墮地時嚙穩婆手，血流不止。能跳躍，趨至中庭，就甕飲水，人莫敢近。所畜犬見之，力噬其肩，則返肩齕犬，傷犬。家人以梃擊斃之，血色青，腥臭特甚，犬亦舉體流血矣。

光緒某年，天津侯家後老君堂西某甲妻，孕七月而産怪物七，形似魚，其頭則具體而微，類刑天，有口，有鬚，有眼，有尾，無耳鼻，手足皆類爪，大者尺餘，小者七八寸。落地後，大動大叫。某見之，亟以梃擊死之。越日，東鄉亦生一怪，形似人，惟頭生兩角，長不滿尺。一手撫胸，一足直立，一足斜伸，身有黑毛，聞懷胎三月餘而卽産之。

許治邦百十一歲

光緒庚辰五月，譚文卿制軍方撫浙，疏稱：「台州府天台縣民許治邦生於乾隆三十五年，至同治十一年百有三歲，經前撫臣楊昌濬照例請旌，并蒙賞給上用緞一匹、銀十兩。茲據天台縣職員陳補過等呈稱，許治邦見年一百十一歲，長曾孫許尊周於光緒五年八月孿生二子，次曾孫許尊賢亦生一子。許治邦家住福溪，人游壽宇，越百齡有十歲，萃五世於一堂，仰懇天恩從優旌表。」奉旨：「禮部知道。」

某翁百十四歲

光緒甲午恩科會試之欽賜進士某，佚其名，年一百十四歲矣。奉旨：「准其一體殿試，更賜國子監司業。」

沈毓桂百歲

震澤附貢生沈毓桂入貲得官，嘗選授雲南昭通府通判，生於嘉慶戊辰，至光緒戊申，百歲矣。其八十歲時，嘗手書所作詩贈錢塘徐印香舍人，詩字秀潤，足爲壽徵。蘇撫陳夔龍爲之上疏請奬，奉旨賞給二品頂戴。

西藏老人二百餘歲

光、宣之交，英、藏有交涉，川督委張某入藏查勘，言遇一人，自言曾隨岳襄勤公鍾琪征青海、西藏，遂留此，時年已二百有奇矣。

清稗類鈔

容止類

舉人大挑取狀貌

舉人三科會試不中進士，可於榜後應大挑，授以官職。不考文字，專取狀貌。偉丈夫列一等，授知縣；小丈夫列二等，授教職；再次則無授矣。

黄大宗風神超逸

黄大宗狀貌奇偉，黄岡王昊廬少詹澤宏見之，歎曰：「風神超逸，卓有父風。」

韋六象神朗貌癯

武康韋六象，名人鳳，神朗貌癯，衣布，不肉食。長夜擁絮被，危坐不寐，讀書至旦以爲常。高簡淡泊，彷彿如枯巖禪客。與人言，肺腑傾盡，不事表襮。塵俗人望之，頹然自遠。

梁蒼巖大類坡仙

梁蒼巖襟期瀟灑，意度廓落，大類坡仙。

柏嶷山高風秀骨

柏嶷山過涉園，嘉善魏青城少參學渠稱其高風秀骨，英采惠姿，照映泉石。

李戒庵美風儀

鄞縣李戒庵，名文純，美風儀。嘗於上元夜著絳衣，與郡中名士集賀監祠，乘月上湖橋長嘯，觀者謂爲神仙。

王丹麓神致蕭散

稽淑子謂王丹麓神致蕭散，超然物外。

周芮公沖懷秀骨

晉江周芮公進士廷鑨，沖懷秀骨，與之晤對，如揖廣成，如瞻水鏡。

介公風儀蕭散

介公，名元堂，字明介，鄞縣天童寺西堂僧。風儀蕭散，寡言笑，體羸若不勝衣，而神鑒淵然。與諸名士接，但以目會，四坐盡通，退相品題，不失分寸。

錢礎石神姿崖異

吳六益嘗謂錢礎石神姿崖異，有壁立萬仞之概。

納蘭容若儀態似王逸少

納蘭容若，名成德，明珠子也。十七爲諸生，十八舉鄉試，十九成進士，二十二授侍衞。天姿英絶，蕭然若寒素。擁書數萬卷，彈琴歌曲，評書畫以自娛，書學褚河南。幼善騎射，自入環衞，益便習，發無不中。扈蹕塞垣，琱弓牙箭，環列罽帳，以意製器，多巧倕所不能到。嘗讀趙松雪自寫照詩有感，即繪小像，仿其衣裝。座客或期許太過，皆不應。徐乾學曰：「爾儀態何酷似王逸少！」乃大喜。

丁大聲軀材拔起

蕭山丁大聲，名克振，軀材拔起，咳如挺鐘，言同奔河。

趙恭毅儀狀奇古

武進趙恭毅公申喬，儀狀奇古，圭角岸然。長户部時，人呼曰冷廟龍王。

王溍在坐酣睡

康熙朝，試武進士騎射，趙恭毅方以兵部尚書偕諸臣坐班，不覺酣睡。聖祖以其篤老，但訓誨之。雍正時，成都知府王溍年七旬，侍巡撫憲德考驗武弁，在坐酣睡。經憲德奏參，世宗援引趙事，寬其處分，令改京秩。

史文靖風度端凝

史文靖公貽直，器量宏大，風度端凝。嘗有不時宣召，輒雅步如常，或促之，則曰：「天下安有奔迫宰相耶！」

錢黼堂貌似趙榮禄

嘉善錢黼堂少宰樾爲翰林時，其貌絶似趙榮禄畫像。年逾五十，兩耳下忽添長鬚。七十餘，鬚髮俱白，惟兩耳下鬚尚墨，亦罕見也。

龔定庵有異表

仁和龔定庵禮部自珍有異表，頂稜起而四分，如十字形，額凹下而頦仰上，目炯炯如巖下電。眇小精悍，作止無常則，語非滑稽不以出諸口也。

田興恕美秀而文

貴州提督田興恕美秀而文，一時有玉人之目。每臨陣，則又雷奮飆舉，橫厲無前。年十八即握兵符，所至之處，萬人空巷環繞而觀之，田羞澀如處子。幕友中有張太守者，貌與田相若，而喜作狹邪游，取給於田者累萬。田三十餘卽卒，時貌昳麗猶如二十許也。

德宗儀表

德宗貌清剛，面瘦，終日無笑容。大口白齒，高準黑睛，身長五尺強。

著人容貌

曾文正公國藩器宇凝重，面如滿月，鬚髯甚偉，殆韓子所云「如高山深林鉅谷，龍虎變化不測」者，當代鉅公無其匹也。知府張澧翰嘗謂其端坐注視，張爪刮鬚，似癩龍也。惟眉髮略低，故生平勞苦多而逸豫少。忠襄公國荃體貌頗似文正，而修碩稍遜。李文忠公鴻章長身鶴立，瞻矚高遠，識敏辭爽，胸無城府，人謂其似仙鶴。胡文忠公林翼精神四溢，威稜懾人，目光閃閃如巖下電，而面微似皋陶之削瓜。駱文忠公秉章如鄉里老儒，粥粥無能，而外樸內明，能辨賢否。左文襄公宗棠貌亦如老儒，而倜儻好奇，議論風生，若適與駱相反。羅忠節公澤南貌不揚，又短視。彭剛直公玉麟恂恂儒者，和氣藹然。楊勇愨公載福貌儒雅。鮑武襄公超軀幹不逾中人，弱不勝衣。閻文介公敬銘短小精健，不改關中敦樸氣象。丁文誠公葆楨狀貌修偉，綽有威風。岑襄勤公毓英雄姿沈毅，而黧黑。倭文端公仁體不逾中人，而灑然出塵，清氣可挹。霍邱吳竹如侍郎學養完粹，道味盎然。巴陵吳南屏廣文敏樹貌樸野，而氣韻高潔。此皆咸豐、同治、光緒三朝之著人也。

曾文正儀表

有於同治壬戌、癸亥間見曾文正於江寧者，時文正年逾花甲矣，精神奕然。身長約五尺，軀格雄偉，肢體大小咸相稱。方肩闊胸，首大而正，額闊且高，眼三角有稜，目眥平如直綫。凡常人眼必斜，顴骨必高，而文正獨無此。兩頰平直，髭髯甚多，鬑鬑直連頰下，披覆於寬博之胸，益增威嚴。目不巨而光極鋭利，眸子作榛色，口闊脣薄，是皆足爲其有宗旨、有決斷之表證也。

曾文正膚如蛇皮

曾文正有皮膚病，膚如蛇皮，時時爬搔之，鱗屑簌簌散於地，雖見客亦不輟也。而宋人王安石亦有斯疾。王爲進賢饒氏甥，其舅黨以其膚理如蛇皮，目之曰：「此行貨亦欲求售耶？」王尋舉進士，以詩寄之曰：「世人莫笑老蛇皮，已化龍鱗衣錦歸。傳語進賢饒八舅，如今行貨正當時。」

陸祥貌似劉文懿

陸祥，粵西故家子也。及祥而家稍稍敗，年長，喜從無賴飲博。既喪父母，不能自活，乃出關。有設肆於越南邊祥州者，從之爲夥，月得錢十餘千，供煙酒資而已。邊祥巡撫爲劉文懿。時法教士恃其國力，驕甚，數侵地方官權，獨於邊祥則不敢。文懿長身晳面，年三十餘，蓄鬚鬑鬑，祥貌似之。光緒壬午，法越釁起，法攻越南諸州甚亟。文懿守邊祥，屢出奇兵御敵。及法定北圻，乃悉衆攻邊祥，聲言將屠城。州人懼，力請於文懿，文懿歎曰：「事不可爲矣。然士可殺不可辱，我豈能爲降將軍哉！」拔劍自刎，左右力持之，即解印綬懸帳前，自跨馬從間道去。

前此，文懿嘗詐降，設伏城中，誘殺法人數千。至是，衆請降，且以文懿已去告法人。法人不可，曰：「必得巡撫親來。不然，屠無赦。」時祥在圍城中，聞屠城之說，窘甚，方求出不得，一人見之，忽呼曰：「使君在是矣。」衆皆和之，鬨如雷。祥不知所爲，聽衆擁入。至撫署，有戎服佩劍者坐堂上，望見祥，即招以上，出一紙令簽押，中皆法文。躊躇間，法將按短槍睨之，祥大懼，草草揮訖。法將忽作越語曰：「君自號健者，誓死與我師角，乃有今日耶？」祥唯唯。須臾，法將上馬，亦別以一馬令乘之，至法營，法人待以賓禮，見其衣敝，争指之曰：「若一巡撫，乃衣貧人衣，矯飾如此！將謂奇智，今日究能逃吾輩面否耶？」祥不覺赧顔。三日釋歸，尋返粤西。

周老人爲丈夫

老人姓周氏，名霞，字華國，籍滇西太和縣，近世稱東亞老人者是也。老人軀雄偉，頞廣，顴高，頰豐，目炯炯如箕，長眉美鬚髯，强飯健步，壯者不之及。年六十二，游學日本，髮禿，服西式學生冠服，氣益豪，日人咸頌之曰：「丈夫，丈夫！」强健之意也。日本明治天皇者，自信老而壯，異其名，延見之，謝不如，曰：「此真亞東僅有之老人矣，而萬里越國求學，難哉！」於是報章豔傳老人名，東西學子争得其小影以策後進。光緒甲辰，日人勝俄軍，東京市大祝捷，觀者如堵。老人有《感事》詩，其一聯云：「十五萬人齊祝捷，他人含笑我吞聲。」外人因見老人，亦不敢以病夫目我，此老人之聲名所以嘖嘖人口也。

初，周氏世業醫，傳數世，至其父鴻雪，名益震，治病罔弗起。數年，積資萬餘金，忽散之，徙居於瓊嶽山，若避難然。未幾，難果作，州城陷，鴻雪家獨獲免，其後遂生老人於此山中。老人生而穎異，甫能言，自述其最初所見，則墮地三日内，身旁之人物，證之歷歷不爽，父母於是益奇之。髫齡通靈素書，手種杏樹，隨手都活。成童後，遭回亂，棄而學劍，好俠行。咸、同間，杜文秀據大理，黠者走，怯者死，雲南已無漢人立足地，老人出入花門，無懼色。嘗挾醫術走寇營中，游說機宜，漢兵得老人力居多，時人稱之曰「鴻門宴之子房」，其魄力足也。

巡捕官身長一丈

徐樹人中丞宗幹，有一巡捕官，通州人，長約一丈，衣用呢羽。每行，則數十小兒隨之。祠廟演劇，以頦挂臺上觀之。臺下有售水菸者，仰而舉，長人則俯而吸之。從中丞出行，爲前導，無馬可乘，易以健騾，爲壓斃者七，自此卽步行矣。左文襄督閩時，從者多提鎮，左右侍立者動以百計，中丞侍者僅一人，見者無不駭慴。旋以私通武闈關節被斥，遂餓死。

詹五身暴長

長人詹五，徽州農家子，年十五，家中僅一妹同居，甫十三。一日，五於田甽中得一大鱔，短而粗，歸與妹烹食之。卧至夜半，五忽覺其身暴長，頭足皆抵牆，知有異。黎明起，取鏡自照，見已身長約一丈，而極瘦，頭大如斗，大驚。趨視其妹，亦如之。二人偕出，村人咸目爲妖，相與駭走。妹恚甚，是夜卽自鴆死。五自是食量極宏，而家赤貧，終日不能獲一飽。有族叔客漢口，開詹大有墨莊，因往依之。適一西人見五，異焉，出重資傭之出洋，觀者人索金錢一枚。五徧歷各國，獲資綦厚。如是者十餘年，粗習英語，改裝娶英婦歸。光緒庚辰六月，自築鉅宅於上海老閘，極富麗，往來多西人。辛巳三月某日，乘人力車出，二人推挽之。行至跑馬場，身重車小，自車中墜地死，婦乃席捲其資以去。

侏儒

四川卓某，相國秉怡孫也。光緒時，居京師，體短，人呼爲卓矮子。性甚暴，每怒妻妾，輒呼令前，自立於桌，以杖打之。若不受，則暴更甚，必逞始已。後其妻密購高四五尺之裝穀桶，見卓盛怒，與妾共抱之置桶中，卓因竟日不得出，自責乃已。

梁成福頭若箕斗

粤寇之酋有號啓王者，爲梁成福。嘗由荆襄竄擾漢中一帶，洎勢蹙，以其餘力陷階州，據焉。官軍合三省兵數萬，圍匝月，乃擒之，磔於益州市曹。其頭巨若箕斗，眉間殺氣稜稜，張目怒，人皆辟易不敢近。

周氏子三頭

宣統庚戌，黄坡農人周立茂妻産一男，有三頭，在中者較巨，一頭吸乳，則二頭皆泣。立茂挈其妻抱之至漢口，美人卡立脱欲出三百金購之以送紐約博物院，不允。

李氏女繡面

黎女將字人，輒於面涅花卉昆蟲之屬，曰繡面。夫家給花樣以爲識，蓋使之不得再嫁也。康熙時，有李氏女者爲之獨工，既嫁，夫以其花樣悉符也，甚悦之。

舊字面孔

雍正時，有江位初者，面長方而黧黑，稜層版摺，人呼爲舊字面孔。凡識江面者，每讀書，遇舊字，輒念及江，無不失笑。

盧抱經以手摩面

盧抱經學士文弨精於考索，每朋輩小集談藝，學士仰而沈思，輒以手頻摩其面。

施世綸獸面人心

乾隆時，漕督施世綸貌奇醜，人號爲缺不全。初爲縣尹，謁上官，上官或掩口而笑，施正色而言曰：「公以某貌醜耶？人面獸心者，可惡耳。若某，則獸面人心，何害焉！」

三聖不薙髮

滿俗薙髮，自世祖入關定鼎，漢人亦遵行之，有不從者，輒置重典。然熱河行宮所藏世祖、聖祖、世宗三代御容皆不薙髮，誠可異矣。

黄陶庵不薙髮

國初薙髮令下，檄至上海，上海之士紳期會於邑之學宫，衆以俟巨紳曹某至，決從違。曹蓋邑之望族也。及曹至，衆趨前問意，則徐脱其風帽示衆曰：「某已表順從矣。」於是衆皆薙髮。檄至嘉定，嘉定之士紳亦期會於學宫，衆以俟黄陶庵至，決從違。陶庵至，則慷慨激烈，對衆宣言，謂頭可斷，髮不可斷，於是衆皆涕泣，願共守城誓死。

許德溥不薙髮

許元博，名德溥，如皋人。生而有過人至性，事父與繼母承歡竭旨，孝聞於鄉。薙髮令下，元博不從，以父在，恐罹禍，爲親憂，乃截髮如頭陀，誓不入城。幼慕岳鄂王爲人，刺字左臂，曰「生爲明人」，右臂曰「死爲明鬼」，刺胸曰「不媿本朝」，墨瘢黯然，終不滅也。既壯，訓蒙雙店吴氏家。吴有仇人欲借元博以傾吴，遂首之於官。逮至，挺立堂上，令曰：「爾何業？」抗聲曰：「布衣。」令曰：「何不跪？」曰：「我何罪？」令曰：「爾不薙髮何也？」曰：「不忍忘前朝。」令曰：「若獨不畏功令乎？」曰：「昔謝疊山之在元時，願爲頑民，竊願效之。」令曰：「疊山何爲遲遲不死？」曰：「以有老母在。我更以父母俱在也。」往復辯不休。令強使人爲薙髮，德溥大呼曰：「斫頭便斫頭耳，何薙髮爲！」且袒臂示之，更曰：「吾久拚一死矣。」遂論死。逮繫揚州，不食者數日。獄吏恐其斃也，且感其義，泣以請。德溥曰：「吾求速死耳。吾不愛頭顱，寧畏刀鋸耶！」自是復進食如平日。刑日，出獄門，出腰間餘金授所親曰：「急偕老父游紅橋，勿使之聞也。」慷慨赴西市，無怖色。

錢仙上不薙髮

錢應金，字而介，號仙上，一字上士，嘉興人，以詩文名於時，諳聲律。詩酒餘暇，輒邀集賓侶，吹簫，歌自度曲。晚年自稱是公，精禪學。居春波里，嘗自署春波詞人錢黠雁。順治乙酉，城將破，招同邑高承埏避竹林里，不至，遂居嘉會都。既而游兵掠郊野，錢猶服明衣冠，髮未薙，威脅之，不屈，乃就捕。錢大罵其衆，衆怒，刃斃之。

葉尚高披髮佯狂

葉尚高，字而立，樂清人，温州府學生。披髮佯狂，幅巾大袖，行於市，官吏見而執之。賦詩云：「北風袖大惹寒涼，惱殺温州刺史腸。何似蜉蝣易生死，得全楚楚好衣裳。」吏釋之不問。順治丁亥二月，上丁，擕水一杯，采芹一束，乘吏未奠時，哭於聖廟之庭曰：「吾師乎，吾師乎！縱泰山之已頹，而林放之不如乎？」吏怒，繫之獄。迨五月四日，語獄卒曰：「詰朝爲屈大夫沈湘之日，吾其死夫！」令具湯沐。至明，自縊。

髮作金錢式

董志學爲江西巡按，按部吉安，飭守令禮請縉紳子弟及舉貢監生飲宴。酒酣，起而言曰：「當朝重薙髮，式當如金錢，請脱帽驗之。」因盡去其帽，則皆略去鬢髮，餘頂結如故，惟一人如式，得放出，餘悉繫之於獄。

福康安剃髮

九江剃髮者素著名，福康安過九江時，偶呼待詔至，其奏刀簌簌如風，令人如不覺。剃畢，命賞五十金去。剃髮者出告人曰：「吾生平爲人剃髮多矣，無如此之難者。」蓋福既卧坐任意，又倏忽轉側，一不留意，即易致傷損，深懼獲罪也。

程穆倩眉宇深古

歙縣程穆倩，名邃，眉宇深古，視下而念沈，處治不媒進，處亂不易方。

黄之驂眉聽

田少司寇𣸣亭雯巡撫貴州時，有一孝廉，黄姓名之驂，耳不能聽，以眉聽。古謂龍以角聽，牛以鼻聽，乃人亦有之。

丁文博眉目明秀

嘉善丁文博水部彦眉目明秀，如碧梧翠竹。

沈滄雨長鬚

順治初，浦江有諸生沈滄雨者，貌奇陋，一目既眇，鬚長一丈有餘，自胸以下連綰三大結，尚有尺餘拂地，綜而計之，殆逾一身有半也。其人固小有才，恃符妄作，後爲巡按者因事拘杖，折股而斃。

陳其年短而髯

王西樵常語子弟曰：「陳其年短而髯，不修邊幅，吾對之，祇覺其嫵媚可愛，以其胸中有數千卷書耳。」其年，字迦陵，宜興人。

吴錦雯張祖望有修髯

吴錦雯、張祖望並有修髯，夏日，嘗促膝吟詠，意思蕭曠。毛稚黄贈以詩云：「吴公美髯不易得，張也于思亦自奇。長日吟詩相對坐，南風吹動萬莖絲。」相與大笑。

寧秀生而有髭

納蘭侍衛寧秀爲明珠曾孫，生時有髭數十莖，羅羅頤下。年弱冠，貌蒼老如四五十歲人。未三十，即下世，家因之日替。

高宗捋黄龍眉長髯

長髯翁者，黄其姓，龍眉其名，錦棠其別字也。弱冠後，即蓄鬚，以長髯稱，其長委地。乾隆初，上自王公貴人，下逮厮養走卒，偶舉錦棠名，識與不識輒曰：「嘻，此長髯翁也。」於是有豔其遇之奇者，有惋其數之奇者。然翁惟髯奇，故遇奇，其遇愈奇，故其數亦愈奇，榮枯得喪，翁不得自主，而髯主之。

翁少習懋遷術，隨估客往返江淮間。一夕，泊京口，羣盜連舸至，躍上估客舟，勢洶洶，投衆商於江而掠其貨。翁被縛，生命在呼吸間。盜魁偉其髯，嚄唶曰：「是鬔鬔者，殊不類市井兒，可釋之。」而翁乃慶更生。因棄商，入縣中吏舍傭書，殫心於文例卷牘，勤奮逾他吏。積資數年，遂以掾吏起家，得官縣尉於古北口。

古北口，鄰木蘭，爲皇帝校獵地，秋獮之場在焉。每歲，法駕啓行，羽林、期門、鶡冠、虎賁之士，畋山欲野，扈從甚盛，咸以是口爲出入要道。高宗秋幸灤陽，翁以尉給事供帳，跪迎道旁，上目攝之。既至避暑山莊，召翁入行殿。翁以疏遠小臣，忽被清問，慮上意叵測，奏對殊觳觫。上温語勞之，命翁起立，趨近御座，以手捋視其髯，嘖嘖歎賞。又令翁繞行殿上一周，益大笑，稱奇不置，賜江綢一疋、大荷包一雙。已而皇太后悉其異，思一覩爲快，促召赴都。翁應詔，乘傳至輦下，一再展覲，大獲賞賚。越翼日，上詢部臣有縣令缺乎，部臣以房山縣對，遂降旨特授翁爲房山縣，蓋曠世之遇也。

翁素率真，未嘗爲貴人低顏色。抵縣後，上官亦貌敬之，不責以僚屬儀注。敬翁者，敬其髯也。時制府長白某，忮刻人也，銜參日，屬員俛首屈膝，率不敢仰視，而翁獨掀髯而前，作劉楨平視狀。制府怫然，謂夫夫也，挾髯貴而驕，我當有以制之。不數月，卽毛舉細故，登翁於白簡，劾之去職。翁聞之，殊坦然，謂人曰：「以髯得之，復以髯失之，夫何尤！」卽日襆被出縣署，驅騾車，過武勝關，騾驚而車覆，翁遂顛，髯縈於軸，而騾奔不已，輾轉膠附不得脫，竟死車下。

乞鬚免鬚

桃源薛懷，號小鳳，葦間居士邊髯甥也。詩詞書畫皆酷似其舅，而鬚則童然不如也，乃爲乞鬚詞以自禱。金壇史梧岡爲反其旨，轉其語爲免鬚詞，命小伶歌以賀之。葦間居士掀髯而笑曰：「是貶鬚也，將使渭陽成不毛之地乎?」史謝曰:「佞鬚惟我固善,至於鬚之軼羣而絕倫者,殆將褒之矣。」

乞鬚詞云:「松窗棘院消磨處,無端三十虛度。七尺休誇,二毛已賦,不道鬚偏遲暮。戕天乞與,便幾縷風前,代將吟麈,曲徑撚時,應添多少好詩句,于思不敢請耳。但臣之壯也,一婆甚懼,漫把菱花,寸田尺宅,盼斷渾無頭緒。山妻笑語,問於意云何,躁心如許,且製羅囊,異時留滿貯。」免鬚詞云:「青衫彩管風流處,幾曾三十虛度。七尺堪誇,二毛雖賦,猶喜鬚偏遲暮。顧天勿與,恐髯愧羣羊,尾慚仙麈,撚斷休煩,自添多少好詩句,于思徒取誚耳。有婆心一片,婆顏何懼?最厭蓬鬆,寸長尺短,欲理竟無頭緒。佳人笑語,免雙夢同時,刺人如許,省卻羅囊,睡時難盡貯。」

髯仙程魚門見之,歎曰:「世無郭忠恕,誰肯薙鬚以效顰者?當爲吾鬚作解嘲,編以五色絲,妒煞薛郎可耳。」程研民曰:「余家有竹實山房,小鳳所來儀也。鳳比靈於龍,龍有髯,天奈何獨吝鳳哉?余亦鬑鬑有鬚者,假鬚而可贈,余固不吝此於小鳳也。」

李惺長髯

乾隆辛丑進士李惺,以錢唐令起家,洊升順慶守。告養起復,年七十餘矣,長髯髟髟,華采熠爍。陛辭日,高宗大爲歎賞,令赴政事堂,使諸大臣觀之。

割鬚平夷

滇南某營，漢苗雜處，有生苗時出滋擾。都司梅某體偉岸，長髯多智。一日，苗出巢搶掠，率兵剿捕之。苗潛伏老林，伺其深入，大吼，兵遂潰，梅被擒。苗曰：「爾非梅鬍子乎？平日頗耳威名，今安在哉？」割其鬚，命服役。梅潛取鬚納懷中，苗笑曰：「爾身首不保，尚愛鬚耶？」曰：「生殺之權，出自尊裁，吾鬚受諸父母，不敢毁棄。」苗笑而置之。數月後，乘隙逃出，請罪於滇撫。撫怒，責之曰：「爾今被擒，鬚眉已改，尚有面目來見我耶？」梅曰：「不入虎穴，焉得虎子。苗擾漢地有年矣，有防禦之方，無征討之力。某自詐敗後，深入其境，彼之谿逕巢穴，略知梗概。若得勁卒千人，可入其窟，使其略知警懼，不敢時出滋害，於疆埸亦有裨也。」撫曰：「爾以割鬚受辱，故巧言塞責耳。」曰：「某鬚乃自割也。某守邊久，與苗人素相識，若不稍改面目，則彼衆我寡，犯疆埸而喪軀命，辱孰甚焉！」撫曰：「人割與自割奚殊？」梅從容自懷出鬚呈驗，撫乃信，撥精兵千人，以梅爲前驅，直擣其巢。苗大驚，潰竄不敢抗，前所被獲者悉數出之，自後邊患乃息。

陳六笙還鬚

貴縣陳六笙方伯璠，嘗隨蔣果敏公澧至浙，以論事不合，怒而去。歸粤後，翦其鬚，函寄果敏，曰：「吾從軍以來，無負於公，惟此鬚乃軍中所長，謹以還公。」蔣大怒。其後，陳簡放杭嘉湖道，蔣乃白之左文襄公宗棠降爲知府，仍留浙。陳遂沈滯，積十數年，始爲湖南之岳常澧道，後爲四川布政使，終老於浙。

朱文端河目海口

高安朱文端公軾，字若瞻，生而宏聲廣顙，雙顴插鬢，大口長目，步闊二尺。二十三歲入學，二十九中鄉試，主司宋大業見之，即曰：「河目海口，惟吾先公。今復見子。」大業，文恪子也。

章霖爲獨眼翰林

順治乙未，華亭章霖以進士登第，時年已六十矣，貌不颺，一目復眇。自維面目不全，恐引見時以體貌殘毀，不獲木天之選，因盛修其服飾，冠佩甚都，且翦紙爲睛，貼眼眶中，望之非不雙眸炯然也。及面聖，假睛忽脫，見者咸匿笑。然卒邀館選，時人乃以獨眼翰林呼之。

齊次風瞳小

天台齊次風，名召南，眼中之瞳極小，能遠視。嘗與友登山，見江船如葉許大，齊能辨舟中人數及其服色，即杯斝壺觴之屬亦歷歷可數。下山至泊所，則舟甚大，所視皆不爽也。

應潛齋重瞳

仁和應潛齋，名撝謙，兩目皆重瞳。

黄淳餘重瞳

武進黄仲則之孫曰淳餘，小仲之子也。生而重瞳，雙眸炯炯，諦視之，眶有瞳神二。時方周晬，頭顱至魁偉。至七齡，家人抱往武廟，覩關壯繆像，忽盛怒，戟手大駡。家人大駭，抱歸，是夜卽殤。

朱脩廬短視

青浦朱脩廬，名桐森，短於視。一日薄暮，至友人趙一新家。趙方置壽棺，豎立門側。朱以爲户開也，亟走入，東西捫摸而無徑，心急足違，棺被推遽仆，大聲疾呼。隣人咸集，始扶之以出。

吴趼人短視

南海吴趼人徵君沃堯，自號我佛山人，神宇軒然，望而知爲高明之士，惟絀於目力，必增鏡助光。有所著述，下筆萬言，不加點竄。然恆以静夜爲之，昧爽乃少休，日出更起治事。以酒爲糧，或逾月不一飯。

駱文忠瞽能辨人

駱文忠公秉章督川時，蜀民見其擢陷廓清，用兵神速，謂爲諸葛復生。其後雙目失明，僚屬來謁者，或以手捫其面目，或以耳聽其聲音，輒辨識爲某人，與之談論公事，百不失一。

朱竹石瞽能辨人

平湖朱之榛，字竹石，中年目失明，然以道員久次江蘇，主持通省牙釐局，應官治事，亦如常人。嘗於光緒朝權江蘇按察使者十次。晚年，奏補淮揚徐道，其進謁大吏，訪問寮來，進退周旋，毫無所誤。蓋瞽而辨人，亦如駱文忠也。

瞽者能葉子戲

沈青齋之子賓谷，雙目皆瞽，不能行。然或與之爲葉子戲，摸其牌而配合去取之，雖巧者莫能勝也。

徐武令辭艱於口

徐武令爲人樸訥，辭艱於口，平居輒好書寫，不知棋局，每以自方葛洪。

陸德恭四乳獨腎

青浦增廣生陸馥蓉，名德恭，幼穎慧，總角時能背誦《十三經》。有異稟，四乳獨腎。

陳忠愍腰大

道光壬寅，英兵逼吴淞，陳忠愍公化成帥舟師駐於黄浦。會天暑，觸熱，乃率親隨二人登岸，至某商店，乞假片地以滌煩燥。商諾之，並以酒食進。啖雞子數十，食肉無算，下以火酒，約三斤許。少選，商請進浴，偕兩親隨入室，商窺之於窗隙，見其腰膊間纏青布兩幅，即令從人去之，其腰圍大逾常人。浴罷，挺立如前，裹腰以出，謝商，登舟去。

曲膝虚坐

張文襄督粤時，一日，見諸州縣官，入見者八客，而客座僅八椅，除主位外僅七座，僕忘未增椅。有一客曲膝頓股，虚作坐形。久之，倦忘，略一轉動，即仰倒於地，四座愕然。

應潛齋手有文

應潛齋生而有文在手，如八卦。有欲試其操守者，藏妓於館，夜醉而歸之，誦書達旦，卒不爲動。

手指長甲

高宗南巡時，有獻詩者，手指爪甚長，特異於衆。內有數爪，以過長，屈曲繞其掌。故露其爪於外，若有得色。退後，上顧侍者曰：「是人必甚懶，否則何指爪之長也。」

纖手剝芡實

道、咸間，段光清令鄞縣，察察爲明，曾以瑣事邀盛譽。下車初，輒乘夜微行，過某家，聞嗚嗚作響，內有燈光，自門隙窺之，乃豆腐店也。見一男子袒而推磨，燈光下有一少婦，貌殊可人，以纖指剝芡實，親納於男子口中，如喂小孩，且嬉笑，與男子接吻，狀甚狎。段見之，疑或有奸情也。回署，卽遣役拘男婦至，詰之，始知其實爲夫婦也。段大嘉許，稱爲梁孟復見，飭吏取錢二十千賞之，俾善營生業，別賞婦以綢布數端，爲婦人敬夫者勸。夫婦皆叩謝而出。

養手指爪

光緒間，有女子楊貞媛者，喜養爪，蓄之十餘稔，爪長二尺餘，復折至數寸。自記其養爪之法凡四：一，指宜常屈，勿使伸，護以銀甲，其甲必長於爪一寸，歲易之。一，盥漱時，以巾揩潰胰子沫，頻拭之，則明透如通犀。一，夏日宜卸甲，免指肉腐敗。冬日藏甲於油中，使不失溫和，免風拆。卸甲時宜伸，護甲時宜屈，盥時宜伸，浴時卧時皆宜屈。一，爪不可爲挖耳及搔癢之用，偶有損，見甲邊露白痕，亟翦之，勿稍惜。若氣候燥烈，甲邊卷曲，宜置温湯中。其效應亦四：一，蓄爪可弭强暴之氣，蓋以護惜指爪爲重，不復有燥烈之性矣。一，占候可以預知。天將雨，爪紋間黄白；天將晴，爪色盡白；天熱，則護甲内有氣水；天冷，則護甲之根膚色燥白。一，蓄爪可以驗病。將病，則爪色漸枯；既病，則爪根潔白，無血色；病將愈，爪根現粉紅色；健康時，則爪色瑩潤；病後，則爪根現出一節，大病節顯，小病節微。一，可以占禍福。偶或斷折，卽有禍徵。某年，貞媛之無名指爪折，而幼子逝。又一日，中指爪折，而遇盜。似此中亦有著蔡之意也。

章氏子孫足指有歧

浙中章姓，有特别之標識，蓋其家先代有節婦，小足而趾有歧，於是子孫之足莫不有六指，惟其女之出嫁者，則僅傳其子而止，至於孫卽如常矣。

徐三瘓脚餓死

徐三瘓脚，農家子也。傳者不詳爲何縣人。童時有痘疔生足底，遂不良於行。俗謂企踵行曰瘓，而其人於兄弟行居三，故里人呼之曰徐三瘓脚。瘓脚不識字，然自幼惡釋氏，有僧至門，必持椎逐之，遇於途，則詈曰：「懶奴，懶奴。」

時世祖初定鼎，民猶未親附，瘋腳聞四方有起義兵者，乃謂其父曰：「我家何不起義？」父曰：「癡兒子，我鄉農也，何義之起！」於是疾走村學究所，求書「忠義」二字，學究書與之。歸，即裂白布一幅，依學究所書點畫，大書二字於布，揭竿，標之門前。父大驚，取布裂之，唾其面曰：「我一家爲爾死矣。」瘋腳憤懣不能語，入其室，引被自覆而卧。呼之不起，與之食，覆諸被中。積五日，母往探之，僵矣。詢其父曰：「癡子胡以死？」發其被，五日所餉之飯粒皆在。

陳清恪左足赤痣

陳清恪公詵左足下有赤痣，每自詡爲貴徵。查夫人侍婢黄氏嘗爲濯足，手捧足而視其痣，陳笑曰：「我所以官極品者，此痣之相也。」婢亦笑曰：「公欺我。公足僅一痣，已貴爲公卿，何以我兩足心均有赤痣而爲婢？」陳驚，使跣而視之，信，遂納爲簉室，即黄夫人也。生二子，長文勤公世倌官宰相，次聞齋名世侃，官翰林。

厲樊榭曳步緩行

錢塘厲樊榭徵君鶚，意制拙率，不修威儀。嘗曳步緩行，仰天摇首，雖在衢巷，時見吟詠意。市人望見，輒呼曰：「詩魔來矣。」

孫氏子四足

宣統辛亥三月，奉賢孫某妻孕年餘而產一男，頭有二角，面若虎，四足，足三指，爪尖利，能行，能攫物以食。不乳不啼，月餘而餓斃。

婦女本多天足

光緒戊戌，滬上有天足會之設，蓋以勸導婦女使不纏足也。然天足亦固有之，第不能見諸富貴之家耳。順天所屬大興宛平之土著，除旗人向爲天足外，小家婦女亦皆不纏。直隸之盧龍、豐潤、易州、承德、宣化，其滿、蒙婦女爲天足。奉、吉、黑三省以漢、滿、蒙雜居，天足甚多。山東則德州、益都有滿、蒙二族之天足。河南之開封、山西之太原亦如之。江蘇則大江南北皆有之，所業爲耕桑漁樵畜牧及雜役。江寧並有滿洲之天足。丹徒並有蒙古之天足。江浦、六合、丹陽、上海、松江、青浦、奉賢、金山、太倉、嘉定、寶山、長洲、元和、吳縣、常熟、崑山、吳江、武進、無錫、江陰、靖江、通州、淮安、江都、儀徵、興化、泰州、高郵、寶應亦皆多天足。安徽則合肥、廬江、巢縣、無爲、蕪湖、天長多天足，以耕樵漁牧爲業。江西之蓮花廳、贛縣、雩都、信豐、興國、會昌、安遠、長寧、龍南、定南、虔南、南康、上猶、崇義、寧都亦多天足，皆力田。福建各縣多天足。江西、福建且有肩挑貿易以食男子者，而男子則事攜抱主炊汲焉。浙江則浙西時有所見，仁和、錢塘之滿、蒙二族爲天足，海寧、嘉興、嘉善、海鹽、平湖、烏程、歸安、安吉、孝豐亦間有之。湖北則襄陽有天足，業農。江陵則有滿、蒙二族之天足。湖南之瀏陽、寶慶、祁陽、東安、道州、寧遠、永明、江華、郴州、汝城、嘉禾、常德、沅陵、辰谿、漵浦、芷江、黔陽、麻陽、永順、靖州、會同、鳳凰多天足，業耕樵。陝西則西安有滿、蒙二族之天足。甘肅則回族與寧夏武成、莊浪之滿、蒙二族有天足。新疆天足頗多。四川則成都之滿洲、蒙古二族與冕寧、邛崍、大邑、西充南部有之。廣東、廣西各縣多天足，所業爲耕樵漁牧及舁輿。貴州則苗女外，亦間有天足。蒙古、西藏、青海則皆天足也。自天足會設立後，而中流社會以上之女不纏者益多，且有已纏而放者矣。

廣州赤脚

粵省婦女多天足，而潮州則以小足爲貴，凡納妾，惟纏足者入門卽稱姨，否則以赤脚呼之，必待生子娶婦，始得著襪拖履，至大婦死而後著履，若無所出，則終身跣足而已。

粵女日必濯足一二次，潔白無垢。或謂濯時以粉擦其足跟，膩而且滑，則傳聞之訛也。

粵東謂船娘曰蛋家婆，其年少而有姿者則謂之蛋家妹，以艇爲家，不登岸，不操他業，卽不入民籍之蛋户也。間亦有操神女生涯者。顧無不赤足，冬時亦然，而下著莨綢褌兩層，上則披絮襖也。

廣潮妾足

廣州男子多置妾，小康之家輒有姬侍七八人，皆天足也。大婦輒纖趾。潮州俗異是，大婦之天足者十常得九，妾則無不纖足也。

婦女纏足

各省婦女，除滿、蒙、回、藏及苗類外，向以纏足爲文明各國所詬病，而人民懵懵焉不以爲恥。推厥原因，實由富貴貧賤階級之見深入人心，縉紳之家轉斥原野農婦之天足者謂猶未進化。人懷此見，遂成風會，不特不平等之已極，亦大有害於國民之生理與生計也。

纏足者以矯揉造作爲能事，所傳有七字訣：曰瘦，曰小，曰尖，曰彎，曰香，曰軟，曰正。然惟江蘇之揚州稍能近是，自餘各省則適相反，肥大團直臭硬歪，雖益陽女子以小足著稱於湘，而亦不免。

粤女纏足

粤女之纏足，在未倡天足以前，富貴人家則必纏之以表示其爲巨室。而足之形式，貴短圓而不貴尖瘦，大約直徑二三寸者，横徑亦如之。相傳粤中最上之纖足，能立於小碟内，故纏足者需人而行，苟無人扶掖，雖一步亦不能行也。

好色不好弓足

袁子才好色，而不好弓足。杭州趙鈞臺買妾蘇州，有李姓女，貌絶佳，而嫌其足未裹。媒謂女能詩，趙卽戲以弓鞋爲題，面試之。女卽書云：「三寸弓鞋自古無，觀音大士赤雙趺。不知裹足從何起，起自人間賤丈夫。」趙大慚。袁聞之曰：「此君非真好色也，亦可爲小人之下達者矣。」貽書責之曰：「眉目髮膚，先天也。足，後天也。」又云：「女貴娉婷，其所以娉婷者，爲其領如蝤蠐，腰如約素耳，非謂其站立不穩也。倘弓足三寸而縮頸齇腰，可能望其凌波微步珊珊來遲否？」趙得書，無以答。說者曰：「湖樓諸弟子亦有膚圓緻緻者，袁欲作蹇修，而人頗以此爲嫌，故不禁慨乎其言之也。」

姚美人足

嘉、道間，臨平姚氏有一婦，生前姣麗無雙，且雙足纖小，每製履，倦則以鍼線插髻上，幫帛垂耳後，纔如一葉，人不見也。以故不良於行，行必以婢媪扶掖之。姚美人之名，聞於鄉里。臨平有地曰美人埭，以此婦名也。其子婦悍甚，恆與其姑立而誶語，婦懦，不能與争，鬱鬱久之，竟雉經死。婦工翰墨，臨死自書一紙，詳述其子婦勃谿之狀，置懷中。其子搜得，燔之。其子婦曰：「凡縊死者下有遺魄，不掘出且爲祟。」乃掘地深數尺，果得如炭者一段，亦燔之。

小脚會

直隸宣化有小脚會，歲必五月十三日舉行於城隍廟。廟前長街數里，兩旁民居稠密，先會數日，其戚友之靚妝炫服而至者，絡繹不絕。屆期，廟中演劇酬神，百戲競集，遊人雜遝，與士女之進香者肩相摩，踵相接也。婦女不往游及既遊而歸者，大率列坐門前，多或十餘人，少亦五六人，日必易著新糭，其富厚者日凡四五易，遊人指視，贊其纖小，則以爲榮。

是日，乃俗所謂漢壽亭侯關羽之誕日，會本在漢壽祠。侯故有甲，是日出而晾之，故名晾甲。某年，廟欲圮，廟祝鳩工庀材，葺而新之，未落成而誕日屆，乃借城隍廟以舉斯會，而城隍廟祝盬其利，百計籠絡。至明年，復爲斯會，紛紛者已不復爲故步之循矣。然晾甲之名猶在人口，久之，遂誤而爲此。或作四斷句記其事云：「榴花紅映鬢邊釵，午日纔過節更佳。曉起妝樓梳洗罷，開箱先檢鳳頭鞋。」「綠陰如幄覆茅檐，團坐門前笑語添。惹得游人偷眼看，裙邊一樣露纖纖。」「花底誰家畫掩門，早攜女伴去前村。最憐一路香塵細，行過蓮鈎盡有痕。」「神祠遊罷興偏饒，歸路斜陽滿柳條。爲語鄰家諸姊妹，耍青時節再相邀。」六月初六日有耍青會。

陝女三足

陝西女子咸纏足家居，足小，須扶杖而行，故陝人稱女子有三足，言其行路無時可離木杖也。河南、甘肅、山西及廣東之纏足者亦類是。

清稗類鈔

情感類

屈翁山悼儷

屈翁山，名大鈞，嘗攜其妻王華姜歸粤。甫半歲而王卒，乃集當日同人表誌輓誄梓爲一集，名之曰《悼儷》。某作十絶句挽之，其序云：「廣南高士，代北佳人，地本相懸，天作之合。王將軍碎軀殉國，僅遺珠；屈大夫呵壁問天，猶存遠裔。忠臣義士，氣類原同；才子淑媛，蘚苔非偶。萋萋芳草，牽衣雖戀王孫；啞啞啼烏，陟屺還悲游子。爾乃遄車言邁，攜手同歸。歷塞上之風塵，黛蛾霑雪；壓江南之舟楫，寶靨侵星。遠自鴈門，雙還珠浦。皃佳婦好，倚閭之望欣然；我負子戴，《考槃》之懷更遂。無何蘭香易歇，雲性常飛，偕老之期，雖定情於五夜；悼亡之賦，旋結恨於重泉。以此思哀，哀可知已；代之寫怨，怨何極乎！嗚呼！髑骨已埋，應念佳人難再；空華等幻，庶幾達者之觀。冀散哀於一言，效素交之三益，曲終致意，風末傳音。」當時翁山游華山，賦詩百韻，有李某者深服其才，聞之參將趙某，因而作合。序言委婉詳盡，心迹昭然，可當一則別傳觀。

周姍姍戀黃雲孫而死

姍姍者，字小姍，周姓，戴溪黃夫人侍兒也。數歲，戲於庭，適夫人命銀工製釵，曰：「如一封書式。」姍姍應聲曰：「一封書到便興師。」夫人爲之發粲，自是極憐愛之，令從女塾學。稍長，課之繡，性婉媚，善伺夫人意。夫人每曰：「此吾如意珠也。」幼有潔癖，熏香浣衣，惟恐弗及，服食器用，不令同輩近之。晝習女紅，夜隨夫人誦經。既退，但閉閤寢坐，終不聞語聲。順治丁亥，姍姍年十五，夫人將爲之有家。夫人族子雲孫，時以會試下第歸。一日，爲夫人六秩初度，雲孫從而捧觴焉。姍姍侍夫人出，常妝便服，姿態閒逸。雲孫瞥見之，心蕩。禮畢，姍姍遽隨夫人入，雲孫悵然別去，賦《浣溪紗》一詞，呼媒者告之故，使通殷勤。而夫人乃命家嫗私詢姍姍，嫗曰：「是前稱壽者，恂恂少年。吾聞其才名冠江南，私心慕子，惟恐不得當也，唯夫人命可乎？」姍姍首肯。雲孫大喜。雲孫之婦湘夫人爲出私貲聘之。時戊子十月，應春官試者悉北上，雲孫將諏吉娶以偕往，以父命不果，且促之行，不得已，治裝將去。而姍姍忽遘疾，雲孫爲留竟月，延醫治之，意殊怏怏不欲行。使者傳夫人語曰：「兒疾在我，雲孫豈以一女子病而輟試事耶？」越夕遂行。

姍姍病日劇，醫來，猶强起櫛沐。既又聞雲孫被放，捧心而泣。夫人再三慰之曰：「若何所言？但告我。」姍姍曰：「妾命薄，辱夫人不棄，依膝下十六年，不得長侍阿母，夫復何言！」夫人固問之，曰：「豈有思於雲孫耶？」姍姍長吁，瞪目顧左右曰：「扶我，扶我！」起而頓首曰：「郎君天下才，睠我厚。今試北，非戰之罪，乃以妾故也。爲我謝郎君，生死異路，從此辭矣。」自後不復進藥，數日竟死。

越三日，雲孫抵家，湘夫人告以姍姍之殁。雲孫既内傷姍姍，平居忽忽不樂，幽思隱慟，時結於懷，嘗以杯酒告於靈曰：「吾將入海，乞不死藥、返魂香以起之，則三神山有大風引舟，不能到。欲得少君方士之術，上天入地求之遍，而七夕夜半未及比肩，無誓可憶。佳人難再得，當復奈何！」然其後姍姍亦數數入夢也。

飛瓊悦文价堂

文价堂，陵川人，富才藻，善吟詠，讀書高平縣之雲泉村。東隣有雲泉菴，最少之尼曰圓實，爲本村某氏女，幼多病，其母與雲泉菴老尼友，納尼勸，遂捨之爲尼。既長而美，通梵書，遐邇皆豔之。及文寓西隣，嘗執書繞階，且行且誦，曉暮不輟。圓實聞書聲，輒以梵音和之，若酬答然。一日，文聞梵音，踪跡至菴，則見一幼尼手指口晝，摹文讀書狀，見而遁。老尼叩文姓名，圓實乃微聞之，知即西隣讀書者。捧茶至，目文，文亦目圓實，老尼笑曰：「向固千呼萬喚不見一人者，今何勤也！」少頃，有延老尼作佛事者，老尼出，文獨留，因問之曰：「師何名？」則以圓實對。文曰：「何所取義？」答曰：「道無形像，真一難圖，變而分布，各自獨居，可以知其義矣。」文曰：「不然。圓者天也，實者陽也。子以陰質寄空門，宜名方虚。殆爲其嫌於無陽也，故稱圓，復稱實焉，然乎否乎？雖然，子玉貌而近仙風，何不字以飛瓊。」圓實以其語之近佻也，怫然徑去。然數日後，圓實竟請於師，字飛瓊矣。

越旬餘，文復至菴，然逡巡未敢入，往來階除，擬瓊捧茶狀。瓊忽至，以花箋一幅及爲文特製之雙舄，委地去。文覽雙舄，針累細密，底之外向者，以輕絹裹軟棉花，其上書小詩云：「親製飛鳧寄點情，中含密縷莫嫌輕。斜陽漫試淩雲步，別個無人識履聲。」文待至黄昏，著舄往。瓊啓門，迎入禪室，蓋老尼適又他出也，詢文家里學業甚悉。文偶入游詞，則峻拒之，曰：「我以君讀書至勤，倘不懈，必爲大器，故不惜犯規，欲相唱和，爲文字友，藉破岑寂，非敢以小人視君也。且菴中伴侶多有遺行，方時以我爲餌，君一不慎，墮其術，則身敗名裂弗可挽矣。我既誤入此，自防維謹，亦不敢冒犯，惟閉户不問若輩事。竊重君，故預告，冀君以學爲急，勿如浪子蕩婦之所爲。且我輩皆年少，前途遠大，幸千萬自重。」言畢，促之返。自是唱和遂不絕，大抵皆慰勉之語，不及於邪。

無何，文歸陵川，有無賴子窺瓊美，欲以重利啗老尼，尼爲之動，乘間語瓊，瓊且怨且涕曰：「瓊以貧病，幼託師門，師乃以瓊爲錢樹子，作鴇母行耶？」老尼恐且怒，逐之去。當是時，澤州大旱，斗粟千錢。瓊有母，出菴，往依之，相持而泣。瓊徐曰：「無傷也，兒之十指尚可供食。惟已削髮，家居非雅。」於是擇近村之碧梧菴居焉。文之母夫人微聞之，且贊其賢也，乘輿往，欲以側室置之家。瓊不可，曰：「公子，瓊友也，非私也。瓊惟愛其才，故犯規與之一晤以勉之。若如太夫人言，是瓊先污之矣。且瓊命孤，處人家，恐不祥。」太夫人賢其言，遂不果納，厚周之而去。

時文方讀書太原，明崇禎己卯、壬午俱不舉，鬱鬱歸鄉里，因問道訪之。瓊曰：「我無顏見子矣。我輩爲友，人知其迹，不知其心也。君之不第而來此，且不能自守其心，何能心我心乎？當己卯榜發，瓊聞陵川中一人，謂必君也，而非君。遲之三年，壬午榜發，聞陵川中二人，必有君也，而又非君。對此寶幢禪燈，正不知抛卻幾許清淚。今乃徒以浪子行爲敗我清規也何故？宜速去，不成名，勿再相見。」

文歸家，學益勤。順治乙酉，拔於庠。丙戌，將赴都，復訪之。瓊不出，令其母以白露紙一方，上畫圓光，遺之。文問故，母述其語曰：「此菩提心鏡也，讀時揭之窗前，勤學則圓光明如鑑，少間則圓光暗如鐵。」文且信且疑，持入都，置笥中，久亦忘之。戊子，復報罷，忽憶菩提心鏡之説，啓笥觀之，圓光黑如鐵矣。大驚，復閉户勤學，以圓光置於几，朝夕對之若師保。積一月，光退一線，愈奇之，功加奮。半載後，光退三分。庚寅七月，黑者僅一線耳。是秋，果獲雋。將試京兆，愈自勵，視圓光黑線悉除，澄澈可鑒，不覺稽首至地曰：「此飛瓊感化我也。」次年聯捷，授外職，歸省父母。入内室，見玉鏡臺前有女子方理髮，髮長委地，光艷四射。驚問爲誰，其夫人笑曰：「此乃君在雲泉菴之舊相識也。聞其賢，已告翁姑，聘之至矣。其髮，新蓄也。」文喜，謝夫人。以所繪圓光懸中堂，晶瑩如雪，叩瓊以故，對曰：「人心如鑑，靜則明，染欲則昏矣。菩提心者，我心也，非有二也。」

酒家女慕葉元禮而死

吴江葉元禮舍人舒崇，美丰姿，有衛玠之目。少時，嘗隨其兄學山至同里鎮，過流虹橋，有酒家女子方倚樓凝眺，見而慕之，問其母曰：「有與葉九秀才偕行者，何人也？」母漫應之曰：「三郎也。」女由是積思成疾，將終，語母曰：「得三郎一見，死無恨矣。」女卒，元禮適過其門，母以女臨終之言告之。元禮入哭，女目始瞑。秀水朱竹垞檢討彝尊爲作《高陽臺詞》記其事。

朱竹垞眷馮壽嫦

《曝書亭集》有《風懷》二百韻，朱竹垞未通籍時爲其幼姨所作也。姨，馮氏，世居碧漪坊，與朱宅相近，卽《風懷》詩中所謂「居連朱雀巷，里是碧雞坊」是也。竹垞少嘗讀書馮宅，年十七，贅焉，與幼姨情益篤。而家人防閑密，意苦不得達，適人後始通殷勤。海陵夫人知之，弗禁也。其《風懷》詩中所謂「乍執纖纖手，深回寸寸腸。背人來冉冉，廣坐走佯佯。齧臂盟言履，搖情漏刻長。梅陰雖結子，瓜字尚含瓤」是也。《紀事》詞云：「枕上閒商畧，記全家看燈元夜，小樓簾幕，暗裏横梯聽點屐，知是潛回香閣，險把個玉清追著。徑仄春衣風漸逼，惹釵横翠鳳都驚落。三里霧，旋迷卻，星橋路返填河鵲。算天孫經年已嫁，夜情難度，走近合歡牀上坐。誰料香含紅蕚，又兩暑三霜分索。綠葉清陰看總好，也不須頻悔當時錯。且莫負，曉雲約。」皆指此事也。

竹垞平日嘗矯夫人命召其姨，一日相約，俟夫人卧後作深談。夫人微聞之，卽先卧。次晨起，乃命老嫗送之歸。竹垞有詞云：「仲冬二七，算良期須果，若再沉吟甚時可？況熏爐漸冷，牕燭都灰，難道又各自抱衾閒坐？銀灣橋已就，冉冉行雲，明月懷中半宵墮。歸去忒怱怱，軟語丁寧，第一怕襪羅塵涴，料消息青鸞定應知。也莫説今番，不曾真個。」後數年，姨卒因竹垞死，詩中所謂「定苦遭謡詠，憑誰解迭逷。桜先爲檀斫，李果代桃僵」，卽指此事也。

竹坨《靜志居琴趣詞》一卷，皆《風懷》詩注脚也。姨名壽常，字靜志。《風懷》詩所謂「巧笑原名壽，姸娥合號嫦」，分嵌其名，至爲明顯。竹坨生於明崇禎己巳，而《風懷》詩云「問年愁我誤」，是靜志生於崇禎乙亥，少於竹坨七齡。其餘事迹，細心推求，自可十得六七。太倉某姓家藏有金簪一枝，上刻「壽常」二字，《洞仙歌》詞所云「金簪三寸短，留結殷勤，鑄就偏名有誰認」，固實事而非寓言也。

納蘭容若飾喇嘛入宮

納蘭容若，名性德，一名成德，爲康熙朝相國明珠之子。嘗眷一女，絶色也，有婚約。此女旋入宮，容若誓必一見。會遭國喪，故事，喇嘛每日應入宮唪經。容若賄喇嘛，披袈裟，雜其儔以入，果得見。而宮禁森嚴，始終無由通辭，悵悵而出。故《紅樓夢》一書，林黛玉之稱瀟湘妃子，乃係事實。否則黛玉未嫁，而詩社遽以妃子題名，以作者才思之周密，不應疏忽乃爾。其卷百十六寶玉重游幻境，即指入宮事，故始終亦未與妃子通一語。而寶玉出家，即指披袈裟詭充喇嘛時也。

毛西河詞爲馮氏所悅

毛西河檢討奇齡少與兄萬並知名，人呼西河爲小毛子。性恢奇，負才任達，善詩歌樂府塡詞。其所爲大率託之美人香草，以寫其騷激之意，纏綿綺麗，按節而歌，使人悽悅。又能吹簫度曲。游靖江，當壚馮氏者悅其詞，欲私就之，西河謝曰：「彼美不知我，直以我爲狂夫也。」徑去。

錢氏女悦周櫟園

周櫟園，名亮工，嘗爲滁州牧，涖任時，州民共觀之，以其少年科第，貌秀雅，咸嘖嘖稱羡。署前有銀工錢氏女者，年及笄而美麗，性聰慧柔和，矢志不偶俗流，見周而心動，卧不起。母疑其疾也，問何苦，女曰：「兒之苦，母不能解。」母訝之，走語父。父致詢，女不言。與之食，不食。父母愛憐甚，百計誘之，乃言曰：「女自念惟一死耳。」因墮淚。又曰：「天生我貌，復少假之才，卽當生我名族中，縱不得作顯者婦，不失爲士人妻。今不幸父業是，以類爲偶，逆計異時所適，不過一銀工而止。」曰：「然則兒何欲？」女曰：「兒不言亦死，言亦死。兒欲得人如新牧周公之品貌科第者事之。」父曰：「癡妮子，彼赫奕若此，寧尚無婦。縱無之，肯婿我家耶？」曰：「兒豈不自揣，第得爲侍妾，死亦不恨。」父曰：「小兒女全不曉功令，渠爲民父母，敢納部民女爲妾乎？」女默然，不食如故，竟成疾。父母憂甚，乃延葛醫診之。

葛爲滁國士，得出入州署，視女無他疾，惟中懷鬱結耳。父母不能諱，語之故。葛素有俠腸，曰：「小姑毋自苦，吾且設策爲謀之。倘有天緣，幸而成，不可知。宜自愛，勿使憔悴也。」居數日，周延葛治疾，按視良久，狀若别有所思者。周曰：「吾飲食稍減，無恙乎？」葛不答，他視而已。周復言，葛終不答，笑自若。周怒曰：「汝目中無我耶？胡語汝若不聞？」葛請罪曰：「某見公，不覺觸一事，殊可笑，故失對。」周問何事，可共聞乎，葛故不言，周曰：「第言之，何害！」葛曰：「公勿責也。署前有錢氏女者。」言至是，復止。周問錢若何，葛曰：「曩者女見公之玉貌，且知公少年科第，才出羣，女自負素有姿，精女紅，頗知書，誓必人如公者始事之，爲妾亦不辭。又度勢萬不能，將餓以死。生哀其志，悲其遇，而嗤其妄也，是以笑耳。」周曰：「世有女子憐才若此者乎？情不可負也。今與君約，明晨，吾當出謁客，君語彼，倚門，俾我見，果適我意，我微作首肯狀以定情，當曲成之。不可，則速已。」葛語女，女自信曰：「吾事必諧矣。」晨起，略事櫛沐，裙布釵荊。周出，自輿中望之，不覺頷首者三，衆不覺也。

女入，周歸，思所以動夫人者，曰：「世間不虞之譽，有出人意外者。吾與卿至此未久，外間何所聞？乃有銀工女某，謂夫人大家女，賢淑爲世所罕，彼自恨不幸爲小家女，未嫻教誨，若得朝夕侍夫人，習閫範，雖爲婢，有榮焉。是不亦癡乎，奚所慕而若是？」夫人曰：「寧有此耶？」周曰：「我何由知！醫生某笑其女，爲我覼縷陳之也。」夫人召葛，叩其詳。周已預白葛，葛卽宛轉曲爲之詞，以悅夫人。夫人曰：「有志女子也。顧其貌如何？」葛以中材對。夫人曰：「吾爲娶之，成其志。」周佯斥之曰：「卿謬甚，獨不畏物議，玷官箴耶？」夫人曰：「吾籌之詳矣，自有處。」卽託以治首飾，呼錢入，畀以百金，與訂婚，令徙南都，無處滁境。居久之，周卽詣安慶，夫人出釵餌幣帛之屬，使往娶焉。既納之，及周歸，入其房，女卻曰：「妾願執箕帚，今得侍公何幸！第未謁夫人，不敢奉衾枕。」周愛其有禮，弗強也。俄而見夫人，周以前言告，夫人喜。是夕，周入室，女又卻之曰：「公遠歸，夜宿夫人所，妾不敢當夕。」周悵然而去。夫人聞之，益喜，自秉燭送周入房，曰：「妹尊我，意甚善，吾已具知之。今夕佳夕，無負吉期，此吾命也。」女乃從。自是女奉周與夫人，如婦之事姑，惟謙抑自下，事必諮稟而後行，坐不敢共，行不敢偕，飲食則食夫人之餘者，曰：「妾心敬慕夫人，夫人所餘食之，若更有味也。」夫人乃愛之甚於周。周小有齟齬，夫人必愠曰：「人舍父母而來，且其德性如此，尚有不足耶？」以是，嫡庶相處若姊妹，歡然無間言，各生二子。

江上女子慕張漱石

江寧張漱石工填詞，有《玉燕堂傳奇》四種行世。嘗宿錢塘酒家，見燈下老嫗方縫裳，蟹筐貯有針綫簿，丹鉛燦然，取觀之，所鈔《夢中緣》稿本也。漱石詢其由，云：「主人有幼女，能讀《魯論》、《毛詩》，嫻吟詠，愛誦是編。嘗與嫂賭記其詞，輒以手畫空作圈，摇頭若儒生狀。年十六，以瘵死，此其遺也。今作篋，藏針綫矣。」漱石視其書，已殘缺，中有詩一首云：「拾得新詞第一編，攜來妝閣晚風前。囊追賀錦才尤麗，筆吐江花句欲仙。自是有情偏有恨，幾多無夢亦無緣。背人愛把丹鉛點，獨自閒吟獨自憐。」署名江上女子題。漱石詢姓名，老嫗終不言，乃出一金易之以歸。明年復過其地，則酒家老嫗亦杳矣，漱石因賦詩弔之。

黄仲則綺懷詩

武進黄仲則主簿景仁集中《綺懷》詩十六首，蓋爲其意中人而作也。意中人所適者，爲四川屏山縣知縣之子，故詩句云「何須更説蓬山遠，一角屏山便不逢。」又云：「錦江疑在青天上，望斷流頭尺鯉魚。」又云：「忍見青娥絶塞行。」是其證也。其人僅中人姿，故詩中絶不言其美。

揚州女慕葉令運而死

浙西葉令運有文名，貌婉嫕如婦人。乾隆辛丑，北上，道揚州，維舟虹橋下。時已薄暮，佇立船頭，流連光景，則有朱樓一角，障以疏簾，意當有畫中人在，頗涉幻想。少頃，果有一少女當簾立，淺絳羅衫，爲白紈團扇所掩，流盼所及，又似非無意者。葉心動，顧舟子進膳，則頻頻於篷窗中睇之。樓已上燈，女則晚妝未罷也。葉思果爲倡家者，將往訪之。會舟子欲趁潮夜行，遂不果。

明年，自京歸，重過揚州，又泊舟其處，乃遂登岸，訪其家。至則女怛化矣，其家猶舉哀。葉步卻，已爲家人所見，曰：「是矣，是矣。」拽之入，面女母，母收淚矚之，嗚咽曰：「貌固相類也。」旋命取影片來，授葉，葉視之，爲血塊之影，可方寸許，中隱約有一船，船上少年儼然己也。泣曰：「伯仁由我死邪？精誠所至，篆肺銘心，不圖親遇之。」因問血影如何，曰：「女自一見後，殗殜成疾，自言所思，苟不見此少年者，當無生理。後此愈重，百藥罔效。彌留時，吐此塊也。」葉乃再拜於柩前，願載木主歸奉家廟，并以子女嗣之，爲卜葬於玉鈎斜，復迎歸其母終養焉。

錢坤元與蘭花唱和

錢坤元，名瀅，青浦諸生也。長爪通眉，風采奕奕，人以陳平譬之。嘗館金華范氏。范有愛妾蘭花，美而艷，工詩詞。錢與唱和，久之，通焉。一夜，漏三下，挾以遁。范白出跡之，至青浦被獲，將解縣。時值六月，范氣憤，犯暑暴死。邑令判錢發配陝西之兩當。

某王孫以赬綃巾贈某女

某王孫者，嘉慶初之天潢貴胄也。丰姿翹秀，英英露爽，性蘊藉，不苟言笑。某氏女，亦貴家也，與王孫以中表相慕重。杏兒者，女侍婢也，識詩書，工風鑑。嘗語其主曰：「王孫，所謂都爾敦風古阿思哈發都。」都爾敦風古，滿語骨格異也；阿思哈發都，滿語聰明絶特也。杏言之再三，女不應。後王孫遣家難，女家薄之，求婚，拒不與，而兩家兒女皆病矣。

一日，杏兒矯主命，私召王孫。王孫冒風雪，衣雪鼠裘而至。杏出迎，笑曰：「寒矣。」親爲解裘，徑擁入女帳中，曰：「好自爲之，毋拂姑娘意也。」闔扉而出。女方寢，驚寤，申禮防，不從。王孫曰：「來省姊病耳。亦以禮自固也，可作終夕談。」杏但聞絮絮達旦，不涉燕私，心重之，杏自送之出，王孫隱以赬綃巾納女枕中，女不知也。經月餘，王孫方擁衾獨睡，見女排闥入，盈盈欲涕，執巾問曰：「此君物也？」曰：「然。」飄然卽去。身追之，一蹶而寤。方驚疑間，而女訃適至，知杏已取巾以佐殮矣。王孫亦鬱鬱以卒。杏尋亦自縊以殉。

宋筍谷眷秀環

婁縣宋筍谷自幼居青浦，久廢章句，悦其戚之婢秀環，屢挑之。婢曰：「子以禮聘，我固願從。若苟合，則設想左矣。」宋請於戚，應曰：「爾讀書能游庠，即如爾意。」宋因厲志研讀。如約復請，戚曰：「汝騃也。汝本簪纓之裔，今服章縫，何患無美女子，而乃欲娶一婢乎？」宋默然止。

畢郎爲某姝所悦

横塘畢郎，蘇州善歌者也，貌昳麗，冠儕輩。工度曲，窮極要眇。道光辛巳八月間，偶遊專諸巷骨董肆，見有碧雲簫，以雲南翡翠玉整段爲之，色純緑，水氣透澈，表裏焕發，希世珍也。問其直，奇昂，取調之，則工尺準的，沈亮無比。

肆之對門有小樓，一姝居焉。畢過其下，姝輒搴簾俛窺，彷彿艷絶。詷之，知爲良家女之依母待聘者。試命媒媪通辭，其母言得簫押庚帖，事可諧。畢不得已，貨其産得六百金以購簫，親持之，偕媒氏往。女母曰：「前言戲之耳。今竟如所請，足見郎情深矣。」即脱女腕白漢玉釧爲答。擇期，以女歸畢，簫媵焉。畢故有大婦，亦美而知樂，然色藝俱遜女。畢舊畜棗皮、漢銅、金鐵蕉、白端湘妃竹四簫，皆精好，中律吕，然合之，不足當碧雲。爰築樓以居女，庋簫其中，謂之二寶。

彭剛直眷梅姑

衡陽彭剛直公玉麟之先德官安徽巡檢，及卒，剛直還楚。貧甚，寡母弱弟，伶仃相依，輒爲族人所窘。發憤力學，遂以成名。鄰女梅仙具殊色，慕剛直才學，願委身焉。將有成議，格於他故，遂不果。

梅仙旋怏怏卒，剛直慟之，誓寫梅花十萬幅以報。其《題采石磯太白樓》詩曰：「三生石上因緣在，結得梅花當蹇修。」又曰：「頹然一醉狂無賴，亂寫梅花十萬枝。」又曰：「一枝留得江南信，頻寄相思秋復春。」又曰：「無補時艱深愧我，一腔心事託梅花。」殆皆因梅仙而發者歟？

或曰：剛直少時好爲摴捕戲，每博輒負。鄰有梅仙者與之暱，剛直率私懷其釵珥質於肆，作孤注。一日，得二十金往博，又負，乃歸，以情告梅仙。梅仙曰：「但得白首，此區區何足數哉！」然不能娶之。一日，忽大病，自撫膺曰：「死於枕席，豈丈夫哉！我今年必死，顧可不覓一好死所乎？」遂從軍。遇粵寇，身蔽鋒鏑，欲以求死，而往往得奇功。迨寇平，剛直顯貴，梅仙猶在而已寡。常至其家，出金周之，或酒或弈，如伉儷，惟不及私耳。

估倧女呼漢人爲木瓜呀布

估倧爲距瀾滄江百里而近之一種人也。其女子多聰慧明艷，能通漢語，若與漢人有私，輒呼木瓜呀布。木瓜者，尊稱也；呀布者，猶言好也。至彼此有情，臨行輒以所懸戒珠作贈，揮淚而別。

苗女戀洪某而死

滇中洪某幼孤貧，年十二，牧於野，爲苗人所掠。苗酋有女，年與之埒，乃相善。久之，洪漸諳苗語。苗人好武，凡苗所能技，洪靡不精，而尤長於發鏢。

苗人性嗜殺，獲漢人或他族人，必極刑致死。炙鐵錘，烙入腦門，謂之戴紅頂。煅鋼針，刺入太陽穴，謂之插金花。洪雖居苗地久，恆耳食此說，然亦未目覩。一日，與女游於野，聞呼救聲。聽之，漢人聲也，來自山巔。遂欻然起，囑女少待，疾奔上山。既及巔，匿身於林。探首外望，見苗人四，聚薪爲火，蹲火次，炙手中錘。漢人被縛於地，一爲少女，已暈，一爲老人，猶竭聲呼救。四苗人睨之而笑，覻狀似將置之死者。洪怒，自林出，連發三錘，斃三苗。其一大驚，發錘還擊，顧距洪遠，不及，倉皇欲遁。洪收錘，追擊之，亦斃。返身解漢人縛。於時女亦踪至，不懌曰：「君奚事戕吾同類？」洪指老人、少女告以故。女微歎無語，既曰：「彼兩人既踐吾界，在理當死。」洪不服，曰：「吾漢人何仇於汝苗？」女曰：「雖然，吾祖律然也。」洪憤然曰：「蠢哉汝苗！祇知殺人，不啻禽獸也。」女亦微愠曰：「君奈何出此言？苟不有數年情愫者，吾早動手矣。君既貳心，則斯處非君宜履之地，速去休！否則吾衆知之，恐不爲君福。」洪無語，偕老人、少女疾行。女目送之，歎曰：「薄倖哉！」遂止步返顧曰：「汝語何指？」女俛首不答。就視之，盈盈泣矣。洪生曰：「吾不去。」女乃揮手促之行，曰：「吾不忍見君死於斯，去爲佳。」語至此，嗚咽不成聲。洪曰：「吾留於斯，聽老人、少女自去，則前途多危險，爲德不卒，非丈夫也。吾果去者，則汝何如？然吾亦不忍捨汝而去，將奈何？」良久，毅然曰：「吾決偕兩人往，待出境，再來未遲。」

既而洪復至，語女曰：「吾之去來，幸未爲若輩見。」女戚然曰：「君殺吾類，衆已知，將不利於君。君茲行險哉！乘其未覺，可速離此。」洪曰：「吾胡能捨妹？」女曰：「君戀吾耶？須知戀吾非福。」洪曰：「知之，然亦聽之。」女沉思半晌，曰：「既然，當與君偕亡，何如？」洪曰：「佳，行乎？」女乃隨之行。中途，數遇苗人，皆避道。既出苗境，女止步不前。洪促之，女泣然曰：「緣盡於斯，請與君別。」洪訝曰：「妹將焉往？」女曰：「歸侍吾父母，吾不忍背父母也。」洪默然久之，復促其同行，不許，相對悽然。移時，東方漸白，黯然而別。女既行，忽聞洪自後呼曰：「妹緩行，吾送妹往也。」回眸微睇，見洪投山澗而逝，女大哭，頃之，忽如驚鴻一瞥，則亦躍入水中矣。

連兒戀韓某而死

江連兒，海陵人，父早世，自幼依母居。聰慧異常，讀書輒不忘。稍長，事女紅，精巧絶倫。婢紅珍，亦可兒，竟日伴連，非連命不出。母以無子故，愛若掌珠。連年已笄，猶待字閨中。汾陽韓某者，一日薄暮，自其巷中過，見連倚門立，衣夾羅衣，繫錦褶裙，嬌豔欲仙，婢旁侍，吃吃作笑聲，韓徘徊不忍去。連不覺一笑，顧謂婢曰：「何事狂笑？勿令人謂汝癡耶！」遥入內去。韓木立良久乃歸。自是時從其門前過，卒無所遇。某夕，遇婢於途，遂喋喋道傾慕意，乞轉達。婢睨之笑曰：「癡郎不解事，今乃亦欲作張生耶？數日後，當有佳音相報也。」時值中元夜，韓信步閒游，遥見連偕婢方立月下，趦趄不敢前。俄婢來，語之曰：「遲君久矣。」時連淡粧雅素，雙頰微紅，俯首弄衣角，姿態羞澁，揖而進曰：「得親香澤，死無恨矣。」連腼然小語曰：「郎君丰度翩翩，知非凡才，願以終身相託。」韓指天自矢。由是至夕恆與連相晤於柳陰下，母或外出，則邀入閒話。久之，韓之母微聞其事，命往南粱業商以遠之。年餘歸，則已爲之聘婦矣，韓莫知所措。一夕，告於連，謀偕老計。連默然良久曰：「命耳，何商爲！」即促其出。

未一月，病殁。韓聞之大痛，亦病，幾不起，誓不婚某婦。

甄素瓊戀紫霞而死

湘女甄素瓊之父爲諸生，瓊幼，即教之讀，十三四能作小詞短札，字娟秀，尤工繪事。年十八，父母爲議婚，不可，恆閉門作密書。或偶爲父母見，急掩之，不與觀。疑其有他，密偵之。未幾，瓊病，遂不起。既死，撿其篋，得函一束，怒而投之火，秘其事。明日，隣女有名紫霞者，聞瓊死，泣不可仰，即扃户卧，久不出。家人呼之不應，破扉入視之，僵矣。檢其衣，亦得函一束，皆素瓊手筆也。其一曰：「父母不解妹意，不令與姊同居，强欲與濁男子爲偶，不亦冤耶？妹自別姊，思與日深，病與日積，奄奄一息，在旦暮間耳。紙窗夜涼，殘月入室，藥爐煙裊，燈冷花落，回憶去年春夜，與姊並肩坐碧紗窗下，挑燈讀李笠翁《憐香伴》之劇，則恍惚姊猶徘徊吾左右。回顧不見姊，又自驚卻，急掩幃卧，雙眸苦不得合，挑燈作此，以達吾姊。須知草此時，腸已斷也。紫霞吾姊青鑑。妹素瓊上。」霞家人怪之，以示瓊父母。噫！此二女也，其殆廣東順德十姊妹之流亞歟？

董琬慕張中伯

蘇州張中伯，粤寇洪秀全據江寧時開科試士所中之解元也，頗見重於李秀成，時進謁。李有寵姬金陵董氏女，名琬，風流嫵媚女子也，見張，甚有意。張謁李時，董侍左右，秋波流盼，爲之魂消。卒以内外隔絶，得如願。某年中秋夜，張在家，忽有垂髫女子送詩一緘，署名曰「薄命琬」。啓視之，則五言律一章，詩曰：「秦淮無限恨，佳節況中秋。俠骨梁紅玉，高才秦少游。花開三月暮，人到五更愁。相見不相識，長江滚滚流。」張得書，思想無已，後不復見。既而秀成至蘇，與李文忠公鴻章決戰，董乘隙逃出。張時隨李在蘇，李敗，董至蘇，百計訪張，終不遇，流爲妓。

潘文恭縈情故劍

潘文恭公世恩，年十六，舉於鄉，伉儷至篤，不欲計偕遠出。父母督趣再三，弗聽，乃使夫人僞爲反目，因强遣之。既貴，而夫人卒。文恭以計偕之行頓成永訣，悲不自勝，遂欲遁入空門，以資懺悔。婦翁堅沮之，使富室汪氏女子僞爲己女，俾作鸞膠之續。婚後始覺，角枕錦衾，縈情故劍，數十年如一日也。

查氏女悦楊小匡

山陽世家楊鼎來，字小匡，能文，精拳勇，幼隨其父蘇州校官任。署隣有海鹽查姓者，眷屬時相往來。查女幼而才，與楊固兩小無猜也，兩人唱酬無虚日。時女已字吴縣潘祖同。祖同父侍郎曾瑩在籍時，楊曾受業門下，及長，聘彭氏。彭官京師，楊往就婚，館於潘。時女已于歸，祖同亦入翰林。咸豐己未，楊中順天副榜，已與女通。至甲子，又中鄉舉。其年，祖同因事革職遣戍，兄文勤公祖蔭又由侍郎降編修，驟失勢，楊遂無所忌。然其師曾瑩固在也，以侍郎退休，就養於都。一日，見楊與女唱和詩，語多狎褻，逐楊出。次年，楊會試不第，乃夤夜踰牆入潘宅，負女遁。潘氏聘拳師五人，使於中途殺之。追至天津之楊柳青，見楊與女疊騎而馳，五人皆敗還，楊遂安然歸里。

潘乃遍告同鄉故舊，於是朝臣相戒，會場若得楊卷，即抽換，不使淫凶得志也。然楊竟於同治戊辰復入京應試，乃拆彌封，楊名在第九。已呈御覽，不能易，（放榜前數日，必將中擬之前十本進呈，候欽定也。）遂更相戒於殿試時抑之。楊素工書，師米襄陽，人皆識之。至是，楊變作率更體，衆果不察，進呈前十本，楊之卷又在焉。朝考時，始抑入三等，猶得用主事，分工部。楊自知不容於清議，遂歸，築精室於淮河下，與女日夕唱和，享閨房之樂者二十餘年，授徒以終。淮人合女二夫之姓之半，呼之曰湯夫人，蓋謔之也。後女先楊數月死，楊輓以聯云：「前世孽緣今世了，他生未卜此生休。」有曾見女者，謂女不美，面且麻，惟多才耳。

趙封翁眷女傭

趙封翁，滿城人，與高陽李文正公鴻藻爲中表。壯時僑京師，以授徒贍家。中年喪偶，不續娶，僅餘二子。長子業儒，以文正介紹，佐某巨公幕，任事勤審，賓主極洽。不十年，補河南陝州知州，以親老告歸。封翁年八十，長孫已娶妻生子，忽不甘獨居。有女傭新寡，貌不俗，翁思納爲簉室，而艱於啓齒。乃百計尋釁，少不如意，即罰令二子長跪，呶呶詈其不孝。將寢，子婦入室問安，令分立兩旁，已則伏案假寐，必魚更三四躍，始叱令偕去。天甫明，即起，見子婦扉未啓，以杖徧撾之，謂子時已晏，不應仍擁婦高臥。如是者一年。一日，又起勃谿，隻身逸至某寺，欲爲僧，覓之數日始得。長子固孝，急迎其姑至，探翁意旨，乃知翁實鍾情女傭而出此也。二子籌度再三，不得已，給女鏞千金，令入侍翁寢。然不及一月，翁病死矣。

獒戀新婦

同、光間，某邑富室蘇姓，爲其子慧官授室。禮成，客散，入洞房，慧官輾轉不成寐。忽聞闥外有狺狺聲，且以爪爬門甚急，潛下榻，趿履拔關出。門啓，有巨獒，質黄而雜以黑章，見慧官，人立而嗁。急擊以梃，獒狂吼，撲慧官倒地。慧官以下榻匆遽，未及束衵衣，獒遂嚙其勢，血溢如水，顛撲移時，遂斃。

方人獒交鬬時，新婦觳觫萬狀，亦整衣而起，且囁口呼獒，獒弗應。迨斃慧官，新婦掩燈側坐，默默無語。時舉家聞異聲，咸萃於房，見慧官赤身臥血泊中。獒見人亦不甚畏，惟依依新婦裙下，耳掀尾立，氣咻咻然，奔走左右，又以目斜睨新婦。家人皇駭，莫知爲計。蓋新婦綵輿入門，獒即入矣。慧官父母争詢新婦以狀，莫知所對。家奴出繩縛獒四蹄，鳴於官。

審訊日，官見新婦風致娟好，亂頭粗服跪於庭，命釋獒縛。縛既釋，亦不去，以戀婦也，惟眈眈注視之。官詰婦，婦不承，備受楚掠，仍不得實供。官忽得一策，命役購餅飼獒。獒得餅，大喜，食其半，而以所餘啣置婦旁，又狺狺强其食。至是，官益信，呵隸裸女衣，將撻其背。衣裸，則兩肩有爪痕，印入分許，與獒掌趾不差累黍。官叱婦曰：「佐證確鑿，不實供，徒自苦耳。」婦不得已，乃言：「獒爲家所素畜，方十七齡時，偶戲花下，獒徘徊身際，呵之不去。坐則以背貼膝，卧則以首枕股，亦絶愛憐之，教爲各種嬉戲，輒如意，初不虞有他也。久之，兒之心不能自固，爰出非禮。及親迎有期，獒躑躅不食，遇兒則怒目相向，兒命人鎖置一室。登輿時，方幸其不在側，不知以何時馳入重闥。兒爲新婦，在禮宜閉目不妄視，否則兒苟覩獒，將命郎防之，宜不至釀此巨禍。今已矣，有死而已。」讞既定，乃下婦於獄，別以木籠囚獒。舊例，凡決囚，必赴省垣，由臬司覆訊，然後行刑。解省之日，人見婦赭衣黑索乘輿行於道，獒在籠中猶時時探首望婦也。

男女情死

浙右某年少，美丰姿，有聲庠序。以早喪父母故，弱冠而未有室。某年，以鄉試至省城，寓親串家。其家有女，貌美而能文，兩相慕悦，遂有割臂之盟。女父已亡，其母微知之，不禁也。及某使媒妁來求婚，母問其年，則長於女者六歲，以俗有六衝之忌，辭焉。女知事不諧，終日悲泣。母始而慰諭，繼而譙訶，女遂雉經死。某聞之，亦仰藥自盡。拘牽俗忌，遂使男女並以情死，雖非禮所許，其情亦可憐也。

茶肆女戀紀石甫而死

豐城紀石甫，工詩，嘗館劉崧生提督鶴齡家。時劉方從周達武解階州圍，周於治軍之暇，輒出其所作詩乞紀評之。紀直言無隱，周銜之。一日，紀至某茶肆小憩，肆中老姥以藥方見質，云有女病瘧，此醫者所處方。紀視之，則藥性多相犯，笑曰：「飲此，適增劇耳。」乃別擬一方與之。次日，紀又往，姥迎告曰：「病果愈矣。」紀復爲疏方。越日，姥至嘗求復往視，紀不許。劉之義子謝某勸之，次日乃同往。紀獨入視疾，見女雖憔悴，而貌可人，又見壁揭一紙，視之乃二詩，袖之歸。自是輒獨往，久之，遂相洽。

紀以軍功叙官，保至知府，例須入都引見。女與之潛謀，以弱質處亂地，覬覦者衆，亟宜脱身。未幾，紀行，遽以母女偕。紀之同僚夙與紀有隙，又嫉其載美而行也，乃使人冒爲本夫，訴諸周。周既積前怒，至是，遂嚴責劉。劉無如何，乃令義子謝某往追，五日而及之。謝語之曰：「追亡者急，盍以女付我，俾先行。君行稍需，可不至授人口實也。」紀唯唯，謝乃攜女行。逾二日，女微知其情，語謝曰：「汝等之謀，吾頗知之，不如先遣我歸，當自料理。」女既返家，即往見周，力言事與紀無涉，來往吾家者，多達字營中人，並歷數其姓名。且誦周詩，若宿誦者，謂是達字營中人所攜來者。且此乃民事，與軍人何干？周語塞，將付地方官治之，爲幕賓所阻，不果，乃令放歸。而軍人欲得之者衆，嬲不已。女慮卒不得如志，一日，出刀自刎死。

彭剛直眷岳二官

彭剛直歲於巡閲長江之便，輒至杭州，居西湖退省庵。暇必謁岳墳，墳左右皆岳王子孫，岳姓中有女名二官者，豔名噪一時。剛直至，二官必出，爲之捧茶，致殷勤，剛直亦極力周旋之。嘗賦二絶以贈，其次章收句云：「但願來生再相見，二官未嫁我年輕。」未幾，剛直卒，而二官亦以是年歿。

張子明戀田家女

石門張子明，年少能文，美容儀。家貧，授徒自給。其戚某商宛陵，延之課子。宛陵山水佳，有謝朓、李白之遺蹟。張好游覽，春秋佳日，輒登山涉水。敬亭山在城外十里許，一日，游敬亭還，見一田家女郎立柳樹下，視張微笑，楚楚可憐。張歸，不能忘。其戚固惡張曠課，因令子從他師學，儕張於食客行。張鬱鬱不自得，因益念之。明日，再至其處，柳下人已不可見，徘徊久之，及月上而歸。客館宵深，呼僮語村坊瑣事以自遣，僮曰：「某女郎遇一書生，視之微笑，爲其嫂所見，痛責之，女遂自縊，非奇事耶？」張問其地，卽昨所經處也。大驚，亟拔關出，徑至其處，見一茅舍燈火未滅，隱隱有哭聲，曰：「是矣。」趨入，則兩三人圍尸而哭，見張入，争呼賊至。張不顧，徑前視尸，果女也，撫之大哭，嘔血，倒於地。女家人不知所措，檢張身，得書一幅，長尺餘，以不識字，姑置之，乃守以待旦。倦而微睡，及醒，女及張俱失所在。

周鳳珠戀金某而死

周鳳珠，字月娥，重慶人，父爲雲南南關同知。性慧，四歲，父授以唐詩，上口不忘，父母愛之如拱璧。明年，父歿，虧官帑千餘金，無以償。官符下逮，其母貨祖遺田舍得千金，納諸庫，猶不足，吏胥迫呼不已。復典質釵珥得數百金，持以去，始免。女與其母遂流落滇中，不得歸矣。越翼年，女七歲，能作簪花小字，容光亦日豔，一老乳母、一雛鬟伴之讀。是年冬，母卒，女哀毀異常，屢欲殉母，以老嫗、雛鬟守視而止。及十三歲，老嫗既聾且瞶，雛鬟方十一二齡，好嬉戲。久之，鄰有大宅，納某稅而居之，有女四五，率長於音律。女與之游，盡得其技，能自製新調，譜入笙簫。諸女自愧弗如，咸師事之。時女年十五六矣。見納時，有輕薄少年踞坐談笑，心弗善其所爲，遂絕跡不至。

及納遷居去，女乃稍稍偕老嫗、雛鬟時一出遊。光緒丁酉清明，女挈嫗掃父母墓。墓距城可五里許。比返，憩於茶肆。時有金某者，越東故家子，好讀書擊劍，以授徒來滇。適踏青歸，與二三友人作茗談，瞥見之，恍若素識，彼此注視。女遽起行，生亦嗒焉若喪而返。自是而金女互相入夢矣。中秋，金赴戚串家祝嘏，蓋即假寓於曾居納姓之大宅者，堂懸夾竹桃畫幀，初以爲毛筆畫也，視款識，題曰「綠陰深處暈紅霞，翠袖翩翩捲絳紗。杜宇一聲春去也，不知是竹是桃花。西蜀鳳珠女史針繪。」始知爲五采絲織銀紗而成者，工麗絕倫。問鳳珠何人，以鄰女對。問此鄰女何爲者，亦不甚了了。問可得而沽之否，曰：「女固以針黹爲活者也。」金即挾金往訪，老嫗應門，耳聾多歧語，與女隔簾論值，半面初窺，不意即彼此入夢之人也。金乃置定金於几而返。越數日再往，女方於尺幅鮫綃中作董北苑《秋山紅樹圖》，款金坐，詢問家世，爲之泫然。一日，女方倦繡，金適來，煮茗清談，視牕前有黑白棋枰，問女：「善弈乎？」乃對弈一局，無半子勝負，彼此均稱異。再弈，復如初。金詫曰：「何我二人之思想相同而局局和也？」此後某遂時至，日益款洽。偶挑以遊語，輒峻拒，云：「若訂婚娶，雖妾媵亦可，否則死不從命。」然數月以來，閨房之樂，誠有過於畫眉者，惟不及亂耳。

某年四月某日，金飲於戚串家，過女門，大醉而踣，幾折股。女聞聲舁入，爲之按摩，痛稍止。口渴甚，索飲急，女出大理雪梨膏，汲井水調而飲之，酒頓醒。歸而病瘧，呻吟床褥者兩月餘。金昏迷中輒呼女名不置，女知而悔甚。蓋人皆以爲金之病，由飲新汲井水調梨膏而起也。乃遣嫗詣某家，言欲往侍疾，苟能稍慰病者，雖毁身弗惜。金母拒之。女愧甚，日飲泣，誓金死後以身殉。嫗勸不聽，乃謂有奇計可使會晤，重賂巫，言能以符籙驅瘧鬼，惟須於瘧未作時遠出避之，其所避處不得使家人知。金母信不疑，令先一日往避，大喜，扶杖入女家。時方盛暑而畏寒甚，女擁重衾以偎之，一汗而瘧不復來，乃相與申白頭之約。明年夏，金之叔方權某州牧，趣往爲記室，固辭不獲。端午後一日行，而女病矣，數月弗瘳。里有白額者，虎而冠者也。時方爲保局紳，豔女色，欲納爲小星，遣媒遊說。女拒之。白怒甚，訴於官，誣女爲流娼，官判以官價發賣。白厚賂吏胥，重價贖之歸。女不從，屢圖自盡，白逐之。女歸而病愈甚，專函招金，兼程返，而女卒矣。雛鬟出一紙書授金，淚痕墨迹，不可辨識，蓋乞其書墓碑亡妾周某之墓十七字也。

錦孃戀朱琴南而死

朱琴南，別字半癡山人，錢塘人。幼讀書，能文章。十歲時，從兄游學於英，居數載，未嘗一日忘故國也。時同學有錦孃者，本法京巴黎產，從父經商，而籍於英。女年僅七八，性溫厚，豔而能文，與琴南同硯，兩小無猜。稍長，眷戀尤篤，彼此竟忘爲異種人矣。一日，相將散步海濱，錦孃曰：「予聞支那山水甲於世界，倘得攜手共遊，亦足以遂平生之願矣。」琴南曰：「吾國名勝之區，指不勝屈，若匡廬、西湖、黃山、華岱、彭蠡、洞庭、峨嵋皆是也。他日倘能同游乎？」錦孃曰：「予之愛遊支那者，以情故。由情而愛君，因君而推及支那。君之腦海果亦愛予而愛我法乎？」琴南笑頷之。

明年爲光緒庚子，拳匪起事，列強聯軍破京師，英國各報之紀述，紛致嘲誚。琴南引以爲恥，終日兀坐，疏與人交。錦孃慰之曰：「支那地大物博，經此小挫，必能改行新政，數年之後稱雄於世，今日之辱卽來日之榮也，君何憂爲！」一日，又語之曰：「近日君之於予，大異曩日。然相處十載，久欲以清白之體相屬，君何以故國受挫而見棄乎？」琴南喟然歎曰：「卿之心，僕審之久矣。雖不見棄，奈人言何！來日方長，卿亦宜重思之。」錦孃聞言而悲，顫聲應曰：「棄我之心決乎？蒼蒼者天，命也如斯！十年來相親相愛，無言不吐者，惟君一人耳，能更屬身他人乎？」琴南乃執其手，揮淚而言曰：「自今以往，當與卿永爲良友矣。訂婚之事，實不能諾。」錦孃愴然出。

琴南知錦孃之傷心也，反覆凝思，夜不成寢。黎明起，思有以慰之，乃往訪，入門則惡臭觸鼻，錦孃已以煤氣自盡矣。几有遺書一函，閱之，大哭。越數載，畢業得文學博士，卽歸國，自誓終身不娶以報之。

鄒問蘧戀李銀姑而死

新城王氏，文簡公士禛裔也。家世已式微矣，而文采風流猶未稍減。有女嫁淄川李氏。李，富賈也，以草帽緶業起家，商於煙台，因挈家居之，粗通文字，夫婦相愛敬。生女曰銀姑，肄業煙台美教會所設某女校，資稟僅中人，而性情惇篤，態度尤嫻婉，見人不多言，在校甚勤學。有吳女者，新入教會，雖嘗受洗禮，不甚守教則。顧慧黠絶人，其於科學若不甚經意者，而每有觸悟，往往出人意表，校中論高才生必推吳，次乃及銀姑。二人者，居共室，坐同案，尤相善也。及畢業考試，銀姑第一，而吳第五。銀姑以試事心力交瘁而病矣，時喃喃囈語，所言者隱約皆校中事，醫者謂其腦傷甚劇，非静養不愈也。吳聞病，來視之，因請於李，願晝夜看護。李夫婦知吳平日喜動惡静，慮其煩擾，轉增女疾，以問銀姑。銀姑意欲之，吳乃留，與同榻，侍湯藥，問寒暖，終日跬步不離，雖李夫婦皆自以爲不及也。荏苒十餘旬，銀姑病益亟，吳形色愴惻，若含大悲者，見李夫婦輒欲言復止，問之，亦竟不答。銀姑病益劇，李夫婦來視之，銀姑亦自慮不起，伏枕告父母曰：「兒不幸短命，死無恨，獨親恩未報，而吳姊盛心未得酬於萬一耳。」因握吳手以泣。吳顏色慘變，一手自掩其面，一手牽銀姑手曰：「儂以區區愛慕之情，欺姊三年矣，庸知乃得此結果耶？」更跪而白曰：「儂非女，鄒問蘧也。五年前，慕姊才貌性情。求婚不遂，繼闖入某校，乃不恤喬妝以求一晤。幸兩情契合，得訂金蘭，方謂畢業以後，更賦求凰，豈意雌雄未識而中道分飛，兩人之緣，乃以今日爲止境耶？」言已，淚下如雨。視女，則已婚絶於榻上矣。

李夫婦度不可爲，亦不暇問前事，亟出，指揮家人料理後事。問蘧起視銀姑，面色如生，撫其胸，猶熱也。夙聞病人有時氣咽，得生人度氣猶可活，乃口含櫻脣而呼吸焉。鼓氣久之，肺爲之痛，頭岑岑欲暈，而銀姑有鼻息矣，手足猶厥冷，即亦不避嫌，抱而溫之，身漸轉暖。李夫婦見女復甦，大喜。明日，醫來，謂可以生矣。於是問蘧蹤跡已露，不得不辭去，李亦不留也。

問蘧亦世家子，少女一歲，爲博山人。父早喪，母撫之成人。家有田千畝，肆數所，固儼然豪族也。母以博山地僻，烟台爲商埠，且有商店在，故使就學烟台。不圖初來時，即遇銀姑侍母遊於公園，愛好之而不能得。念古有木蘭、黃崇嘏，不如反其道而行之，果得親近，然未嘗敢有輕薄也。銀姑病愈，問蘧雖不獲更晤，心亦大安。而不知當在校時，兩家父母已各爲其子女訂有婚約矣。

問蘧自李家出，得母書促歸。銀姑亦嫁期已迫，其父母始以告，銀姑無言。是夕復病，日夜嘔血，不復進飲食。綿惙三日，瀕死，謂父母曰：「兒死，尸願歸鄒氏，必召鄒郎來，親迎以去，兒死庶瞑目也。」父泣而領之。問蘧既歸，其母即告以姻事，云：「吉期在秋間，文定者即表妹。」兩人自小常共嬉戲游玩者，稍長，始引嫌相遠。鄒母愛之，然問蘧實不愛也，以母命不敢違，乃支吾應之。母詢學業，則出畢業文憑以眎母。其母固不識字，乃又附會其說，母亦信之。問蘧退，自念李女未有成說，而外家姻事又相逼而來，奈何奈何。念表妹素識字，乃潛作書，敘己與吳事顛末以謝之，令媪持往。女得書，以示其父兒，皆大怒，登門聲罪，喧豗叫囂。問蘧挺身而出，與衆爭辯，侃侃不撓，衆毆之而去。至是，問蘧之母始知之，度詰責無益，置不問。未幾，而李氏函至矣。發函大哭，以告堂上，請如函所言。母力阻，繼許之，惟囑以道途慎重，毋蹈前轍而已。

問蘧既去，其外舅偵知李女已死，以再論婚爲請。問蘧之母度勢可就，復應之。及問蘧歸，營葬李女事畢，乃以告，問蘧不答。再詰之，則曰：「兒有死耳，他何言！」母大恚，度問蘧意不回，即稱病不起，飲食不進，問蘧視疾，拒不納。問蘧大惶急，傍徨一日夜，乃入跪請罪，言願娶表妹。母乃喜，爲之一餐。猶恐有變也，促擇日親迎。時時窺探問蘧顏色，和適如平時，始不置意。及吉期，新郎早起易新衣，匆匆而出。家人問之，以如廁對。久之不歸，母知禍發，急遣幹僕四出求之，不得。越數日，聞煙台有蹈海者，使人省之，果問蘧也。

載澂悦族姑

載澂者，封貝勒，恭王奕訢子也。年少縱慾。某年夏，遊十岔海，海岸有茶座，澂見有婦，甚妖冶，獨坐無偶，屢目澂，因命其黨購蓮蓬贈之，謂之曰：「大爺欲與爾相會，可乎？」婦曰：「擇一地，可耳。」澂大喜，遂期於酒樓。婦知澂，澂不知婦爲誰也。久之，澂欲納婦，婦曰：「此何可！我固有姑有夫也。無已，惟刼我於半途耳。」澂乃約婦於十岔海茶座間，率其黨刼之去。婦亦宗室女，論行輩，爲澂族姑。奕訢聞之，因之於高牆。

龍碧桃悅朱劍秋

錦江朱劍秋，美丰儀，失父母，依叔以居，未娶。一日，偶過市，見賣解女立繩上，輕盈如燕，素衣練裙，明靚無儔，心好之，因注目焉。女見朱，忽秋波一轉。朱大惑，潛問於衆，知女姓龍，字碧桃，從其父母自湖廣來者也，心識之，遂歸。

時朱年十八矣，叔父母遇之厲，督課程又嚴，雖心涉遐想，不敢言也。宵分，輾轉思念，倦極而寐，殘夢既迴，恍惚覺有人並枕者，香喘微聞，蘭氣四溢。時天色微明，曚曨之光自窗隙透入，案上一燈如豆，相與激射，視並枕者非他，晝間所見人也，急詰之曰：「卿得非碧桃耶？」女搖頭微笑。再問之，乃自承爲狐，云：「君前身亦狐也，本有宿緣。今見君晝間注意賣解女子，因幻其形以來，決不爲禍。」語次，微倚朱懷，作昵態，肌膚瑩滑，薌澤膩人。俄而天大明，披衣起，懷中出小鏡象牙梳，自攏鬟雲，忽忽遂去。朱慮門者或詰之，乃出室門而無聲息。自是，女間一二夜輒至。

朱之叔見其功課日荒，疑而詰之，不以實對，乃撻之，罰不與晚餐。朱飲泣，闇坐室中。夜闌人靜，女至，見朱怪之，朱具以告。女歎曰：「寄人籬下，情非所生，固宜如此，何不去之！」朱曰：「孤苦零丁，欲去無所耳。」女曰：「何不從儂去，薄有技，可以給君，何患耶？」朱曰：「得毋匿伏山洞耶？」女曰：「君癡矣，今當溷跡城市耳。山居寂寞，誰能耐此！」生曰：「去以何時？」女曰：「即今夕耳。」朱問何往，女曰：「郎無問，但從我所向。」女先去，朱僞如廁者。既出門，女已控騎以待，兩人疊騎行，夜色微茫，不辨道路，縱騎所之，惟時見山坡林樹從馬前過而已。雞鳴，抵一城，女偕朱翩然下，回顧乘騎，不知所之。兩人因擇一小逆旅入宿，探懷出貲，購酒肉，醉飽而眠。

明日。女擇曠地，張布幕，架木片，爲露台，標曰仙姑戲法。令朱坐幕中，鳴金鼓。金聲一縱，女揚其廣袖，有粉蝶紛紛自袖中出，黄者、白者、金者、黑者、朱碧者，飛舞上下，大小不一，有如團絮零霙。已而大者、小者、高者、低者自相併合，須臾成一白鶴，翅如車輪，盤旋台前，欲下不下。女顧曰：「鶴奴，速請天女來。」鶴猶不去。再咄之，一飛冲天，遽不復見，金聲遽歇。時觀者已數百人，女顧衆曰：「天女將至，諸君今日福緣不淺哉！願得略解杖頭，乞諸君餘福何如？」觀者覩女姿容，又眩於異術，争先散擲。須臾，錢落如雨，女命朱掃取之，盈數畚，舉之猶不盡。女斂錢畢，更舉袖招曰：「來，來，速來，速來！」俄而鶴唳一聲，天女至矣，坐鶴背，稚弱如十一二歲小兒，顔色殊麗，鶴負之行，圍場一周，遍詣衆人前。衆中有無賴者，舉手撫天女頰，忽砰然一聲，如大爆竹，無賴驚退。衆視地上，爆響者，果爆竹也，而人與鶴皆不見，聲斷續刻許乃静，台上台下碎紙皆滿。女曰：「天女怒矣。幸我在，不然殆哉！」乃禹步作咒，持羽扇，且扇且行，扇所著，紙屑皆爲蝴蝶，悉飛起，仍前狀。久之，向東飛去，蹤跡渺然，於是撤台歸。

又明日，觀者益多，女乃爲散花天女之戲。口吸淡巴菰吐之，凝幻不散，須臾，成彩雲朶朶，隱約於雲中見銖衣霞袂。女謂觀者曰：「昨有人唐突，今天女不降矣，惟當散花供諸君一覽耳。」須臾，雲彩漸淡，果有花自空中繽紛下墜，紅白相間，非桃非杏，不知其名。女招以手，花盡墜臺上。命朱掃取之，裹以紙，凡數百包，大如拳，皆紙花也。女呼曰：「此天花者，小兒佩之，清痘疹，通關煞，婦人囊之，辟邪穢，易生産。欲得之者，百錢易一包。」衆争購取，須臾皆盡。計兩日所獲可百千，女令朱悉以易銀，辭逆旅主人，更他去。

數日，至一城市，蓋潼川也。出資，賃屋居之，仍榜於門，鬻戲術，然惟應大官貴人之召，不復眩技市衢矣。安居數月餘，所獲尤不貲。一夕，方與女挑燈夜話，忽屋瓦有聲，如物過者。女方驚起，翁媪已搴簾入，罵曰：「無恥賤婢，背父母逃耶？」朱作色，方欲有言，翁劍指之曰：「無賴賊，誘人閨女，不恤汚吾劍鋒，屠汝如犬彘耳。」女慮朱或傷，目止之，朱乃不動。翁媪遽牽女，左提右挈，穿窗而去，倏已不見。朱驚定，大慟。念失女，終不得歸，幸有餘貲，暫自給。某甲者，業油燭，與朱新相識，頗契洽，乃往告之。時甲亦閒居，乃説朱，合設一肆。甲頗樸誠，朱亦靈敏，營業日發達。終念女不置。審其行止性情，頗疑其非狐，然不能決，乃倩甲攝店事，歸探之。

朱之逃也，其叔求數日不獲，疑其或萌短見，頗慘怛，久亦置之。及朱自歸，察其形容衣履，似非困頓者，詰其故，乃隱其偕奔之事，而以經商爲言，云頗得利，故一歸耳。問資本何出，曰：「假之友人。」復出潼川土物餽其叔。家居數日，問龍姓者，則自朱行後，亦已去矣。朱念無可蹤跡，仍詣潼川。叔使人從往，覘之而信。

叔固教讀爲業者也，未幾，學堂起，塾師皆失業。叔不得已，往依朱，朱亦善事之。甲有妹及笄，使人媒於朱，朱不許。其叔力主之，朱乃以情告，且曰：「背德不祥。」叔曰：「妖魅本非人匹，彼父母縶之去，今兩年來無消息，豈有復合之理耶？」朱終不聽，曰：「必不得已，龍氏女碧桃乃可，吾已心許之矣。」因託哆友輾轉訪問，恨當日僅詢姓名，未及問里居，記其方言，微類鄂音，乃訪之湖北，終無音耗。遷延數年，不得已，仍就甲論婚。

親迎之日，忽有老叟款門送函至者，并寄一物，包裹甚密。時已半醉，羣客喧豗譁笑，弄新人新壻，而送物者言此爲要物，必面投。衆聽入，朱發函視之，曰：「薄命女碧桃謹上朱君。君今日，新人燕笑矣，薄命人早日不能自愛，憑藉幻術，假借靈狐，值君不疑，遂薦枕席。自是奔波歷碌，同濟艱難，雙宿雙飛，儼然伉儷。何圖君是藥師，妾非紅拂，老親見迫，頃刻天涯。別後日坐愁城，舊歡如夢，眼枯寒淚，豆碎相思。嚴命敦迫，遣嫁異方，義正辭嚴，不容剖析。自惟一失於前，豈堪再辱於後，徘徊無策，自掛牀前。雖珠胎已結，豆蔻方苞，亦不暇顧矣。何期恨海猶深，孽緣未了，中宵綆斷，驚起老人，調治多方，復得蘇息。然元氣已傷，君之骨血亦自此不能保矣。老親見此，知不可回，乃憫其癡愚，許以再合，辭謝聘幣，一意待君。然死期未臨，而病魔已至，宛轉牀第，復一歲有餘。迺者，老父從友人處聞君守義，誓志不婚，歸以告人，妾在病牀，亦自欣幸。病愈以後，阿母復爲二豎所纏，淹歷數月，遂致棄養。喪事既畢，始決意尋君，計爲別近四載矣。昨甫過門前，笙歌盈耳，聞之鄰右，明日吉期。嗟乎！妾前既不肯明言，後復累君久待，誤人自誤，夫復何言！四年以來，期不爲短，似續大事，豈敢咎君！惟有自恨多情，自傷薄命而已耳。草草因緣，輕塵短夢，更何顏一傍新人奩鏡哉。從此一去，海角天涯，隨身所適，千秋萬古，永無見期。君一點骨血，不敢輕褻，特以還君。兩人情緣，由此俱了。妾只作世界未有君，君亦作世界未有妾可也。匆匆書此，惟新人多福爲祝。」生閲竟，顔色慘變，問使者，已自去，取布包納篋中。是夕，竟不及合歡。明晨，據案作書致甲，啓篋，取包自去。甲閲書云：「昨宵作魯男子一夕，今有急事，不得當，將終身不歸，足下善爲斟酌，莫誤令妹青春也。」別有書致叔，詳述顛末。家人大駭，遣人四出求之，終不得。新人亦竟不去，以處女終老。

姜雪英悦姚某

吳人姜雪英，宦家女也，美而豔，知書。悦西隣姚某，中心藏之久矣。一日，遇於虎邱，雖流目送盼，一瞥間，各相避，自是不面者半載。姚之父母爲聘他姓女，雪英聞之而愠，遂病。一日，見其臂有「雪英」二字，則針刺痕也。婢詰之，則曰：「吾不久於人世矣，刺此二字者，俾託生之家可知前身之爲某也。」及姚娶婦而生子，臂有紅絲，隱約類字，審之，則雪英也。蓋雪英卧疾不久而早死矣。

生育非由情感

桐城方望溪侍郎苞之弟子某，年踰五十，憂無子，方語之曰：「汝能學禽獸，則有子矣。」方性素嚴，忽作謾語，其人駭問故，方曰：「男女媾精，萬物化生，此處有人欲而無天理。今人年過四十，往往當交媾時，便有爲祖宗綿血食之意，將天理攙入人欲中，不特慾心不熾，難以成胎，且以人奪天，遂爲造物之所忌。不見夫牛羊犬豕乎，爲陰陽之所鼓盪，行乎其所不得不行，止乎其所不得不止，遂生乎其所不得不生。又不見夫姦夫姦婦偷期密約者乎，彼自知干名犯義，方惟恐生子被人恥笑，而無奈發於情之不自禁，則姦生子往往獨多，此其明驗也。」其人悚然而退。